湖南省博物館
復旦大學出土文獻與古文字研究中心

馬王堆漢墓簡帛文字全編

下

（附檢字表）

劉釗 主編
鄭健飛 李霜潔 程少軒 協編

中華書局

卷十一

水

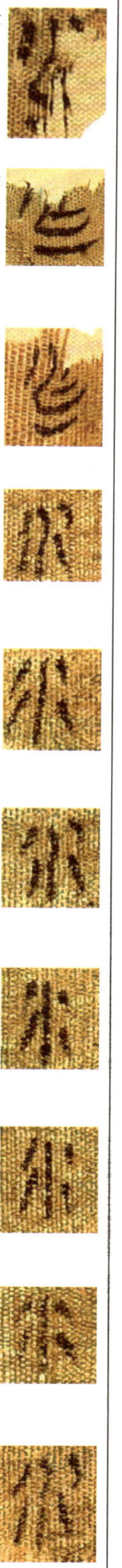

陰甲上朔4L.1
陰甲五禁5L.1
陰甲宜忌3.1
方34.8
方48.22
方49.4
方50.1
方54.9
方58.1
方71.16

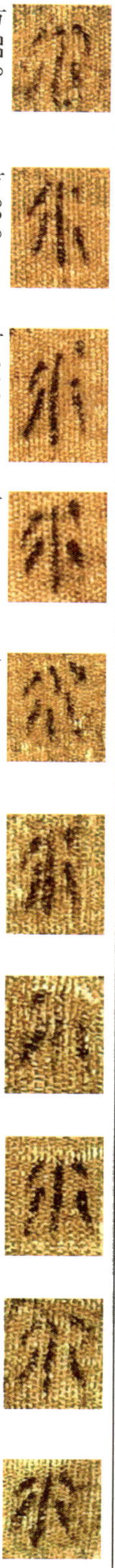

方77.8
方92.8
方94.9
方104.10
方167.4
方169.9
方181.3
方186.27
方194.3
方205.8

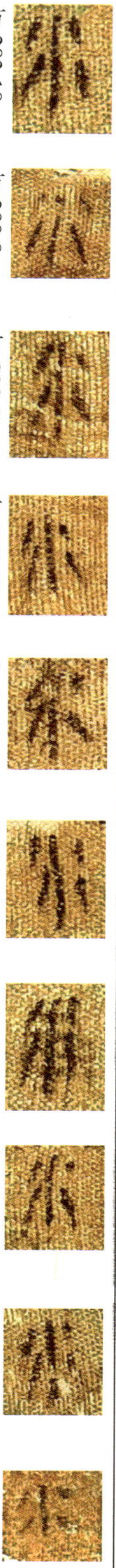

方283.18
方299.8
方328.5
方342.18
方355.8
方366.22
方368.7
方371.3
方418.10
陽乙11.23

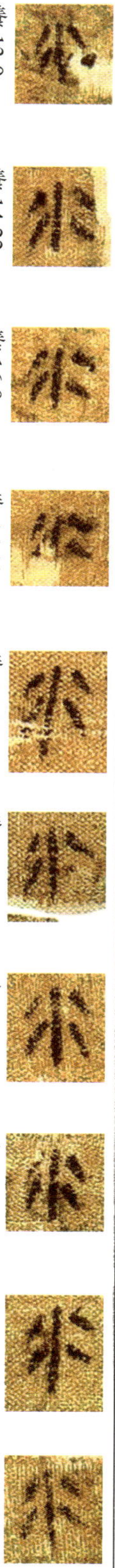

養13.9
養14.22
養16.9
養16.19
養54.15
養56.9
養66.8
養75.9
養88.7
養181.8

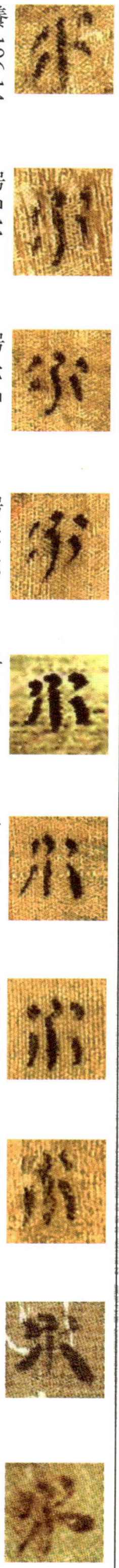

養196.14
房7.11
房41.7
房41.10
射6.7
射13.9
胎31.10
胎31.28
春78.5
老甲105.12

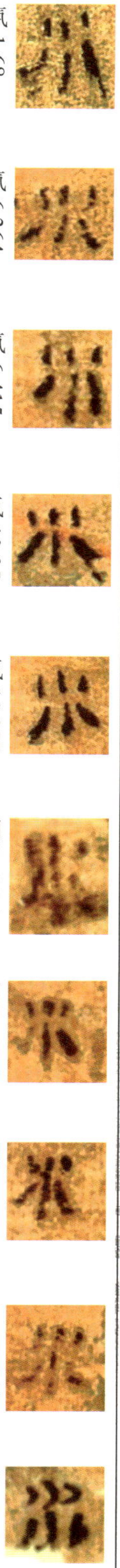

氣1.68
氣6.364
氣6.415
氣10.95
氣10.227
刑甲87.1
刑甲88.21
刑甲108.17
刑甲小游1.51
陰乙大游1.4

陰乙大游 1.22
陰乙大游 1.95
陰乙大游 1.117
陰乙大游 1.147
陰乙大游 1.169
陰乙大游 1.232
陰乙大游 1.244
陰乙大游 1.262
陰乙大游 1.290
陰乙大游 1.296

陰乙大游 3.53
陰乙三合 3.1
陰乙五禁 15.2
陰乙五禁 15.6
陰乙·殘 1.2
出 27.23
出 32.48
木 63.12
木 65.15
問 57.19

問 67.5
問 97.22
問 100.2
合 13.4
談 7.2
談 12.12
宅 1.25
地 66.2
地 68.2
地 71.2

地 72.2
地 73.2
地 74.2
箭 38.2
箭 39.2
箭 40.2
箭 41.2
箭 42.2
箭 43.2
箭 44.3

箭 45.2
箭 46.2
箭 47.2
箭 48.2
箭 49.2
二 2.10
衷 21.55
衷 24.53
要 22.5
繆 62.50

經 42.49
稱 11.45
老乙 42.12
老乙 49.46
星 9.3
星 19.8
星 32.3
星 39.28
星 65.26
刑乙 1.15

刑乙 20.3
刑乙 47.4
刑乙小游 1.264
相 16.26
相 16.42
相 19.7
相 19.14
相 21.57
相 22.13
相 34.50

河				涑	潼	江	
相34.54	陰甲神上1.1	戰155.37	戰177.13	衷37.42	方363.14	老甲161.4	相75.64
相34.58	方128.2	戰157.26	戰228.19		陽乙1.34	木64.15	
相67.22	養206.32	戰160.2	戰275.11			問66.24	
相72.7	養215.6	戰160.11	遣三29.1			繆62.39	
相75.65	養216.15	戰161.36	遣三32.1			繆62.49	
相76.33	養217.12	戰162.2	周46.16			老乙29.29	
	戰70.30	戰162.15	繫25.46			老乙74.45	
	戰108.10	戰169.10	相21.48			相19.6	
	戰113.7	戰175.24				相21.56	
	戰154.15	戰176.12				相72.6	

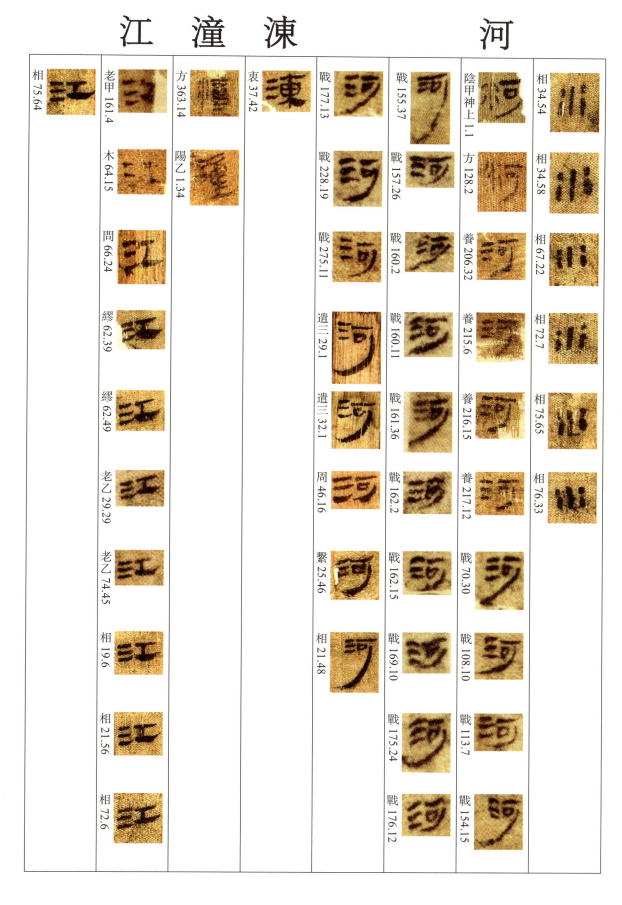

沱

《說文》：「沱，江別流也，出嶓山東，别爲沱。从水、它聲。」字形詳見本卷「池」字下。

湔

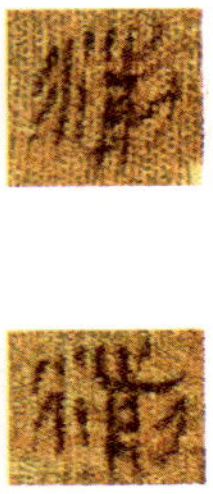

方298.21
方462.5

溫

方6.12
方22.5
方24.12
方42.19
方43.18
方172.18
方176.11
方187.26
方197.7
方198.5

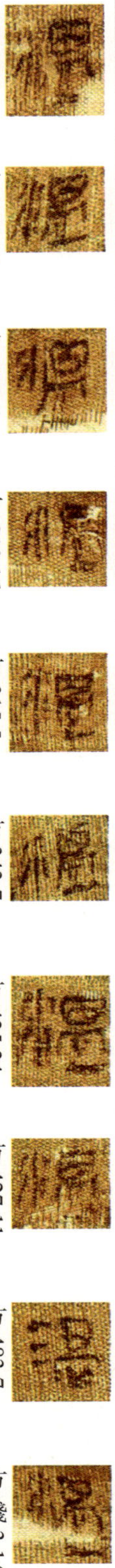

方245.10
方250.27
方299.7
方310.16
方315.5
方343.7
方425.24
方427.11
方483.7
方·殘3.14

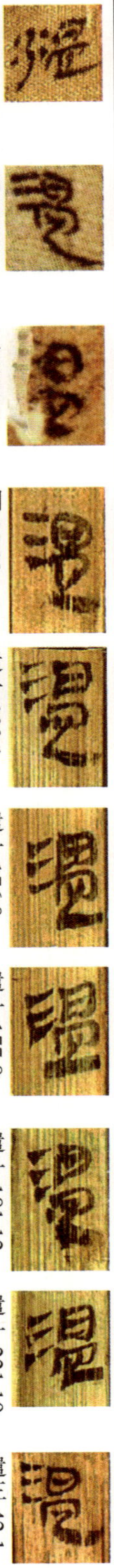

房43.11
戰233.23
五80.7
問30.18
遺一109.1
遺一176.8
遺一177.8
遺一181.12
遺一221.19
遺三42.1

遺三103.1
導4.10
周57.65
二18.44
星33.31

「𥁕」字異體「温」或訛作「温」形，本卷「𥁕」字下重見。

沮

方339.15
遺一168.8

涂

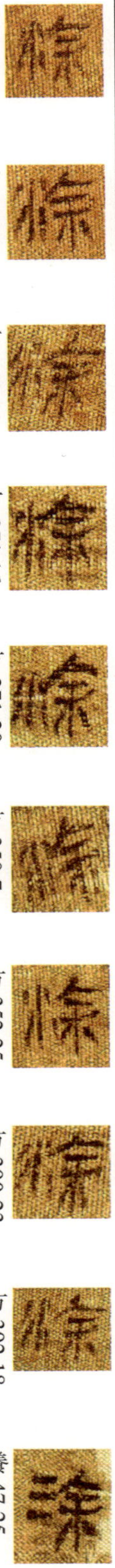

方93.3
方133.7
方182.12
方271.16
方271.20
方350.7
方352.25
方390.23
方392.18
養47.25

養 89.14

養 167.2

禁 5.3

要 18.32

相 33.57

相 34.7

淹

二 16.36

溺

方 340.5

木 39.15

漢

遣三 28.13

星 3.21

星 100.10

星 122.27

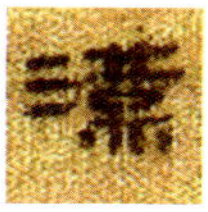
相 22.12

相 76.32

洛

養 92.6

戰 224.1

戰 257.2

老甲 159.20

遣三 83.7

汝

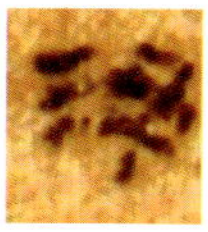
刑甲 55.4

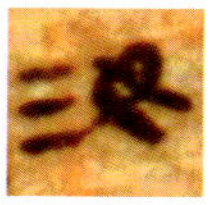
刑乙 95.4

刑乙 96.4

汾

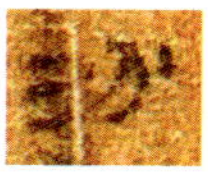
陽乙 17.3

養 74.8

沾

衷 2.36

潞

問 29.6

漳

戰 154.22

沛

箭 83.1

灌

方 35.16

方 115.4

方 115.9

方 116.14

方 271.6

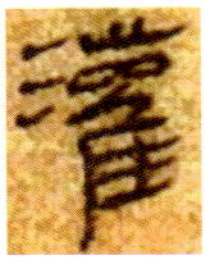
氣 6.116

氣 6.125

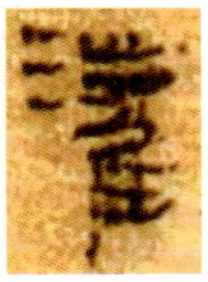
氣 6.186

漸

府 5.1

周 86.2

周 86.12

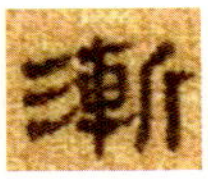
周 86.26

周 86.68

周 87.11

⿱斬水

衷 23.40

泠

地 8.1

湘

遣三 216.21

遣三 216.33

遣三 216.47

遣三 216.62

遣三 216.73

深

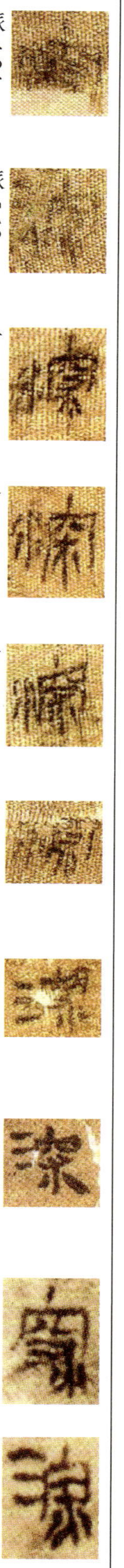

脈4.24 脈5.13 方191.8 方267.26 方279.19 方391.12 養204.1 春82.14 戰47.9 戰194.20

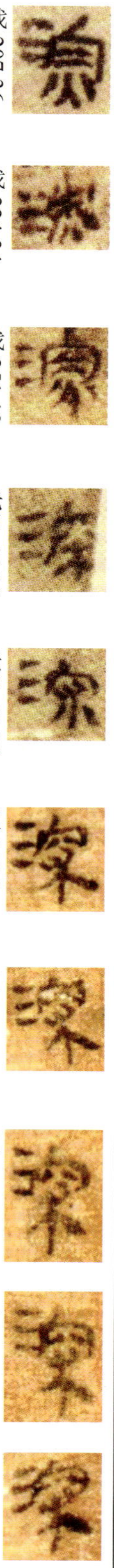

戰207.36 戰224.34 戰251.10 老甲46.16 老甲61.22 五155.3 五155.12 五155.22 五156.24 明24.6

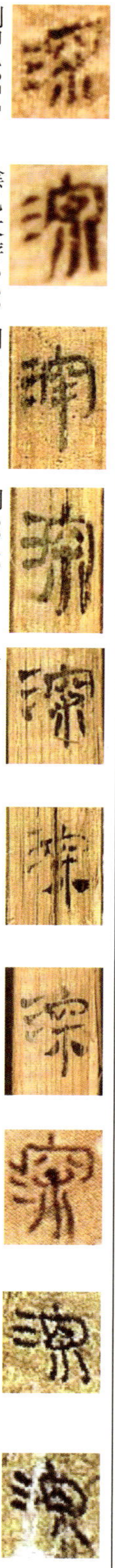

刑甲127.5 陰乙大游2.98 問36.8 問99.12 合8.8 合18.17 合21.13 地9.1 箭44.2 箭51.1

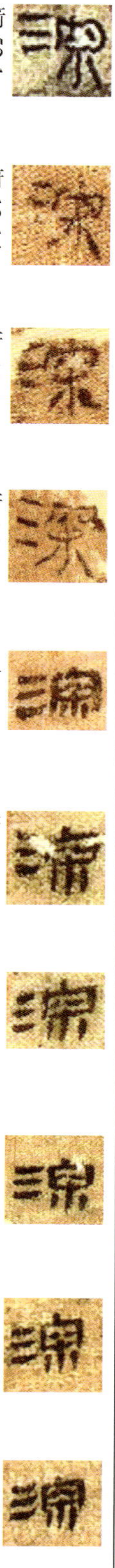

箭52.1 府13.14 府15.4 府24.1 二1.55 繫24.72 衷41.59 十15.23 道3.9 道6.34

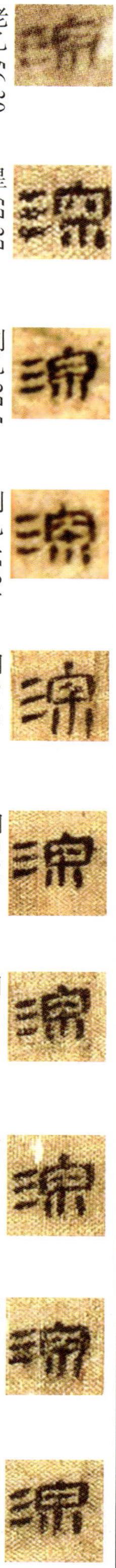

老乙56.30 星57.37 刑乙27.5 刑乙45.24 相2.66 相7.25 相16.37 相16.60 相17.39 相17.53

相27.38 相27.52 相29.12 相60.51 相67.17 相68.2 相68.35 相68.59

溜

方348.24 問23.12 問23.18 問29.24 問81.17 十10.29 刑乙81.30

淮

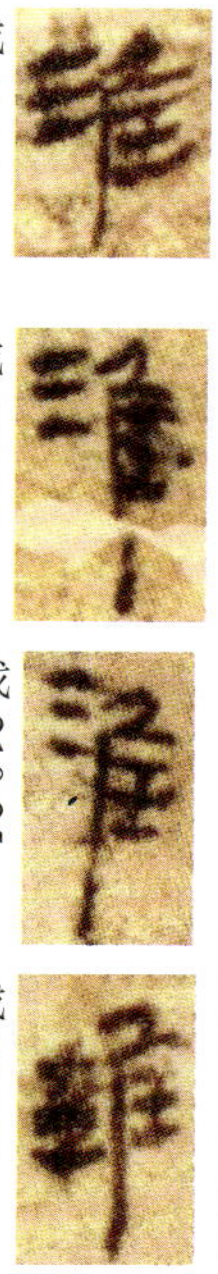

戰116.9 戰180.25 戰210.25 戰219.36

浿

方 306.6

淠

陽乙 4.21

陽乙 6.37

洶

方 22.9

方 54.6

方 299.5

方 314.8

方 351.24

方 352.14

方 366.23

方 368.8

方 402.18

方 463.2

方 465.12

方 467.5

方 467.9

養 43.16

養 56.10

養 65.19

養目 2.1

房 7.13

房 41.14

胎 15.6

談 24.31

《說文》：「洶水，出汝南新鄓，入潁。从水，囟聲。」馬王堆簡帛中「洶」字皆用爲「洗」。

泄

陽甲 22.26

陽乙 11.21

問 52.26

問 55.4

談 21.9

淩

去 3.30

老甲 120.11

問 33.2

問 100.5

十 48.29

老乙 57.3

濕

方 45.12

養 114.2

戰 105.26

合 6.21

談 43.24

十 33.57

十 61.12

道 1.18

洙

方 28.5

沂

周 1.35
周 22.38
二 16.2
二 16.69
衷 26.18
衷 33.16

洋

相 31.33

此字據反印文切圖。

濁

去 2.44
老甲 121.4
德 2.18
德 2.27
氣 1.18
木 63.14
問 32.15
周·殘下 29.3
老乙 57.14

溉

養 207.17
養 208.5
星 24.42

⿰氵暨

方 113.7

治

陰甲衍 4.16
陰甲衍 6.22
陰甲·殘 72.4
足 23.12
陽甲 12.8
陽甲 17.11
陽甲 19.13
陽甲 21.24
陽甲 27.7
陽甲 37.16
脈 2.9
方目 4.9
方 27.18
方 28.14
方 28.22
方 28.26
方 30.15
方 37.10
方 125.7
方 135.8

方149.2 方150.4 方206.12 方342.15 方346.15 方397.5 方464.15 陽乙3.44 陽乙8.38 陽乙13.9

陽乙16.8 陽乙16.17 陽乙17.23 陽乙18.37 養26.2 養42.2 養74.1 養目3.11 養目4.4 胎14.3

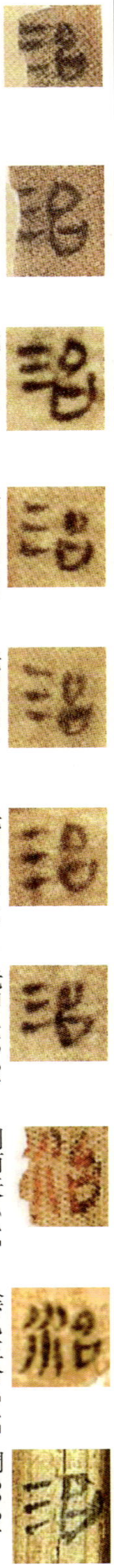

春72.31 春80.21 戰53.16 老甲82.26 老甲83.4 老甲106.11 老甲112.31 刑丙天6.15 陰乙三合5.17 問22.24

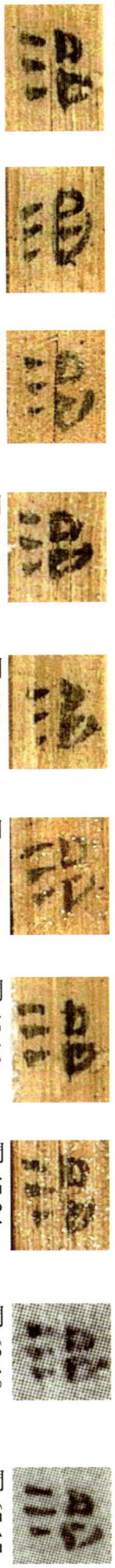

問28.15 問31.14 問38.8 問39.3 問40.7 問42.19 問45.16 問47.24 問62.18 問67.17

問67.27 問73.11 談8.15 談20.6 談22.2 談22.19 談23.30 談33.12 繫35.16 繫37.40

繫37.53 衷35.20 要9.30 繆19.8 繆21.6 繆36.28 昭1.36 經5.38 經20.70 經21.20

經21.31 經37.42 經37.51 十46.54 十55.41 稱22.28 道6.22 老乙21.18 老乙22.2 老乙28.43

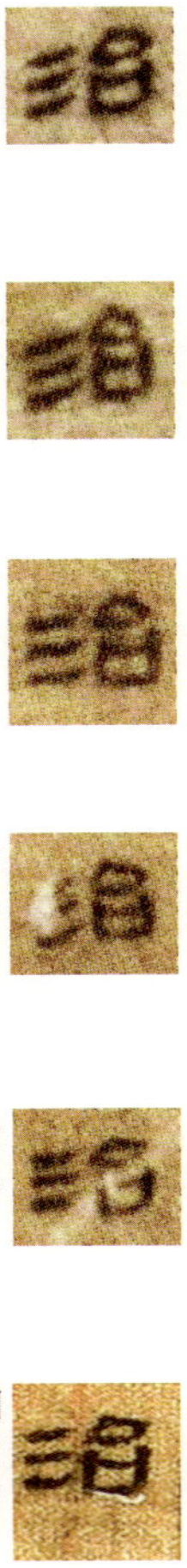

老乙39.30 老乙39.42 老乙47.11 老乙50.5 老乙53.12 相44.5

浸

㴆

方270.9　方437.5　十3.29　十16.38　星123.1　星127.1　星135.1　星139.1

濅

周1.10　星40.22　星44.49

濟

春78.17　春78.32　春82.12　戰177.9　戰178.15　戰294.15　老甲30.24　明36.14　明36.20　周26.3

周77.32　二24.41

濟

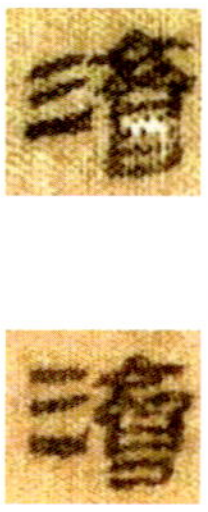

二36.40　二36.46

濡

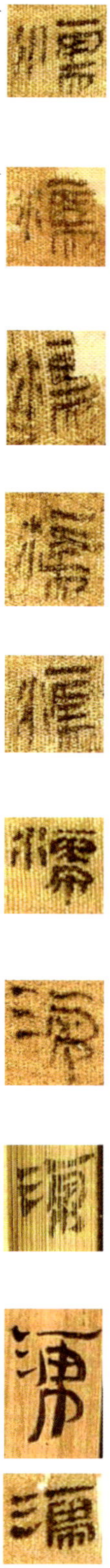

方49.22　方80.2　方253.18　方366.2　方384.11　胎29.11　木58.17　遣一89.8　遣三198.6　周17.17

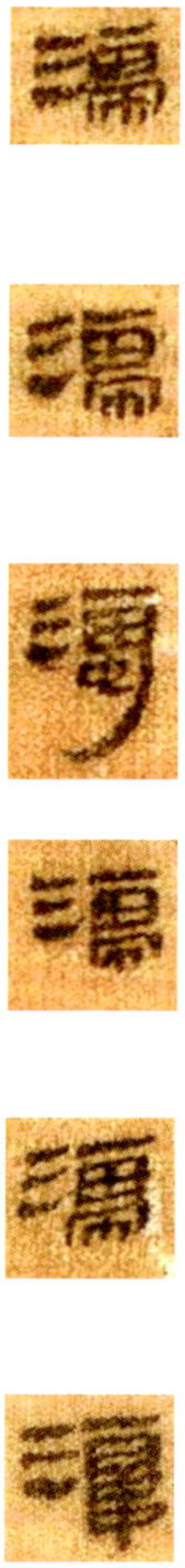

周26.79　周57.63　周77.9　周77.17　周77.79　二36.47

沽

相74.3

「活」字或訛作與「沽」同形，本卷「活」字下重見。

泥

方93.9 

方101.4 

方316.8 

方340.7 

周29.32 

涶

《說文》：「涶，河津也，在西河西。从水，垂聲。」《說文》卷二「唾」字下重出，字形詳見卷二口部。

洵

方432.9 

洇

足14.24 

淉

陰甲上朔1.45 

陰甲上朔2.6 

談15.14 

海

戰165.12 

五56.12 

五139.31 

五140.19 

陰乙傳勝圖1.24 

合2.19 

周52.17 

十43.48 

十44.39 

十45.57 

十46.14 

道1.68 

老乙29.30 

老乙61.67 

老乙74.46 

相6.66 

相55.2 

⿰氵毋

九4.24 

明12.9 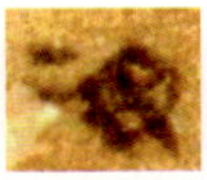

明17.5 

溥

刑甲 30.7　合 6.11　繫 15.9

衍

方 14.10　周 37.46　周 86.31　二 14.3

涓

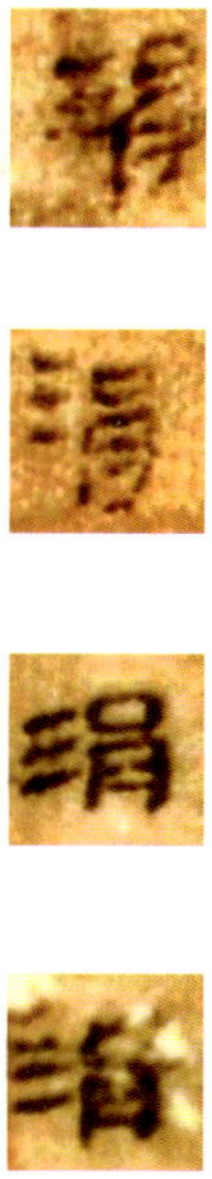

刑甲 112.20　刑甲 112.28　刑乙 55.22　刑乙 56.4

潚

老甲 100.4　老甲 106.3　德 2.29　二 1.56　二 1.58

《說文》：「潚，深清也。从水、肅聲。」帛書中「潚」多用爲「淵」。

渙

周 90.2　周 90.25　周 90.47　周 90.55　周 90.60　周 90.68　衷 45.56　衷 47.13　衷 47.20　繆 1.12

繆 1.17　繆 2.12　繆 4.29　繆 21.60　繆 21.65　繆 22.15　繆 24.28　老乙 56.64

活

沽

候 4.9

漢隸「昏」旁或訛作「古」形，與从水古聲之「沽」字同形，本卷「沽」字下重見。

滂

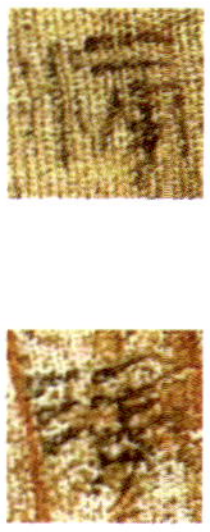

陽甲 34.6　陽乙 16.50

汪

老乙63.62 

漻

老乙65.62 

沖

老乙47.14 

汎

渢

老乙75.26 

浩

星1.7 

星39.7 

潏

刑甲4.7 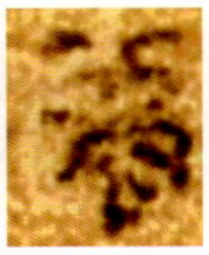

刑甲4.14 

刑乙63.52 

刑乙63.59 

波

春16.9 

陰乙·殘1.4 

地27.1 

箭26.1 

箭77.1 

箭95.4 

箭97.4 

周46.34 

淪

方目2.39 

浮　湍　洶　渾　清

浮

春53.9

衷30.16

十59.44

湍

刑乙小游1.205

洶

⿰氵兇

戰100.4

渾

方52.7

老甲24.15

清

方133.3

方206.27

方211.6

方269.28

去3.24

去4.3

養55.2

養55.12

養132.8

養167.15

房41.11

房42.12

胎7.1

胎14.7

老甲121.9

老甲143.4

德2.17

德2.26

陰乙大游2.69

木63.3

合28.9

合30.9

談46.2

衷31.9

繆62.53

十11.25

老乙2.65

老乙3.24

老乙57.25

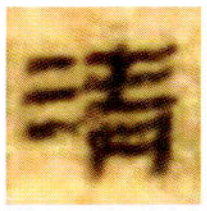
刑乙43.7

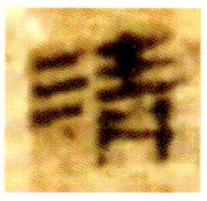
刑乙50.5

相7.29

相48.11

漏

老甲 102.14

老乙 48.18

淵

問 34.8

周 1.46

周 86.14

衷 26.28

衷 33.33

衷 33.53

衷 41.58

十 15.26

老乙 47.22

老乙 49.71

老乙 77.49

星 4.7

𣶒

木 24.19

《說文》或體。

滿

方 366.11

養 112.1

春 24.29

箭 38.1

滑

方 267.18

合 6.13

合 29.10

合 30.8

談 43.18

談 47.15

遣一 287.1

遣一 288.1

遣三 380.1

遣三 381.1

遣三 382.1

十 42.51

澤

方 110.1

方 180.1

方 375.13

養 22.8

養 104.12

養 126.8

養 129.24

戰 157.43

問 11.16

問 96.16

合 4.22
遣三 21.31
地 33.1
二 14.78
衷 32.27
衷 32.33
十 19.50
稱 11.27
老乙 57.4
星 52.18

星 52.20
刑乙小游 1.63
相 4.70
相 6.35
相 13.17
相 27.41
相 27.58
相 27.61
相 28.10
相 29.52

相 33.33
相 33.42
相 33.45
相 35.61
相 36.4
相 37.46
相 37.57
相 41.27
相 41.29
相 51.53

相 51.60
相 53.61
相 63.2
相 70.58
相 71.3
相 76.29

溴

陰甲雜一 8.6

淫

養·殘 102.2
談 7.4

潰

方 249.10
方 261.17
方 342.11
方 461.5
方 466.7
養 89.11
春 46.23
相 16.66
相 68.8

淺

養 16.10
養 204.5
戰 213.7
戰 251.19
老甲 40.8
五 41.13
五 41.17
五 155.6
五 155.10
五 155.17

五155.23
明25.24
刑甲36.20
問6.13
合18.13
談35.24
談42.19
稱8.37
稱11.33
星57.42

刑乙84.27
相26.51
相27.10
相27.54
相29.15
相32.43
相33.38
相40.17

涅

方130.24
射10.10
十23.27
十24.32
十33.55
十56.55

沙

方130.12
方340.13
戰220.30
遣一266.1
遣一271.8
竹二1.6
遣三223.5
遣三358.1
遣三359.1
遣三407.38

箭78.1
周22.29

瀆

方208.16
方208.22
方453.4
氣10.228

浦

地5.2
繆71.8

沸

方34.14
方69.1
方172.6
方420.17
方426.8
方457.11
養109.19
五16.21

瀆

方 43.15 

方 44.20 

方 175.4 

養 4.5 

養 86.15 

養 90.24 

養 129.2 

注

老甲 136.11 

老乙 63.65 

潢

戰 255.27 

洫

養 61.49 

戰 115.26 

戰 317.32 

明 7.1 

周 5.5 

周 41.41 

經 58.42 

經 66.60 

經 71.40 

經 77.2 

十 57.54 

相 37.9 

相 37.15 

溝

戰 102.24 

相 16.61 

瀆

周 29.43 

渠

相 5.57 

相 14.26 

相 16.63 

相 64.28 

渡	津 [氵聿彡]	[氵昔]		[氵芺] 沃		注	決
 氣 9.172	 房 41.28	 方 371.15	 養 166.16		 相 75.67	 方 57.10	 房 8.23
	 合 2.16		 養 167.23	 方 64.23	 相 76.35	 房 43.18	 戰 157.40
	 戰 157.22		 射·殘 2.3	 方 64.27		 戰 55.13	 刑甲 97.9
			 陰乙大游 2.56	 方 87.6		 戰 230.20	 合 11.28
				 方 95.6		 戰 230.30	 合 11.32
				 方 192.24		 老甲 51.5	 刑乙 53.4
				 方 307.11		 繆 62.37	
				 養 5.20		 老乙 24.8	
				 養 7.3		 相 21.59	
				 養 88.10		 相 22.15	

潛

衷 31.2
衷 31.8
衷 31.43
昭 13.56

淦

陰甲徙 5.13
陰甲祭一 A09L.16
陰甲祭一 2L.14
物 1.3
物 1.12
物 1.19
物 2.2

湛

養 221.10
問 66.19
箭 43.1
老乙 47.41

湮

方 52.4
方 57.8
方 114.17
方 167.2
方 169.5

没

方 343.29
老甲 30.5
合 9.22
繫 33.48
繫 34.36
衷 42.35
老乙 14.18
相 2.58
相 19.10
相 24.1

淒

方 69.10
方 70.8

瀴

瀴

陰甲雜三 1.4
陰甲宜忌 5.6
周 10.6

涿

方 438.2
方 438.10
方 438.21
方 439.17
方 444.4
養 55.7

涿

方 185.14

「涿」字訛體。

沈

遺一 258.6
遺三 314.1
遺三 316.4
遺三 317.2
遺三 318.6
衷 22.56
衷 24.31
衷 24.51
繆 68.8
繆 68.14
繆 69.15
十 48.55

瀆

足 2.15
足 6.15
足 8.16
方 5.7
方 37.20
方 41.26
方 78.10
方 127.26
方 185.6
方 214.2
方 245.6
方 264.7
方 272.16
方 287.8
方 324.2
方 347.7
方 361.6
方 422.10
方 451.3
養 28.9
養 31.9
養 33.11
養 33.20
養 42.6
養 43.8
養 52.8
養 75.7
養 81.21
養 82.7
養 82.12
養 82.23
養 88.15
養 90.11
養 91.6
養 91.15
養 93.13
養 128.12
養 129.5
養 170.8
養 170.16
養 170.25
養 177.17
養 188.2
養·殘 55.5
養·殘 61.10
養·殘 139.5
房 4.25
房 11.10
房 12.28
射 22.8

淆

方 254.11 

溓

繫 15.28 

繫 15.65 

繆 34.61 

繆 41.54 

繆 43.20 

繆 43.31 

汽

方 357.27 

滊

談 47.11 

消

方 368.14 

渴

陰甲·殘 132.1 

養 55.14 

養 217.8 

老甲 7.4 

談 21.12 

繆 24.4 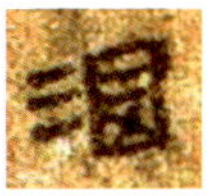

繆 33.69 

繆 69.40 

老乙 3.46 

相 69.12 

汙

房 39.3 

明 26.16 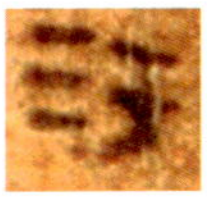

問 9.20 

潤

要 11.15 

泊

方 15.5
方 94.8
方 94.18
方 206.32
方 386.21
方 425.18
方 478.5
養 66.11

湯

足 23.18
方 22.6
方 326.3
方 327.3
方 343.1
方 343.5
方 343.28
方 344.1
方 345.4
方 345.15
方 348.30
方 389.7
方 401.16
方 427.9
方 427.19
方 447.17
去 3.6
養 200.25
春 42.13
戰 141.41
戰 204.10
九 1.2
九 1.24
九 3.24
九 4.21
九 7.10
問 32.20
問 88.22
衷 25.57
繆 57.11
繆 57.31
繆 57.70
繆 58.48

湯

方 480.12
方 487.7

「湯」字訛體，與从水易聲之字同形，本卷水部重見。

涚

談 15.9

汏

方 206.23

溲

方401.5 

浚

方34.17 

方175.14 

方187.15 

方189.26 

方307.13 

方319.10 

養163.15 

養164.2 

養177.11 

射16.26 

談10.7 

刑甲28.14 

周71.19 

刑乙79.59 

潘

方438.7 

養85.13 

泔

方294.12 

方375.14 

房7.8 

明25.23 

滫

方371.16 

饈

養177.18 

滓

方187.4 

養48.22 

⿱⿰爿夕水 ⿰爿⿱夕水

方 206.35

方 263.19

方 264.11

方 384.12

養 3.5

養 6.9

養 6.12

養 6.17

養 8.5

洿

方 57.18

涼

合 28.10

合 30.10

相 20.46

相 74.22

湶

談 46.3

淡

老乙 76.48

液

汐

合 6.19

方 4.5

方 18.15

方 34.20

方 36.5

方 37.25

方 63.5

方 74.4

方 87.9

方 94.16

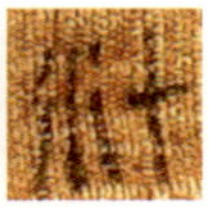
方 95.8

汁

方 95.15

方 99.12

方 100.22

方 181.14

方 181.17

方 181.24

方 187.18

方 189.29

方 200.14

方 202.13

方206.31　方214.7　方214.14　方254.10　方264.3　方274.17　方286.8　方314.7　方317.9　方321.7

方324.7　方342.12　方371.7　方373.5　方383.22　方461.26　方463.5　養31.8　養33.19　養37.24

養49.4　養59.24　養62.18　養81.25　養82.13　養82.20　養91.10　養93.9　養93.14　養110.2

養142.10　養154.12　養163.17　養165.9　養167.16　養170.26　養177.16　養178.3　養·殘3.9　養·殘13.6

養·殘54.4　養·殘139.4　房4.19　房9.19　房11.7　房11.19　房41.22　房43.19　房52.5　射20.3

胎22.35　胎27.16

溢

洫

十23.28　十24.33

秦漢文字中「益」旁常寫作「皿」。

洒

陽甲10.8　方63.6　方191.25　方286.12　方389.8

淬

方260.10
氣1.58

沐

方425.15
方447.24
養61.41
養61.44
養61.47
遣一202.3

沫

談7.3
談20.11
談20.23
談22.34
談23.33
二1.61

浴

陰甲神下38.5
陰甲室2.9
陰甲宜忌5.7
方49.8
方49.26
方49.31
方146.15
方147.8
方326.2
方426.24
方447.25
胎30.9
老甲62.5
老甲62.18
老甲121.2
老甲148.35
周62.25
周71.26
二14.66
十49.10
老乙3.4
老乙5.20
老乙29.36
老乙29.48
老乙48.32
老乙69.28
老乙74.42
相16.57

澡

方57.7
方199.4
合28.22

汲

方52.5
方57.9
方97.3
方114.18
方167.3
方169.6
戰198.32
五16.20
周28.32
周29.21

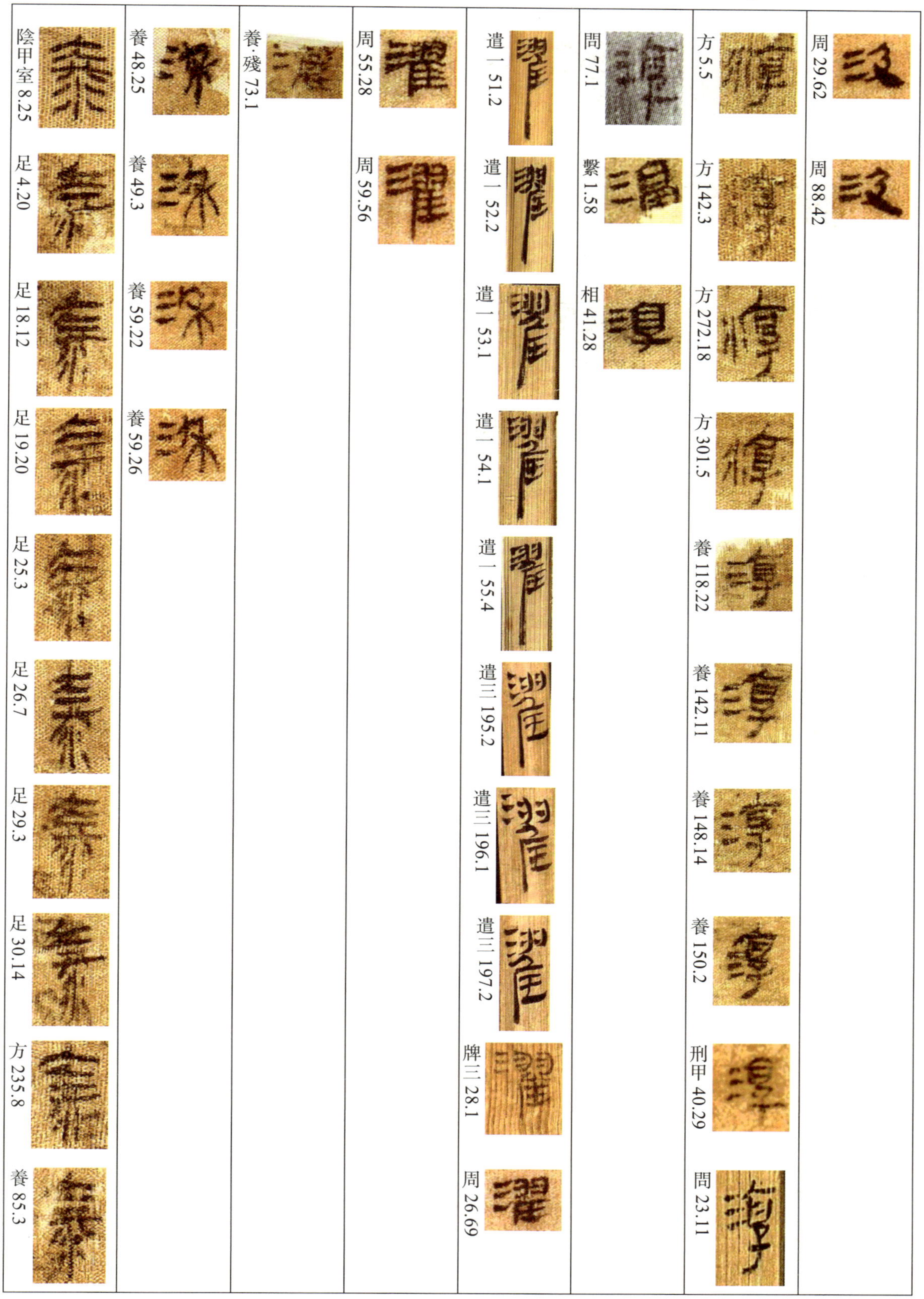

汲（續）：周29.62；周88.42

淳

方5.5；方142.3；方272.18；方301.5；養118.22；養142.11；養148.14；養150.2；刑甲40.29；問23.11；問77.1；繫1.58；相41.28

濯

遣一51.2；遣一52.2；遣一53.1；遣一54.1；遣一55.4；遣三195.2；遣三196.1；遣三197.2；牌三28.1；周26.69；周55.28；周59.56

灑

養·殘73.1

染

養48.25；養49.3；養59.22；養59.26

泰

陰甲室8.25；足4.20；足18.12；足19.20；足25.3；足26.7；足29.3；足30.14；方235.8；養85.3

養 142.19

養 146.5

戰 55.18

五 37.15

刑丙傳 19.3

周 33.2

周 33.55

周 35.24

周 70.20

湩

問 72.26

汗

足 12.2

陽甲 7.6

候 3.14

方 32.6

方 43.24

方 305.3

陽乙 4.6

合 6.5

合 30.22

談 26.15

談 36.18

談 43.12

談 50.3

泣

戰 194.33

氣 10.183

木 60.19

木 63.5

禁 5.2

談 15.15

衷 23.46

涕

五 57.1

周 60.24

周 69.62

渝

繆 36.66

減

氣 10.82

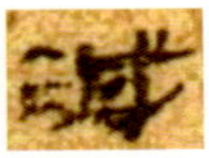
氣 10.108

陰乙大游 3.159

陰乙三合 5.21

十 44.59

稱 11.15

滅	汅*	池*		洅*	沘*	沕*
周68.73	方140.5	沱	地17.1	遣一192.2	養75.15	老甲124.1
周79.17	方286.3	陰甲徙5.14	府13.1	遣一193.2		刑丙地4.2
二5.43	方427.6	陰甲祭一A07L.17	周23.34	遣一194.5		陰乙傳勝圖1.19
繫42.49		陰甲祭一A09L.17	周69.63	遣一212.2		老乙61.63
繫43.9		陰甲雜三1.3	相9.55	遣三256.2		老乙62.33
繫43.41		陰甲祭二2L.15	相16.28	遣三275.2		老乙62.44
		五16.5	相58.67			
		明19.8	相59.4			
		明26.17	「池」字異體，與《說文》本卷訓爲「江別流也」的「沱」字同形。			
		木64.13				

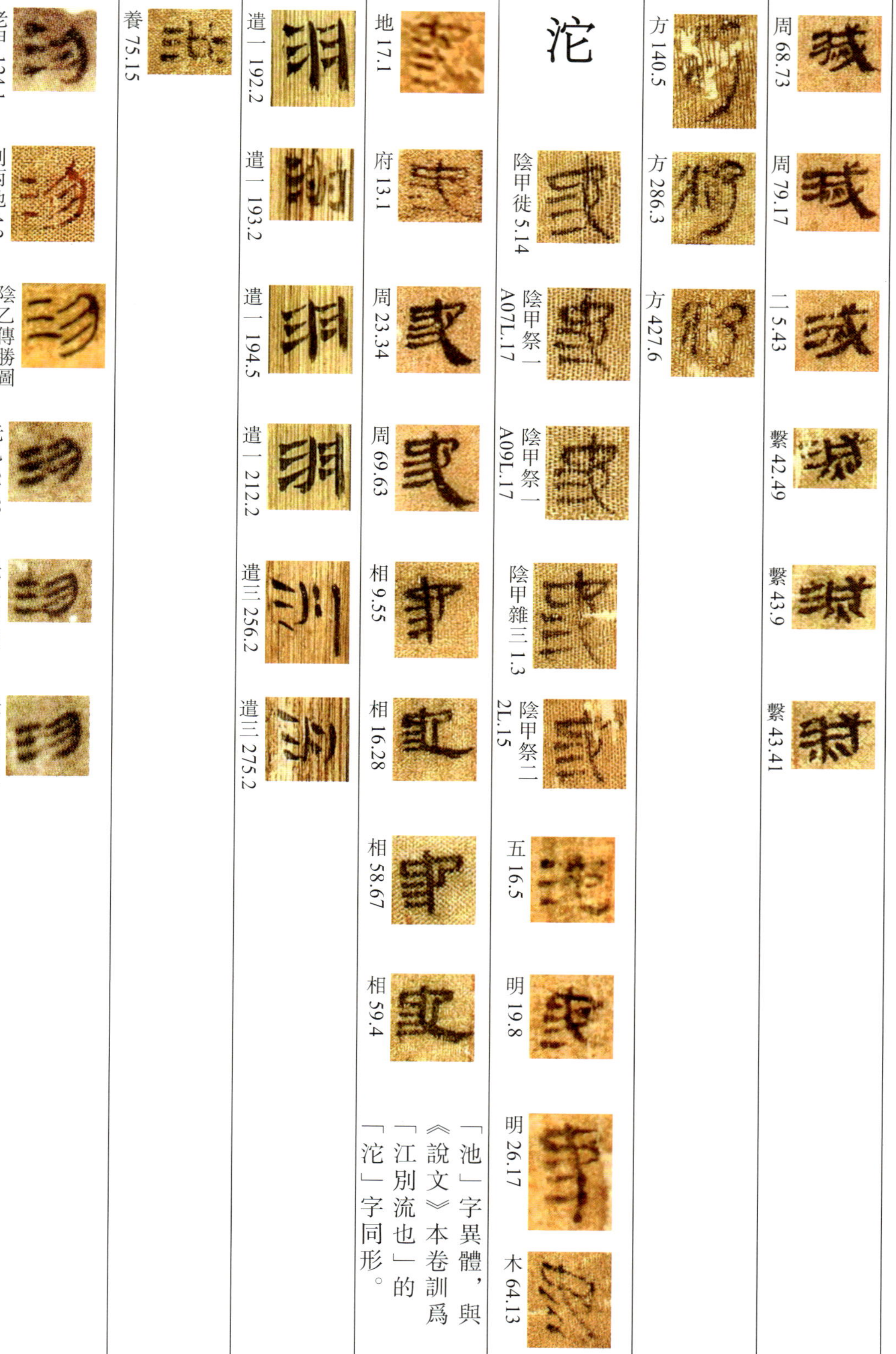

沌*

老乙 57.5

泊*

老甲 129.16

德 12.8

稱 4.63

稱 11.18

老乙 2.12

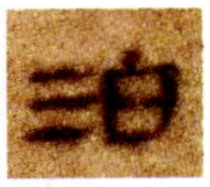
老乙 2.42

彖*

「炙」字訛體，卷十炙部重見。

⿰氵旨*

周 60.25

⿰氵肉*

「衄」字異體，卷五血部重見。

流

《說文》「㳅」字篆文，詳見本卷沝部。

涉

《說文》「𣵾」字篆文，詳見本卷沝部。

浬*

問 52.6

涅*

十 35.46

⿰氵屁*

方 20.1

湯*

周 50.27

周 90.72

从水易聲，帛書中用爲「錫」、「惕」和「逖」。「湯」字或訛作與之同形，本卷「湯」字下重見。

湷*

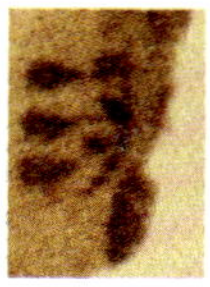

老甲 120.18

老乙 57.10

老乙 61.42

湶*

「泉」字異體，本卷泉部重見。

⿰氵畣*

陰甲祭一 A07L.16

用作「咸池」之「咸」。

⿰氵哀*

談 52.23

⿰氵叜*

方 310.12

溪*

「谿」字異體，本卷谷部重見。

溍*

方 69.3

周 71.17

周 71.32

周 71.51

周 72.9

周 73.40

周 83.3

源*

「灥/原」字異體，本卷灥部重見。

⿰氵丗*

老乙 57.15

温*

「𥁕」字異體，本卷皿部重見。

渭*

刑丙傳勝圖 1.1

刑丙傳勝圖 1.3

陰乙傳勝圖 1.11

陰乙傳勝圖 1.13

⿰氵崩*

方 41.13

字或不从崩，此暫從整理者隸定。

⿰氵啜*

胎 26.11

从水啜聲，疑即「涰」字異體。

⿰谷水*

「谿」字異體，本卷谷部重見。

漁

《說文》「瀫」字篆文，詳見本卷鱻部。

隊*

氣 3.124

潱*

五 174.31

五 175.13

遣一 105.1

⿰氵學*

老甲 133.15

⿰氵幾*

合 24.13

⿰氵戠*

「截」字異體，卷十四酉部重見。

⿰氵疑*

「冰」字異體，本卷仌部重見。

潛*

問 32.25

潛

問 33.22

灊*

灊

戰 56.4

𣴎

流

足 23.17
候 3.21
房 7.10
房 41.6
戰 70.29
老甲 48.12
五 47.17
五 77.21
五 117.16
氣 4.32
氣 4.251
氣 6.30
氣 6.417
氣 9.126
刑甲 34.7
刑甲 34.20
出 32.45
問 87.11
談 31.5
二 2.11
二 23.29
衷 1.57
衷 47.44
繆 62.42
繆 62.48
經 13.21
十 12.34
十 22.11
十 48.57
稱 7.46
道 2.19
星 47.21
刑乙 83.21
刑乙 83.34
相 15.62
相 19.8
相 72.8

《說文》篆文。

𣻎

涉

陰甲堪法 13.23
戰 155.10
周 5.19
周 7.8
周 19.1
周 20.6
周 22.10
周 48.13
周 68.72

瀕　く　粼　川

周 77.8　周 77.36　周 88.8　周 90.9　周 92.8　二 36.43　衷 10.24　繆 35.6　繆 37.14　繆 38.1

《說文》篆文。首例字形較特殊，似本寫作楚文字常見的「涉」形，後又在字的右方增寫「步」旁。

頻

胎 1.5　胎 1.19

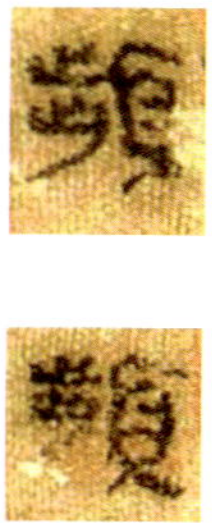

𡊅

二 30.38

《說文》「く」字篆文作「畎」，「𡊅」即「畎」字異體。

戰 152.5　戰 166.33　戰 208.38

粼

老甲 65.15

陰甲神下 38.7　戰 227.20　周 5.21　周 7.10　周 11.13　周 18.60　周 19.3　周 20.8　周 22.12　周 44.2

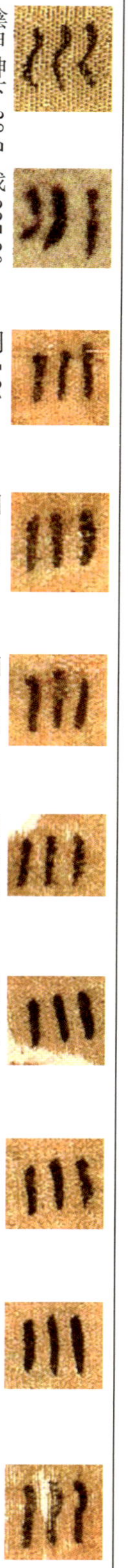

周 48.15　周 77.38　周 88.10　周 90.11　周 92.10　二 14.65　二 23.28　二 24.21　二 26.19　二 26.23

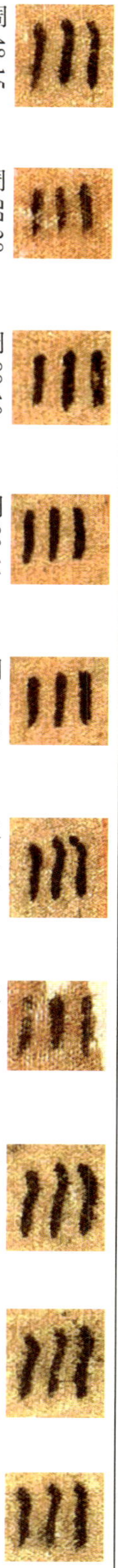

二三 36.44
繫 1.7
繫 2.5
繫 2.13
繫 2.20
繫 9.16
繫 10.10
繫 23.21
繫 27.37
繫 27.44

繫 27.53
繫 27.69
繫 28.2
繫 31.43
繫 35.21
繫 44.56
衷 23.27
衷 26.57
衷 28.53
衷 29.7

衷 35.58
衷 36.4
衷 40.32
衷 40.49
衷 40.61
繆 35.8
繆 37.16
繆 37.25
繆 37.27
繆 37.63

繆 38.3
繆 56.8
十 48.9

巠

養目 3.1
老甲 83.8
老甲 83.19
老甲 143.2
老甲 144.11
老甲 144.15

巟

星 1.11
星 2.30

州

陰甲·殘 204.1
方 276.4
春 28.11
春 29.5
春 29.20
春 31.12
問 63.12
談 22.14
地 56.1
十 49.27

星 7.6
星 29.20
相 21.49

泉

問11.7　問18.20　問29.2　問29.12　問64.6　問96.7　談10.12

湶

周30.11

灥

原

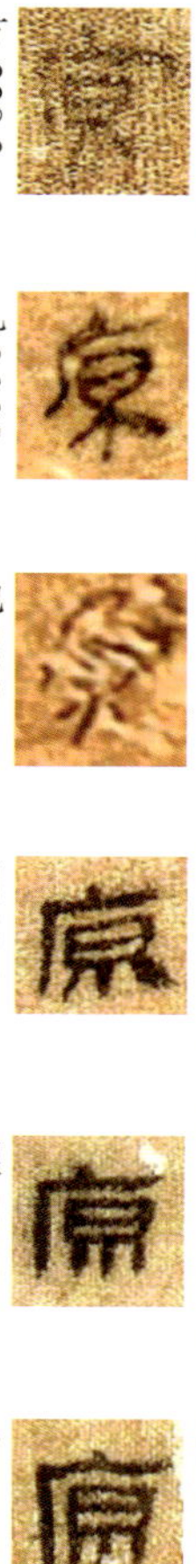

方228.3　九26.25　地76.3　周23.4　經70.10　十56.41　道7.24

《說文》篆文。

源

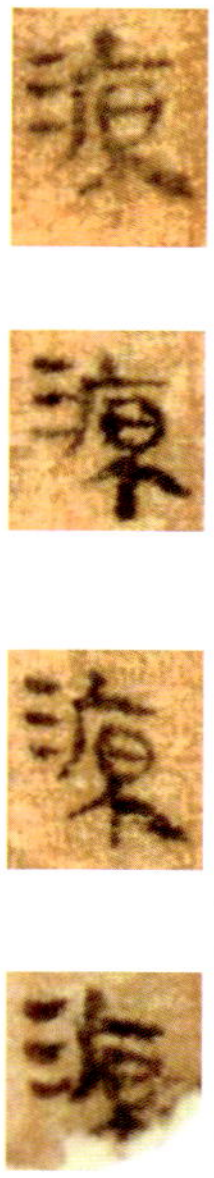

五163.24　五164.5　五164.18　五164.30

永

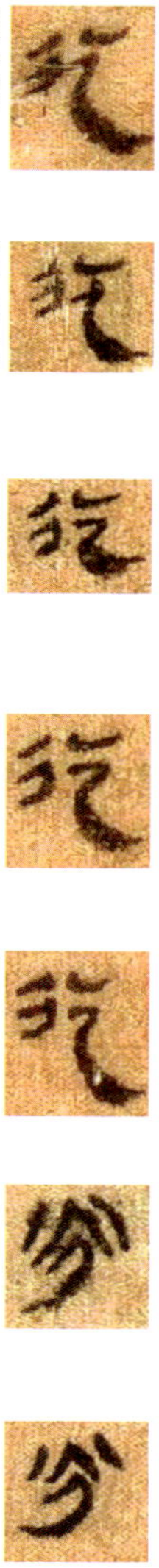

周5.26　周17.19　周23.7　周36.5　周45.22　周60.15　周92.36

羕

氣10.217

𠂢

談36.31

衇

脈

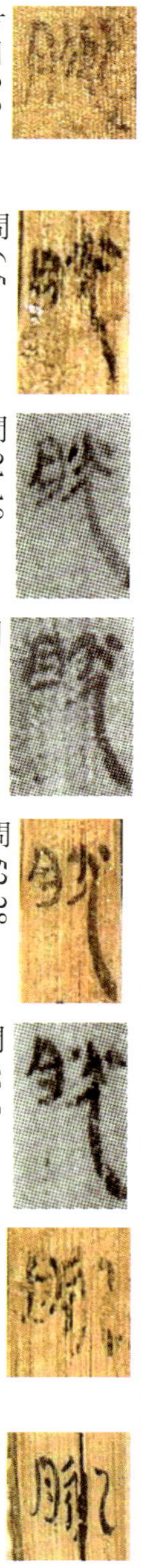

方目3.3　問6.5　問21.18　問49.4　問52.28　問69.5　合4.8　合26.21

《說文》或體。

谿　谷

⿰月川

陽乙 2.14　陽乙 4.28　陽乙 8.5　陽乙 9.4　陽乙 9.35　陽乙 13.7　陽乙 14.18　陽乙 15.41　陽乙 16.12　陽乙 16.22　陽乙 17.21　陽乙 18.35

温

足 5.5　足 9.4　足 10.5　足 12.18　足 13.5　足 18.14　足 19.5　足 20.23　足 21.21　足 25.5　足 26.9　足 29.5　足 30.16　足 31.5　足 32.6　足 34.10　足 34.14

「⿸厂血」字異體。

温

足 22.5

「温」或因形近訛作「温」形。

谷

方 82.13　養 30.8　養 146.2　戰 155.11　戰 192.31　老甲 6.29　刑丙天 6.14　老乙 3.41　相 67.55

谿

胎 34.8　相 16.59

溪

陰甲神下 38.8

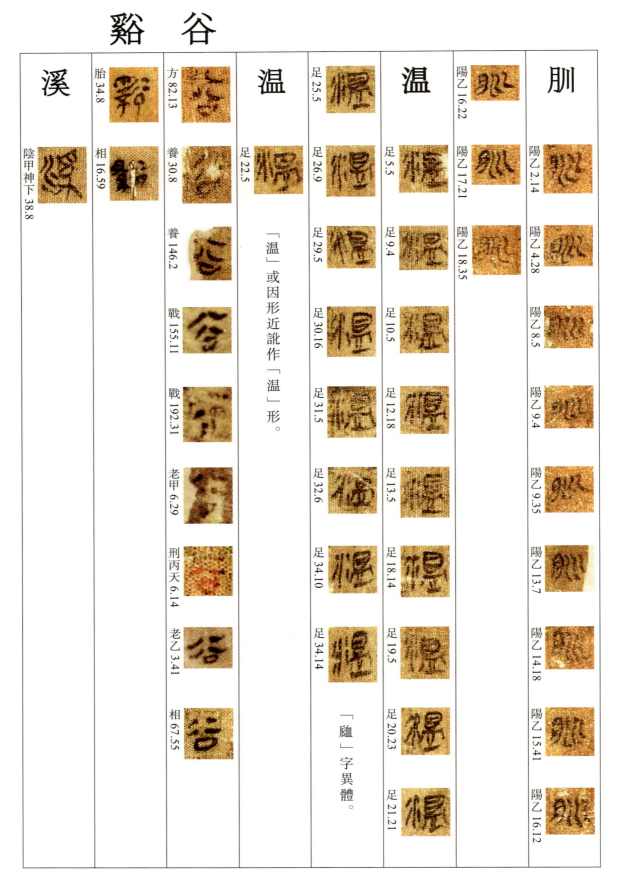

冰

⿰奚水

老甲 148.9

冰

周 44.38　二 18.23　衷 27.26　衷 37.52　繆 62.28　繆 62.35　繆 62.38　繆 63.32

凝

房 26.18

《說文》俗體作「凝」。

凍

方 441.3

冬

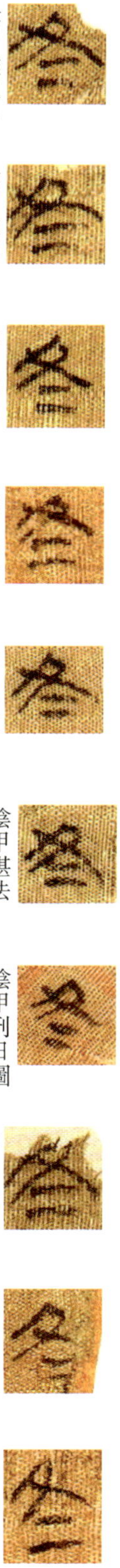

陰甲雜二 4.5　陰甲雜三 4.12　陰甲雜五 4.29　陰甲雜六 5.2　陰甲堪法 5.13　陰甲堪法 11.10　陰甲刑日圖 1.23　陰甲·殘 8.7　陰甲·殘 336.3　方 63.8

方 339.7　去 3.26　養 74.29　養 90.17　養 106.11　養 112.2　養 149.4　老甲 54.27　老甲 119.20　老甲 138.16

老甲 138.21　氣 6.10　刑甲 48.24　刑甲 50.5　刑甲小游 1.62　刑甲小游 1.125　刑丙天 10.15　陰乙大游 3.2　陰乙三合 5.1　出 21.4

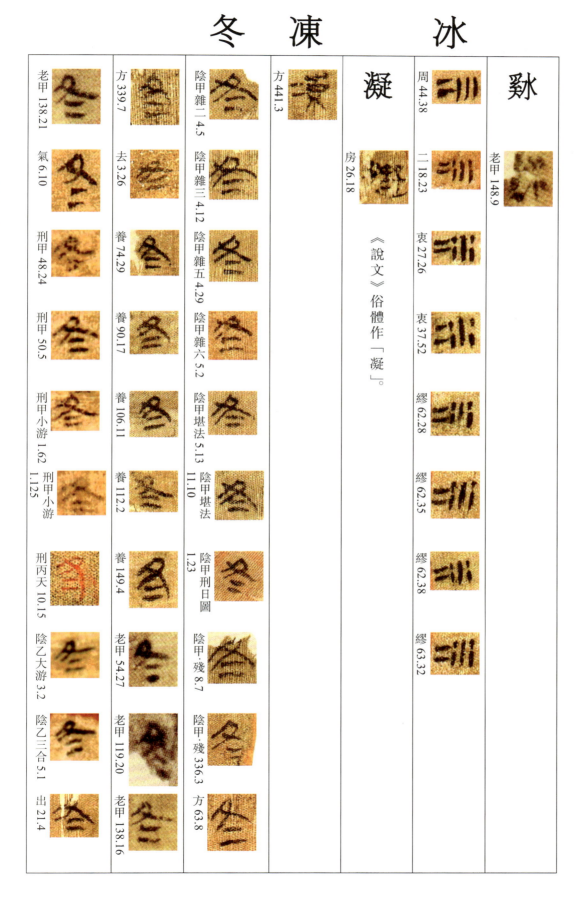

冶

問21.26 問32.27 周5.9 周5.32 周22.33 周23.31 周26.10 周26.52 周58.27 周73.55

繫6.49 繫15.32 繫34.59 繫43.52 繫44.2 衷26.11 衷28.17 衷33.11 衷39.56 衷40.1

衷48.52 衷49.27 要20.41 要20.49 繆14.9 繆14.22 繆15.17 繆28.66 繆29.58 繆39.23

繆40.50 繆41.49 昭13.41 周·殘下81.2 經66.47 經71.49 經75.6 經75.45 十8.53 十51.43

稱10.35 稱22.59 老乙14.28 老乙17.30 老乙64.68 老乙65.1 老乙67.2 星32.30 星37.31 星64.38

星72.34 刑乙72.8 刑乙74.7 刑乙92.25 刑乙92.41 刑乙93.6 刑乙小游1.153 刑乙小游1.213 相41.50

㕣

氣5.26

《說文》古文。

方3.16 方7.2 方8.9 方8.17 方14.12 方19.2 方23.13 方23.19 方25.16 方25.22

方 29.3
方 29.10
方 44.2
方 45.30
方 48.11
方 60.6
方 67.9
方 69.20
方 100.5
方 114.16

方 161.2
方 166.2
方 175.24
方 177.19
方 178.9
方 216.9
方 228.28
方 240.1
方 240.10
方 250.14

方 253.14
方 262.10
方 263.25
方 272.2
方 275.29
方 284.3
方 297.12
方 317.16
方 321.2
方 323.5

方 336.10
方 337.7
方 337.16
方 338.23
方 348.2
方 349.2
方 351.2
方 352.2
方 359.6
方 360.4

方 362.2
方 363.2
方 364.2
方 365.7
方 366.4
方 367.12
方 372.5
方 382.21
方 388.5
方 412.7

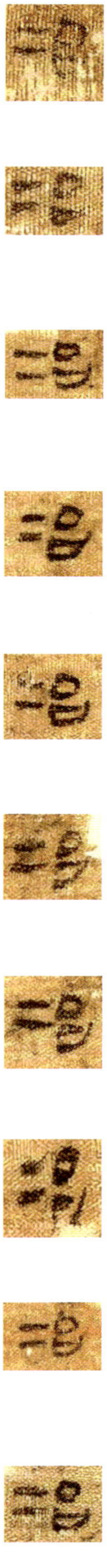

方 449.6
方 451.13
方 461.21
養 18.12
養 18.15
養 30.14
養 34.12
養 61.21
養 64.2
養 76.10

養 88.4
養 89.6
養 105.3
養 106.14
養 108.14
養 111.8
養 112.10
養 113.21
養 118.27
養 125.18

養 127.22
養 131.16
養 161.9
養 172.3
養 184.5
養·殘 57.6
房 9.14
房 12.23
房 16.22
房 18.19

雨

房 20.23
房 22.22
房 24.20
房 36.4
射 18.3
胎 22.14
胎 23.12
胎 24.10
戰 256.8
禁 7.7

禁 8.8
禁 10.1

陰甲神上 8.13
陰甲神上 8.16
戰 88.17
戰 146.12
老甲 138.19
五 16.23
五 57.3
氣 1.32
氣 1.136
氣 9.185

氣 10.110
氣 10.115
氣 10.179
氣 10.200
氣 10.281
刑甲 17.3
刑甲 17.35
刑甲 18.18
刑甲 18.30
刑甲 18.34

刑甲 19.7
刑甲 19.12
刑甲 19.37
刑甲 20.3
刑甲 20.8
刑甲 20.15
刑甲 20.23
刑甲 20.36
刑甲 21.4
刑甲 21.8

刑甲 23.10
刑甲 23.24
刑甲 23.27
刑甲 25.26
刑甲 34.16
刑甲 34.28
刑甲 40.22
刑甲 43.16
刑甲 44.9
刑甲 49.18

刑甲 49.23
刑甲 113.27
刑甲 114.24
刑甲 115.29
刑甲 132.4
刑甲 133.9
刑甲 134.9
刑甲 135.13
刑甲 136.6
刑甲 136.10

刑甲 136.13
刑甲 137.7
刑甲 137.13
刑甲 138.6
刑甲 138.13
刑甲小游 1.22
刑甲小游 1.45
刑甲小游 1.148
刑甲小游 1.189
刑甲小游 1.209

刑甲小游1.241
刑丙地2.13
刑丙地19.11
刑丙小游1.36
刑丙小游1.71
刑丙小游1.154
陰乙小游1.54
陰乙女發4.3
木24.18
太2.1

太2.5
周36.13
周57.61
周76.20
周84.8
周84.63
二1.68
二2.27
二13.5
二13.11

繫36.68
稱3.34
老乙64.71
星33.26
刑乙22.3
刑乙34.8
刑乙34.14
刑乙35.1
刑乙35.11
刑乙35.22

刑乙36.10
刑乙36.13
刑乙37.10
刑乙37.18
刑乙38.2
刑乙57.11
刑乙59.1
刑乙60.17
刑乙71.45
刑乙72.13

刑乙72.50
刑乙72.55
刑乙73.4
刑乙73.9
刑乙73.27
刑乙73.39
刑乙73.45
刑乙73.50
刑乙73.57
刑乙73.65

刑乙74.13
刑乙74.25
刑乙74.29
刑乙76.11
刑乙76.25
刑乙76.28
刑乙77.38
刑乙83.30
刑乙89.2
刑乙89.5

刑乙89.14
刑乙89.20
刑乙92.45
刑乙92.50
刑乙小游1.85
刑乙小游1.136
刑乙小游1.177
刑乙小游1.198
刑乙小游1.236
刑乙小游1.262

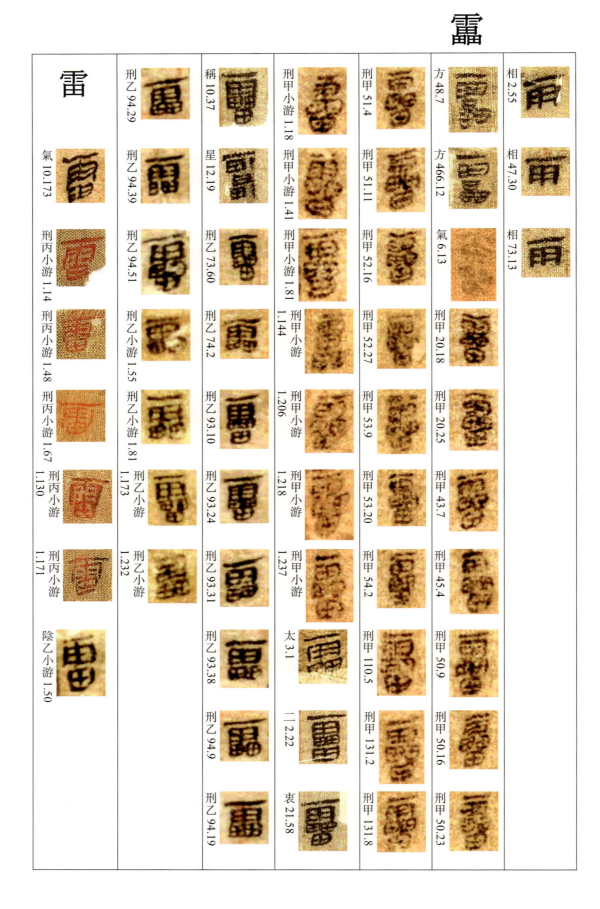

靁

相2.55
相47.30
相73.13

方48.7
方466.12
氣6.13
刑甲20.18
刑甲20.25
刑甲43.7
刑甲45.4
刑甲50.9
刑甲50.16
刑甲50.23

刑甲51.4
刑甲51.11
刑甲52.16
刑甲52.27
刑甲53.9
刑甲53.20
刑甲54.2
刑甲110.5
刑甲131.2
刑甲131.8

刑甲小游1.18
刑甲小游1.41
刑甲小游1.81
刑甲小游1.144
刑甲小游1.206
刑甲小游1.218
刑甲小游1.237
太3.1
二2.22
衷21.58

稱10.37
星12.19
刑乙73.60
刑乙74.2
刑乙93.10
刑乙93.24
刑乙93.31
刑乙93.38
刑乙94.9
刑乙94.19

刑乙94.29
刑乙94.39
刑乙94.51
刑乙小游1.55
刑乙小游1.81
刑乙小游1.173
刑乙小游1.232

雷

氣10.173
刑丙小游1.14
刑丙小游1.48
刑丙小游1.67
刑丙小游1.130
刑丙小游1.171
陰乙小游1.50

震

養204.21

雪 䨮

十11.22

霏

陰甲祭三1.22

雹

刑丙地19.12

需

養127.10

老甲6.24

要13.14

老乙3.3

零

方421.5

霤

方219.10

屚

方408.3

養128.21

問52.25

問55.3

露

方 434.2

刑甲 34.15

二 13.3

刑乙 83.29

霜

去 3.15

去 4.10

問 32.24

遣三 328.1

周 44.36

二 18.21

衷 27.24

衷 37.50

十 11.23

霚

去 3.17

去 4.11

去 4.29

⿱雨工*

「虹」字異體，卷十三虫部重見。

⿱雨覈

《說文》「⿱雨覈」字或體，詳見卷七襾部。

⿱雨黽*

「⿱雨覈」字訛體，卷七襾部重見。

雲

去 5.20

養 152.2

戰 113.33

老甲 122.22

氣 5.195

氣 5.207

氣 5.216

氣 8.131

氣 9.129

氣 9.163

氣 9.202

氣 9.242

氣 10.4

氣 10.74

氣 10.80

氣 10.100

氣 10.106

氣 10.112

刑甲 35.16

刑甲 35.19

刑甲38.12
刑甲94.24
刑甲114.3
問57.13
遣一252.4
遣一253.3
遣三316.1
周36.11
周84.6
二2.42

二10.26
衷23.35
道3.46
刑乙50.1
刑乙50.3
刑乙58.1
刑乙79.16
相64.54

云

養203.3
房·殘20.2
老甲90.8
氣1.2
氣1.8
氣1.11
氣1.13
氣1.15
氣1.17

氣1.19
氣1.21
氣1.24
氣1.26
氣1.28
氣1.30
氣1.157
氣1.271
氣1.276
氣2.1

氣2.24
氣2.32
氣2.37
氣2.45
氣2.55
氣2.67
氣2.166
氣2.220
氣2.245
氣6.376

氣8.3
氣8.21
氣8.41
氣8.126
氣9.31
氣9.39
氣9.43
氣9.47
氣9.50
氣9.55

氣9.81
氣9.254
氣9.266
氣9.268
氣9.279
氣10.119
氣10.171
氣10.277
氣10.306
刑丙地2.12

刑丙地5.14
刑丙地6.6
問34.23
問36.20
問100.13
老乙10.19
老乙10.23
老乙41.4
老乙41.9
老乙41.19

魚

刑乙小游1.201

《說文》古文。

陽甲9.17
陽甲20.12
陽甲25.3
方23.16
方27.23
方125.1
方228.11
方228.32
方262.5
方322.3

方385.3
陽乙4.43
養202.27
養·殘40.3
房·殘4.1
射19.15
胎23.26
戰43.6
戰43.15
戰47.31

老甲167.28
氣4.232
氣9.57
問86.6
合16.16
談32.10
遣一12.4
遣一30.1
遣一49.2
遣一50.5

遣一59.1
遣一90.1
遣一92.1
遣三55.5
遣三91.2
遣三95.1
遣三105.1
遣三128.1
遣三145.2
遣三203.1

周9.32
周9.51
周12.46
周88.5
二2.5
繆58.54
道2.16
老乙77.44
相4.46
相15.60

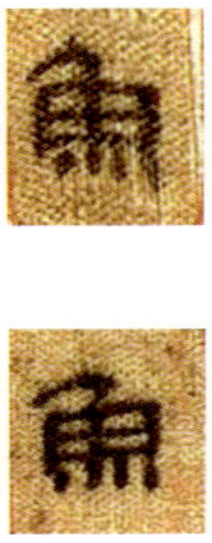
相50.55
相51.17

鯉

遣一48.1
遣三59.1
遣三74.2
遣三89.1

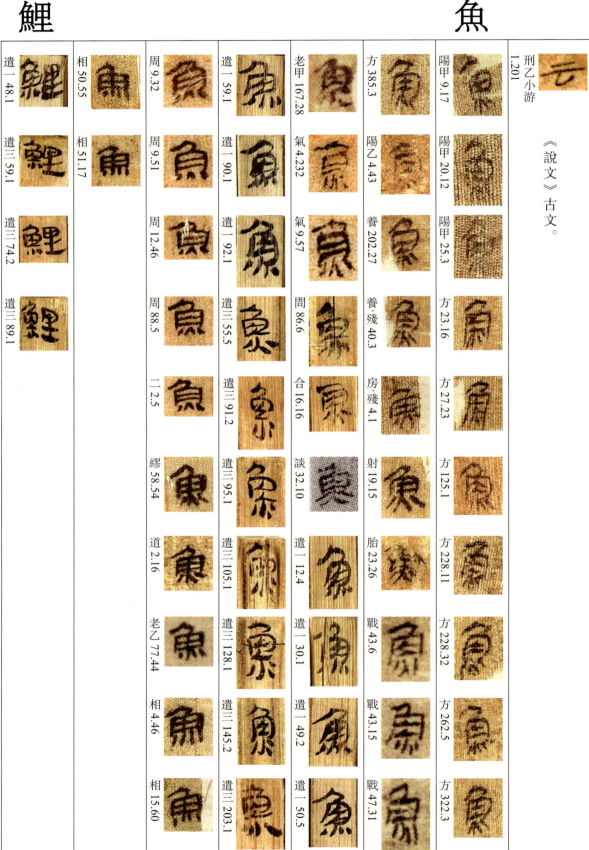

鱣	魴	鮍	鮒	鱓	鰸	魦	鮮
方130.14 	遺一99.1 	遺三59.2 	方262.4 	鼉	遺一100.1 	⿰魚小	方135.11 
方351.19 	遺三97.1 			胎6.26 	遺三96.1 	遺三83.2 	方251.27 
							胎33.4 
							春38.27 
							刑丙天12.18 
							問9.1 
							遺一17.1 
							遺一145.3 
							遺三60.1 
							遺三74.1 

（續前頁）

遣三 82.2

遣三 83.1

遣三 173.3

遣三 220.1

遣三 407.11

遣三 407.18

一 33.49

十 51.41

老乙 22.8

鮑

遣一 12.3

遣一 17.4

遣三 55.4

遣三 60.5

⿰魚夫

遣三 128.2

遣三 144.2

魷*

遣一 90.2

遣一 91.2

遣一 102.4

竹一 7.2

遣三 94.2

遣三 95.2

⿰魚支*

射 13.12

鮠*

遣三 143.2

遣三 143.4

解*

「解」字訛體，卷四角部重見。

鯌*

牌三 19.1

牌三 20.1

鰿*

遺一16.1　遺一21.1　遺一47.1　竹一4.1　遺三61.1　遺三64.1　遺三82.3　遺三88.1　遺三204.1　牌三11.2

鱥*

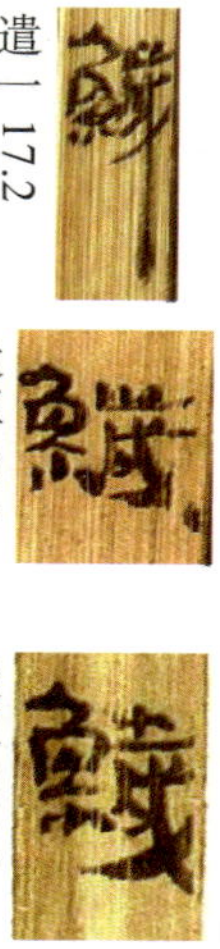
遺一17.2　遺三60.2　遺三206.2

⿰魚翟*

衷26.26　衷33.35　衷33.51　衷33.60　衷33.65

鯩

周1.44

⿰氵𩺰

漁

明26.20　陰乙上朔35.24　繫33.39　繆57.28

《説文》篆文。

燕

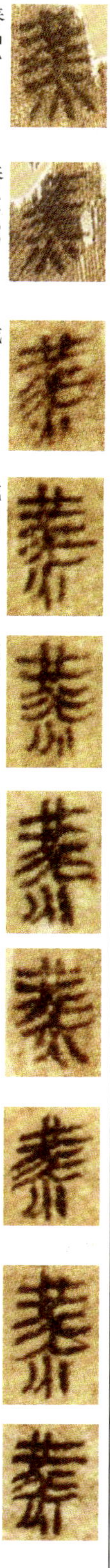
春7.1　春11.23　戰1.5　戰3.8　戰5.6　戰6.13　戰6.22　戰7.36　戰9.21　戰16.23

戰17.21　戰21.13　戰22.10　戰24.22　戰25.1　戰27.22　戰28.8　戰28.11　戰28.21　戰29.3

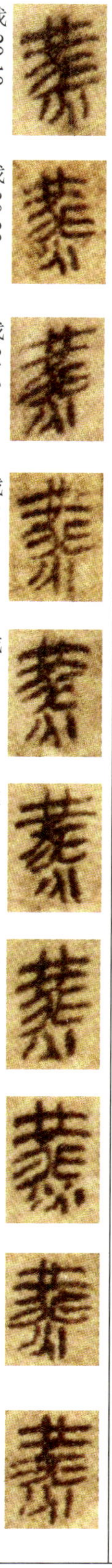
戰29.19　戰30.23　戰31.6　戰32.11　戰32.27　戰35.5　戰35.27　戰37.25　戰41.18　戰44.12

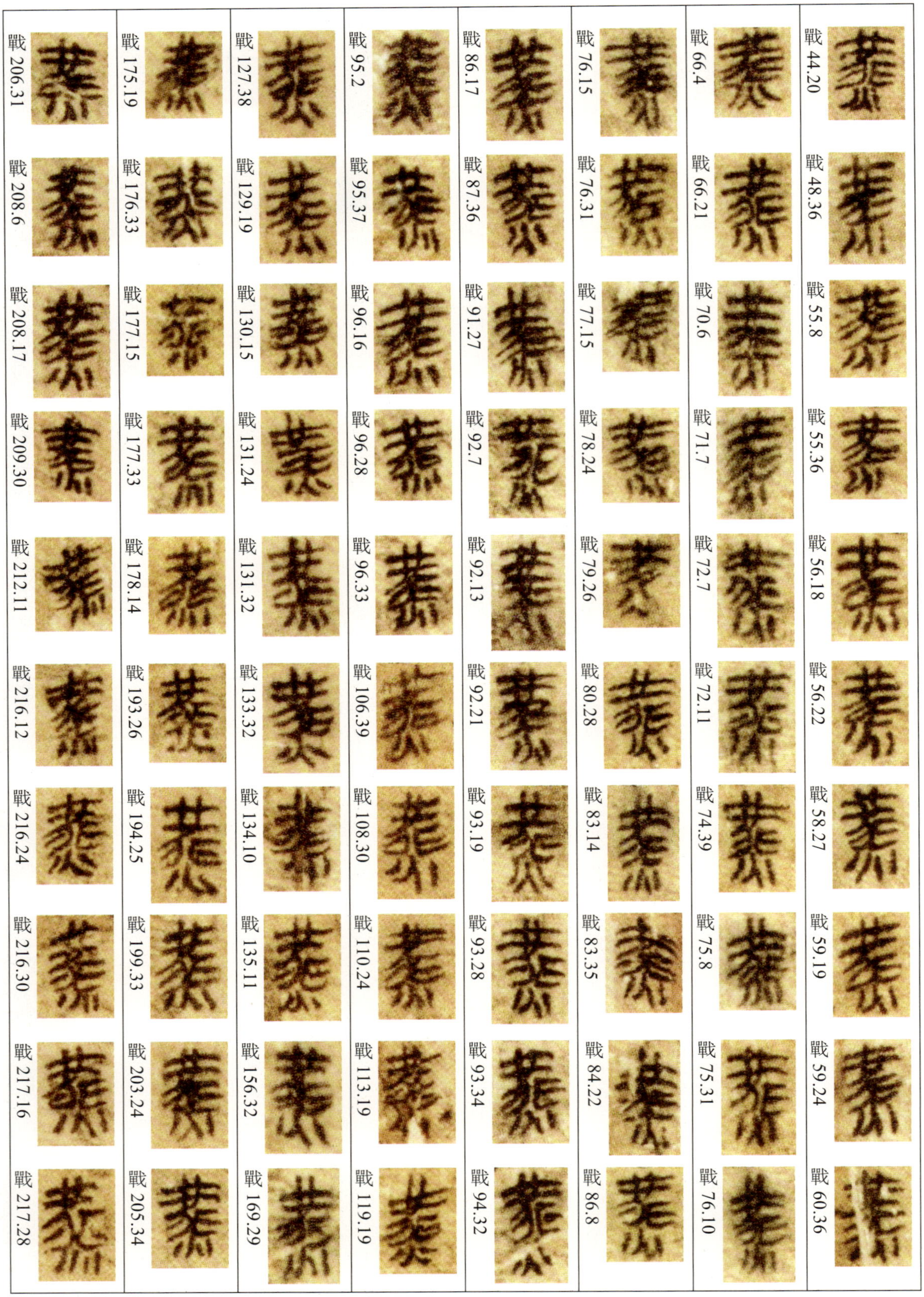

戰 44.20
戰 48.36
戰 55.8
戰 55.36
戰 56.18
戰 56.22
戰 58.27
戰 59.19
戰 59.24
戰 60.36

戰 66.4
戰 66.21
戰 70.6
戰 71.7
戰 72.7
戰 72.11
戰 74.39
戰 75.8
戰 75.31
戰 76.10

戰 76.15
戰 76.31
戰 77.15
戰 78.24
戰 79.26
戰 80.28
戰 83.14
戰 83.35
戰 84.22
戰 86.8

戰 86.17
戰 87.36
戰 91.27
戰 92.7
戰 92.13
戰 92.21
戰 93.19
戰 93.28
戰 93.34
戰 94.32

戰 95.2
戰 95.37
戰 96.16
戰 96.28
戰 96.33
戰 106.39
戰 108.30
戰 110.24
戰 113.19
戰 119.19

戰 127.38
戰 129.19
戰 130.15
戰 131.24
戰 131.32
戰 133.32
戰 134.10
戰 135.11
戰 156.32
戰 169.29

戰 175.19
戰 176.33
戰 177.15
戰 177.33
戰 178.14
戰 193.26
戰 194.25
戰 199.33
戰 203.24
戰 205.34

戰 206.31
戰 208.6
戰 208.17
戰 209.30
戰 212.11
戰 216.12
戰 216.24
戰 216.30
戰 217.16
戰 217.28

戰218.6 戰218.15 戰219.6 戰219.40 戰220.9 戰220.24 戰220.35 戰221.29 戰221.38 戰228.15

戰231.2 戰250.27 戰251.3 戰251.21 戰252.3 戰252.16 戰254.25 戰274.24 戰274.28 戰278.20

戰279.12 老甲143.24 明35.28 明36.11 氣1.12 刑甲56.18 老乙67.14 星73.37 刑乙95.19

龍

陽甲10.13 方167.8 養176.4 戰188.9 戰191.11 戰194.10 戰196.5 老甲113.6 老甲113.18 老甲113.22

老甲114.6 氣1.224 氣9.36 刑丙地15.12 陰乙傳勝圖1.54 太8.2 太9.2 地45.1 箭90.1 周1.11

周1.18 周1.64 周1.72 周45.10 二1.11 二1.21 二1.25 二2.36 二4.72 二5.6

二5.52 二5.59 二6.21 二6.27 二6.63 二7.6 二7.44 二7.56 二7.59 二15.28

二17.32 二17.51 二18.3 衷22.67 衷26.50 衷28.1 衷30.26 衷31.3 衷31.44 衷31.48

飛

衷 32.39
衷 35.26
衷 42.17
相 18.54
相 70.63

方 27.28

騑

二 2.52

龔

翼

養 65.28
養 77.15
陰乙玄戈 8.10
周 51.17
星 106.2
星 124.16
星 128.5

《說文》篆文。

冀

陰甲祭一 A10L.8
陰甲祭一 A16L.14
陰甲祭一 B05L.10
陰甲神上 11.21
陰甲神上 22.32
陰甲神上 28.12
陰甲雜七 5.9
陰甲堪法 4.5
陰甲堪法 4.16

陰甲祭二 9L.3
陰甲·殘 83.3
陰甲·殘 344.1

非

陰甲堪法 6.20
陰甲堪法 14.2
方 217.32
養 173.1
春 7.29
春 24.7
春 83.6
戰 31.7
戰 52.21
戰 52.31

戰 53.25
戰 65.3
戰 65.17
戰 65.29
戰 66.10
戰 79.37
戰 102.31
戰 104.15
戰 115.21
戰 118.36

戰 131.10
戰 136.34
戰 140.3
戰 140.9
戰 148.35
戰 152.29
戰 157.5
戰 159.37
戰 165.3
戰 183.21

戰 184.9
戰 195.7
戰 195.22
戰 204.3
戰 207.8
戰 216.26
戰 224.33
戰 230.23
戰 231.25
戰 252.4

戰 254.4
戰 255.1
戰 256.10
戰 267.19
戰 267.26
戰 270.16
戰 270.21
戰 293.17
戰 316.21
戰 318.6

戰 320.18
戰 322.11
老甲 47.9
老甲 47.21
老甲 60.10
老甲 63.30
老甲 93.6
老甲 93.16
老甲 155.27
五 82.15

五 95.4
五 96.14
五 133.17
五 133.21
五 133.25
五 133.29
九 3.26
九 32.22
九 32.30
明 7.16

明 7.31
明 9.5
明 14.29
明 20.12
明 21.17
明 33.13
明 35.11
明 42.14
明 44.5
刑甲 35.9

刑甲 35.13
刑甲 35.18
刑甲 107.18
刑丙地 20.3
問 27.4
問 70.4
問 70.16
問 71.1
問 85.16
談 29.17

談 29.22
遣一 245.4
物 1.24
物 1.32
周 8.8
周 17.33
周 23.48
周 27.36
周 60.12
周 70.11

靡

周 76.14
二 8.67
二 8.72
二 9.20
繫 19.4
繫 20.4
繫 40.37
繫 44.28
衷 48.30
衷 49.45

要 14.27
要 18.8
繆 14.44
繆 25.54
繆 28.20
繆 30.8
繆 34.5
繆 38.56
繆 40.9
繆 43.42

繆 56.60
經 54.32
經 73.4
經 74.45
經 74.50
十 28.59
十 32.3
十 32.11
十 46.48
十 47.39

十 51.45
十 52.19
稱 2.9
稱 2.13
稱 11.56
稱 11.65
老乙 4.19
老乙 22.18
老乙 22.30
老乙 70.13

刑乙 16.11
相 10.49
相 32.36
相 39.12
相 41.34
相 41.55

方 56.11
方 56.15
方 106.25
方 106.30
方 107.2
方 107.10
方 108.17
方 109.7
方 109.16
方 111.11

方 111.25
方 151.2
方 228.24
方 228.30
方 330.23
方 332.4
方 355.4
方 384.2
方 390.31
方 401.19

方 424.10
方 475.11
方 479.8
養 77.23
養 79.21
養 114.3
木 59.12
木 60.22
問 8.27
問 50.14

冀*

冀	痱	
談54.14  談54.20  繫1.52  十8.38  十26.62 	問87.6 	「⿱飛異/翼」字異體，本卷飛部重見。

卷十二

孔

老甲 132.13　二 7.76　二 9.9　二 10.2　二 17.48　要 18.70　繆 47.53　繆 71.9　老乙 62.19

乳

足 10.20　足 11.15　方 252.9　方 321.6　陽乙 5.1　陽乙 6.23　養 61.39　木 6.26　合 6.2　談 43.9

「亂」字或省作與「乳」同形，卷十四乙部重見。

不

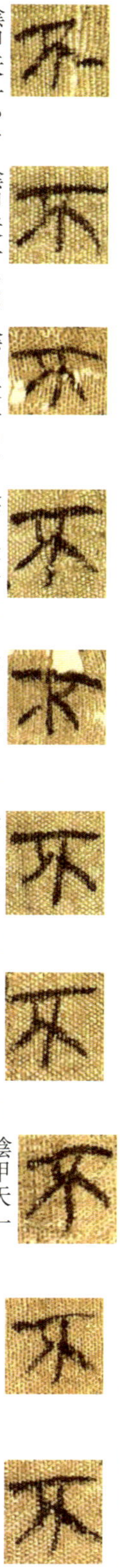

陰甲天一 3.4　陰甲天一 6.13　陰甲天一 7.4　陰甲天一 7.18　陰甲天一 8.4　陰甲天一 8.14　陰甲天一 9.17　陰甲天一 13.15　陰甲徙 6.14　陰甲徙 6.23

陰甲徙 6.30　陰甲徙 6.37　陰甲徙 6.42　陰甲上朔 2.7　陰甲神上 11.25　陰甲神上 11.29　陰甲雜三 1.22　陰甲雜三 1.27　陰甲雜四 1.11　陰甲雜四 4.9

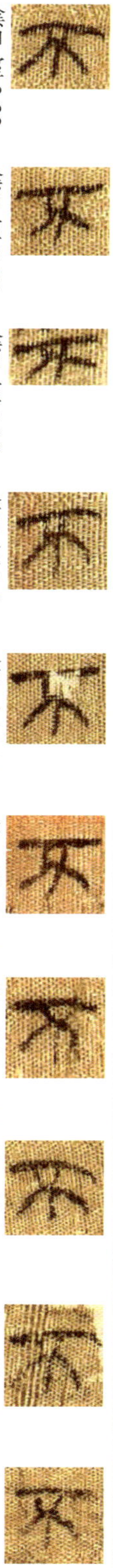

陰甲室 3.32　陰甲室 5.17　陰甲室 5.30　陰甲室 8.8　陰甲室 9.11　陰甲築一 6.3　陰甲堪法 3.17　陰甲堪法 8.16　陰甲堪法 10.2　陰甲堪法 12.3

陰甲堪法12.5
陰甲祭三2.26
陰甲祭三6.22
陰甲宜忌2.7
陰甲宜忌5.10
陰甲宜忌5.13
陰甲宜忌7.2
陰甲·殘24.1
陰甲·殘201.4
陰甲·殘261.3

陰甲·殘334.7
陰甲·殘374.1
足17.20
足21.27
足22.10
足24.1
陽甲14.26
陽甲22.15
脈2.17
脈2.22

脈5.5
脈8.3
脈12.2
候3.20
候4.8
方目2.17
方目2.27
方15.9
方24.20
方24.26

方26.17
方26.26
方27.7
方30.12
方51.19
方53.18
方96.25
方100.15
方111.29
方116.7

方146.3
方171.5
方173.5
方186.4
方190.2
方190.6
方196.11
方199.14
方206.9
方220.16

方243.10
方260.15
方261.20
方272.33
方276.6
方296.1
方302.4
方316.19
方321.11
方321.13

方386.22
方391.10
方392.6
方393.16
方·殘49.2
去5.2
陽乙3.25
陽乙12.16
陽乙12.27
陽乙15.27

養13.3
養23.1
養50.13
養110.20
養145.7
養153.24
養190.14
養199.3
養199.17
養199.21

養 200.4	房 39.5	胎 31.16	春 56.5	春 74.27	春 90.7	戰 7.28	戰 26.17
養 200.11	房 46.25	春 30.17	春 56.9	春 75.16	春 90.11	戰 8.10	戰 26.24
養 208.9	房 46.30	春 39.7	春 58.5	春 76.20	春 91.12	戰 10.4	戰 27.34
養 215.1	射 12.3	春 42.17	春 63.19	春 79.19	春 95.9	戰 13.35	戰 28.29
養 218.9	射 14.21	春 49.22	春 63.32	春 80.14	春 95.20	戰 15.10	戰 32.9
養 220.6	胎 5.1	春 50.3	春 65.1	春 82.31	春 97.5	戰 17.27	戰 32.21
養 221.4	胎 5.5	春 51.11	春 66.20	春 83.16	戰 3.17	戰 21.7	戰 32.29
養目 1.2	胎 5.9	春 54.13	春 69.21	春 83.18	戰 4.5	戰 23.21	戰 34.24
養·殘 23.3	胎 17.8	春 54.24	春 70.5	春 83.27	戰 6.11	戰 25.26	戰 38.18
房 35.10	胎 24.27	春 55.22	春 73.11	春 86.9	戰 7.16	戰 26.14	戰 38.23

戰 39.9
戰 40.1
戰 40.8
戰 41.22
戰 42.2
戰 42.11
戰 43.8
戰 44.35
戰 46.3
戰 46.20

戰 46.34
戰 50.15
戰 51.8
戰 51.16
戰 51.22
戰 51.33
戰 51.41
戰 52.12
戰 53.4
戰 53.37

戰 54.21
戰 54.32
戰 54.38
戰 55.4
戰 55.10
戰 55.16
戰 55.23
戰 57.5
戰 57.19
戰 60.18

戰 61.29
戰 64.8
戰 64.21
戰 67.33
戰 67.37
戰 68.16
戰 68.39
戰 70.25
戰 71.24
戰 73.35

戰 74.5
戰 74.26
戰 75.4
戰 76.19
戰 76.34
戰 77.4
戰 78.13
戰 80.29
戰 82.15
戰 83.20

戰 84.7
戰 85.14
戰 87.6
戰 87.16
戰 89.16
戰 89.31
戰 90.36
戰 91.2
戰 92.5
戰 92.18

戰 95.22
戰 98.16
戰 98.34
戰 99.23
戰 102.28
戰 103.11
戰 106.6
戰 106.18
戰 106.31
戰 107.6

戰 107.14
戰 107.25
戰 108.14
戰 109.5
戰 110.13
戰 111.1
戰 111.21
戰 115.5
戰 115.36
戰 116.22

戰 118.23
戰 118.32
戰 119.27
戰 122.20
戰 122.25
戰 124.36
戰 125.38
戰 128.22
戰 129.41
戰 130.34

戰 131.22
戰 132.15
戰 133.22
戰 138.11
戰 138.32
戰 139.20
戰 139.27
戰 141.3
戰 141.24
戰 145.36

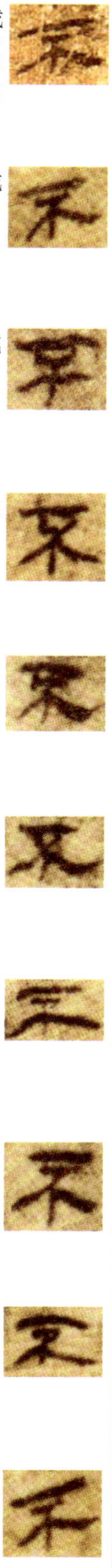

戰 148.19
戰 150.31
戰 151.2
戰 151.28
戰 153.17
戰 155.5
戰 156.17
戰 156.23
戰 156.30
戰 159.30

戰 159.33
戰 163.24
戰 164.13
戰 165.15
戰 166.11
戰 168.25
戰 169.16
戰 170.7
戰 170.35
戰 171.29

戰 172.11
戰 172.21
戰 176.28
戰 177.30
戰 178.31
戰 179.4
戰 180.2
戰 180.14
戰 183.7
戰 184.12

戰 187.13
戰 188.34
戰 189.1
戰 190.15
戰 197.31
戰 198.31
戰 199.31
戰 200.37
戰 201.4
戰 202.29

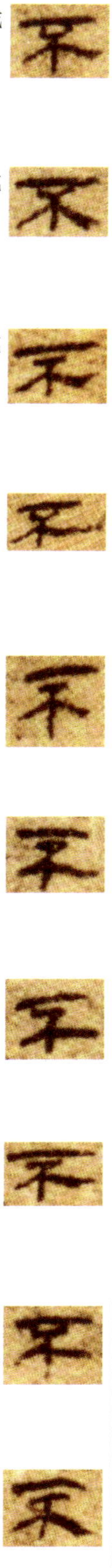

戰 203.20
戰 203.31
戰 204.7
戰 204.14
戰 204.18
戰 204.28
戰 204.31
戰 206.21
戰 206.29
戰 207.5

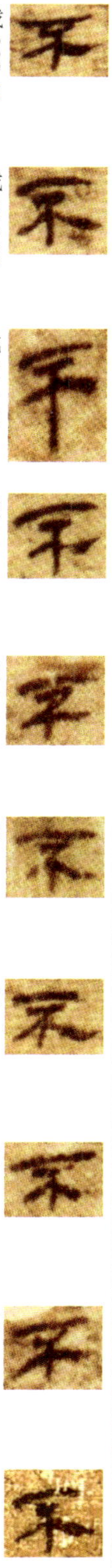

戰 208.11
戰 215.27
戰 216.39
戰 217.9
戰 218.33
戰 219.3
戰 219.13
戰 221.36
戰 222.30
戰 226.4

戰 231.12	戰 231.18	戰 234.29	戰 238.27	戰 240.19	戰 245.4	戰 245.6	戰 246.19	戰 249.2	戰 249.4
戰 250.11	戰 251.12	戰 253.29	戰 256.22	戰 261.15	戰 261.25	戰 262.8	戰 263.11	戰 265.3	戰 265.19
戰 266.10	戰 270.4	戰 273.6	戰 274.13	戰 278.2	戰 279.26	戰 280.10	戰 281.18	戰 284.15	戰 293.8
戰 294.8	戰 295.26	戰 300.10	戰 301.13	戰 303.16	戰 305.8	戰 305.27	戰 306.8	戰 308.22	戰 311.3
戰 319.6	戰 319.30	老甲 8.25	老甲 13.14	老甲 14.17	老甲 17.9	老甲 17.21	老甲 20.4	老甲 30.7	老甲 37.10
老甲 38.5	老甲 39.8	老甲 39.14	老甲 39.20	老甲 40.4	老甲 47.7	老甲 47.12	老甲 47.17	老甲 50.4	老甲 50.13
老甲 51.12	老甲 52.20	老甲 54.28	老甲 59.12	老甲 60.38	老甲 66.11	老甲 68.4	老甲 69.4	老甲 70.20	老甲 70.26
老甲 72.9	老甲 75.14	老甲 75.19	老甲 75.30	老甲 79.3	老甲 79.9	老甲 82.1	老甲 82.25	老甲 83.3	老甲 85.14

老甲 86.18	老甲 90.24	老甲 91.23	老甲 101.5	老甲 101.17	老甲 101.28	老甲 102.13	老甲 102.23	老甲 103.23	老甲 104.6
老甲 117.10	老甲 117.15	老甲 123.14	老甲 124.3	老甲 124.25	老甲 134.7	老甲 134.27	老甲 134.31	老甲 135.3	老甲 135.13
老甲 137.4	老甲 137.10	老甲 137.25	老甲 138.15	老甲 138.20	老甲 143.15	老甲 145.9	老甲 145.20	老甲 146.4	老甲 147.3
老甲 147.12	老甲 147.16	老甲 148.14	老甲 154.10	老甲 154.19	老甲 154.28	老甲 156.1	老甲 156.6	老甲 162.9	老甲 164.18
老甲 165.4	老甲 166.1	老甲 166.8	老甲 168.7	五 3.11	五 5.28	五 6.28	五 8.4	五 8.9	五 8.13
五 8.16	五 8.18	五 8.21	五 8.23	五 8.28	五 9.8	五 9.11	五 9.14	五 9.17	五 9.20
五 9.22	五 9.30	五 11.5	五 11.16	五 11.18	五 14.18	五 19.18	五 19.20	五 19.24	五 19.28
五 19.32	五 20.6	五 20.10	五 20.14	五 20.18	五 20.20	五 20.24	五 20.28	五 21.13	五 24.1

五 25.20	五 26.2	五 26.21	五 27.3	五 27.10	五 27.19	五 27.25	五 28.4	五 34.1	五 34.3
五 34.5	五 35.8	五 36.29	五 37.3	五 37.5	五 37.23	五 41.9	五 41.16	五 44.7	五 44.11
五 47.27	五 47.32	五 56.17	五 57.22	五 64.2	五 64.4	五 64.19	五 64.21	五 65.2	五 65.14
五 65.23	五 65.25	五 67.2	五 67.4	五 68.13	五 69.11	五 69.17	五 69.19	五 70.5	五 72.3
五 72.15	五 72.17	五 72.24	五 72.26	五 73.14	五 73.16	五 74.21	五 74.25	五 75.20	五 75.22
五 75.24	五 76.8	五 76.10	五 76.20	五 76.22	五 82.11	五 91.2	五 91.14	五 95.16	五 98.7
五 102.15	五 102.25	五 103.14	五 103.21	五 103.28	五 104.17	五 104.21	五 104.30	五 105.3	五 105.10
五 105.16	五 105.19	五 105.29	五 120.19	五 127.7	五 127.9	五 129.11	五 129.21	五 130.6	五 132.27

五 133.3
五 138.17
五 138.26
五 139.20
五 140.3
五 150.14
五 150.17
五 151.11
五 151.16
五 152.6

五 153.26
五 154.14
五 155.2
五 155.19
五 156.13
五 156.18
五 156.23
五 156.29
五 157.23
五 162.5

五 167.34
五 168.4
五 168.17
五 168.22
五 169.7
五 169.19
五 177.10
五 177.14
五 177.23
九 2.21

九 2.27
九 3.32
九 9.3
九 9.17
九 10.17
九 10.21
九 10.24
九 11.6
九 15.21
九 16.28

九 17.5
九 17.11
九 17.20
九 20.29
九 21.11
九 22.30
九 23.2
九 26.18
九 26.22
九 27.2

九 27.18
九 35.17
九 36.26
九 40.16
九 42.13
九 43.17
九 46.14
九 49.4
九 52.22
明 4.20

明 5.28
明 6.4
明 8.7
明 10.26
明 16.2
明 20.30
明 23.14
明 24.16
明 28.8
明 29.20

明 33.22
明 34.2
明 34.7
明 35.1
明 35.7
明 36.5
明 36.18
明 37.9
明 37.19
明 38.1

明 38.16
明 38.23
德 5.11
德 9.8
德 9.14
氣 1.75
氣 1.100
氣 1.111
氣 1.131
氣 1.173
氣 1.189
氣 1.228
氣 2.105
氣 2.113
氣 2.119
氣 2.129
氣 2.179
氣 2.225
氣 2.257
氣 3.41
氣 3.103
氣 3.111
氣 3.119
氣 4.10
氣 4.16
氣 4.20
氣 4.149
氣 4.176
氣 5.190
氣 6.14
氣 7.55
氣 8.79
氣 8.99
氣 9.27
氣 9.101
氣 9.116
氣 9.168
氣 9.176
氣 9.237
氣 10.36
氣 10.42
氣 10.96
氣 10.124
氣 10.163
氣 10.169
氣 10.172
氣 10.174
氣 10.278
氣 10.314
氣·殘 1.3
刑甲 2.20
刑甲 5.29
刑甲 9.28
刑甲 12.2
刑甲 12.11
刑甲 13.18
刑甲 16.28
刑甲 20.17
刑甲 23.15
刑甲 34.1
刑甲 34.18
刑甲 42.4
刑甲 43.8
刑甲 43.17
刑甲 43.26
刑甲 44.10
刑甲 45.20
刑甲 45.23
刑甲 46.22
刑甲 47.20
刑甲 50.1
刑甲 52.4
刑甲 52.19
刑甲 53.1
刑甲 53.12
刑甲 53.23
刑甲 54.5
刑甲 88.13
刑甲 88.19
刑甲 93.15

刑甲 99.19	刑甲 126.15	刑丙刑 4.7	陰乙刑德 5.7	陰乙大游 2.4	陰乙五禁 13.1	陰乙上朔 34.11
刑甲 100.9	刑甲 128.6	刑丙刑 4.12	陰乙刑德 5.11	陰乙大游 2.12	陰乙五禁 14.8	陰乙上朔 34.32
刑甲 100.28	刑甲 133.8	刑丙刑 9.11	陰乙刑德 10.10	陰乙大游 2.78	陰乙五禁 14.20	陰乙上朔 34.33
刑甲 107.24	刑甲 134.8	刑丙刑 12.3	陰乙刑德 12.16	陰乙大游 2.116	陰乙五禁 15.3	陰乙上朔 36.14
刑甲 113.29	刑甲 135.12	刑丙刑 16.2	陰乙刑德 15.13	陰乙大游 2.120	陰乙上朔 22.8	陰乙天一 18.1
刑甲 114.25	刑甲 136.12	刑丙地 5.1	陰乙刑德 18.4	陰乙大游 3.123	陰乙上朔 30.10	陰乙天一 20.5
刑甲 121.7	刑甲 137.6	刑丙天 8.17	陰乙刑德 25.12	陰乙玄戈 7.19	陰乙上朔 30.21	陰乙天一 21.4
刑甲 122.7	刑甲 138.5	刑丙天 8.28	陰乙刑德 26.4	陰乙文武 14.12	陰乙上朔 31.3	陰乙天一 21.12
刑甲 123.7	刑丙傳 3.4	刑丙天 10.20	陰乙刑德 26.14	陰乙文武 21.15	陰乙上朔 33.24	陰乙天一 23.5
刑甲 126.4	刑丙刑 2.7	刑丙·殘 12.1	陰乙刑德 28.8	陰乙五禁 11.35	陰乙上朔 33.36	陰乙天一 24.2

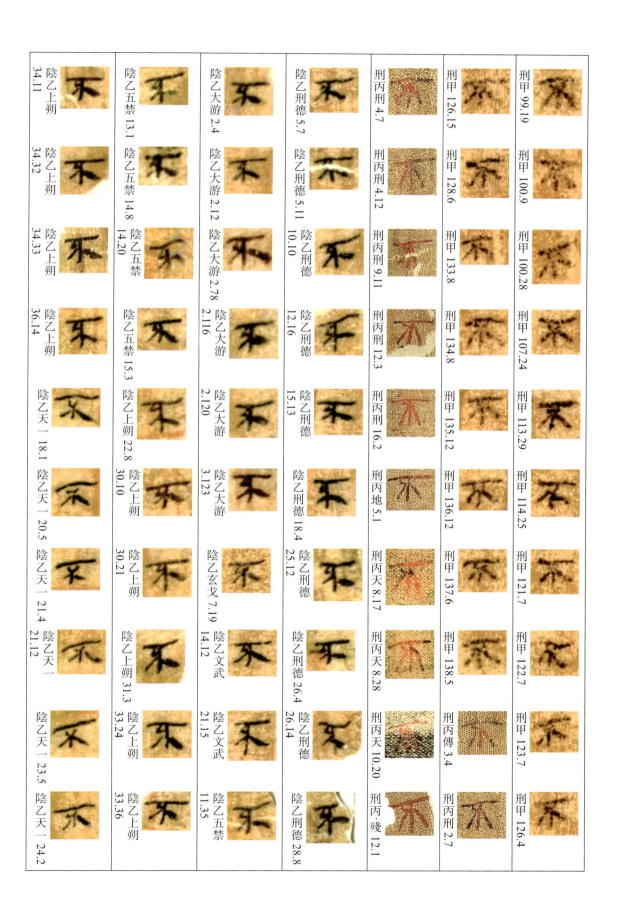

陰乙天一 25.6	陰乙天一 27.8	陰乙天一 28.2	陰乙天一 33.8	陰乙天一 36.8	陰乙女發 4.6	陰乙·殘 2.3	陰乙·殘 16.1	出 4.17	出 8.48
出 9.12	出 10.23	出 13.36	出 14.27	出 18.44	出 19.48	出 21.23	出 21.29	出 22.4	出 22.9
出 22.14	出 22.19	出 22.25	出 23.13	出 23.26	出 24.8	出 24.17	出 24.23	出 24.29	出 25.36
出 25.41	出 27.14	出 32.33	出 32.44	木 2.27	木 3.12	木 4.3	木 4.21	木 5.4	木 5.6
木 5.8	木 6.2	木 6.17	木 7.1	木 15.16	木 20.5	木 29.14	木 30.14	木 30.18	木 33.9
木 37.15	木 38.13	木 39.13	木 40.19	木 49.7	木 54.13	木 55.9	木 56.9	木 65.19	木 66.11
木 66.15	木 67.17	木 68.20	問 2.14	問 13.11	問 26.9	問 30.11	問 35.22	問 49.11	問 53.4
問 53.6	問 69.9	問 79.15	問 80.4	問 82.17	問 83.7	問 88.2	問 88.6	問 88.9	問 92.23

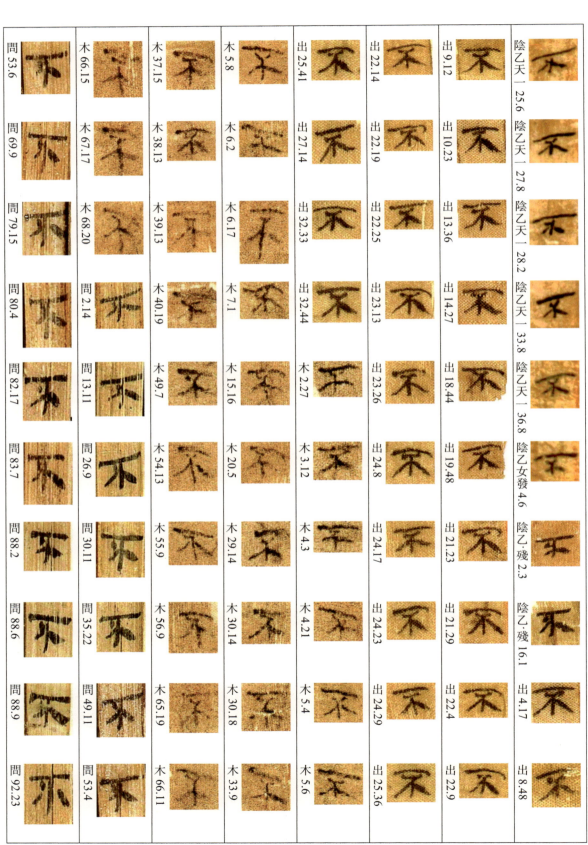

合21.14　合31.8　談2.12　談2.23　談4.5　談4.14　談4.18　談4.23　談4.27　談4.31

談19.4　談36.19　談42.5　談42.11　遣三87.23　遣三407.89　物1.17　物3.5　物3.11　物3.13

宅1.3　宅1.5　宅1.11　宅1.13　太1.30　地13.1　箭89.6　箭90.6　周2.6　周2.39

周2.78　周3.53　周5.17　周5.25　周5.37　周5.68　周7.43　周8.27　周8.30　周10.36

周10.42　周11.6　周12.52　周12.59　周15.17　周15.56　周20.37　周20.75　周21.62　周23.11

周23.72　周24.6　周25.6　周25.12　周25.21　周25.29　周26.64　周27.42　周27.63　周29.5

周29.33　周29.54　周31.16　周33.51　周33.75　周33.78　周34.20　周34.53　周35.10　周35.19

周36.12　周37.63　周40.17　周42.26　周43.30　周46.17　周46.33　周46.37　周48.37　周49.23

周 50.13	周 62.12	周 85.5	二 5.16	二 9.63	二 12.73	二 28.67	繫 7.45
周 51.24	周 62.28	周 86.74	二 5.29	二 9.67	二 13.12	二 32.47	繫 7.51
周 51.60	周 62.64	周 88.19	二 5.45	二 10.21	二 14.6	二 33.33	繫 9.45
周 52.15	周 68.34	二 1.60	二 5.76	二 10.39	二 15.17	二 34.6	繫 12.17
周 53.27	周 69.33	二 2.15	二 8.61	二 11.2	二 17.27	二 34.73	繫 12.28
周 55.57	周 69.80	二 2.61	二 9.15	二 11.16	二 19.15	二 35.3	繫 13.21
周 57.15	周 70.67	二 4.19	二 9.32	二 11.32	二 19.23	繫 7.4	繫 15.38
周 57.31	周 72.4	二 4.59	二 9.36	二 11.56	二 19.26	繫 7.17	繫 15.43
周 58.9	周 73.44	二 4.63	二 9.40	二 12.32	二 27.22	繫 7.21	繫 16.30
周 59.27	周 84.7	二 5.10	二 9.55	二 12.44	二 28.25	繫 7.28	繫 16.48

繫16.54 繫16.61 繫20.41 繫22.52 繫23.36 繫26.14 繫26.53 繫26.59 繫27.62 繫27.71

繫28.64 繫30.5 繫35.3 繫35.33 繫37.14 繫37.16 繫42.1 繫42.7 繫42.33 繫42.60

繫42.62 繫43.4 繫43.6 繫43.33 繫43.50 繫44.1 繫44.33 繫46.60 衷2.7 衷3.8

衷7.39 衷8.53 衷17.21 衷18.37 衷19.33 衷22.19 衷22.22 衷22.25 衷22.41 衷22.44

衷22.49 衷22.53 衷23.22 衷23.57 衷24.2 衷24.13 衷24.23 衷24.33 衷24.54 衷25.10

衷25.21 衷25.36 衷30.54 衷31.19 衷31.26 衷31.32 衷31.37 衷32.12 衷32.17 衷32.21

衷32.26 衷33.2 衷33.32 衷33.34 衷33.37 衷34.5 衷34.9 衷35.27 衷36.55 衷36.59

衷37.41 衷37.45 衷38.53 衷38.56 衷38.59 衷38.68 衷40.15 衷41.16 衷41.33 衷41.54

衷 42.18
衷 42.45
衷 43.5
衷 43.28
衷 47.22
衷 47.41
衷 47.56
衷 48.35
衷 48.44
衷 49.58

衷 50.51
要 8.12
要 9.27
要 9.31
要 10.12
要 10.45
要 11.2
要 14.5
要 14.64
要 15.3

要 15.57
要 16.3
要 17.46
要 17.57
要 19.11
要 19.29
要 19.31
要 21.10
要 21.21
要 21.23

要 21.25
要 21.27
要 21.29
要 21.53
要 22.2
要 22.23
要 22.49
要 22.71
要 23.21
要 23.30

要 23.40
要 23.47
要 23.52
要 23.59
繆 1.46
繆 1.50
繆 1.62
繆 3.35
繆 3.41
繆 3.68

繆 4.64
繆 4.67
繆 5.43
繆 7.36
繆 8.14
繆 12.3
繆 14.24
繆 15.56
繆 17.20
繆 19.68

繆 20.27
繆 20.55
繆 23.44
繆 24.33
繆 26.18
繆 26.27
繆 26.48
繆 26.54
繆 26.58
繆 27.66

繆 28.34
繆 29.10
繆 29.24
繆 29.56
繆 29.60
繆 30.25
繆 32.36
繆 35.26
繆 35.32
繆 35.40

繆 35.60
繆 36.49
繆 36.64
繆 38.15
繆 41.56
繆 42.16
繆 45.57
繆 46.27
繆 46.57
繆 47.67

繆 47.69
繆 48.33
繆 49.24
繆 49.34
繆 50.6
繆 51.30
繆 52.27
繆 54.12
繆 54.42
繆 55.34

繆 55.49
繆 56.16
繆 56.19
繆 56.30
繆 57.5
繆 57.8
繆 58.2
繆 59.18
繆 60.48
繆 60.57

繆 61.54
繆 64.33
繆 64.40
繆 64.47
繆 66.6
繆 66.21
繆 66.26
繆 66.40
繆 66.64
繆 69.11

繆 69.64
繆 72.11
繆 72.14
繆 72.18
繆 72.25
繆 72.32
昭 2.9
昭 2.17
昭 3.54
昭 3.67

昭 5.4
昭 6.13
昭 6.33
昭 8.69
昭 10.1
昭 11.6
昭 11.43
昭 11.59
昭 12.42
昭 12.46

昭 13.51
周·殘上 22.1
周·殘下 11.5
周·殘下 20.4
經 2.3
經 2.28
經 2.30
經 2.43
經 2.46
經 2.57

經 4.7
經 6.26
經 7.23
經 7.25
經 9.35
經 9.38
經 9.48
經 10.20
經 11.55
經 11.62

經 12.44
經 12.47
經 15.51
經 16.45
經 16.56
經 17.28
經 17.60
經 18.18
經 18.24
經 18.37

經 18.55
經 18.60
經 20.47
經 20.72
經 21.6
經 21.38
經 21.47
經 23.45
經 23.49
經 23.64

經 25.25
經 25.43
經 27.27
經 27.58
經 29.56
經 31.1
經 31.9
經 33.7
經 34.44
經 35.5

經 36.8
經 36.15
經 36.61
經 37.15
經 39.22
經 39.25
經 42.19
經 42.27
經 43.7
經 43.46

經 43.62
經 44.4
經 45.14
經 45.27
經 45.43
經 46.35
經 46.61
經 47.10
經 47.16
經 48.12

經 49.42
經 51.42
經 53.40
經 54.29
經 55.24
經 55.38
經 55.43
經 55.49
經 56.36
經 57.1

經 57.8
經 58.56
經 59.58
經 60.11
經 60.20
經 60.52
經 60.62
經 62.29
經 63.19
經 65.22

經 67.4
經 68.1
經 68.5
經 68.22
經 69.43
經 70.33
經 70.45
經 70.57
經 71.16
經 71.20

經 73.28
經 74.7
經 75.18
經 77.4
經 77.16
十 2.57
十 3.15
十 3.26
十 7.33
十 7.37
十 7.52
十 7.58
十 7.60
十 8.39
十 11.20
十 11.39
十 11.53
十 12.23
十 12.43
十 13.6
十 13.10
十 13.12
十 13.23
十 14.21
十 14.34
十 16.36
十 17.32
十 17.39
十 18.64
十 19.3
十 19.6
十 19.9
十 24.12
十 25.45
十 29.35
十 30.53
十 31.11
十 31.32
十 31.34
十 32.5
十 33.11
十 33.15
十 33.19
十 33.23
十 33.58
十 34.6
十 34.49
十 35.63
十 36.62
十 37.15
十 37.19
十 37.30
十 37.34
十 37.63
十 38.7
十 38.11
十 39.29
十 39.33
十 39.36
十 39.40
十 39.45
十 39.48
十 40.41
十 40.44
十 40.56
十 41.34
十 42.26
十 42.59
十 43.57
十 45.71
十 48.1
十 48.4
十 48.22
十 48.25
十 48.40
十 48.44
十 49.2
十 50.37
十 50.41
十 51.11

十 51.37	十 51.62	十 52.28	十 52.51	十 55.48	十 55.56	十 57.59	十 58.11	十 58.42	十 58.49
十 58.57	十 60.34	十 60.38	十 60.42	十 61.22	十 61.44	十 61.65	十 62.5	十 62.9	十 62.13
十 62.38	十 62.41	十 62.43	十 62.47	十 62.51	十 62.55	十 62.59	十 62.62	十 62.66	十 63.3
十 63.19	十 63.50	十 63.54	十 64.35	十 65.4	十 65.8	十 65.11	十 65.24	稱 1.75	稱 2.1
稱 2.27	稱 2.34	稱 2.41	稱 2.46	稱 2.49	稱 2.52	稱 2.55	稱 2.58	稱 4.45	稱 4.53
稱 6.40	稱 6.50	稱 7.44	稱 7.61	稱 7.70	稱 8.56	稱 8.59	稱 9.11	稱 9.16	稱 9.27
稱 9.35	稱 9.42	稱 9.45	稱 9.67	稱 9.71	稱 10.2	稱 11.70	稱 13.45	稱 13.51	稱 13.55
稱 13.64	稱 14.17	稱 14.27	稱 15.34	稱 15.52	稱 15.62	稱 16.5	稱 16.13	稱 17.43	稱 17.57

稱17.71	稱18.12	稱18.29	稱18.38	稱18.45	稱18.51	稱19.13	稱19.17	稱19.47	稱19.52
稱21.2	稱24.58	道1.32	道1.77	道2.2	道2.6	道3.5	道3.11	道3.29	道4.5
道4.10	道4.17	道4.24	道4.60	道5.10	道5.18	道5.45	道6.8	道6.20	道6.24
道6.44	老乙1.12	老乙2.47	老乙4.11	老乙4.29	老乙5.28	老乙6.50	老乙9.31	老乙9.39	老乙11.12
老乙14.20	老乙14.30	老乙15.57	老乙17.61	老乙20.20	老乙21.4	老乙21.8	老乙21.12	老乙21.16	老乙22.16
老乙22.21	老乙22.26	老乙22.33	老乙24.15	老乙27.59	老乙28.2	老乙28.9	老乙28.59	老乙30.31	老乙31.42
老乙31.48	老乙31.56	老乙31.60	老乙31.64	老乙32.26	老乙32.42	老乙32.46	老乙33.9	老乙33.24	老乙34.13
老乙34.18	老乙34.35	老乙34.56	老乙34.63	老乙36.4	老乙36.24	老乙36.28	老乙36.38	老乙36.47	老乙36.51

老乙 37.2	老乙 37.11	老乙 37.18	老乙 37.35	老乙 37.56	老乙 37.61	老乙 38.11	老乙 38.18	老乙 39.8	老乙 39.29
老乙 39.41	老乙 40.41	老乙 41.14	老乙 41.20	老乙 41.58	老乙 42.52	老乙 45.7	老乙 46.15	老乙 46.20	老乙 46.22
老乙 46.30	老乙 46.33	老乙 47.2	老乙 47.10	老乙 47.47	老乙 47.60	老乙 47.70	老乙 48.17	老乙 48.34	老乙 48.58
老乙 50.14	老乙 50.23	老乙 50.31	老乙 53.17	老乙 55.27	老乙 55.36	老乙 55.61	老乙 55.67	老乙 56.31	老乙 58.24
老乙 59.2	老乙 59.37	老乙 60.64	老乙 62.73	老乙 63.18	老乙 63.23	老乙 63.28	老乙 63.38	老乙 64.15	老乙 64.26
老乙 64.39	老乙 64.67	老乙 64.72	老乙 65.67	老乙 67.5	老乙 67.55	老乙 67.67	老乙 68.49	老乙 68.53	老乙 69.9
老乙 69.60	老乙 70.57	老乙 71.46	老乙 71.56	老乙 72.53	老乙 74.33	老乙 75.11	老乙 75.20	老乙 76.15	老乙 76.31
老乙 76.56	老乙 76.62	老乙 76.68	老乙 77.45	老乙 77.53	老乙 78.31	星 9.4	星 10.8	星 11.19	星 14.16

星 18.10
星 18.36
星 21.43
星 23.19
星 29.37
星 29.45
星 33.15
星 35.14
星 35.40
星 36.7

星 36.34
星 36.48
星 37.49
星 41.39
星 41.49
星 42.51
星 47.36
星 48.16
星 50.7
星 50.44

星 55.18
星 58.8
星 60.30
星 65.16
星 67.19
星 68.30
星 74.38
星 75.6
刑乙 3.16
刑乙 3.20

刑乙 6.27
刑乙 7.26
刑乙 8.11
刑乙 10.9
刑乙 11.25
刑乙 18.19
刑乙 20.20
刑乙 24.15
刑乙 24.25
刑乙 25.7

刑乙 26.8
刑乙 26.19
刑乙 27.17
刑乙 34.7
刑乙 34.24
刑乙 35.21
刑乙 36.12
刑乙 37.17
刑乙 39.7
刑乙 39.15

刑乙 45.7
刑乙 47.15
刑乙 47.19
刑乙 53.5
刑乙 57.13
刑乙 59.2
刑乙 62.42
刑乙 62.58
刑乙 63.24
刑乙 64.46

刑乙 67.15
刑乙 67.25
刑乙 68.39
刑乙 68.47
刑乙 68.55
刑乙 69.32
刑乙 71.29
刑乙 73.59
刑乙 76.16
刑乙 78.7

刑乙 82.9
刑乙 83.17
刑乙 83.32
刑乙 89.15
刑乙 89.21
刑乙 90.8
刑乙 90.11
刑乙 91.17
刑乙 93.2
刑乙 93.57

刑乙94.12 刑乙94.22 刑乙94.32 刑乙94.43 刑乙94.54 相3.44 相5.34 相5.44 相6.23 相6.27

相13.43 相16.23 相18.59 相19.21 相19.25 相19.29 相19.33 相20.7 相22.16 相23.23

相23.30 相23.42 相24.2 相24.10 相24.64 相25.10 相25.21 相25.45 相25.53 相26.57

相26.61 相27.6 相27.19 相27.60 相32.14 相32.29 相33.4 相33.44 相33.53 相33.58

相35.23 相35.46 相36.19 相37.4 相37.14 相37.16 相37.19 相37.24 相37.29 相37.47

相37.62 相38.19 相38.27 相38.34 相38.38 相38.49 相38.52 相39.4 相39.19 相39.25

相39.34 相39.40 相39.49 相39.55 相40.11 相40.19 相40.23 相40.34 相40.41 相40.45

相40.52 相40.59 相41.26 相41.30 相41.32 相42.58 相42.64 相42.70 相43.44 相53.49

相53.53　相61.21　相62.50　相62.65　相71.8　相72.30　相72.34　相72.42　相76.36

至

陰甲祭一A12L.6　陰甲祭一A17L.5　陰甲祭一B03L.5　陰甲祭一B13L.1　陰甲神上25.12　陰甲衍4.37　陰甲雜六3.8　陰甲雜七4.2　陰甲堪法2.5　陰甲堪法6.12

陰甲堪法13.20　陰甲堪表5.7　陰甲堪表5.9　陰甲·殘10.9　陰甲·殘189.12　方24.25　方177.29　方179.20　方216.14　去1.25

陽乙5.21　養153.9　養199.22　養199.26　養200.5　養200.12　養201.11　養220.2　養·殘76.3　春7.17

戰88.2　戰96.4　戰127.25　戰130.29　戰142.38　戰144.7　戰161.22　戰185.14　戰188.24　戰196.12

戰203.36　戰224.5　戰228.35　戰253.4　戰262.5　戰270.5　老甲14.29　老甲37.14　老甲116.30　老甲122.2

五17.1　五57.13　五57.16　五58.13　五78.5　五99.13　五118.4　五125.2　五136.20　五137.3

九 1.29	氣 2.98	刑甲 25.16	刑甲 113.20	刑丙地 3.11	木 2.26	問 16.22
九 24.12	氣 2.104	刑甲 26.7	刑甲 115.16	刑丙地 18.18	木 4.15	問 19.22
九 45.19	氣 2.111	刑甲 34.17	刑甲 133.5	陰乙刑德 3.8	木 5.13	問 20.5
德 8.4	氣 4.15	刑甲 41.5	刑甲 134.5	陰乙大游 3.4	木 5.21	問 20.14
德 8.6	氣 4.99	刑甲 49.20	刑甲 135.9	陰乙大游 3.12	木 6.10	問 20.22
氣 1.54	氣 4.122	刑甲 111.17	刑甲 137.4	陰乙大游 3.15	木 6.14	問 21.5
氣 1.96	刑甲 14.16	刑甲 112.5	刑甲小游 1.59	陰乙五禁 11.18	木 35.6	問 21.23
氣 1.263	刑甲 17.10	刑甲 112.17	刑甲小游 1.63	出 20.34	木 56.10	問 22.4
氣 2.79	刑甲 18.19	刑甲 112.30	刑甲小游 1.122	木 1.6	問 5.6	問 22.12
氣 2.94	刑甲 20.9	刑甲 113.9	刑甲小游 1.126	木 2.15	問 5.16	問 27.16

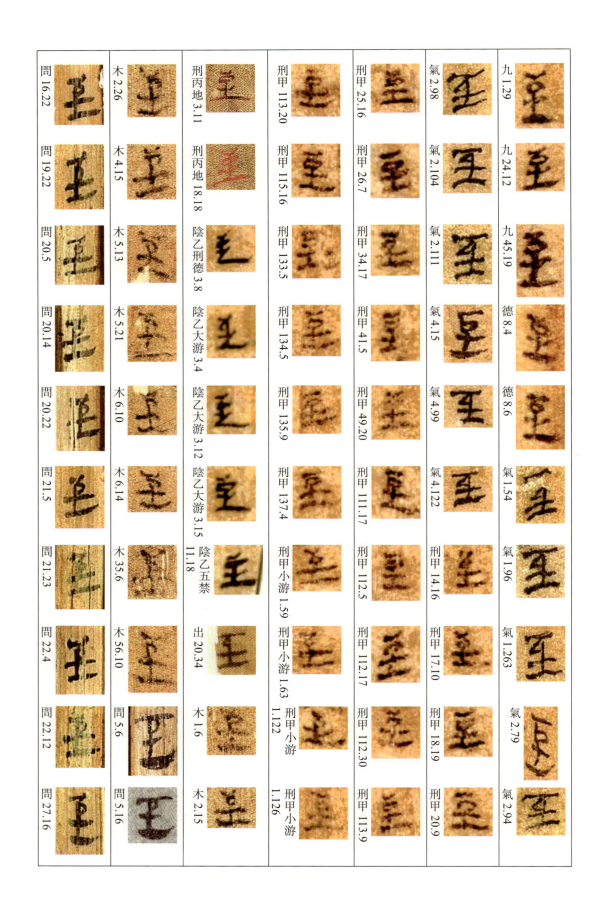

問64.19 問66.26 合8.7 合13.10 合24.9 談3.5 談4.10 談4.28 談4.32 談6.4

談8.12 談9.20 談10.28 談42.23 談45.9 談45.18 談45.27 談45.30 物1.20 周22.41

周29.18 周39.36 周39.46 周44.39 周49.4 周49.41 周54.9 二4.36 二5.13 二9.64

二12.41 二13.13 二16.33 二28.24 二28.42 二28.61 二29.45 二32.35 二34.27 繫8.62

繫10.46 繫10.52 繫12.14 繫12.25 繫14.72 繫15.48 繫19.7 繫19.27 繫20.8 繫24.57

繫24.78 繫34.8 繫35.35 繫40.12 繫41.20 衷2.23 衷20.47 衷26.65 衷27.27 衷28.55

衷28.64 衷37.53 衷45.69 要11.40 要12.30 要13.64 要19.3 要19.62 繆2.28 繆2.61

繆6.31 繆14.34 繆21.55 繆39.6 繆40.31 繆66.22 繆67.24 繆68.18 經4.39 經4.43

到

經4.51
經9.1
經9.3
經20.64
經52.33
經57.54
經61.49
十3.29
十16.6
十32.51
十36.25
十45.63
十60.13
十64.1
十65.1
十65.18
稱8.24
稱9.69
稱9.73
稱11.46
稱15.53
稱17.15
道4.19
老乙3.18
老乙4.22
老乙10.25
老乙17.28
老乙29.26
老乙31.39
老乙36.58
老乙51.2
老乙55.16
老乙57.44
星32.31
星35.41
星36.35
星48.37
星61.29
星62.17
星72.35
星72.39
星73.11
刑乙2.10
刑乙34.21
刑乙35.18
刑乙54.14
刑乙55.7
刑乙55.19
刑乙56.6
刑乙56.18
刑乙57.4
刑乙60.4
刑乙70.3
刑乙72.36
刑乙73.51
刑乙77.28
刑乙77.62
刑乙83.31
刑乙87.11
刑乙92.47
刑乙小游1.150
刑乙小游1.154
刑乙小游1.210
刑乙小游1.214
相24.12
相25.7
脈1.18
方26.3
方112.18
方125.18
方176.5
方177.30
方276.16
方305.5
方485.2
養37.18

養192.13　養·殘54.2　房45.2　房45.8　射3.4　射6.6　氣2.144　遣三1.25　遣三34.14　箭98.3

箭98.11　相48.34　相52.61　相53.7

臺

養200.29　戰160.42　老甲57.6　老甲129.14　明24.1　陰乙文武13.39　老乙27.2　老乙61.14　相1.18　相44.41

相60.5

西

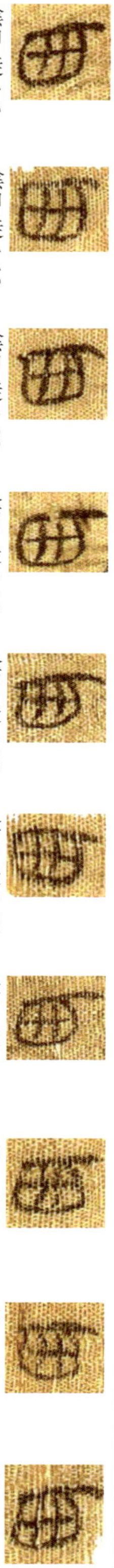

陰甲徙1.6　陰甲徙1.19　陰甲徙1.22　陰甲徙2.13　陰甲徙2.20　陰甲徙2.23　陰甲徙3.18　陰甲徙3.27　陰甲徙4.28　陰甲徙7.10

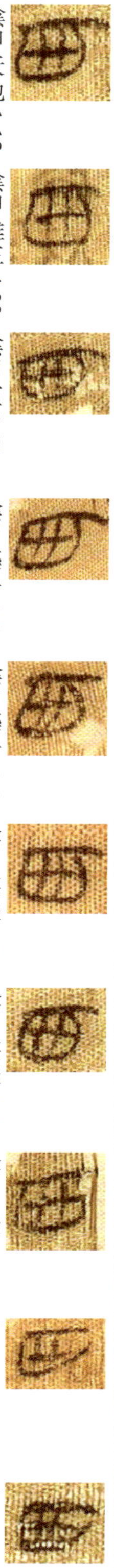

陰甲天地1.12　陰甲雜三4.22　陰甲室3.23　陰甲築一3.8　陰甲築一4.6　陰甲堪表2.7　陰甲堪表3.4　陰甲·殘198.1　方66.20　方219.18

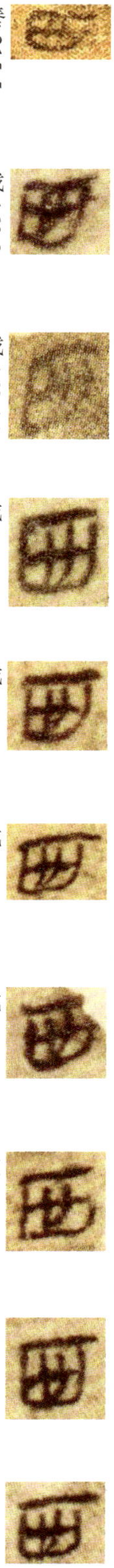

養215.5　戰160.3　戰162.16　戰169.35　戰177.10　戰178.16　戰180.5　戰218.12　戰230.22　戰233.8

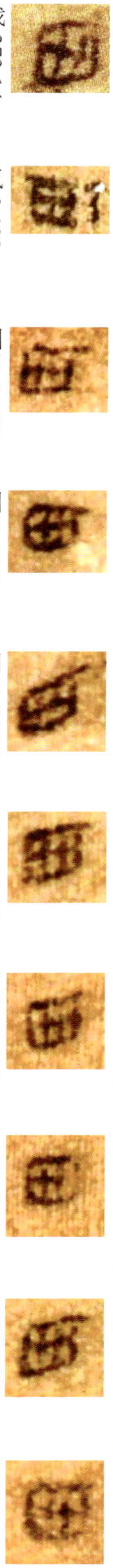

戰273.14　氣9.122　刑甲16.21　刑甲18.5　刑甲26.12　刑甲36.17　刑甲46.12　刑甲56.8　刑甲58.19　刑甲61.19

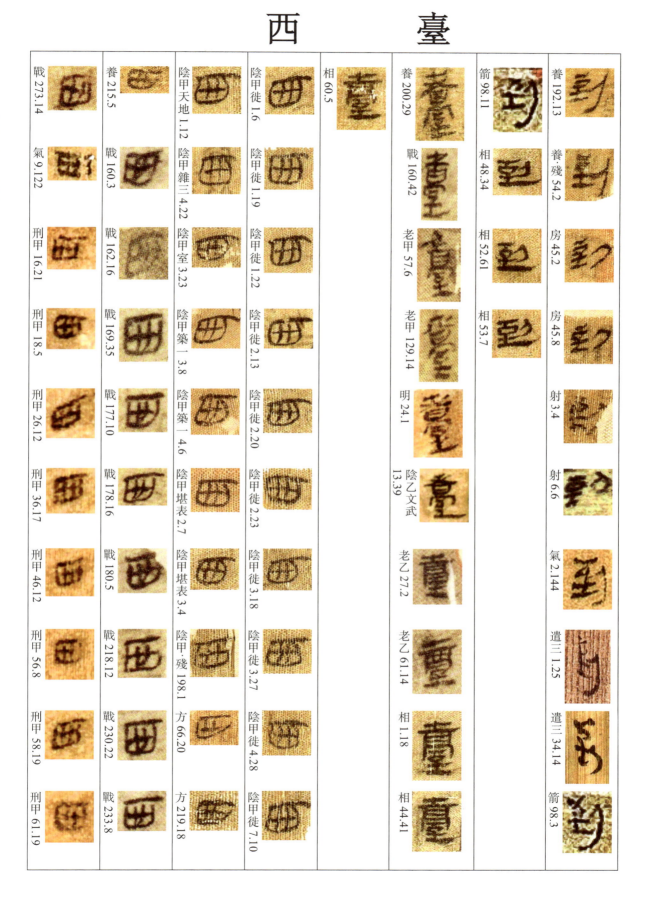

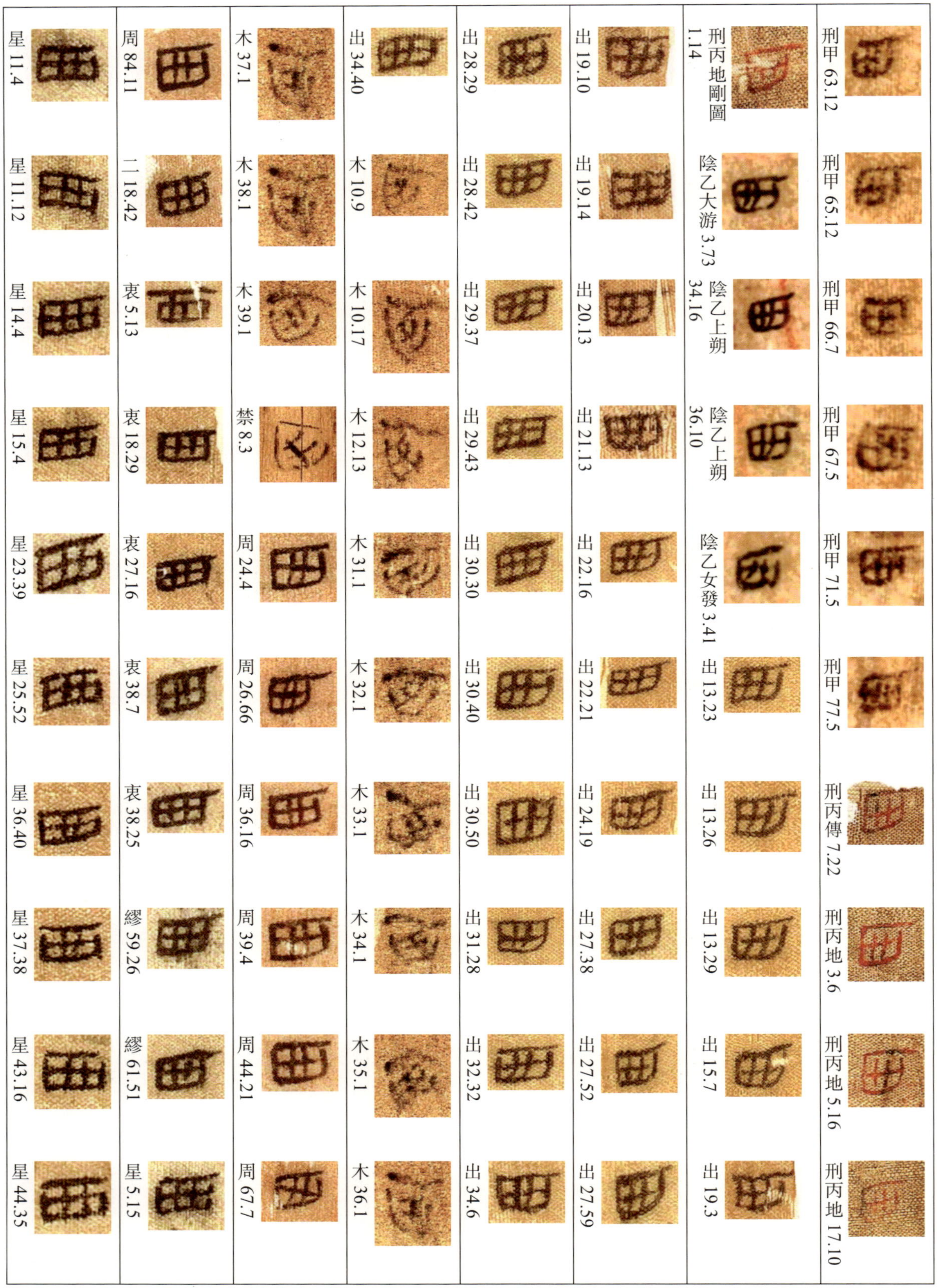
刑甲 63.12
刑甲 65.12
刑甲 66.7
刑甲 67.5
刑甲 71.5
刑甲 77.5
刑丙傳 7.22
刑丙地 3.6
刑丙地 5.16
刑丙地 17.10
刑丙地剛圖 1.14
陰乙大游 3.73
陰乙上朔 34.16
陰乙上朔 36.10
陰乙女發 3.41
出 13.23
出 13.26
出 13.29
出 15.7
出 19.3
出 19.10
出 19.14
出 20.13
出 21.13
出 22.16
出 22.21
出 24.19
出 27.38
出 27.52
出 27.59
出 28.29
出 28.42
出 29.37
出 29.43
出 30.30
出 30.40
出 30.50
出 31.28
出 32.32
出 34.6
出 34.40
木 10.9
木 10.17
木 12.13
木 31.1
木 32.1
木 33.1
木 34.1
木 35.1
木 36.1
木 37.1
木 38.1
木 39.1
禁 8.3
周 24.4
周 26.66
周 36.16
周 39.4
周 44.21
周 67.7
周 84.11
二 18.42
衷 5.13
衷 18.29
衷 27.16
衷 38.7
衷 38.25
繆 59.26
繆 61.51
星 5.15
星 11.4
星 11.12
星 14.4
星 15.4
星 23.39
星 25.52
星 36.40
星 37.38
星 43.16
星 44.35

鹵

星 46.42　星 57.2　星 62.10　星 71.11　星 74.50　星 123.14　星 124.5　星 124.19　星 127.12　星 128.8

星 128.22　星 131.13　星 132.6　星 132.20　星 135.13　星 136.8　星 136.23　星 139.13　星 139.15　星 140.9

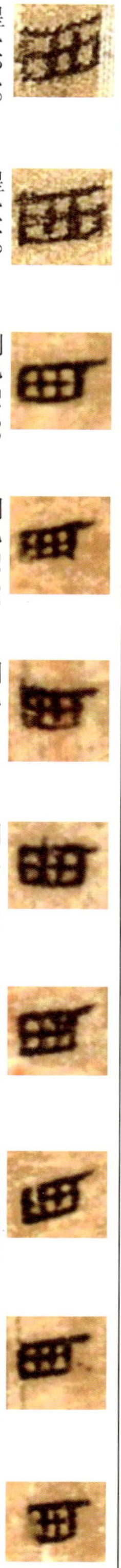

星 143.18　星 144.9　刑乙 71.22　刑乙 72.25　刑乙 77.43　刑乙 84.24　刑乙 95.9　刑乙 96.34　刑乙 97.21　刑乙 97.38

棲

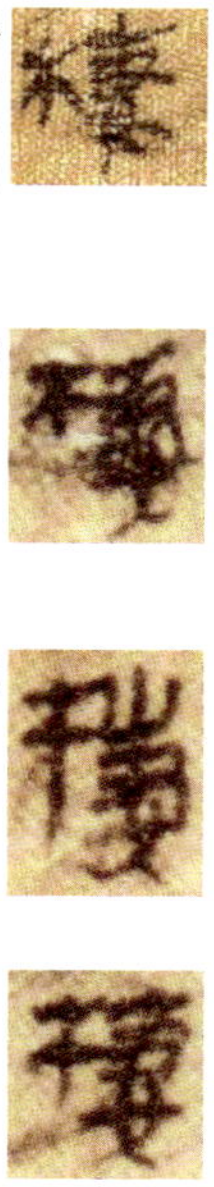

養 179.23　戰 213.8　戰 215.32　戰 217.14

《説文》或體。

囪

方 325.3

鹽

方 30.18　方 31.26　方 46.2　方 80.4　方 135.17　方 182.4　問 46.22　合 25.6　談 53.4　遣一 104.1

遣一 195.13　竹一 8.1

監

方 115.14

「鹽」字誤寫，卷五皿部「監」字下重見。

户

陰甲神上5.1
陰甲室9.26
陽甲11.12
方329.4
方452.20
陽乙5.36
老甲20.7
刑丙天12.3
禁2.5
禁4.8

箭71.5
箭72.4
箭74.6
箭75.5
箭76.5
箭78.5
箭79.5
箭80.6
箭82.5
箭83.5

箭85.5
箭87.4
箭90.5
周25.14
周42.19
繫16.32
繫23.18
衷40.55
稱16.22
老乙9.34

老乙52.19

扇

遣一279.2
遣一280.2
遣三385.2
遣三386.2
經48.45

房

陰甲祭一A08L.10
陰甲祭一A09L.3
陰甲祭一A09L.8
陰甲祭一A10L.6
陰甲祭一A11L.9
陰甲祭一A13L.5
陰甲祭一B13L.2
陰甲神上12.6
陰甲神上13.10
陰甲神上22.10

陰甲式圖1.3
養112.6
養206.18
房12.11
胎23.5
刑甲55.1
陰乙玄戈8.20
出5.6
出10.8
合1.16

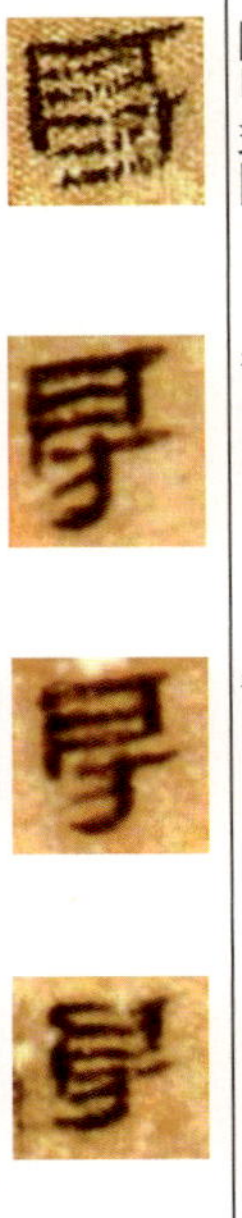

星33.34
刑乙95.1
刑乙96.1
刑乙96.13

戹

- 戰 155.19

房*

「牖」字異體，卷七片部重見。

門

- 陰甲神上 2.11
- 陰甲神上 13.41
- 陰甲雜四 3.16
- 陰甲室 3.6
- 陰甲室 4.12
- 陰甲室 5.1
- 陰甲室 8.7
- 陰甲室 8.35
- 陰甲室 9.2
- 陰甲堪法 7.30

- 陰甲祭三 2.4
- 陰甲祭三 2.21
- 陰甲宜忌 5.9
- 陰甲·殘 148.2
- 陰甲·殘 201.16
- 方 53.10
- 方 53.14
- 方 452.19
- 養 74.28
- 春 54.3

- 戰 238.1
- 戰 270.1
- 老甲 30.16
- 九 15.27
- 九 23.27
- 九 29.22
- 氣 4.222
- 刑丙傳 15.4
- 刑丙傳 16.9
- 刑丙地剛圖 1.9

- 陰乙文武 13.40
- 出 21.39
- 出 21.46
- 出 21.55
- 木 12.23
- 木 33.14
- 合 3.4
- 合 4.5
- 合 10.3
- 禁 1.8

- 禁 3.1
- 談 36.25
- 周 7.21
- 周 25.23
- 周 52.1
- 周 66.18
- 周 91.10
- 二 24.51
- 繫 11.23
- 繫 23.23

繫 35.63

衷 40.54

要 19.17

繆 70.30

周·殘上 13.1

稱 7.17

老乙 14.27

老乙 18.9

老乙 48.43

老乙 51.27

老乙 62.5

相 14.22

相 64.24

閨

問 34.3

周 42.17

周 92.62

閨

遣一 276.4

遣一 277.4

「圭」旁誤寫作「主」。

閈

星 47.3

星 47.15

星 47.23

閭

養 48.19

戰 73.7

繆 59.50

相 18.28

闠

陰甲雜四 2.1

閤

周 21.19

闉

相16.56

相47.3

相67.54

相71.48

相72.17

相74.45

闕

談9.8

十58.45

稱13.9

⿵門⿰屰欠

五7.7

⿵門⿰屰斤

周70.50

「闕」字訛體，「欠」旁訛作形近的「斤」旁。

闔

繫22.67

繫23.17

繫23.28

經22.37

經38.8

十52.60

相3.68

相49.30

開

刑甲10.20

刑丙天12.2

十60.48

刑乙67.42

相3.67

相49.29

閜

射3.11

閘

老甲76.9

衷8.48

閟

陰甲祭一 A05L.20

閒

陰甲室 9.29
陰甲堪法 13.5
足 5.13
足 19.9
足 19.28
足 33.9
陽甲 33.16
陽甲 36.11
陽甲 36.13
方目 2.18

方 48.4
方 50.5
方 50.20
方 58.15
方 146.4
陽乙 8.11
陽乙 18.2
養 123.4
房 17.3
春 40.10

春 83.2
春 86.15
春 95.25
戰 160.20
戰 163.9
戰 176.15
戰 190.12
戰 275.12
老甲 15.13
五 69.18

五 90.19
五 91.23
五 129.26
五 130.24
五 131.6
五 131.31
五 132.19
五 151.12
刑甲 17.27
問 26.28

遣三 29.2
遣三 32.2
繫 2.22
繫 2.28
繫 9.61
繫 10.42
繫 45.12
衷 44.20
繆 70.34
道 4.56

老乙 48.9
星 33.37
刑乙 72.5
相 25.15

閼

閼

戰 154.3
星 1.39

闌

方222.15
方316.2
方317.2
方425.3
射8.6
射23.5
戰160.14
戰163.3
明20.6
遣三272.6
遣三331.1
周11.38
昭3.19
昭4.52
昭4.65

閉

陽甲11.11
方329.3
陽乙11.25
春36.19
戰95.17
老甲145.14
德6.10
陰乙大游2.9
出14.24
問17.27
問18.13
問54.25
合27.10
談8.4
談8.8
談11.12
談21.6
繫16.49
繫16.55
繫16.62

關

衷41.21
十8.29
老乙14.25
老乙18.7
老乙67.61
刑乙39.12
陰甲天地3.29
養190.19
戰12.21
戰95.18
戰228.33
戰254.22
戰292.5
氣2.406
氣5.142
周·殘下76.4
經16.30
老乙67.64
相3.37

闈

老甲145.17

闐	閹	閱	閔	閥*	悶*	耳
老乙 78.15	養 75.12	房 12.19	春 36.27	陰甲室 9.5	老甲 30.12	足 2.8
	戰 55.2	十 46.44	春 91.23		出土簡帛本及傳世本異文皆作「兑」或从「兑」聲之字。	足 6.9
	十 13.34					足 8.11
	十 17.17					陽甲 14.5
						陽甲 16.21
						陽甲 17.8
						陽甲 17.22
						陽乙 2.23
						陽乙 8.4
						陽乙 8.35
						養 180.4
						養 192.20
						胎 6.4
						春 69.16
						戰 148.27
						戰 190.8
						戰 321.14
						戰 321.19
						戰 325.19
						老甲 112.23

聖

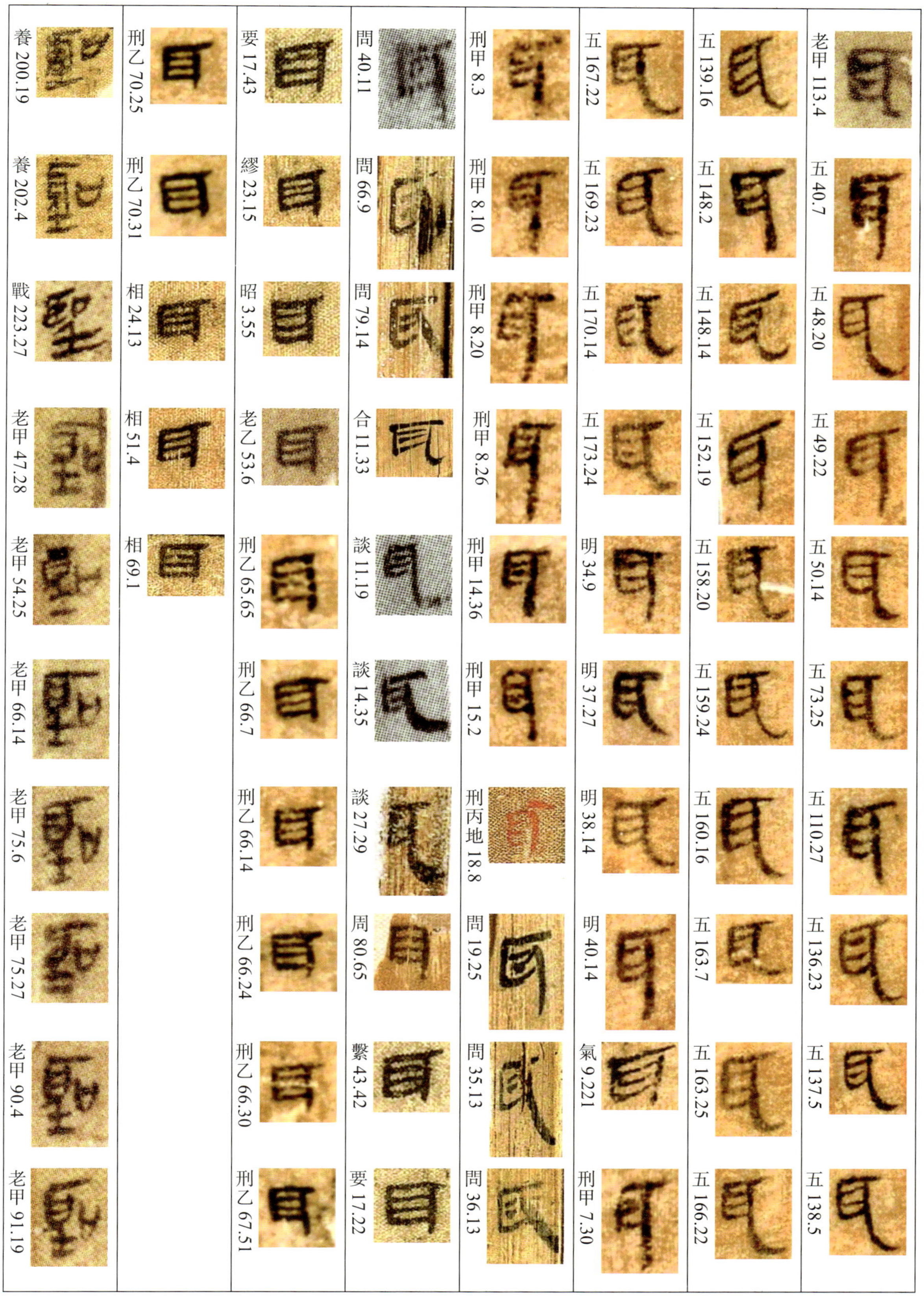

老甲 113.4、五 40.7、五 48.20、五 49.22、五 50.14、五 73.25、五 110.27、五 136.23、五 137.5、五 138.5

五 139.16、五 148.2、五 148.14、五 152.19、五 158.20、五 159.24、五 160.16、五 163.7、五 163.25、五 166.22

五 167.22、五 169.23、五 170.14、五 173.24、明 34.9、明 37.27、明 38.14、明 40.14、氣 9.221、刑甲 7.30

刑甲 8.3、刑甲 8.10、刑甲 8.20、刑甲 8.26、刑甲 14.36、刑甲 15.2、刑丙地 18.8、問 19.25、問 35.13、問 36.13

問 40.11、問 66.9、問 79.14、合 11.33、談 11.19、談 14.35、談 27.29、周 80.65、繫 43.42、要 17.22

要 17.43、繆 23.15、昭 3.55、老乙 53.6、刑乙 65.65、刑乙 66.7、刑乙 66.14、刑乙 66.24、刑乙 66.30、刑乙 67.51

刑乙 70.25、刑乙 70.31、相 24.13、相 51.4、相 69.1

養 200.19、養 202.4、戰 223.27、老甲 47.28、老甲 54.25、老甲 66.14、老甲 75.6、老甲 75.27、老甲 90.4、老甲 91.19

五6.15 五11.19 五14.8 五15.1 五21.7 五27.20 五28.17 五28.25 五29.17 五29.19

五46.2 五48.3 五48.16 五50.10 五51.1 五73.21 五74.26 五75.4 五75.12 五104.10

五104.31 五106.3 五106.14 五107.20 五109.2 五110.23 五111.4 五111.16 五111.18 九8.18

九9.19 德1.11 德3.7 德3.22 德4.13 德4.16 德4.28 氣1.45 木30.10 談29.39

二1.34 二6.4 二7.2 二7.33 二12.12 二12.20 二12.51 二13.26 二14.39 二14.55

二15.5 二15.53 繫10.56 周·殘上10.3

聖

問27.2

耶

繫3.11 繫8.42 繫11.24 繫11.47 繫22.13 繫23.3 繫24.70 繫25.24 繫25.31

聽

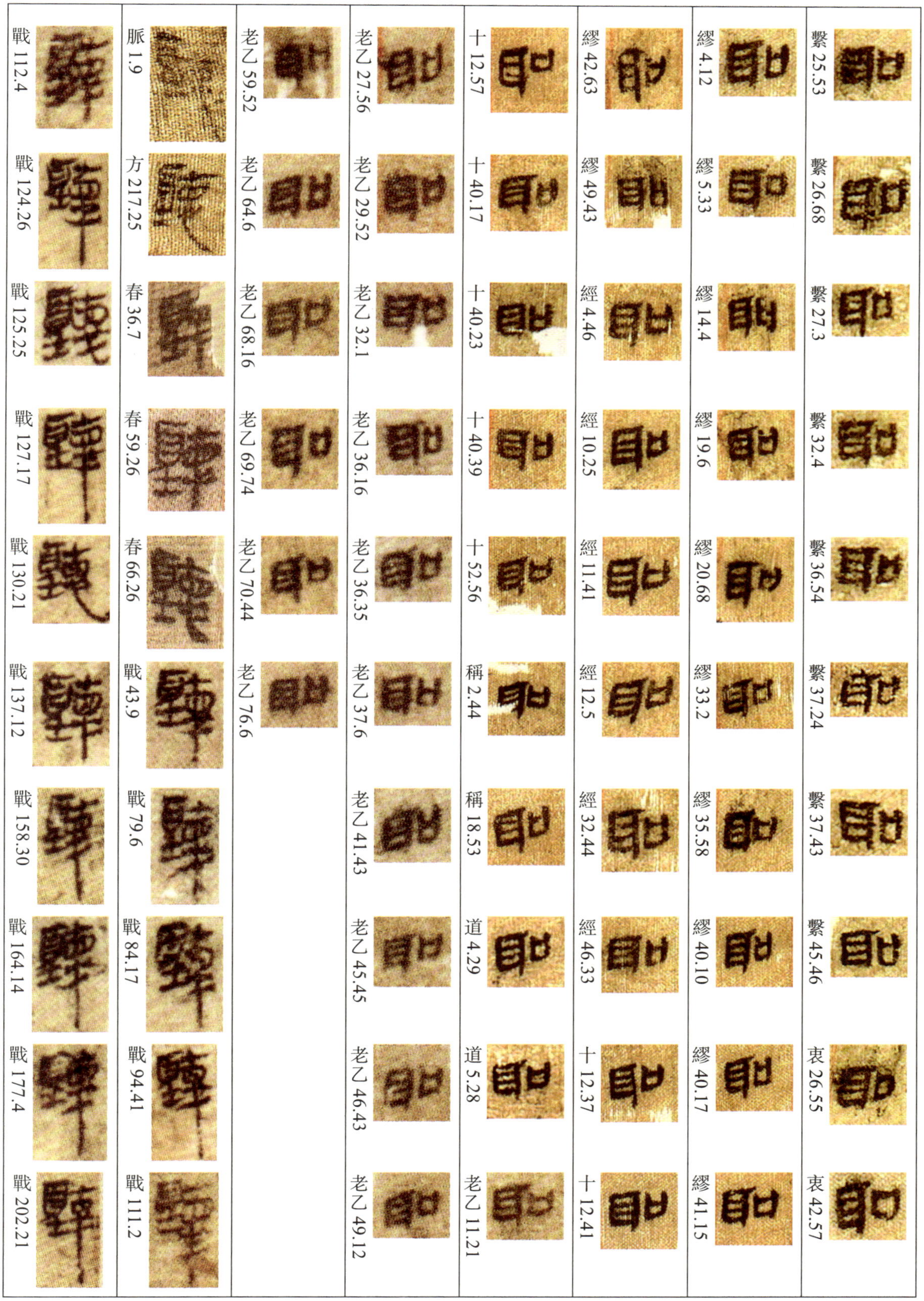

繫25.53　繫26.68　繫27.3　繫32.4　繫36.54　繫37.24　繫37.43　繫45.46　衷26.55　衷42.57

繆4.12　繆5.33　繆14.4　繆19.6　繆20.68　繆33.2　繆35.58　繆40.10　繆40.17　繆41.15

繆42.63　繆49.43　經4.46　經10.25　經11.41　經12.5　經32.44　經46.33　十12.37　十12.41

十12.57　十40.17　十40.23　十40.39　十52.56　稱2.44　稱18.53　道4.29　道5.28　老乙11.21

老乙27.56　老乙29.52　老乙32.1　老乙36.16　老乙36.35　老乙37.6　老乙41.43　老乙45.45　老乙46.43　老乙49.12

老乙59.52　老乙64.6　老乙68.16　老乙69.74　老乙70.44　老乙76.6

脈1.9　方217.25　春36.7　春59.26　春66.26　戰43.9　戰79.6　戰84.17　戰94.41　戰111.2

戰112.4　戰124.26　戰125.25　戰127.17　戰130.21　戰137.12　戰158.30　戰164.14　戰177.4　戰202.21

戰 218.34
戰 219.4
戰 219.14
戰 219.18
戰 233.21
戰 245.7
戰 260.5
戰 261.17
戰 262.14
戰 269.12

戰 271.6
戰 271.17
戰 279.28
老甲 116.6
老甲 166.6
五 150.18
問 63.19
問 75.8
合 10.8
星 55.27

恥

九 13.19
九 13.25
九 17.16
九 19.4
九 38.16
明 40.9

聴

經 11.17
經 18.1
經 22.43
經 35.6
經 56.52
經 62.5
經 74.60
稱 12.29
稱 18.52

道 4.36
老乙 54.57
老乙 76.60

職

方 21.11
方 365.11
春 67.28
九 12.25
九 13.17
九 13.21
九 19.22
九 20.13
九 20.23
九 21.18

九 22.10
九 22.26
明 39.22
明 41.10
經 36.27
經 36.40

聏

聒

二 13.49
二 14.14
衷 27.45
衷 41.27

聲

- 戰226.27
- 老甲65.22
- 老甲96.12
- 老甲96.26
- 老甲101.26
- 老甲104.17
- 老甲112.28
- 老甲126.21
- 老甲136.28
- 老甲146.11
- 老甲152.8
- 五18.18
- 五19.12
- 五62.20
- 五124.1
- 五135.15
- 五148.19
- 五150.10
- 五154.6
- 五164.1
- 九14.22
- 九16.5
- 九24.4
- 明40.7
- 德4.11
- 德5.1
- 德5.7
- 木65.11
- 問4.12
- 問16.24
- 問84.3
- 合12.7
- 談11.25
- 二30.30
- 二36.34
- 衷27.51
- 經4.12
- 經4.19
- 經39.29
- 經61.25
- 經75.56
- 經76.11
- 十12.2
- 老乙45.31

聞

- 陰甲衍6.14
- 陽乙5.27
- 春37.7
- 春55.15
- 春67.3
- 春80.8
- 春93.11
- 戰58.6
- 戰88.5
- 戰96.14
- 戰132.37
- 戰139.3
- 戰141.6
- 戰192.8
- 戰197.8
- 戰200.24
- 戰248.12
- 戰258.7
- 戰302.13
- 戰325.6
- 老甲65.24
- 老甲102.20
- 老甲166.10
- 五14.26
- 五26.15
- 五27.5
- 五28.13
- 五29.7
- 五29.13
- 五44.15

聶　聾

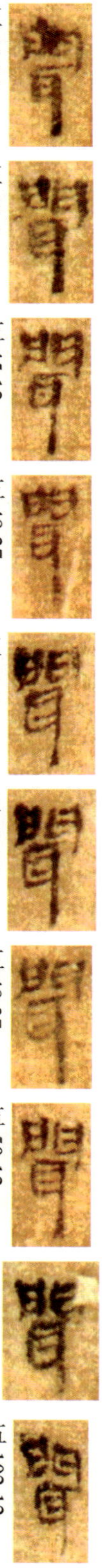

五 44.25
五 45.4
五 45.12
五 48.27
五 49.7
五 49.16
五 49.27
五 50.12
五 102.4
五 102.12

五 103.23
五 104.12
五 106.5
五 110.11
五 111.6
五 178.2
五 179.12
五 179.25
五 180.9
五 180.22

五 181.28
九 48.2
明 30.11
刑甲 45.8
出 29.38
出 30.38
木 37.7
木 40.6
問 24.12
問 36.15

問 74.16
問 75.10
問 79.16
問 94.14
周 58.7
要 9.1
要 14.52
繆 2.7
繆 15.31
繆 23.10

繆 25.47
繆 28.60
繆 33.50
繆 58.45
繆 59.59
繆 61.14
繆 64.5
昭 1.47
昭 3.58
十 43.50

老乙 4.47
老乙 4.55
老乙 10.15
老乙 12.21
老乙 31.37
老乙 48.24
老乙 54.61
老乙 76.64
相 10.24

足 4.4
足 8.8
足 31.20
陽甲 17.23
陽乙 2.24
陽乙 8.27
陽乙 8.50
老甲 112.24
導 2.10

問 78.24
星 4.46
刑乙小游 1.118

聑*　䏈*　聳*　匠　巸　手

聶

遺一284.7　牌一4.2　牌一5.3　遺三364.1　牌三30.1　牌三33.1　星7.18

聑*

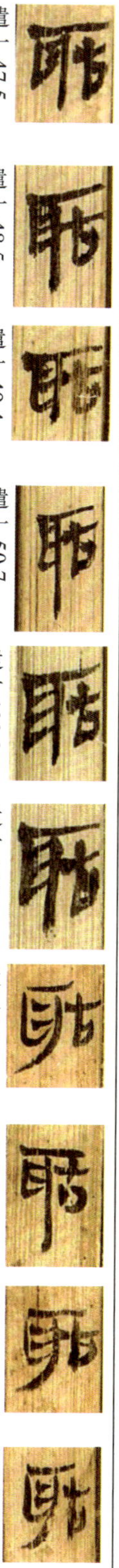

遺一47.5　遺一48.5　遺一49.4　遺一50.7　遺一138.3　遺一140.3　遺三88.5　遺三89.5　遺三90.3　遺三91.4

䏈*

周85.9

字左半不識，傳世本異文作「頤」。

聳*

「微」字訛體，卷二彳部重見。

匠

頤

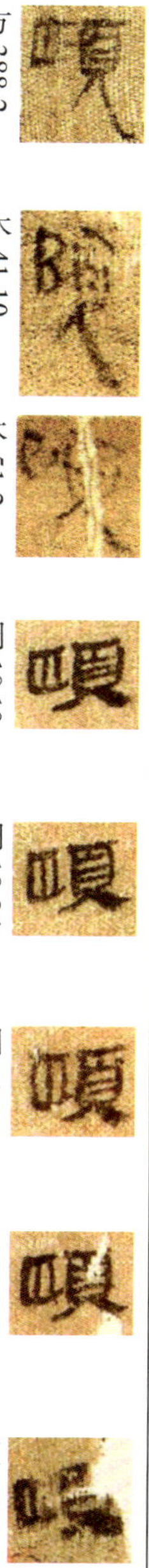

方388.2　木41.10　木51.2　周18.19　周18.24　周18.31　周18.45　衷14.7

《說文》篆文。

巸

十59.22　道1.33　老乙61.4

手

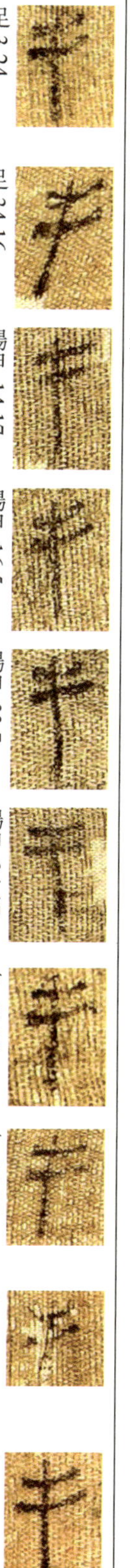

足3.24　足34.16　陽甲14.17　陽甲16.5　陽甲33.7　陽甲34.17　方46.21　方58.13　方58.19　方66.8

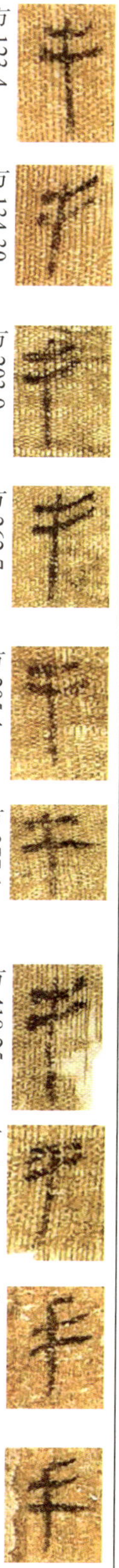

方123.4　方134.30　方203.9　方262.7　方295.4　方377.1　方418.25　方475.10　陽乙16.25　陽乙17.9

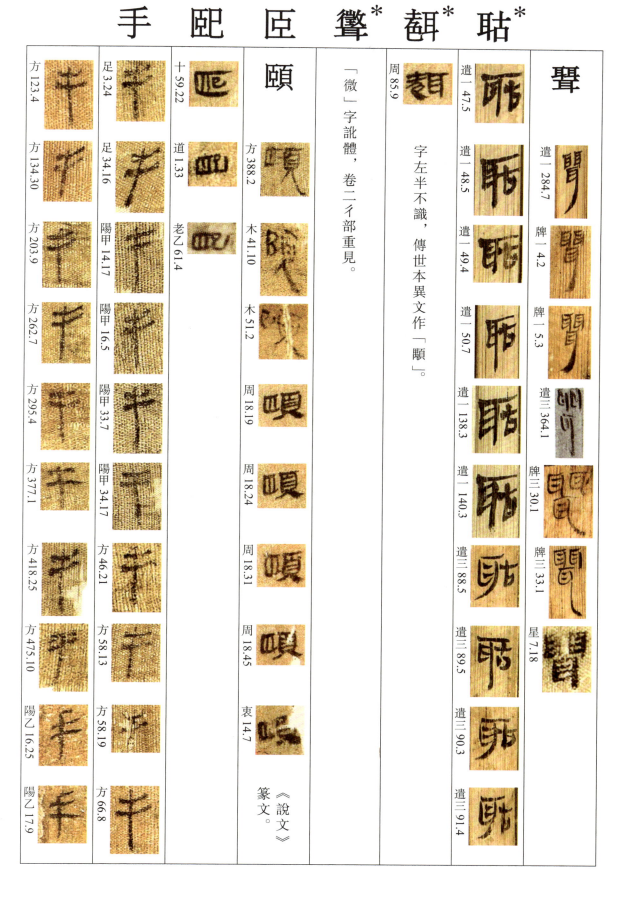

指　掌

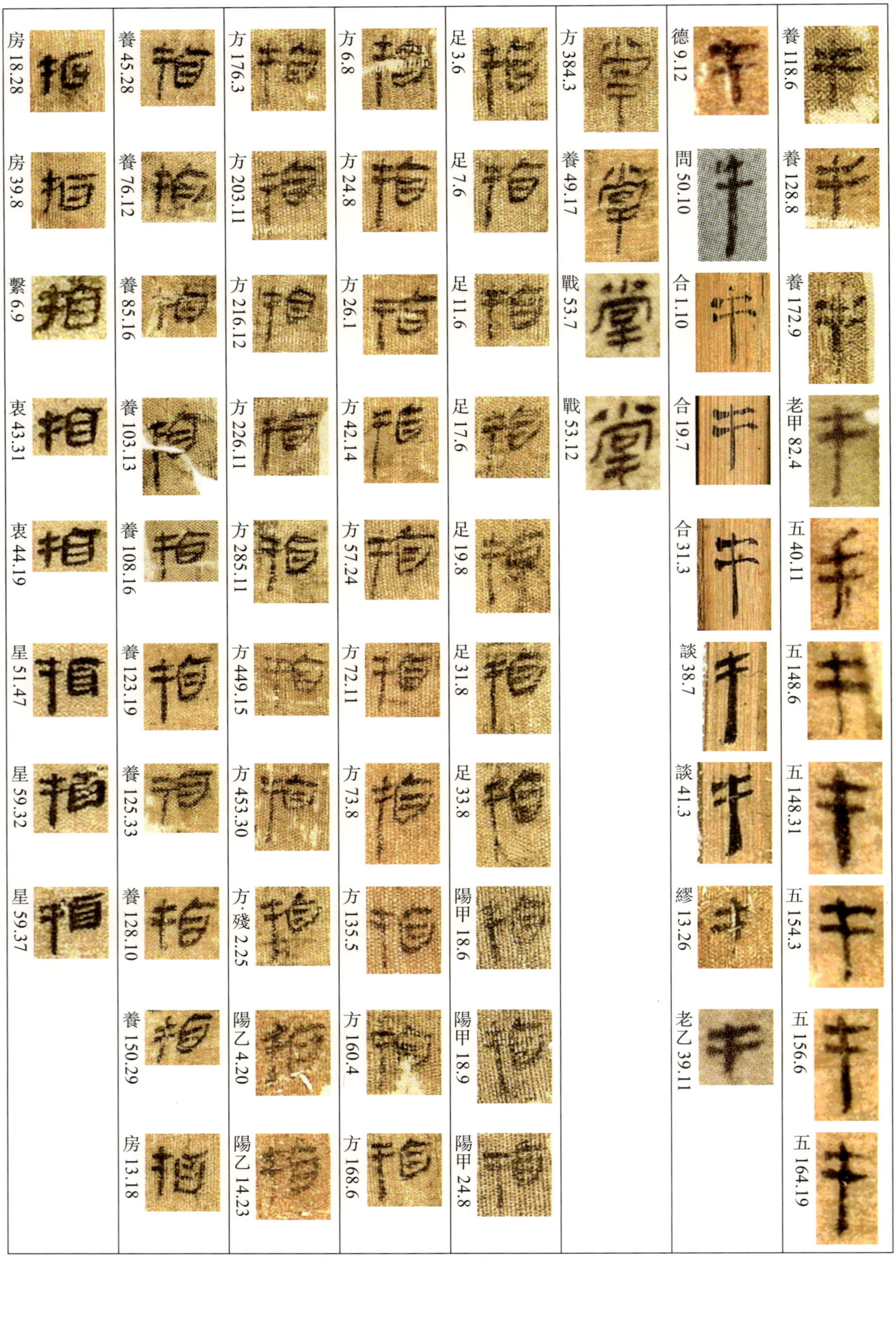

養118.6　養128.8　養172.9　老甲82.4　五40.11　五148.6　五148.31　五154.3　五156.6　五164.19

德9.12　問50.10　合1.10　合19.7　合31.3　談38.7　談41.3　繆13.26　老乙39.11

方384.3　養49.17　戰53.7　戰53.12

足3.6　足7.6　足11.6　足17.6　足19.8　足31.8　足33.8　陽甲18.6　陽甲18.9　陽甲24.8

方6.8　方24.8　方26.1　方42.14　方57.24　方72.11　方73.8　方135.5　方160.4　方168.6

方176.3　方203.11　方216.12　方226.11　方285.11　方449.15　方453.30　方·殘2.25　陽乙4.20　陽乙14.23

養45.28　養76.12　養85.16　養103.13　養108.16　養123.19　養125.33　養128.10　養150.29　房13.18

房18.28　房39.8　繫6.9　衷43.31　衷44.19　星51.47　星59.32　星59.37

掔 掔

方393.7 

揖

養220.20 

攘

戰176.31 

老乙1.56 

老乙35.7 

⿰羊务

春81.5 

明45.14 

明46.23 

「攘」字異體，从力从養字古文「羧」得聲。

捧

陰甲上朔2.16 

陰甲堪法10.20 

戰32.14 

戰186.4 

十25.46 

揞

合1.12 

抵

方390.32 

木2.32 

木70.2 

合1.17 

合2.2 

府5.27 

昭9.44 

星48.14 

星50.4 

扶

星59.26 

相5.53 

相5.59 

相52.67 

相53.13 

持

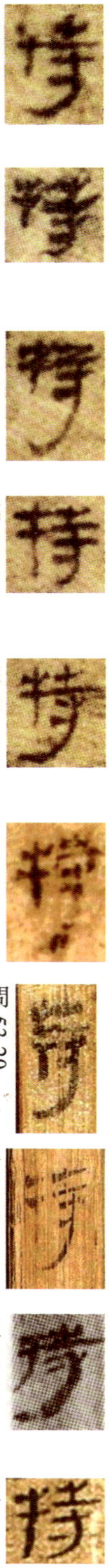

戰 5.10
戰 173.2
戰 189.28
戰 200.39
戰 256.12
刑甲 42.2
問 53.20
合 23.9
談 51.34
太 8.3

挈

方 131.3
方·殘 2.8
方·殘 2.39
相 47.23
相 48.32
相 48.44
相 49.38
相 61.11
相 75.61

⿰扌絜

老甲 31.24

摯

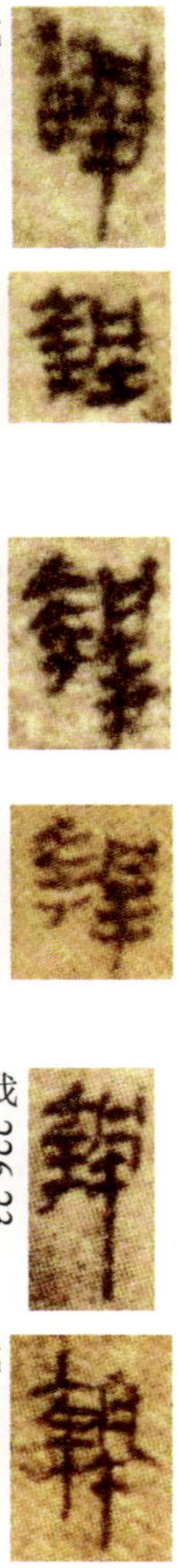

戰 72.26
戰 77.20
戰 94.6
戰 109.36
戰 226.23
戰 273.10

操

方 208.3
方 213.7
方 218.6
方 219.16
方 410.9
方 421.24
養 83.11
養 93.22
胎 34.6
戰 54.9

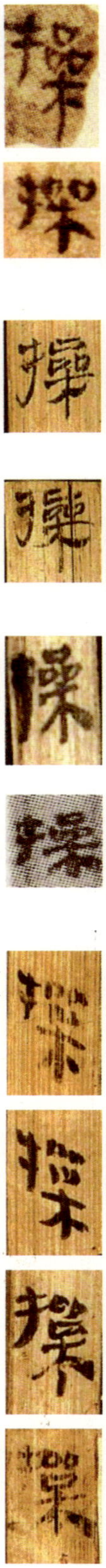

戰 247.17
明 6.31
合 4.12
合 7.1
談 8.6
談 43.26
遣三 7.8
遣三 7.13
遣三 9.13
遣三 16.3

遣三 17.4
遣三 18.4
遣三 47.5
遣三 48.11
十 46.63

擢

老甲 36.14

搏

老甲 36.19
星 65.44

⿰扌簙

 問 5.24

據

 養 49.27
 養 199.6
 養 199.24
 戰 74.22
 戰 74.28
 戰 74.35
 戰 106.21
 戰 272.2
 談 41.18
 繫 41.8

 繆 71.1
 周·殘下 72.3
 老乙 17.3

挾

 方 221.15
 春 69.30
 戰 198.6
 戰 207.38
 戰 214.35
 九 29.23
 十 65.12
 相 21.29
 相 75.28

握

 明 27.12
 合 1.9
 十 47.1
 道 6.50
 老乙 17.14

撣

 脈 8.10

把

 方 17.9
 方 43.8
 方 68.26
 方 252.24
 方 262.2
 方·殘 47.2
 養 15.1
 養 122.14
 養 122.17
 養 141.17

攜 提 揗 掾

攜

方309.12

提

方221.16 氣5.227 氣5.234 氣5.242 周53.31 十17.55 稱9.54 星7.19 星40.1

揗

足16.18 足21.20 房6.8 房11.26 合1.14 合2.5 合4.13 稱13.40

揗

陽乙4.36

「揗」字訛體。

掾

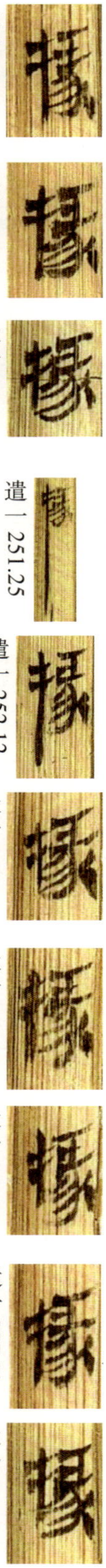

遺一246.6 遺一247.6 遺一251.9 遺一251.25 遺一252.12 遺一253.10 遺一255.10 遺一256.10 遺一257.11 遺一261.8

遺一264.8 遺一265.7 遺一266.7 遺一267.7 遺一268.9 遺一269.10 遺一270.10 遺一271.10 遺一272.7 遺一276.9

遺一277.8 遺一279.6 遺一281.8 遺一282.8 遺一286.6 遺一287.12 遺一288.6 遺一289.7 遺一289.10 遺一290.6

遺一290.10 遺三223.6 遺三225.6 遺三235.14 遺三237.15 遺三243.10 遺三244.8 遺三245.8 遺三305.15 遺三315.8

遺三317.7　遺三328.7　遺三330.8　遺三338.7　遺三339.7　遺三343.7　遺三344.7　遺三350.5　遺三351.5　遺三352.6

遺三359.8　遺三360.10　遺三361.9　遺三362.8　遺三363.7　遺三366.8　遺三380.12　遺三381.6　遺三382.6　遺三383.7

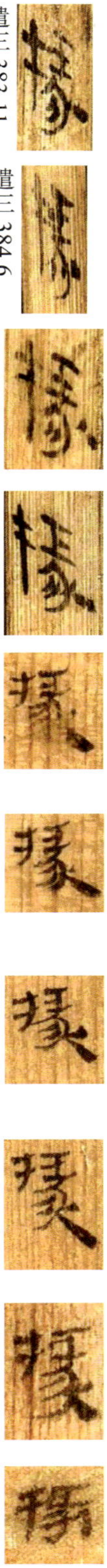

遺三383.11　遺三384.6　遺三387.6　遺三388.6　遺三407.17　遺三407.24　遺三407.39　遺三407.47　遺三407.53　周3.10

周3.35　周3.47　周3.58　周3.65　周63.31

掊

戰294.10

擇

方43.5　方353.2　戰21.26　戰48.25　戰98.24　戰145.18　戰287.10　戰318.12　九52.2　談24.6

二31.59　二34.34　二34.39　繆60.54　十64.55　稱4.50　稱7.63

捉

方18.11　方19.14　房41.19

摵

養30.6 

養77.9 

捽

方72.13 

撮

射6.8 

⿰扌㝡

方42.16 

「最」旁訛作形近的「㝡」旁。

搴

方230.15 

捊

抱

方103.5 

方209.21 

胎33.11 

合5.11 

合6.7 

遣三9.14 

經45.48 

道6.72 

老乙50.64 

老乙60.29 

《說文》或體。

採

戰235.11 

授

九 5.21

九 32.12

九 33.28

九 35.2

九 43.5

九 49.2

要 19.47

要 20.2

要 20.6

接

合 9.13

合 9.19

合 19.6

合 20.13

談 38.6

談 41.2

遣一 262.1

遣三 373.1

二 12.5

招

戰 214.9

刑丙地 15.3

撫

方 419.15

揞

揞

方 55.6

老乙 55.3

抿

養 89.20

養 91.18

房 6.7

投

方 453.31

射 6.10

戰 164.15

五 156.9

十 25.10

相 6.47

相 16.58

相 67.56

挑

養 88.13

養 128.18

抉

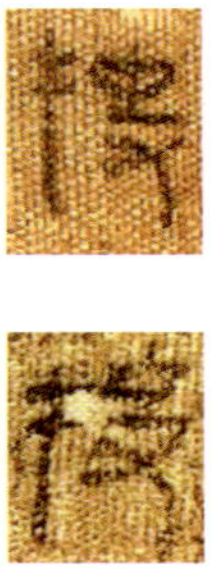

方 135.4
方 380.9

撓

方 24.5
方 46.5
方 49.6
方 186.22
方 363.27
方 464.22
養 47.14
養 166.27
房 43.22
戰 164.8

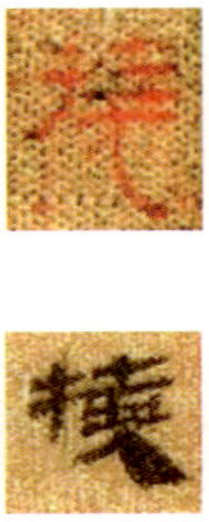

刑丙天 9.15
二 4.61

摯

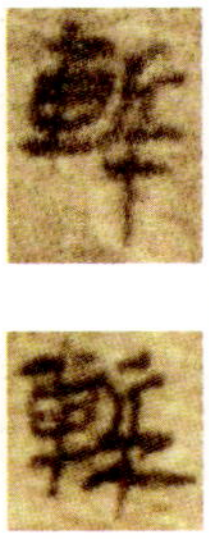

戰 46.21
戰 49.30

搖

養 200.28

揚

方 92.19

舉

方 31.13
方 282.10
養·殘 32.7
房 15.4
戰 46.13
戰 95.27
戰 131.36
戰 142.27
戰 183.23
戰 276.10

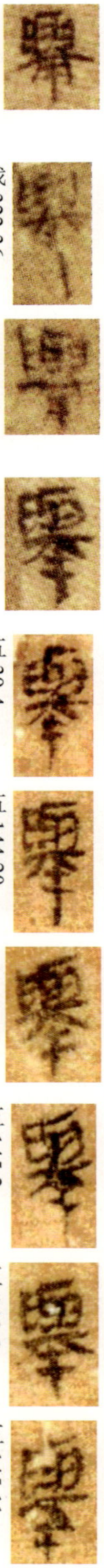

戰 290.16
戰 322.36
戰 324.14
老甲 86.10
五 39.4
五 144.20
五 144.27
五 145.2
五 145.6
五 145.11

拯
抍

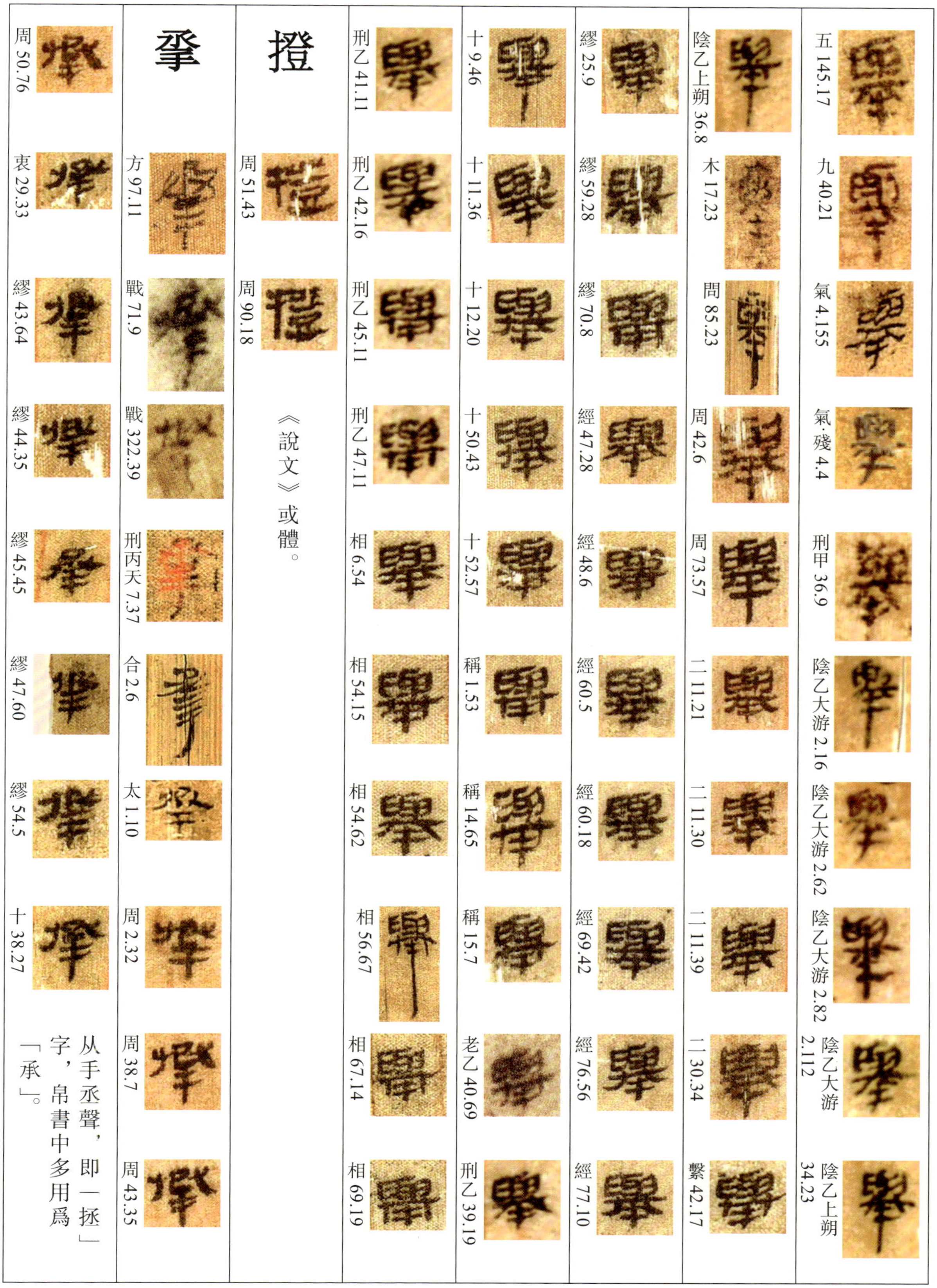

五145.17　九40.21　氣4.155　氣·殘4.4　刑甲36.9　陰乙大游2.16　陰乙大游2.62　陰乙大游2.82　陰乙大游2.112　陰乙上朔34.23

陰乙上朔36.8　木17.23　問85.23　周42.6　周73.57　二11.21　二11.30　二11.39　二30.34　繫42.17

繆25.9　繆59.28　繆70.8　經47.28　經48.6　經60.5　經60.18　經69.42　經76.56　經77.10

十9.46　十11.36　十12.20　十50.43　十52.57　稱1.53　稱14.65　稱15.7　老乙40.69　刑乙39.19

刑乙41.11　刑乙42.16　刑乙45.11　刑乙47.11　相6.54　相54.15　相54.62　相56.67　相67.14　相69.19

撜

周51.43　周90.18

《說文》或體。

⿱丞手

方97.11　戰71.9　戰322.39　刑丙天7.37　合2.6　太1.10　周2.32　周38.7　周43.35

周50.76　衷29.33　繆43.64　繆44.35　繆45.45　繆47.60　繆54.5　十38.27

从手丞聲，即「拯」字，帛書中多用爲「承」。

振

陽甲 7.22
陽乙 1.11
陽乙 4.16
戰 47.1
五 18.11
五 19.15
氣 4.220
合 20.9
合 23.3
合 25.13

談 38.26
談 42.20
繫 5.61

搴

談 15.28

擅

戰 176.11
九 33.10
九 42.3
九 42.21
九 43.10
繆 31.43
經 10.9
經 11.2
經 14.15
經 63.53

十 29.4
十 29.18
十 62.63
相 71.43
相 72.61

損

養 153.14
養 201.28
陰乙三合 5.20
周 13.32
周 13.52
周 13.65
周 14.8
衷 9.31
衷 45.30
衷 46.16

要 11.29
要 19.5
要 19.25
要 20.44
要 20.52
要 21.5
要 24.11
繆 17.21
繆 42.59
經 26.22

十 49.48
稱 2.12
相 5.24
相 52.33

敗

老甲13.25
老甲86.15

失

去8.12
去8.22
春54.17
春81.14
春90.31
春94.21
戰98.20
戰203.39
戰271.10
老甲3.9

老甲58.9
老甲139.25
老甲140.11
老甲144.17
老甲144.21
老甲151.15
老甲162.10
五165.17
九3.33
九9.4

九11.7
九32.13
九33.29
九36.1
明10.27
明34.4
氣2.333
氣2.357
刑甲123.8
刑丙刑2.11

刑丙刑4.9
出32.31
出33.44
出33.46
出34.11
出34.13
出35.19
問2.11
問8.11
問15.11

問21.28
問23.23
問28.9
問55.18
談9.23
周23.67
周66.28
周66.37
周78.4
二2.62

二5.26
二10.57
繫3.39
繫5.10
繫15.25
繫16.51
繫16.57
繫47.26
衷5.26
衷8.39

衷22.39
衷23.18
衷23.53
衷30.60
要14.17
要24.19
繆1.58
繆2.50
繆2.64
繆7.39

繆 17.48
繆 17.57
繆 56.56
繆 59.14
昭 9.63
昭 11.38
經 1.8
經 6.30
經 9.22
經 23.57

經 24.1
經 24.11
經 24.17
經 24.31
經 25.40
經 25.44
經 26.6
經 26.9
經 27.28
經 27.33

經 36.22
經 36.26
經 36.30
經 43.63
經 44.5
經 45.64
經 46.65
經 47.2
經 48.13
經 49.43

經 51.49
經 54.30
經 60.15
經 67.33
經 69.44
經 76.45
經 76.57
十 29.2
十 29.49
十 31.12

十 34.37
十 45.39
十 46.1
十 47.50
十 64.9
稱 2.66
稱 12.16
稱 17.2
稱 17.27
稱 18.6

稱 18.10
稱 18.36
老乙 1.13
老乙 1.62
老乙 1.67
老乙 1.72
老乙 2.1
老乙 27.22
老乙 38.12
老乙 65.31

老乙 65.35
老乙 65.46
老乙 65.50
老乙 67.34
老乙 67.38
老乙 70.26
老乙 75.12
星 8.3
星 8.10
星 13.15

星 30.22
星 37.8
星 37.47
星 39.24
星 74.39
星 74.49
星 75.4
刑乙 25.8
相 11.15

挩　抒　拾　掇　拔

逹

陰甲雜三 4.4

楚文字寫法的「失」字。

挩

養 78.19

戰 105.31

抒

方 34.16

方 387.3

合 8.15

拾

老甲 166.20

掇

繫 36.7

拔

陰甲祭一 B05L.15

方 102.22

養 63.5

戰 274.25

戰 283.27

戰 294.4

戰 295.22

戰 303.8

戰 305.12

刑甲 16.25

刑甲 16.29

刑甲 34.3

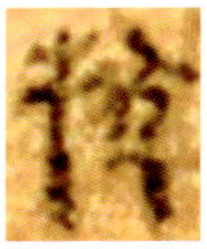
刑甲 44.23

刑甲 45.24

刑甲 46.9

刑甲 46.23

抶

戰 133.17

戰 133.33

戰 143.9

戰 160.40

氣 1.112

氣 5.152

經 18.57

刑乙 23.7

刑乙 62.45

擣

刑乙 71.26

刑乙 71.30

刑乙 89.33

相 17.72

相 69.15

方 484.9

養 75.6

搗

方 68.27

九 51.17

臺

方 255.14

奪

方 356.2

尋

方 421.12

奮

方 466.18

攣

方 46.13

方 236.7

探

問 30.23 

問 37.14 

掕

方 279.8 

摵

合 7.9 

揮

衷 20.27 

撞

養 204.22 

養 223.10 

捪 括

拈

養 203.7 

漢隸「昏」旁寫法多與「古」形相混，據異文可知此「拈」字應即「括」字之訛。

撝

九 39.2 

技

技

繆 33.61 

「技」字之訛寫，「支」旁訛作「攴」形。

拙

老乙 8.11

搏

房 9.25

掩

陰甲祭一 A16L.16

陰甲祭一 A16L.24

陰甲祭一 A16L.38

陰甲堪表 9L.3

陰甲堪表 9L.12

陰甲堪表 9L.30

播

問 56.22

挨

繫 11.64

擊

春 79.1

春 79.14

戰 297.21

陰乙玄戈 6.29

陰乙文武 13.26

遣三 10.5

遣三 21.28

遣三 25.1

遣三 35.7

遣三 36.3

周 2.68

周 9.11

周 93.27

繫 35.64

要 12.38

星 51.44

抗

周 1.63

二 5.58

二 6.20

繫 16.2

老乙 35.32

捕

陽乙 12.25

合 16.1

老乙 17.8

拕

經 16.29

相 13.49

相 40.25

相 63.58

抴

周 26.15

周 77.24

撅

合 8.12

挈

方 327.12

養 64.9

挌

刑甲 107.17

星 7.20

星 40.2

捐

養 153.6

二 31.56

相 16.32

相 67.9

相 70.31

扞

談 31.15 

相 37.27 

相 37.36 

摩

攠

合 21.6 

合 22.2 

合 22.9 

搜

方 123.1 

拊*

養 88.22 

合 1.15 

合 19.11 

合 21.1 

扙*

繆 36.31 

折

《説文》「𣂪」字篆文，詳見卷一艸部。

抗*

養 96.12 

抐*

氣 6.325 

扽*

問88.13

抹*

經58.60

經64.43

抬*

問64.26

拼*

方195.9

方309.16

養86.4

養181.5

捖*

養39.12

捚*

方439.3

方439.8

方439.13

揻*

養217.3

㨁*

老甲106.28

老乙50.19

掙*

經 24.36

經 35.14

十 30.48

𢫬*

周 73.71

「號」字之誤，帛書辭例爲「先芺（笑）後~桃（咷）」。

捆*

候 3.27

揨*

相 47.21

相 48.30

相 48.43

相 49.37

相 61.10

相 75.60

撾*

五 83.11

五 83.22

揕*

合 7.21

搸*

十 10.14

𢷎*

五 112.11

搋*	⿱享手*	摐*	揹*	掫*	撿*	擅*	擳*
 周 6.15	 方 383.11	 十 10.5	 老甲 152.4	 老乙 50.27	 老乙 77.6	 道 4.6	 衷 31.58

⿰扌賣*

周 15.14　周 62.29

攀

《說文》「𠬞」字或體，字形詳見卷三𠬞部。

脊

足 14.14　陽甲 28.18　方 50.13　陽乙 1.16　戰 67.15　問 20.25　合 12.17　談 12.2　談 22.26　談 23.12

談 24.14　十 29.28

膭

陽乙 8.45　相 51.21　相 73.42

女

陰甲女發 1.45　陰甲女發 2.29　陰甲上朔 1.44　陰甲上朔 2.5　陰甲上朔 2.27　陰甲祭一 A05L.16　陰甲祭一 A12L.3　陰甲祭一 A14L.9　陰甲祭一 A16L.30　陰甲祭一 B03L.3

陰甲祭一 B10L.10　陰甲祭一 B11L.4　陰甲祭一 B12L.3　陰甲神上 11.15　陰甲神上 13.14　陰甲神上 14.21　陰甲雜四 15.3　陰甲室 8.36　陰甲雜七 4.14　陰甲堪法 6.8

陰甲堪法 6.19	陰甲堪法 7.10	陰甲堪法 10.10	陰甲堪表 6.10	陰甲諸日 1.18	陰甲諸日 4.14	陰甲諸日 7.10	陰甲宜忌 4.11	陰甲·殘 4.18	方 13.12
方 105.20	方 111.16	方 147.6	方 147.16	方 200.2	方 201.2	方 214.3	方 217.22	方 237.5	方 324.3
方 385.5	方 391.22	方 446.3	方 451.4	方 480.21	養 53.9	養 59.27	養 60.2	養 61.24	養 89.22
養 186.4	養 193.9	養 201.8	養 217.16	養·殘 63.7	射 3.17	射 12.25	胎 2.5	胎 6.1	胎 18.7
胎 18.11	胎 18.24	胎 27.10	胎 33.2	春 43.2	春 45.6	戰 98.38	戰 151.9	老甲 70.11	老甲 115.27
老甲 121.11	五 43.8	五 83.16	五 83.27	五 174.29	五 175.7	氣 2.281	刑甲 55.23	陰乙上朔 17.11	陰乙女發 1.52
木 2.9	合 9.4	合 26.10	合 26.18	禁 9.8	談 30.3	談 48.29	談 51.39	遣一 120.2	遣一 124.5

牌一 37.2
遣三 37.1
遣三 39.3
遣三 136.2
牌三 16.2
喪 5.7
周 9.2
周 9.7
周 38.6
周 61.7

周 68.31
周 84.69
周 85.28
周 86.3
周 91.5
繫 2.8
衷 4.31
衷 9.48
衷 11.15
要 11.17

要 14.36
要 15.28
繆 3.33
繆 24.1
繆 43.63
繆 44.27
繆 47.37
繆 61.49
經 7.15
經 11.28

經 12.29
經 17.49
經 24.35
經 26.62
經 46.13
十 14.47
十 19.24
老乙 54.42
老乙 57.26
刑乙 96.24

姓

春 82.3
春 93.22
老甲 24.18
老甲 82.23
九 49.19
德 12.1
繫 45.55
昭 1.62
昭 4.8
十 8.63

十 35.3
稱 16.19
稱 16.43
稱 23.55
老乙 59.16

姚

氣 6.145
問 73.4

媒

經 59.5

嫁

陰甲宜忌4.6　春42.28　春45.19　陰乙玄戈8.23　陰乙文武12.30

娶

遣一273.2

妻

陰甲·殘77.3　陰甲·殘82.2　胎28.14　戰40.5　戰288.9　禁2.1　禁8.11　周62.67　周68.32　周84.35

繫40.33　繫41.21　繆14.38　經11.25　稱6.48

婦

陰甲天一2.35　陰甲天一2.40　陰甲天一5.20　陰甲天一7.25　陰甲天一7.33　陰甲天一8.23　陰甲天一9.15　陰甲天一12.11　陰甲天一13.11　陰甲天一13.13

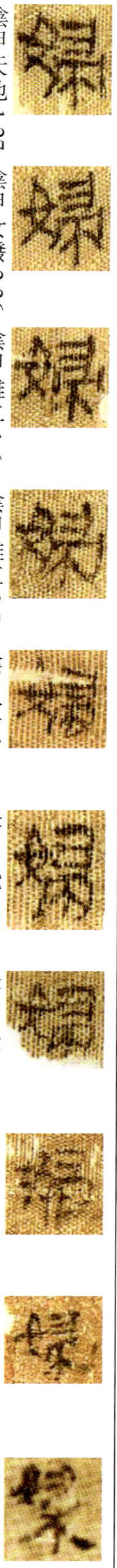

陰甲天地1.27　陰甲女發2.26　陰甲雜二1.6　陰甲雜三3.7　陰甲宜忌4.5　陰甲·殘33.4　陰甲·殘100.4　方453.18　陽乙15.19　戰187.36

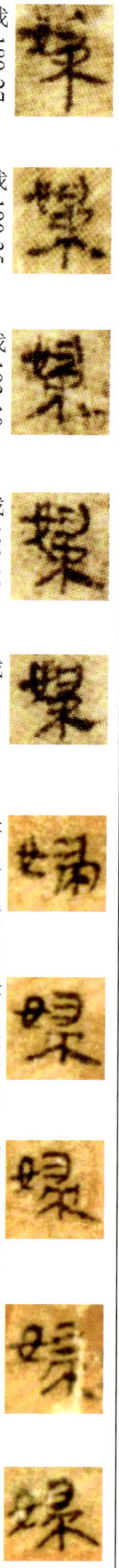

戰189.27　戰190.35　戰193.10　戰193.13　戰197.6　陰乙玄戈8.26　陰乙天一9.2　陰乙天一9.8　陰乙天一13.2　陰乙天一15.7

母

陰乙天一 19.1	陰乙女發 1.50	周 91.37	稱 23.54	陰甲術 2.7	方 238.21	戰 185.6
陰乙天一 21.10	陰乙女發 4.9	衷 4.17		陰甲術 3.7	方 453.9	戰 185.31
陰乙天一 24.10	木 64.25	衷 23.43		陰甲術 3.27	養 152.3	戰 194.13
陰乙天一 25.5	禁 4.4	繆 54.56		陰甲術 4.5	胎 20.31	戰 288.8
陰乙天一 27.6	談 48.17	繆 55.5		陰甲術 4.31	胎 32.1	老甲 29.28
陰乙天一 28.1	周 2.60	繆 55.28		方 84.5	胎 34.4	老甲 29.32
陰乙天一 30.3	周 2.76	繆 55.69		方 96.12	戰 16.26	老甲 46.9
陰乙天一 32.3	周 26.26	繆 68.33		方 212.29	戰 18.7	老甲 93.33
陰乙天一 34.11	周 68.59	繆 69.2		方 213.12	戰 115.34	老甲 124.22
陰乙天一 36.15	周 86.71	繆 69.58		方 220.4	戰 149.8	老甲 132.12

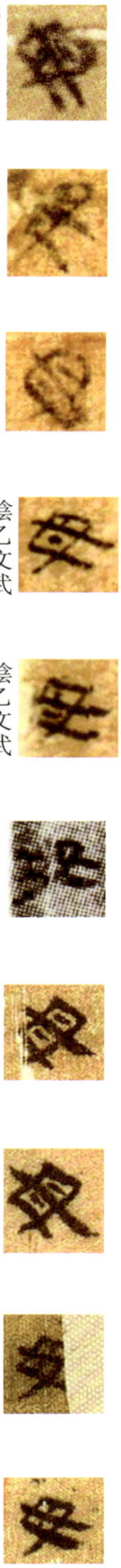

老甲 141.6
五 172.10
明 27.19
陰乙文武 19.11
陰乙文武 21.11
談 55.30
周 20.34
周 71.40
繆 31.59
經 21.44

經 21.54
十 21.10
稱 12.47
老乙 13.69
老乙 14.4
老乙 14.17
老乙 44.20
老乙 62.18
老乙 66.5

媪

戰 193.23
戰 194.22
戰 198.12
戰 199.16

姑

遣一 76.3
遣三 189.3
牌三 5.3
喪 5.1

故

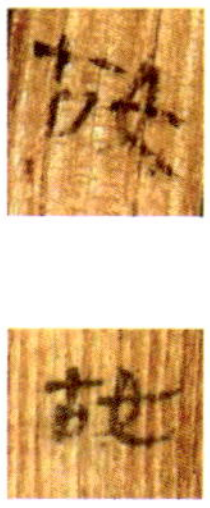

禁 4.3
牌一 24.3

威

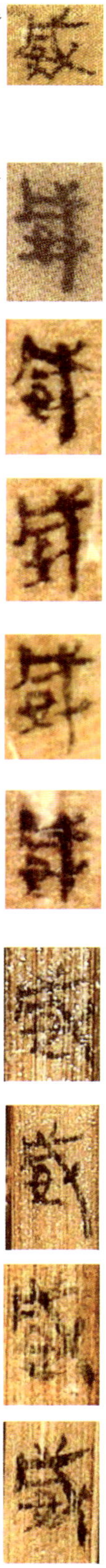

養 173.14
春 67.26
五 25.25
五 179.17
五 180.3
九 38.7
問 74.6
問 77.5
問 80.17
問 82.11

問 84.24
問 89.6
二 4.52
二 17.53
繫 36.38
衷 32.31
昭 5.52
昭 7.41
經 26.64
經 38.2

稱 1.43

姊

陰甲神上28.1
喪5.3

妹

喪5.5
周37.3
周37.13
周37.35
周37.45
繆43.58
稱8.70

婢

明29.9
陰乙大游2.37
陰乙文武22.8
陰乙文武22.14
木14.8
木15.1
遣三38.1
遣三39.25
二15.39
稱6.52
刑乙40.14

奴

射14.14
戰44.5
明22.15
陰乙大游2.36
陰乙文武22.13
木14.7
木14.26
遣三19.2
遣三21.45
繆14.39
稱19.24
刑乙40.13
相25.49
相25.57
相25.63
相27.15
相27.23
相27.31
相29.54
相32.55
相32.60
相33.2
相33.10
相35.28
相35.34
相35.39
相35.53
相36.30

始

方46.18
方49.15
方106.13
方212.8
方272.30
方287.3
方303.4
方306.4
去2.4
去2.7
養61.40
養74.7
房44.3
房46.10
胎2.21
胎4.1
胎4.6
胎7.14
戰1.8
戰77.13
戰123.9
戰142.35
老甲29.23
老甲58.29
老甲93.25
老甲100.6
老甲118.20
五17.18
五59.10
五59.18
五59.32
五60.6
五74.12
五74.17
五75.5
五75.9
五108.20
九52.21
刑甲98.3
陰乙刑德6.4
陰乙刑德7.17
陰乙上朔16.12
陰乙刑日圖1.2
陰乙刑日圖1.11
陰乙刑日圖1.19
陰乙女發2.57
陰乙女發3.48
問23.9
問68.7
合11.4
合25.2
談53.10
二18.49
二19.5
二22.7
二36.58
繫2.12
繫4.27
繫6.47
繫33.14
衷38.1
衷38.12
衷48.50
要16.25
要20.37
要20.46
繆18.4
繆22.22
繆28.62
繆63.33
經8.56
經39.51
經66.50
經68.60
經71.35
經75.7
經75.46
十1.7
十13.49
十21.25

好

十 21.52
十 25.59
十 51.40
十 52.16
十 56.4
稱 1.4
稱 2.48
稱 10.36
老乙 5.61
老乙 13.64

老乙 27.11
老乙 27.48
老乙 44.13
老乙 56.15
老乙 74.16
星 57.13
星 67.1
星 76.10
星 88.2
星 90.11

星 120.2
刑乙 1.2
刑乙 1.8
刑乙 1.13
刑乙 1.22
刑乙 4.5
刑乙 5.6
刑乙 21.4

陰甲天一 3.14
房 42.26
戰 91.31
戰 148.5
老甲 32.6
五 44.21
五 161.7
五 164.13
五 164.26
五 165.8

五 170.22
五 170.27
五 178.9
五 178.21
五 179.18
五 180.13
五 180.18
五 181.24
明 33.23
明 34.8

明 34.13
問 24.6
問 29.20
合 5.2
周 3.46
二 24.30
二 26.69
二 27.16
二 29.47
繫 12.58

衷 32.56
要 8.23
要 13.48
繆 28.14
繆 29.29
繆 30.57
繆 32.20
繆 33.23
繆 40.61
繆 41.33

繆 41.62
繆 42.42
繆 55.44
繆 68.30
繆 68.64
繆 69.50
經 31.5
經 31.7
經 32.9
經 46.16

如　嫢　委

（好）

經 64.19
十 1.8
十 37.45
十 57.55
十 61.63
道 5.36
老乙 15.15
老乙 20.5

孜

老甲 42.12

委

方 150.10
射 3.19
周 70.54
周 91.66
二 25.47
二 25.55
相 34.43

⿷匚木

陰甲室 5.21

楚文字寫法的「委」字或从匚从禾作，此字从「木」當是「禾」旁之訛。

嫢

刑甲 55.22
遣三 114.1
刑乙 96.23

如

足 21.22
足 22.7
足 23.16
陽甲 29.3
陽甲 29.11
陽甲 34.8
脈 4.7
候 3.16
方 3.6
方 27.5

方 28.12
方 36.6
方 45.8
方 53.1
方 53.5
方 54.15
方 55.7
方 56.16
方 57.15
方 58.14

方 60.20
方 70.11
方 73.7
方 105.13
方 115.12
方 125.4
方 131.20
方 151.3
方 173.10
方 177.9

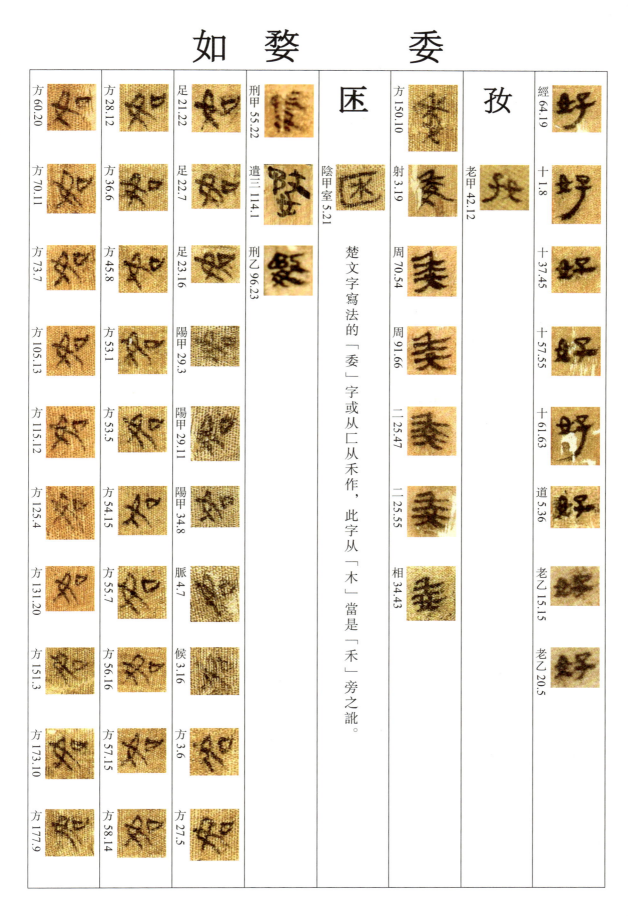

方 251.6
方 252.7
方 255.20
方 257.9
方 257.13
方 257.23
方 258.9
方 258.16
方 259.9
方 260.20

方 262.6
方 272.24
方 279.21
方 283.5
方 295.2
方 306.10
方 342.13
方 357.18
方 397.2
方 403.2

方 423.28
方 439.14
方 444.12
方 482.11
方·殘 1.18
方·殘 19.2
去 5.21
陽乙 12.11
養 4.15
養 14.6

養 23.9
養 30.17
養 35.32
養 37.27
養 39.14
養 45.27
養 49.16
養 56.3
養 83.26
養 91.2

養 114.1
養 128.7
養 129.7
養 132.18
養 152.20
養 175.6
養 177.20
養 180.7
養 211.1
養·殘 13.17

養·殘 61.4
房 17.1
房 18.27
房 21.1
房 24.27
戰 13.36
戰 49.12
戰 49.16
戰 49.20
戰 50.20

戰 50.33
戰 51.2
戰 64.1
戰 206.12
戰 206.18
戰 208.30
戰 217.18
戰 217.22
戰 222.24
戰 251.13

戰 280.11
戰 306.31
五 16.22
五 47.11
五 47.16
五 57.2
五 83.23
五 168.18
五 169.20
五 172.1

五 176.16	氣 2.38	氣 8.22	氣 10.56	刑甲 114.6	問 82.18	箭 46.1	周 69.53
五 176.29	氣 2.68	氣 8.42	氣 10.120	刑甲 114.8	問 87.19	周 27.31	周 69.55
五 177.25	氣 2.167	氣 9.35	氣 10.146	刑甲 126.7	問 88.12	周 27.35	周 69.57
明 7.32	氣 3.87	氣 9.40	刑甲 5.35	出 33.9	問 90.8	周 27.64	周 70.53
明 42.5	氣 5.196	氣 9.44	刑甲 14.12	出 33.36	問 97.21	周 28.5	周 70.55
氣 1.3	氣 6.46	氣 9.51	刑甲 18.26	出 34.9	合 28.16	周 28.31	周 71.18
氣 1.277	氣 6.52	氣 9.56	刑甲 33.23	出 35.9	談 46.28	周 28.35	周 71.20
氣 2.2	氣 6.71	氣 9.82	刑甲 34.27	木 16.6	遣一 296.3	周 57.62	周 71.52
氣 2.25	氣 7.31	氣 9.243	刑甲 35.11	問 34.5	遣三 377.3	周 69.48	周 84.54
氣 2.33	氣 7.157	氣 10.12	刑甲 47.17	問 51.15	喪 6.13	周 69.50	周 91.67

二 1.16
二 25.46
二 25.48
繫 4.63
繫 4.70
繫 14.43
繫 21.39
衷 11.26
衷 11.28
衷 49.20

要 14.42
繆 68.38
繆 69.8
經 5.10
經 5.14
經 33.3
經 72.44
經 72.46
經 72.52
經 72.54

經 76.2
經 76.7
經 76.12
十 11.33
十 12.17
十 64.65
稱 9.1
稱 12.60
稱 12.68
老乙 5.7

老乙 5.11
老乙 5.15
老乙 5.19
老乙 5.27
老乙 5.32
老乙 8.2
老乙 8.10
老乙 34.3
老乙 49.45
星 47.5

星 47.17
星 47.25
星 52.42
星 54.18
刑乙 26.11
刑乙 58.4
刑乙 58.6
刑乙 69.65
刑乙 72.43
刑乙 79.17

刑乙 83.10
刑乙 91.14
相 3.55
相 7.37
相 7.41
相 12.51
相 13.3
相 13.6
相 16.41
相 16.51

相 20.66
相 21.7
相 24.17
相 24.26
相 24.31
相 24.36
相 25.2
相 30.17
相 31.5
相 34.4

相 42.3
相 42.19
相 44.36
相 44.46
相 45.28
相 56.51
相 57.24
相 58.6
相 58.45
相 58.58

相 59.22
相 60.11
相 66.21
相 66.33
相 67.21
相 67.62
相 71.16
相 72.2
相 72.51
相 75.32

姷

侑

春 87.25
春 90.4
明 7.27

《說文》或體。

嬰

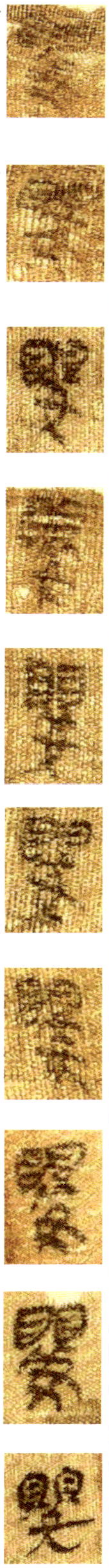

方 45.1
方 48.1
方 48.19
方 51.1
方 54.1
方 229.16
方 347.4
養 156.11
養 166.6
房 42.21

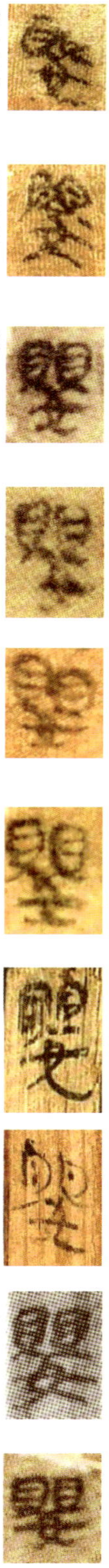

胎 16.22
胎 29.34
老甲 108.4
老甲 148.20
五 55.33
五 56.4
問 19.1
禁 4.12
談 48.28
老乙 61.21

妝

陰甲雜四 4.10

妒

妬

戰 171.30

妄

周 46.13
經 62.39

妟

稱 8.69

嬬

周 37.37
衷 5.11

婁

陰甲上朔 1.12
陰甲祭一 A17L.10
陰甲祭一 B11L.10
陰甲神上 28.10
陰甲堪表 9L.19
陰甲祭二 10L.4
陰甲·殘 217.7
陰甲·殘 370.2
方 275.33
方 354.15
明 21.11
星 78.2
星 94.2
星 128.19
星 131.10
星 132.3
刑乙 95.18

愧 媿

鬼

春 91.2

《說文》或體。

姦

春 69.5
戰 275.6
衷 4.21

妧*

繫 4.24
繫 4.37

⿰女旨*

陽乙 17.35

娚*

談 55.7

媸*

五171.24

毋

陰甲雜一8.4
陰甲室6.21
陰甲築一1.10
陰甲雜六4.3
陰甲雜六4.9
陰甲雜六5.3
陽甲29.12
方12.5
方12.7
方14.4
方23.5
方25.5
方27.9
方27.21
方28.7
方28.16
方33.8
方33.10
方35.19
方36.10
方41.18
方49.21
方55.9
方64.6
方65.5
方84.10
方122.4
方123.3
方124.18
方124.29
方130.8
方136.11
方177.14
方177.16
方190.14
方194.18
方209.15
方263.14
方281.3
方281.14
方302.11
方303.11
方329.5
方329.10
方331.14
方345.33
方346.12
方346.17
方384.21
方397.7
方420.23
方429.4
方451.18
方453.10
方460.5
方460.8
方469.1
去9.3
養15.21
養16.11
養139.3
養150.8
養162.10
養196.3
養201.14
養209.4
房41.21
房41.27
射6.3
射19.17

射 20.1
射·殘 2.7
胎 3.2
胎 4.31
胎 8.10
胎 10.4
胎 16.4
胎 18.6
胎 32.4
春 30.8

戰 4.10
戰 5.4
戰 14.10
戰 26.6
戰 29.17
戰 33.30
戰 36.29
戰 39.26
戰 43.36
戰 49.29

戰 54.11
戰 58.15
戰 59.13
戰 65.5
戰 65.22
戰 65.34
戰 66.5
戰 66.9
戰 84.16
戰 85.4

戰 91.9
戰 104.4
戰 112.13
戰 117.4
戰 117.25
戰 124.8
戰 124.21
戰 130.20
戰 130.28
戰 138.9

戰 138.1
戰 209.12
戰 239.10
戰 240.7
戰 246.10
戰 279.10
戰 280.15
老甲 6.30
老甲 31.13
老甲 64.13

老甲 76.13
老甲 108.13
老甲 153.13
老甲 153.20
老甲 154.3
五 4.28
五 43.9
五 174.30
五 175.12
明 33.11

氣 7.113
氣 7.124
氣 9.75
氣 10.170
氣 10.276
刑甲 12.14
刑甲 28.19
刑甲 36.22
刑甲 46.6
刑甲 49.10

刑甲 100.1
刑甲 102.9
刑甲 132.3
刑甲 135.16
刑丙刑 2.10
刑丙刑 9.9
陰乙大游 2.123
陰乙五禁 13.12
出 20.5
出 20.19

出 20.24
出 21.8
出 21.12
出 21.16
出 21.20
出 21.32
出 21.41
出 21.48
出 22.57
出 27.18

出 27.53
出 28.43
出 29.28
出 29.32
木 3.3
木 5.29
木 7.20
木 36.11
木 40.17
問 4.4

問 4.17
問 5.8
問 18.21
問 63.18
問 89.22
問 90.4
問 98.8
合 8.23
合 11.31
談 3.10

談 24.15
遣三 218.1
遣三 407.6
太 1.42
太 5.6
太 6.5
太 7.6
箭 74.8
箭 75.7
箭 77.7

箭 78.7
箭 83.7
箭 84.7
箭 85.7
周 27.53
二 9.28
繫 15.23
衷 39.41
衷 41.46
衷 48.16

繆 2.3
繆 31.29
經 7.35
經 11.1
經 12.53
經 12.56
經 12.59
經 12.62
經 21.27
經 40.41

經 44.10
經 68.35
十 9.43
十 9.48
十 9.53
十 10.17
十 10.21
十 28.31
十 28.35
十 28.39

十 28.43
十 29.48
十 30.56
十 31.6
十 48.7
十 48.10
十 48.13
十 48.17
十 61.48
十 64.50

稱 7.18　稱 10.32　稱 11.51　稱 11.55　稱 12.15　稱 14.32　稱 14.36　老乙 3.22　老乙 3.29　老乙 3.36

老乙 36.60　老乙 36.65　老乙 51.13　老乙 51.22　老乙 71.14　老乙 71.21　老乙 71.31　星 12.23　星 31.3　星 43.30

星 63.35　刑乙 47.22　刑乙 68.51　刑乙 69.30　刑乙 79.64　相 4.51　相 6.3　相 8.33　相 18.42　相 23.13

相 23.33　相 25.17　相 28.14　相 30.64　相 31.49　相 31.66　相 41.44　相 41.48　相 42.5　相 51.61

相 54.46　相 58.25　相 61.27　相 63.28

民

陰甲雜三 2.8　陰甲雜四 8.1　陰甲雜六 3.2　陰甲五禁 3L.25　陰甲祭二 9L.15　陰甲·殘 201.3　方 390.21　春 84.8　春 85.6　春 89.20

戰 85.33　戰 127.34　戰 166.10　戰 210.15　戰 270.20　戰 304.17　老甲 25.8　老甲 41.12　老甲 42.8　老甲 58.11

老甲 62.27　老甲 63.11　老甲 64.6　老甲 64.16　老甲 80.9　老甲 83.6　老甲 159.22　九 11.34　九 13.11　九 39.26

九40.13	問8.21	二15.61	繫23.61	經6.53	經17.10	經22.42	十3.3
九49.17	問23.8	二17.21	繫32.43	經7.9	經17.30	經22.50	十4.41
明16.23	問24.13	二23.2	繫34.12	經7.41	經17.58	經32.41	十7.40
氣8.108	二6.49	二27.73	繫34.47	經13.49	經18.39	經38.10	十8.11
刑甲34.21	二7.21	二32.27	繫34.55	經14.48	經19.62	經47.8	十9.42
刑甲38.18	二7.40	繫13.42	繫36.16	經15.18	經20.11	經60.29	十10.52
刑丙天12.17	二10.23	繫22.26	繫37.55	經15.32	經20.23	經68.7	十12.52
木28.11	二12.71	繫22.64	繫38.51	經15.41	經21.29	十2.45	十20.57
木34.19	二13.14	繫22.72	周·殘下144.1	經15.50	經21.50	十2.54	十23.21
問8.9	二15.49	繫23.1	經6.38	經16.17	經22.39	十2.56	十26.51

乂 刈

十28.42 十28.52 十41.63 十42.52 十43.67 十44.54 十45.5 十47.7 十47.13 十48.19

十49.42 十52.66 十53.1 十57.46 十62.33 稱10.57 稱16.15 稱16.38 道5.44 道5.63

道6.7 老乙11.55 老乙15.13 老乙19.33 老乙20.1 老乙20.8 老乙20.31 老乙27.31 老乙28.40 老乙29.57

老乙29.68 老乙30.12 老乙30.19 老乙30.47 老乙30.58 老乙31.11 老乙31.38 老乙36.49 老乙38.14 老乙38.29

老乙38.47 老乙39.43 老乙46.19 老乙46.29 老乙46.62 星5.37 刑乙83.35

⿰卉刂

稱16.46

《説文》：「乂，芟艸也。从丿、从乀相交。刈，乂或从刀。」此字从刀从卉（艸之繁體），會以刀割草之意，當即「刈」字異體。

艻

陰甲·殘260.4

「刈」字變體，「刀」旁訛作「力」形。

弗

陰甲天一3.10 陰甲天一3.21 陰甲神上2.14 陰甲室5.34 方35.7 方121.15 方259.21 養119.3 射11.17 春8.13

春 16.13
春 29.16
春 32.12
春 36.6
春 36.11
春 37.27
春 57.7
春 57.11
春 59.25
春 66.25
春 74.29
春 75.4
春 75.21
春 77.14
春 83.4
春 85.9
戰 12.38
戰 17.15
戰 79.5
戰 142.3
戰 143.8
戰 150.28
戰 154.10
戰 155.32
戰 185.10
戰 195.8
戰 197.7
戰 203.38
戰 216.32
戰 221.9
戰 222.16
戰 269.11
戰 275.24
戰 292.10
戰 292.14
戰 302.18
戰 302.20
戰 302.22
老甲 29.1
老甲 29.6
老甲 29.11
老甲 36.12
老甲 36.18
老甲 47.31
老甲 63.12
老甲 63.27
老甲 76.20
老甲 97.11
老甲 97.20
老甲 116.9
老甲 137.17
老甲 155.10
老甲 163.4
老甲 163.13
五 7.29
五 8.2
五 8.7
五 16.18
五 34.28
五 35.6
五 56.33
五 62.5
五 67.30
五 68.20
五 70.19
五 81.15
五 82.23
五 83.19
五 84.1
五 87.29
五 92.13
五 100.16
五 129.19
五 136.28
五 137.15
五 139.6
五 145.16
五 146.22
五 150.19
五 151.4

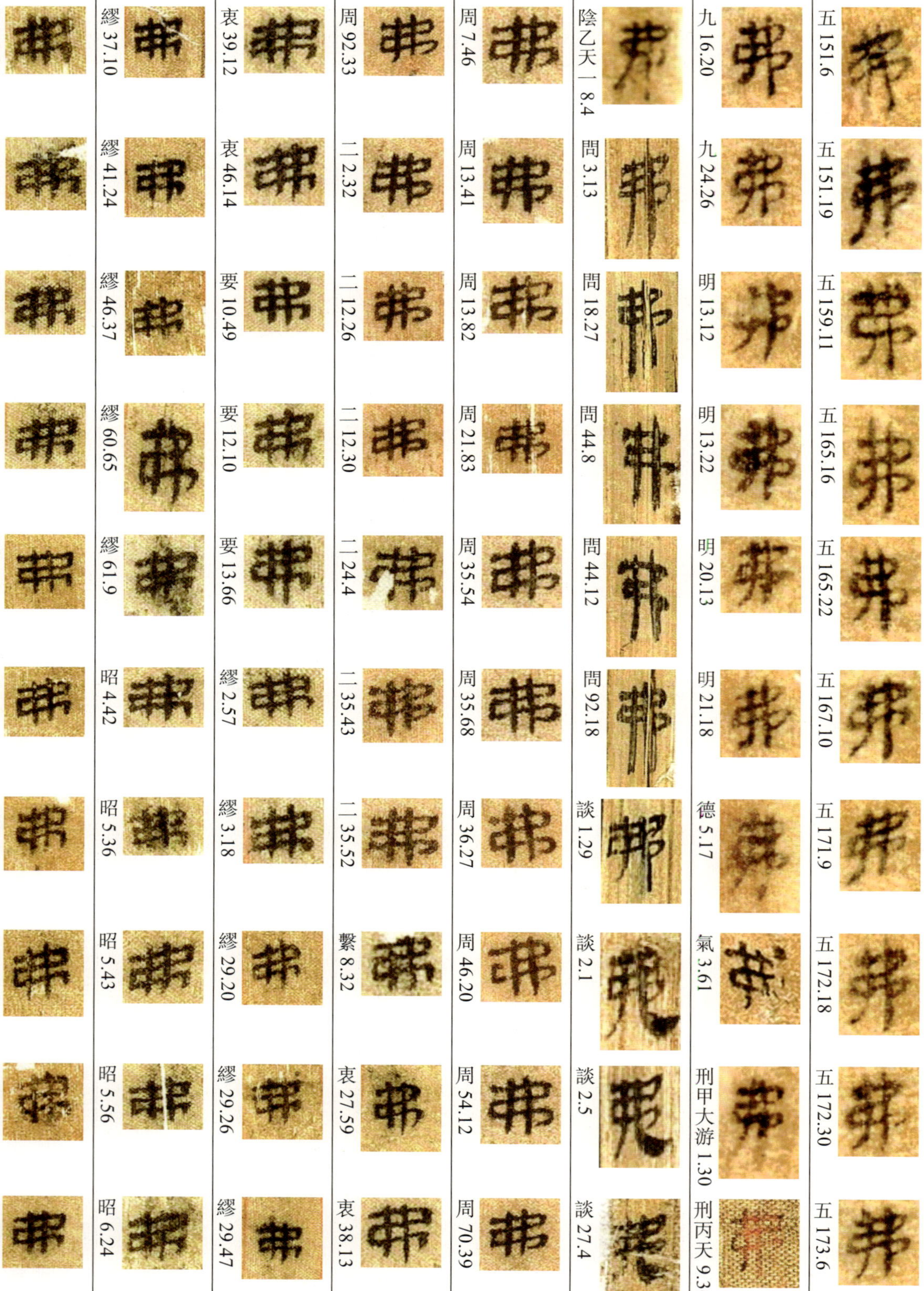

五 151.6	九 16.20	陰乙天一 8.4	周 7.46	周 92.33	衷 39.12	繆 37.10	昭 12.35
五 151.19	九 24.26	問 3.13	周 13.41	二 2.32	衷 46.14	繆 41.24	昭 12.38
五 159.11	明 13.12	問 18.27	周 13.82	二 12.26	要 10.49	繆 46.37	昭 12.40
五 165.16	明 13.22	問 44.8	周 21.83	二 12.30	要 12.10	繆 60.65	昭 12.44
五 165.22	明 20.13	問 44.12	周 35.54	二 24.4	要 13.66	繆 61.9	經 1.24
五 167.10	明 21.18	問 92.18	周 35.68	二 35.43	繆 2.57	昭 4.42	經 1.31
五 171.9	德 5.17	談 1.29	周 36.27	二 35.52	繆 3.18	昭 5.36	經 8.2
五 172.18	氣 3.61	談 2.1	周 46.20	繫 8.32	繆 29.20	昭 5.43	經 8.58
五 172.30	刑甲大游 1.30	談 2.5	周 54.12	衷 27.59	繆 29.26	昭 5.56	經 33.1
五 173.6	刑丙天 9.36	談 27.4	周 70.39	衷 38.13	繆 29.47	昭 6.24	經 61.14

十 7.30
十 24.4
十 24.41
十 41.12
十 56.48
十 61.37
稱 1.58
稱 3.51
稱 4.59
稱 8.6

稱 8.16
稱 10.61
稱 11.8
稱 12.43
稱 12.52
稱 14.61
稱 15.3
稱 15.11
道 1.51
道 1.55

道 3.17
道 3.23
道 3.60
道 3.68
道 6.30
道 6.36
老乙 4.60
老乙 10.6
老乙 13.55
老乙 17.1

老乙 17.7
老乙 17.69
老乙 18.2
老乙 28.25
老乙 30.13
老乙 30.28
老乙 32.33
老乙 34.24
老乙 36.72
老乙 37.66

老乙 41.47
老乙 41.52
老乙 42.25
老乙 46.4
老乙 46.9
老乙 46.13
老乙 47.4
老乙 47.19
老乙 51.49
老乙 51.53

老乙 54.60
老乙 63.57
老乙 65.9
老乙 75.46
老乙 75.63
星 53.47
相 6.7
相 6.9
相 7.49
相 9.36

相 10.31
相 14.29
相 17.13
相 24.41
相 53.33
相 53.35
相 54.27
相 54.29
相 64.31

也

去 4.8
去 4.24
去 4.33
去 5.5
去 6.5
去 6.18
陽乙 16.18
養 124.4
養 199.23
養 201.27

養 202.1
春 8.4
春 16.6
春 24.17
春 28.9
春 29.8
春 29.14
春 29.18
春 33.12
春 38.3

春 39.4
春 40.13
春 43.10
春 43.19
春 45.8
春 54.8
春 55.14
春 59.17
春 63.31
春 67.21

春 69.13
春 69.25
春 72.8
春 73.9
春 74.9
春 74.18
春 79.5
春 80.28
春 81.11
春 82.25

春 86.2
春 87.33
春 90.9
春 95.23
戰 2.5
戰 3.3
戰 3.6
戰 5.11
戰 6.38
戰 7.26

戰 7.35
戰 8.13
戰 8.29
戰 9.6
戰 12.8
戰 13.1
戰 13.28
戰 14.16
戰 16.3
戰 17.17

戰 18.4
戰 22.11
戰 23.1
戰 23.9
戰 24.9
戰 25.30
戰 26.1
戰 26.29
戰 27.10
戰 28.15

戰 30.7
戰 31.21
戰 33.4
戰 38.25
戰 39.1
戰 39.12
戰 40.3
戰 40.15
戰 40.25
戰 43.1

戰 43.20
戰 44.3
戰 45.23
戰 46.42
戰 52.20
戰 52.26
戰 52.36
戰 53.24
戰 53.30
戰 53.36

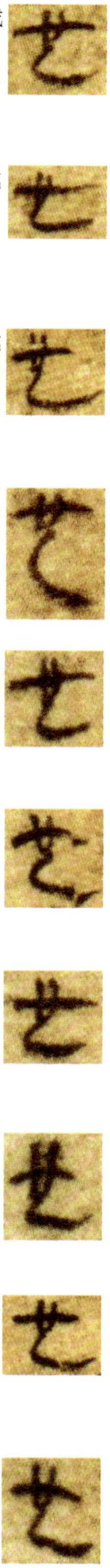

戰 56.20 戰 58.7 戰 58.18 戰 61.18 戰 65.36 戰 66.33 戰 67.16 戰 69.30 戰 69.38 戰 70.10

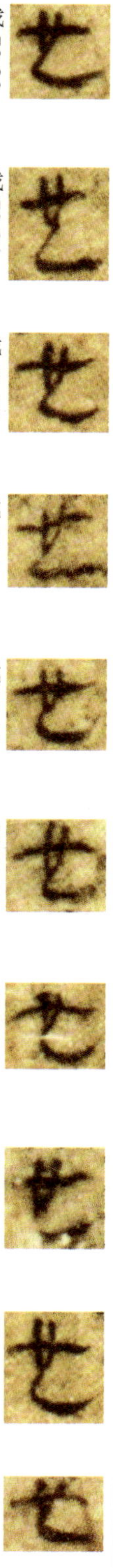

戰 70.20 戰 73.24 戰 73.32 戰 74.4 戰 75.19 戰 76.11 戰 77.7 戰 77.14 戰 77.33 戰 79.36

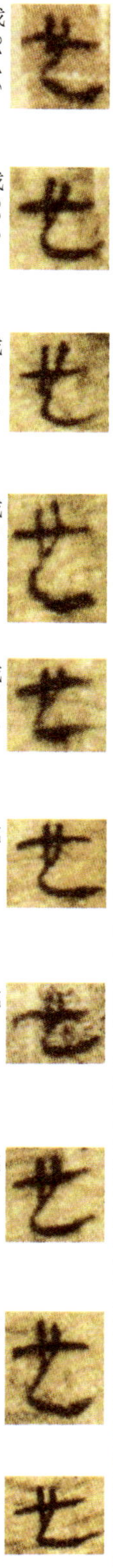

戰 81.16 戰 83.9 戰 85.11 戰 86.6 戰 87.4 戰 88.21 戰 91.15 戰 93.38 戰 95.13 戰 96.32

戰 99.20 戰 101.4 戰 102.20 戰 104.7 戰 104.13 戰 105.33 戰 107.4 戰 107.20 戰 109.2 戰 109.18

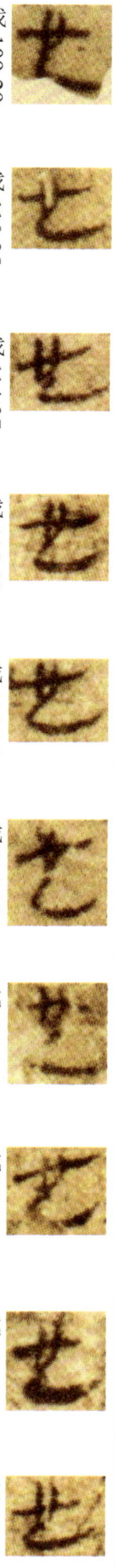

戰 109.29 戰 110.25 戰 114.37 戰 115.20 戰 115.25 戰 115.30 戰 117.1 戰 117.24 戰 118.15 戰 118.18

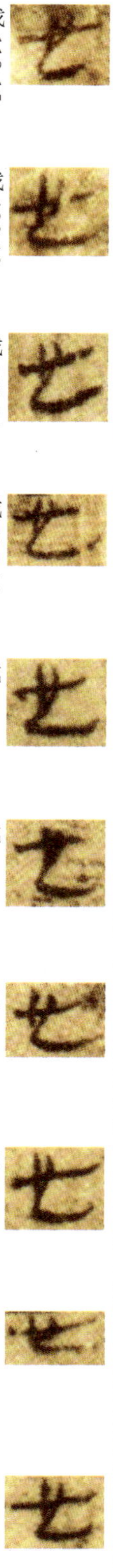

戰 119.15 戰 120.13 戰 123.24 戰 124.14 戰 125.26 戰 126.6 戰 127.3 戰 127.18 戰 128.44 戰 131.9

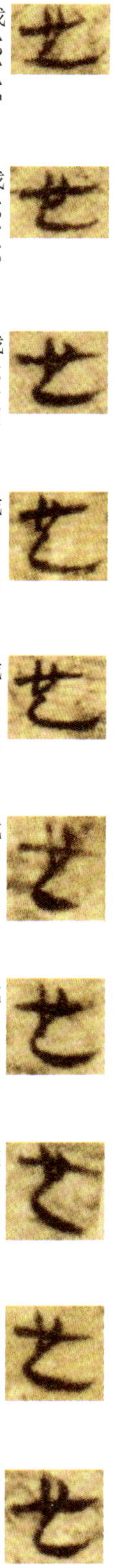

戰 131.15 戰 131.19 戰 134.34 戰 137.13 戰 138.21 戰 139.6 戰 139.14 戰 139.30 戰 140.8 戰 140.14

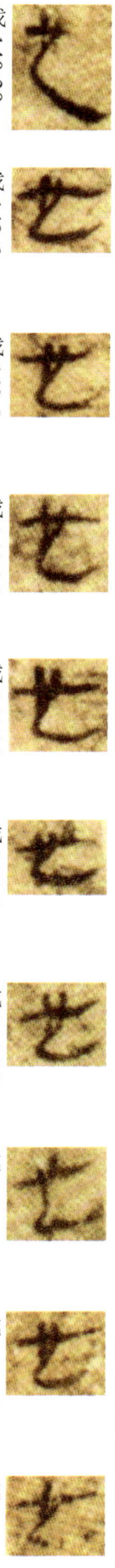

戰 140.39 戰 142.6 戰 143.5 戰 143.34 戰 144.10 戰 145.7 戰 145.25 戰 145.33 戰 147.11 戰 148.34

戰 149.4 戰 149.9 戰 149.17 戰 152.34 戰 153.25 戰 154.7 戰 154.12 戰 155.2 戰 155.34 戰 159.38

戰 165.2 戰 168.6 戰 168.34 戰 171.35 戰 173.8 戰 173.20 戰 175.16 戰 182.6 戰 182.18 戰 183.26

戰 184.15 戰 184.20 戰 184.28 戰 184.34 戰 185.12 戰 185.22 戰 186.10 戰 189.18 戰 194.27 戰 195.10

戰 195.32 戰 198.10 戰 199.24 戰 199.30 戰 200.30 戰 200.35 戰 201.14 戰 203.8 戰 203.14 戰 203.40

戰 204.9 戰 205.6 戰 205.37 戰 206.5 戰 207.7 戰 207.12 戰 208.29 戰 209.16 戰 210.32 戰 211.6

戰 211.22 戰 211.31 戰 213.2 戰 216.29 戰 217.4 戰 220.4 戰 220.14 戰 220.31 戰 221.14 戰 221.26

戰 223.15 戰 223.20 戰 224.28 戰 230.27 戰 231.29 戰 232.9 戰 234.6 戰 234.33 戰 236.10 戰 236.25

戰 238.26 戰 239.5 戰 239.33 戰 243.9 戰 250.4 戰 250.9 戰 250.16 戰 251.1 戰 251.32 戰 254.1

戰254.8 戰255.11 戰256.13 戰257.20 戰259.23 戰261.12 戰261.23 戰262.4 戰266.19 戰267.24

戰268.4 戰268.20 戰270.18 戰270.24 戰273.4 戰277.29 戰282.2 戰282.14 戰282.26 戰284.26

戰289.17 戰290.25 戰291.6 戰291.16 戰293.1 戰294.1 戰294.29 戰295.19 戰300.24 戰300.30

戰301.24 戰302.15 戰306.4 戰306.22 戰309.4 戰316.28 戰318.10 戰319.20 戰320.6 戰320.23

戰322.15 戰324.37 老甲1.8 老甲2.3 老甲4.7 老甲4.12 老甲12.4 老甲20.22 老甲22.7 老甲24.2

老甲25.23 老甲27.3 老甲28.6 老甲28.15 老甲29.3 老甲29.8 老甲29.13 老甲37.15 老甲42.6 老甲47.14

老甲47.20 老甲47.27 老甲48.13 老甲48.23 老甲51.6 老甲51.11 老甲51.18 老甲55.13 老甲58.10 老甲58.15

老甲60.36 老甲61.2 老甲61.11 老甲62.28 老甲63.14 老甲63.21 老甲63.29 老甲71.24 老甲74.1 老甲74.8

老甲 74.14
老甲 77.6
老甲 80.7
老甲 81.21
老甲 82.10
老甲 82.18
老甲 82.27
老甲 84.5
老甲 84.22
老甲 85.1

老甲 85.10
老甲 93.5
老甲 93.9
老甲 93.14
老甲 93.19
老甲 93.26
老甲 94.4
老甲 94.13
老甲 95.25
老甲 96.3

老甲 96.9
老甲 96.16
老甲 96.23
老甲 101.8
老甲 104.9
老甲 107.18
老甲 107.27
老甲 111.7
老甲 112.32
老甲 117.18

老甲 122.5
老甲 122.9
老甲 122.19
老甲 123.9
老甲 123.13
老甲 125.4
老甲 127.16
老甲 145.23
老甲 146.7
老甲 147.10

老甲 151.3
老甲 151.8
老甲 155.32
老甲 156.5
老甲 156.18
老甲 156.26
老甲 158.8
老甲 162.1
老甲 162.8
老甲 162.15

老甲 163.7
老甲 163.20
老甲 164.15
老甲 164.21
老甲 165.21
老甲 166.4
老甲 166.11
老甲 166.17
五 4.20
五 4.24

五 13.16
五 14.11
五 17.8
五 17.15
五 17.19
五 17.23
五 17.29
五 18.1
五 18.5
五 18.20

五 18.24
五 23.2
五 23.10
五 24.7
五 24.16
五 24.25
五 25.11
五 25.17
五 25.28
五 26.5

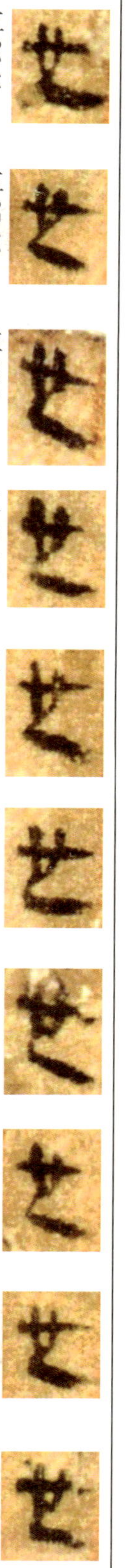

五 26.11　五 27.16　五 28.1　五 28.12　五 28.18　五 28.22　五 29.5　五 29.12　五 29.18　五 29.29

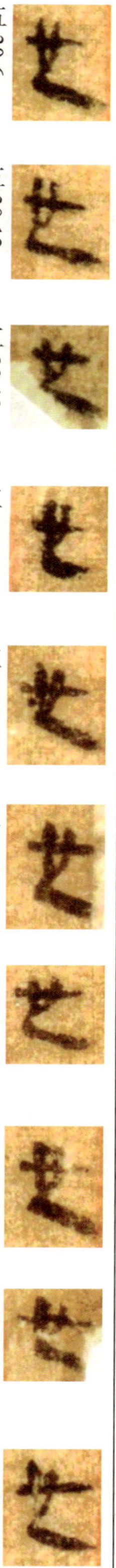

五 30.6　五 30.12　五 30.18　五 32.16　五 33.3　五 33.17　五 34.24　五 35.15　五 35.27　五 36.11

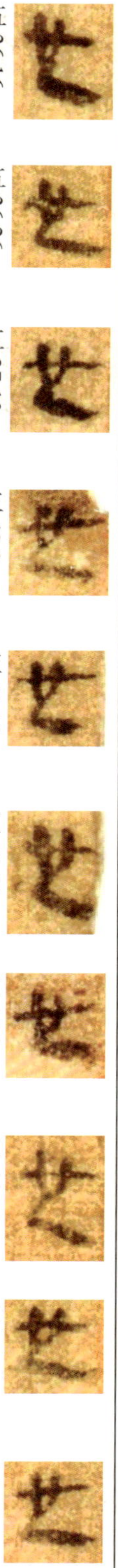

五 36.16　五 36.26　五 37.10　五 43.2　五 43.16　五 43.23　五 44.1　五 44.24　五 45.3　五 45.11

五 45.18　五 46.5　五 46.8　五 46.12　五 46.27　五 47.13　五 47.24　五 48.1　五 48.22　五 49.4

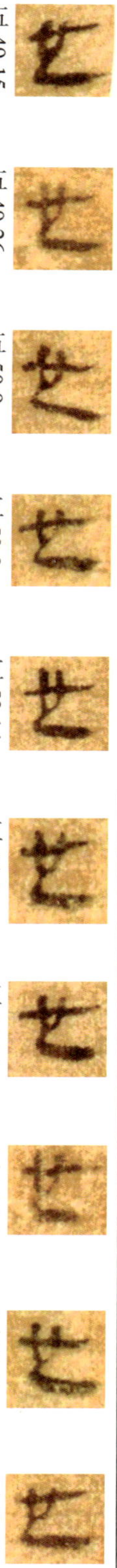

五 49.15　五 49.26　五 50.9　五 53.3　五 53.14　五 54.5　五 54.14　五 54.24　五 55.5　五 55.20

五 55.27　五 56.7　五 56.13　五 57.17　五 57.30　五 58.20　五 58.26　五 58.30　五 59.23　五 59.29

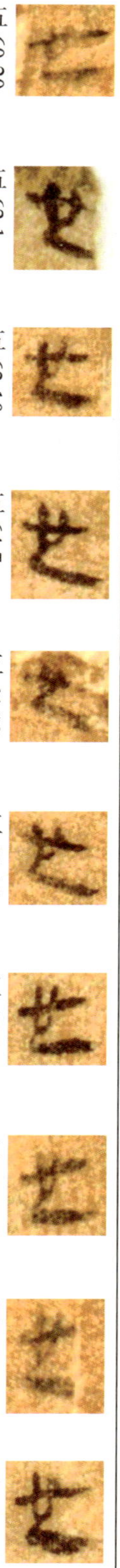

五 60.20　五 62.1　五 62.10　五 64.7　五 64.10　五 64.13　五 67.7　五 67.16　五 67.29　五 68.10

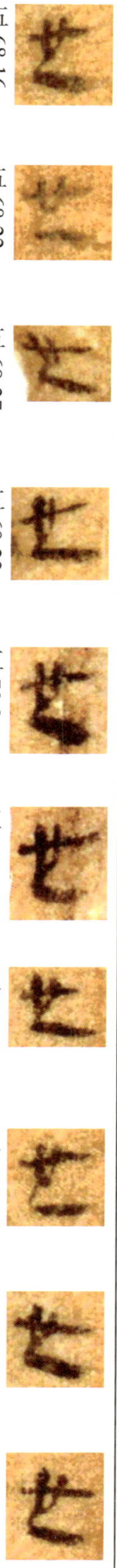

五 68.16　五 68.22　五 68.27　五 69.22　五 70.2　五 70.13　五 72.13　五 72.29　五 73.3　五 73.13

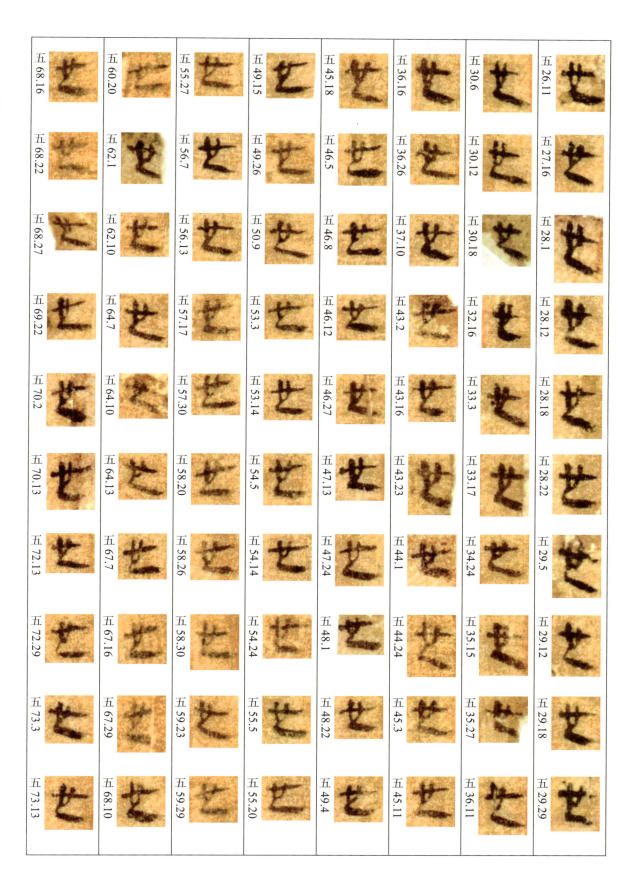

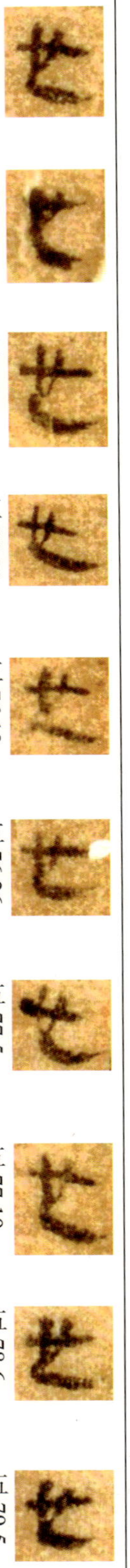

五73.19
五73.27
五74.13
五74.18
五76.18
五76.26
五77.5
五77.19
五78.6
五79.5

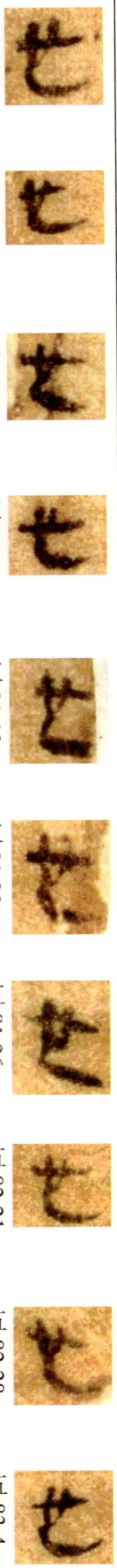

五79.9
五79.12
五79.17
五80.11
五81.13
五81.20
五81.26
五82.21
五82.28
五83.4

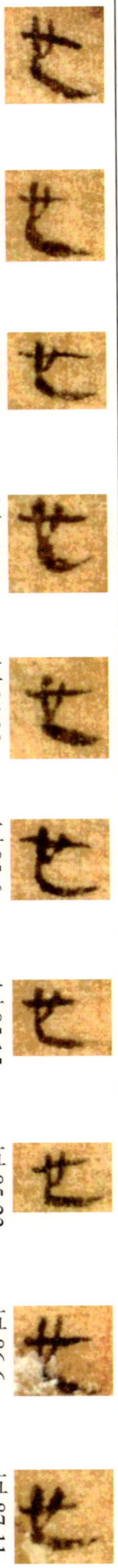

五83.9
五83.21
五84.3
五84.17
五84.22
五85.6
五85.15
五85.23
五86.6
五87.11

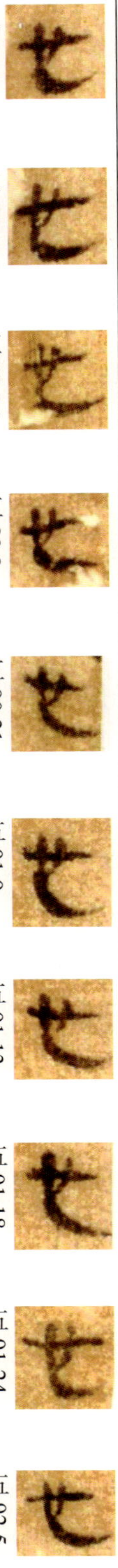

五88.13
五88.19
五88.26
五89.8
五90.21
五91.9
五91.13
五91.18
五91.24
五92.5

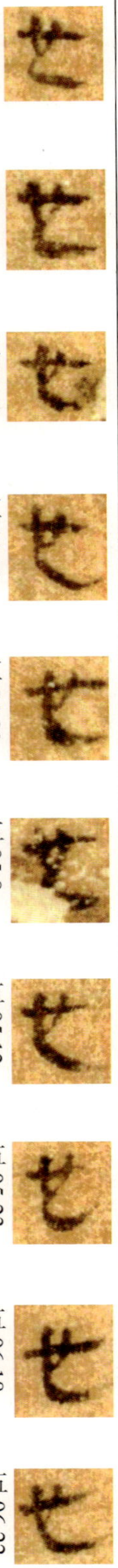

五93.13
五93.20
五94.10
五94.18
五94.23
五95.8
五95.12
五95.23
五96.18
五96.22

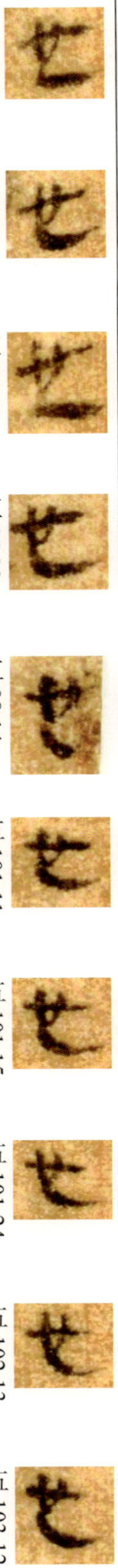

五96.29
五97.9
五97.15
五97.22
五98.14
五101.11
五101.15
五101.24
五102.13
五103.12

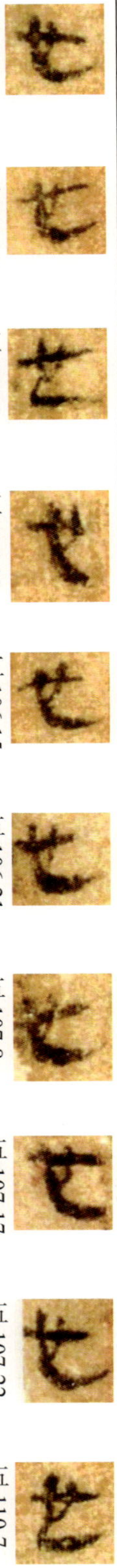

五104.4
五104.27
五106.4
五106.13
五106.15
五106.21
五107.8
五107.17
五107.22
五110.7

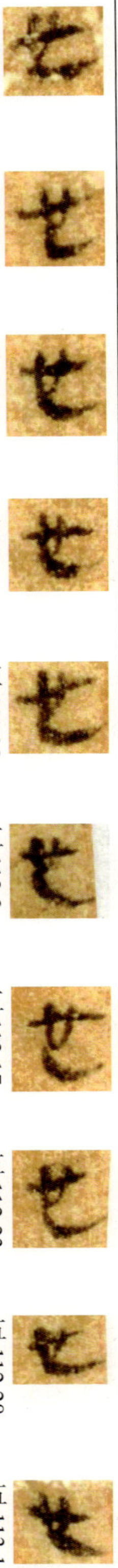

五110.12
五110.29
五111.5
五111.14
五111.28
五112.3
五112.17
五112.23
五112.28
五113.1

五 113.6
五 113.10
五 113.20
五 114.20
五 114.26
五 115.12
五 117.18
五 118.28
五 119.2
五 119.15
五 120.7
五 120.21
五 120.27
五 121.15
五 121.27
五 122.3
五 122.16
五 122.25
五 123.3
五 123.21
五 124.4
五 124.9
五 124.14
五 124.20
五 124.28
五 126.14
五 127.22
五 128.12
五 128.28
五 129.3
五 129.13
五 129.25
五 129.31
五 130.5
五 130.15
五 130.28
五 131.5
五 131.10
五 131.15
五 131.27
五 132.1
五 133.8
五 133.12
五 133.16
五 133.20
五 133.24
五 134.16
五 135.12
五 135.19
五 138.25
五 139.4
五 139.9
五 141.17
五 141.21
五 141.26
五 142.17
五 142.23
五 143.18
五 144.22
五 145.5
五 145.13
五 146.18
五 146.29
五 147.4
五 147.11
五 147.14
五 148.13
五 148.16
五 148.22
五 148.30
五 149.6
五 149.7
五 149.13
五 149.22
五 150.4
五 150.21
五 151.8
五 152.9
五 152.17
五 153.15

五 153.20
五 154.16
五 155.15
五 155.21
五 156.25
五 157.4
五 157.16
五 157.27
五 158.9
五 158.16

五 159.13
五 159.28
五 159.32
五 160.7
五 160.12
五 162.3
五 162.12
五 163.5
五 163.20
五 164.3

五 164.16
五 164.29
五 165.11
五 166.20
五 167.12
五 167.29
五 168.6
五 168.24
五 169.9
五 170.4

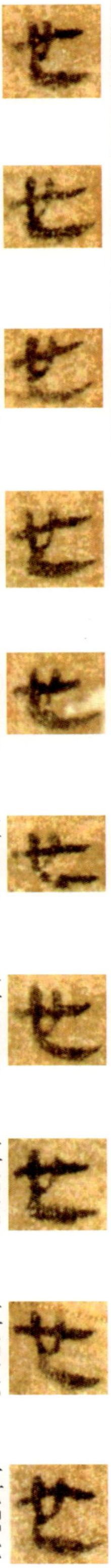

五 170.17
五 171.6
五 171.18
五 172.5
五 172.32
五 173.8
五 173.17
五 174.7
五 174.13
五 175.11

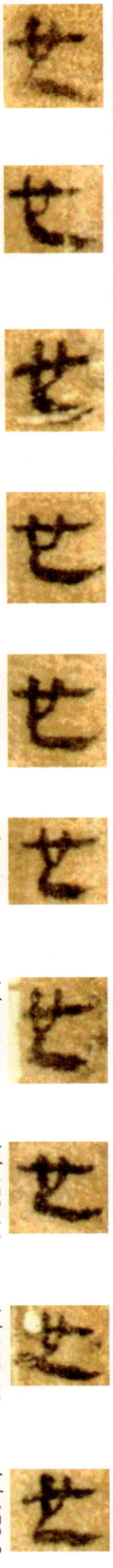

五 175.19
五 176.8
五 176.14
五 176.20
五 176.26
五 177.32
五 178.12
五 178.14
五 178.18
五 179.2

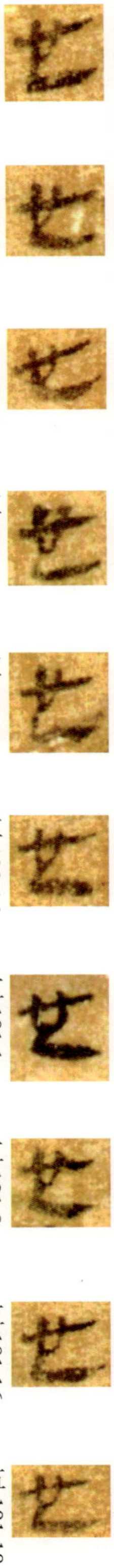

五 179.7
五 179.10
五 179.23
五 180.5
五 180.8
五 180.16
五 181.1
五 181.8
五 181.16
五 181.18

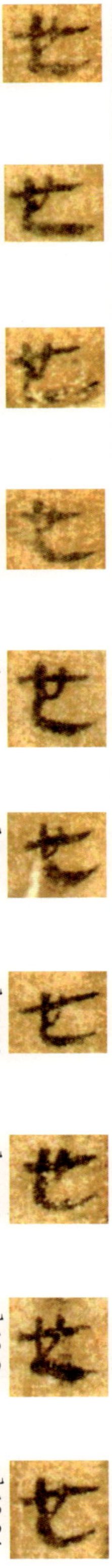

五 181.22
五 182.6
五 182.9
五 182.20
九 3.30
九 9.33
九 10.33
九 11.15
九 13.8
九 13.24

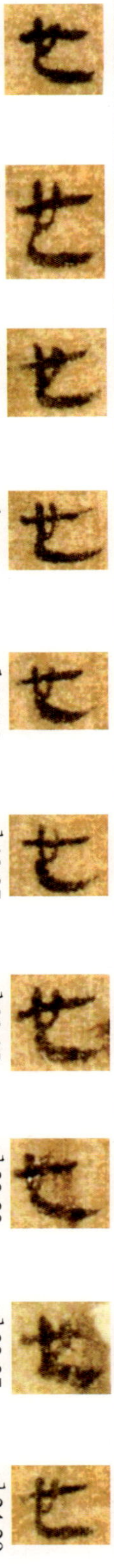

九 16.7
九 16.23
九 17.28
九 18.23
九 18.30
九 19.27
九 20.15
九 22.22
九 22.27
九 24.29

九 25.33	九 35.14	九 50.6	明 8.4	明 20.15	明 33.28	明 45.6	德 3.26
九 26.12	九 36.21	九 50.17	明 9.14	明 21.20	明 34.21	明 45.9	德 4.12
九 26.16	九 37.3	九 51.27	明 11.24	明 22.21	明 35.6	明 45.12	德 5.2
九 32.6	九 37.16	九 52.25	明 13.3	明 23.5	明 35.22	明 45.15	德 5.14
九 32.17	九 37.22	明 2.5	明 13.25	明 24.14	明 38.28	明 45.26	德 5.26
九 32.26	九 41.6	明 2.11	明 14.9	明 28.3	明 42.8	明 46.6	德 13.7
九 33.1	九 43.8	明 3.24	明 14.18	明 29.26	明 43.7	明 46.11	氣 1.166
九 33.6	九 48.9	明 6.14	明 15.3	明 30.12	明 43.17	明 46.16	氣 1.227
九 34.1	九 48.23	明 7.13	明 15.19	明 31.12	明 44.28	明 46.21	氣 4.198
九 34.17	九 49.7	明 7.22	明 15.26	明 32.17	明 45.3	德 2.15	氣 6.336

氣 7.110	氣 7.121	氣 7.128	氣 7.135	氣 10.203	刑甲 10.18	刑甲 14.25	刑甲 16.5	刑甲 28.30	刑甲 29.10
刑甲 35.25	刑甲 51.20	刑甲 55.6	刑甲 55.18	刑甲 56.5	刑甲 56.10	刑甲 56.24	刑甲 57.4	刑甲 83.7	刑甲 94.18
刑甲 95.18	刑甲 107.20	刑甲 111.30	刑甲 116.5	刑甲大游 1.6	刑丙傳 5.18	刑丙傳 21.5	刑丙傳 22.4	刑丙刑 2.12	刑丙地 2.14
刑丙地 6.8	刑丙地 14.3	刑丙天 4.13	刑丙天 5.2	刑丙天 5.9	刑丙天 5.44	陰乙刑德 4.2	陰乙刑德 4.10	陰乙刑德 5.3	陰乙刑德 10.5
陰乙刑德 13.9	陰乙文武 20.19	陰乙五禁 14.4	陰乙上朔 17.17	陰乙上朔 18.9	陰乙上朔 19.2	陰乙上朔 19.15	陰乙上朔 25.3	陰乙上朔 25.11	陰乙上朔 25.17
陰乙上朔 25.25	陰乙上朔 32.37	陰乙女發 3.55	出 19.57	出 21.40	出 21.47	出 21.56	出 23.12	出 28.21	出 29.21
出 30.21	出 31.21	出 32.21	問 24.2	問 33.21	問 33.29	問 37.7	問 68.25	問 69.8	問 69.13

問71.3	合4.9	合25.3	物1.10	二5.48	二8.76	二12.18	二14.79
問74.24	合21.9	合25.9	物1.27	二6.3	二8.81	二12.56	二15.4
問78.19	合21.16	合25.19	物1.35	二6.9	二9.18	二13.45	二15.19
問81.12	合22.3	談1.23	二1.37	二6.50	二9.23	二13.66	二15.47
問83.26	合22.10	談30.7	二1.51	二7.22	二10.49	二14.16	二15.52
問84.10	合22.17	談41.19	二1.64	二7.31	二10.65	二14.50	二15.59
問85.22	合23.2	談41.26	二3.47	二7.47	二11.15	二14.54	二16.45
問87.1	合23.11	談41.33	二4.34	二8.10	二11.27	二14.60	二18.16
問87.14	合24.6	談42.14	二4.62	二8.17	二11.31	二14.67	二18.36
問90.6	合24.11	談42.25	二5.39	二8.25	二11.41	二14.73	二19.32

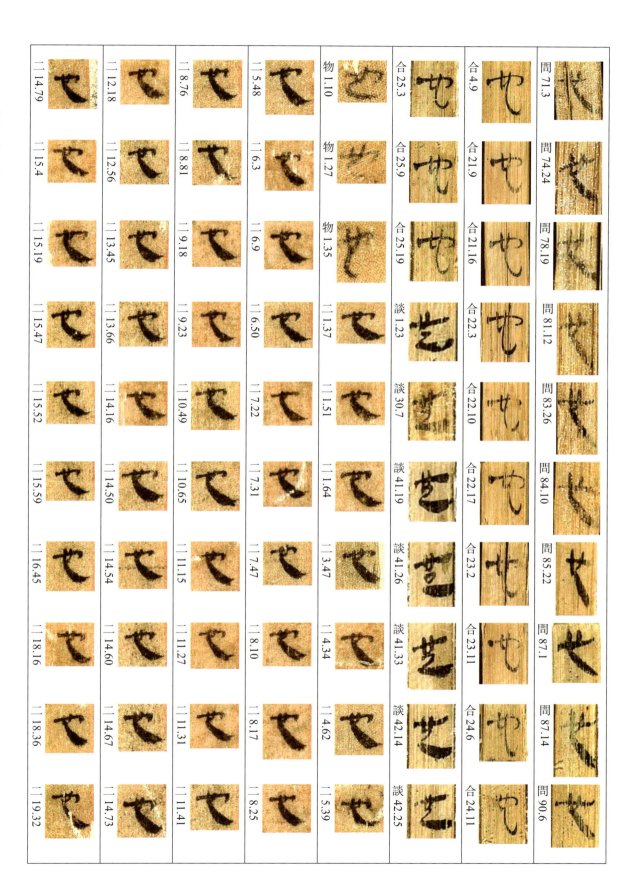

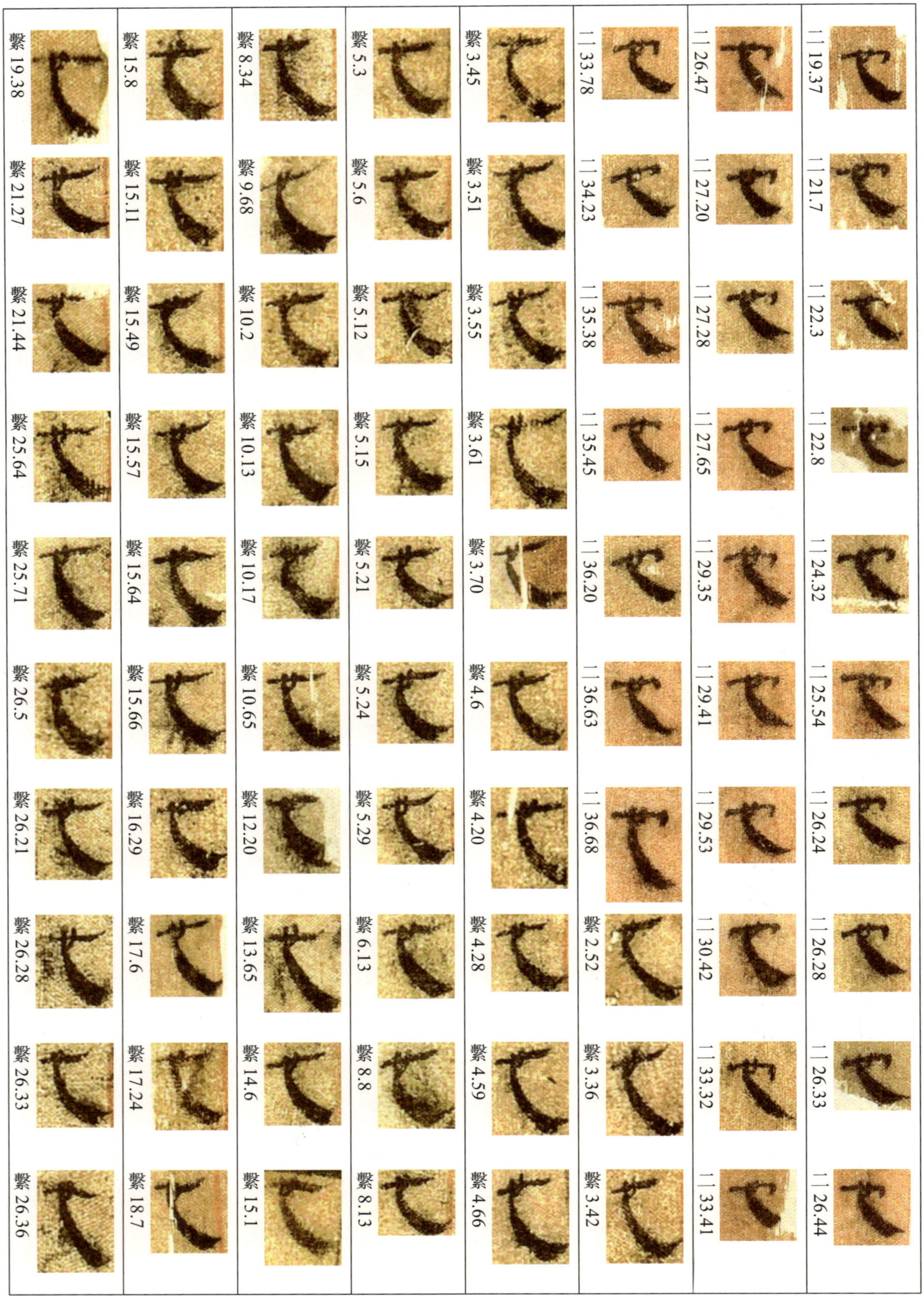
二三 19.37
二三 21.7
二三 22.3
二三 22.8
二三 24.32
二三 25.54
二三 26.24
二三 26.28
二三 26.33
二三 26.44
二三 26.47
二三 27.20
二三 27.28
二三 27.65
二三 29.35
二三 29.41
二三 29.53
二三 30.42
二三 33.32
二三 33.41
二三 33.78
二三 34.23
二三 35.38
二三 35.45
二三 36.20
二三 36.63
二三 36.68
繫 2.52
繫 3.36
繫 3.42
繫 3.45
繫 3.51
繫 3.55
繫 3.61
繫 3.70
繫 4.6
繫 4.20
繫 4.28
繫 4.59
繫 4.66
繫 5.3
繫 5.6
繫 5.12
繫 5.15
繫 5.21
繫 5.24
繫 5.29
繫 6.13
繫 8.8
繫 8.13
繫 8.34
繫 9.68
繫 10.2
繫 10.13
繫 10.17
繫 10.65
繫 12.20
繫 13.65
繫 14.6
繫 15.1
繫 15.8
繫 15.11
繫 15.49
繫 15.57
繫 15.64
繫 15.66
繫 16.29
繫 17.6
繫 17.24
繫 18.7
繫 19.38
繫 21.27
繫 21.44
繫 25.64
繫 25.71
繫 26.5
繫 26.21
繫 26.28
繫 26.33
繫 26.36

繫 26.55 繫 30.54 繫 30.60 繫 30.63 繫 30.68 繫 31.1 繫 31.5 繫 31.12 繫 31.35 繫 31.50
繫 31.55 繫 31.57 繫 31.62 繫 32.56 繫 33.44 繫 34.3 繫 34.32 繫 35.5 繫 35.22 繫 35.45
繫 35.61 繫 36.2 繫 36.74 繫 37.63 繫 37.67 繫 37.71 繫 38.7 繫 38.27 繫 38.46 繫 41.46
繫 42.44 繫 42.53 繫 42.58 繫 43.19 繫 43.29 繫 45.8 繫 46.5 衷 1.46 衷 2.24 衷 2.42
衷 2.46 衷 2.50 衷 3.6 衷 3.21 衷 3.32 衷 3.37 衷 3.40 衷 3.46 衷 3.52 衷 4.3
衷 4.10 衷 4.45 衷 5.10 衷 5.24 衷 5.37 衷 5.44 衷 5.55 衷 6.8 衷 6.41 衷 6.47
衷 7.5 衷 7.10 衷 8.46 衷 9.6 衷 9.30 衷 10.9 衷 10.15 衷 10.29 衷 11.24 衷 12.11
衷 18.36 衷 19.37 衷 20.8 衷 20.16 衷 20.25 衷 20.41 衷 20.58 衷 21.47 衷 22.12 衷 22.40

衷 22.61	衷 25.45	衷 26.48	衷 28.30	衷 31.54	衷 36.48	衷 40.60	衷 44.16
衷 23.19	衷 25.49	衷 26.56	衷 28.33	衷 32.51	衷 37.26	衷 40.64	衷 44.42
衷 23.26	衷 25.61	衷 26.66	衷 29.11	衷 32.64	衷 37.60	衷 41.37	衷 45.1
衷 23.54	衷 25.68	衷 27.11	衷 29.17	衷 33.26	衷 39.7	衷 41.57	衷 45.3
衷 23.61	衷 26.5	衷 27.22	衷 29.26	衷 35.10	衷 39.29	衷 42.69	衷 45.8
衷 24.8	衷 26.8	衷 27.30	衷 30.3	衷 35.25	衷 39.64	衷 43.21	衷 45.10
衷 24.25	衷 26.16	衷 27.44	衷 30.5	衷 35.51	衷 40.6	衷 43.25	衷 45.15
衷 24.56	衷 26.24	衷 27.52	衷 30.11	衷 35.61	衷 40.36	衷 43.44	衷 45.22
衷 25.18	衷 26.32	衷 27.61	衷 30.28	衷 36.3	衷 40.50	衷 44.7	衷 45.24
衷 25.30	衷 26.40	衷 28.22	衷 31.14	衷 36.7	衷 40.56	衷 44.11	衷 45.29

衷45.31 衷45.36 衷45.44 衷45.49 衷45.55 衷45.57 衷45.61 衷46.46 衷46.51 衷46.56

衷46.61 衷46.66 衷47.2 衷47.7 衷47.12 衷47.17 衷47.31 衷47.55 衷48.63 衷49.7

衷49.11 衷49.16 衷50.37 要1.13 要9.40 要11.42 要12.4 要12.12 要12.21 要12.48

要13.41 要13.60 要13.70 要14.18 要14.35 要15.17 要15.40 要16.27 要16.70 要17.23

要18.4 要18.9 要18.37 要18.50 要18.61 要19.34 要19.39 要19.44 要19.57 要19.63

要19.67 要20.38 要20.42 要20.50 要22.12 要22.36 要22.56 要22.68 要23.8 要24.10

繆1.43 繆2.15 繆2.19 繆2.21 繆2.60 繆2.66 繆3.4 繆3.31 繆3.65 繆4.5

繆4.21 繆4.45 繆5.39 繆6.54 繆7.16 繆9.2 繆9.6 繆9.10 繆13.15 繆15.22

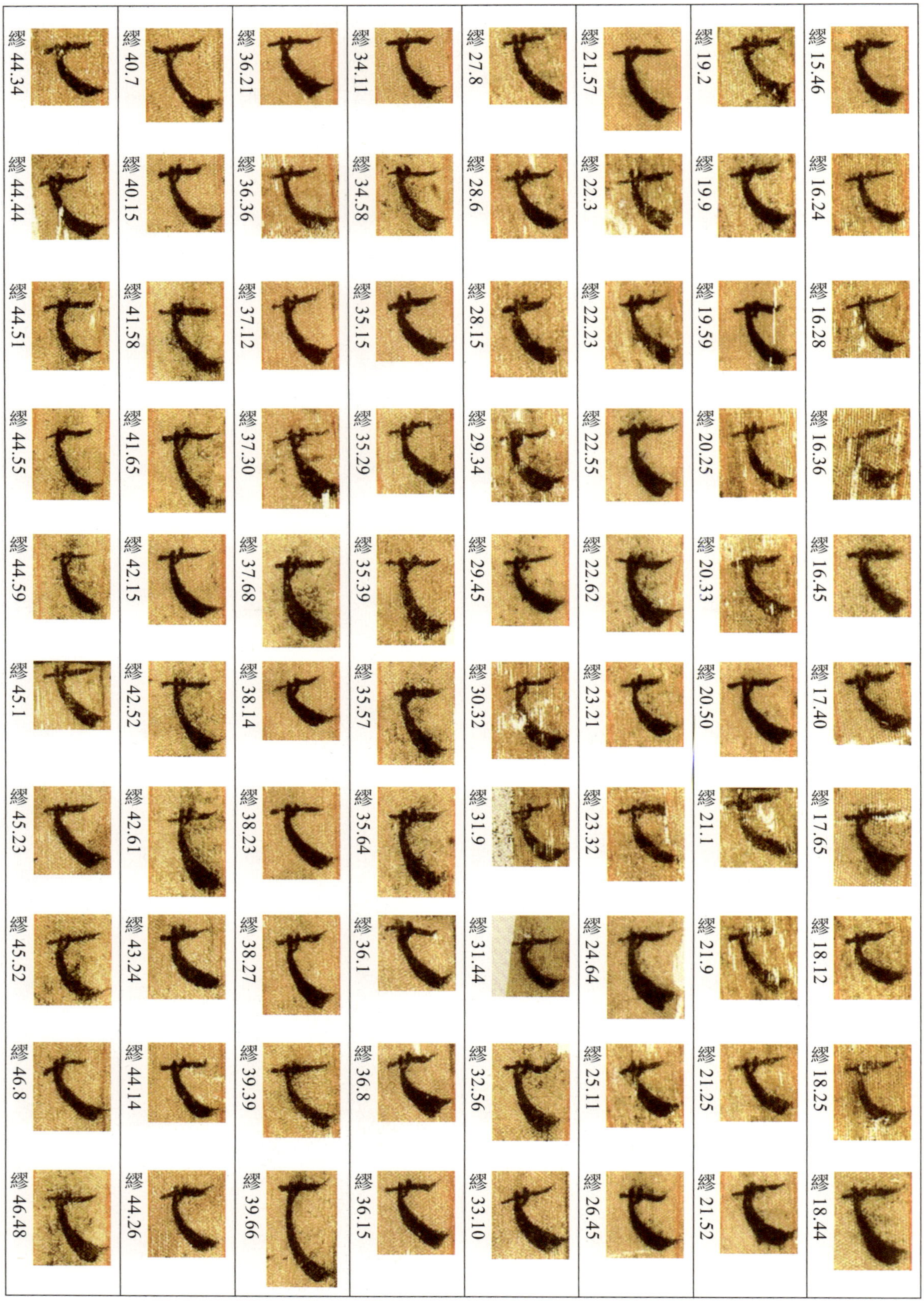

繆 15.46
繆 16.24
繆 16.28
繆 16.36
繆 16.45
繆 17.40
繆 17.65
繆 18.12
繆 18.25
繆 18.44
繆 19.2
繆 19.9
繆 19.59
繆 20.25
繆 20.33
繆 20.50
繆 21.1
繆 21.9
繆 21.25
繆 21.52
繆 21.57
繆 22.3
繆 22.23
繆 22.55
繆 22.62
繆 23.21
繆 23.32
繆 24.64
繆 25.11
繆 26.45
繆 27.8
繆 28.6
繆 28.15
繆 29.34
繆 29.45
繆 30.32
繆 31.9
繆 31.44
繆 32.56
繆 33.10
繆 34.11
繆 34.58
繆 35.15
繆 35.29
繆 35.39
繆 35.57
繆 35.64
繆 36.1
繆 36.8
繆 36.15
繆 36.21
繆 36.36
繆 37.12
繆 37.30
繆 37.68
繆 38.14
繆 38.23
繆 38.27
繆 39.39
繆 39.66
繆 40.7
繆 40.15
繆 41.58
繆 41.65
繆 42.15
繆 42.52
繆 42.61
繆 43.24
繆 44.14
繆 44.26
繆 44.34
繆 44.44
繆 44.51
繆 44.55
繆 44.59
繆 45.1
繆 45.23
繆 45.52
繆 46.8
繆 46.48

繆46.56
繆46.65
繆47.10
繆47.26
繆47.52
繆48.13
繆48.20
繆48.47
繆49.13
繆49.30
繆49.40
繆50.8
繆50.12
繆50.29
繆51.19
繆51.32
繆54.23
繆56.47
繆56.65
繆57.23
繆57.30
繆59.24
繆60.15
繆60.45
繆60.52
繆60.61
繆61.3
繆61.11
繆61.22
繆61.24
繆62.15
繆63.34
繆64.58
繆65.2
繆67.1
繆67.9
繆67.64
繆68.53
繆68.61
繆68.69
繆69.7
繆69.14
繆69.27
繆69.47
繆69.56
繆70.6
繆70.59
繆71.27
繆71.31
繆72.13
繆72.20
昭2.29
昭2.66
昭2.71
昭3.1
昭3.6
昭5.16
昭5.24
昭5.45
昭7.44
昭7.50
昭7.56
昭10.5
昭12.3
昭12.10
昭12.63
昭13.62
昭13.71
昭14.9
周·殘上3.3
周·殘下7.2
周·殘下11.15
周·殘下14.2
周·殘下30.12
周·殘下60.17
周·殘下64.2
周·殘下91.5
周·殘下123.1
經3.63
經17.47

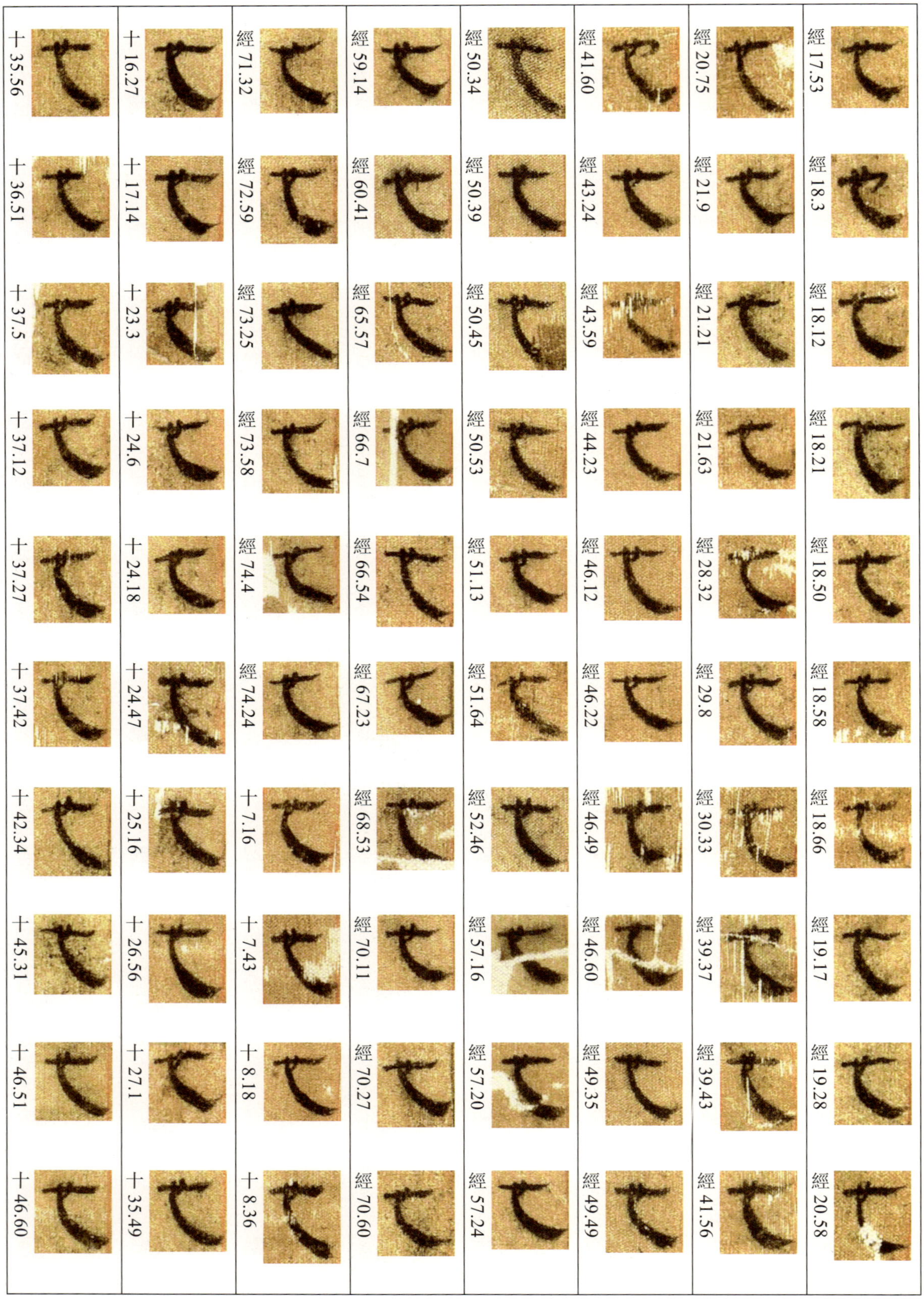

經17.53	經18.3	經18.12	經18.21	經18.50	經18.58	經18.66	經19.17	經19.28	經20.58
經20.75	經21.9	經21.21	經21.63	經28.32	經29.8	經30.33	經39.37	經39.43	經41.56
經41.60	經43.24	經43.59	經44.23	經46.12	經46.22	經46.49	經46.60	經49.35	經49.49
經50.34	經50.39	經50.45	經50.53	經51.13	經51.64	經52.46	經57.16	經57.20	經57.24
經59.14	經60.41	經65.57	經66.7	經66.54	經67.23	經68.53	經70.11	經70.27	經70.60
經71.32	經72.59	經73.25	經73.58	經74.4	經74.24	十7.16	十7.43	十8.18	十8.36
十16.27	十17.14	十23.3	十24.6	十24.18	十24.47	十25.16	十26.56	十27.1	十35.49
十35.56	十36.51	十37.5	十37.12	十37.27	十37.42	十42.34	十45.31	十46.51	十46.60

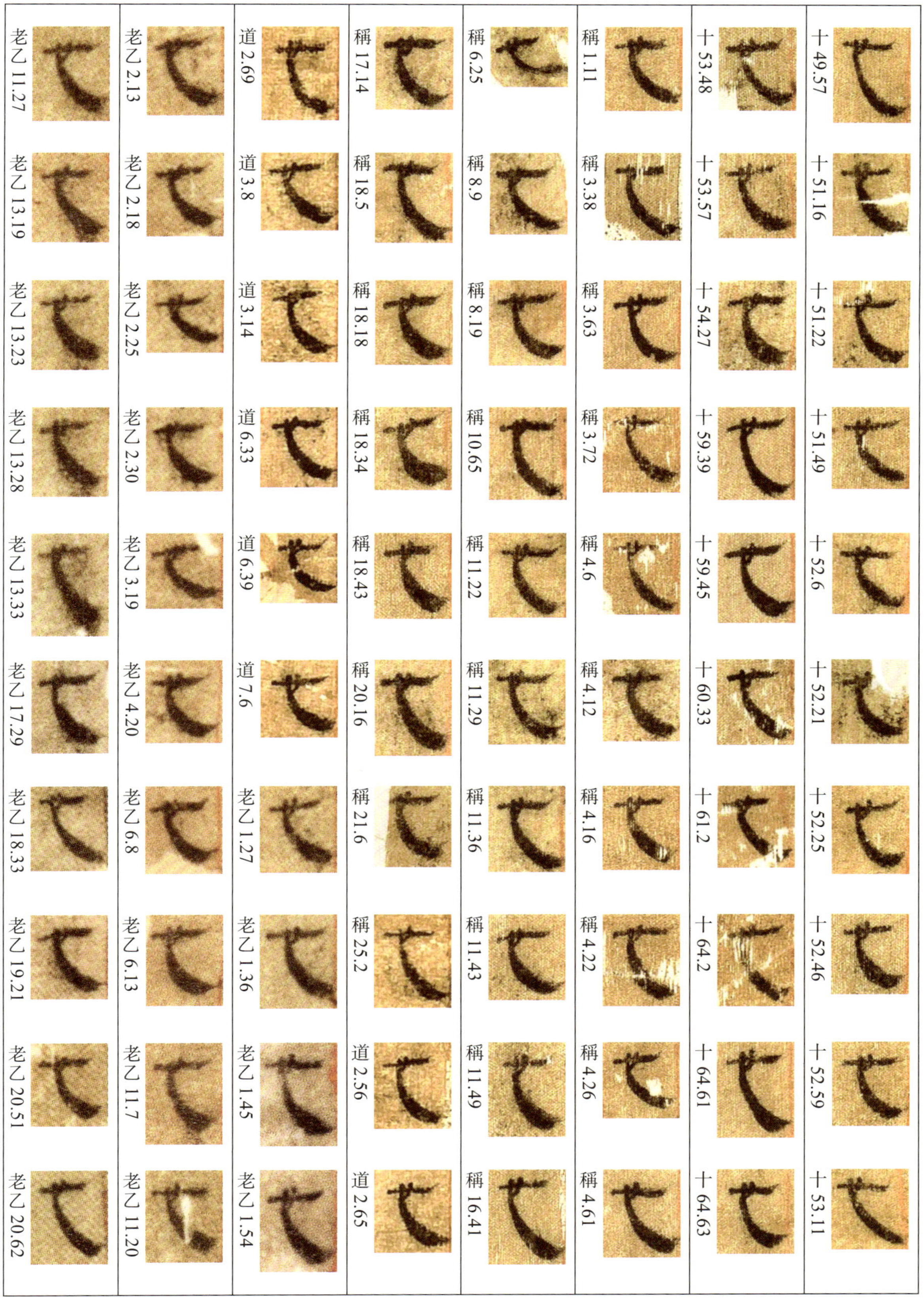
十 49.57
十 51.16
十 51.22
十 51.49
十 52.6
十 52.21
十 52.25
十 52.46
十 52.59
十 53.11
十 53.48
十 53.57
十 54.27
十 59.39
十 59.45
十 60.33
十 61.2
十 64.2
十 64.61
十 64.63
稱 1.11
稱 3.38
稱 3.63
稱 3.72
稱 4.6
稱 4.12
稱 4.16
稱 4.22
稱 4.26
稱 4.61
稱 6.25
稱 8.9
稱 8.19
稱 10.65
稱 11.22
稱 11.29
稱 11.36
稱 11.43
稱 11.49
稱 16.41
稱 17.14
稱 18.5
稱 18.18
稱 18.34
稱 18.43
稱 20.16
稱 21.6
稱 25.2
道 2.56
道 2.65
道 2.69
道 3.8
道 3.14
道 6.33
道 6.39
道 7.6
老乙 1.27
老乙 1.36
老乙 1.45
老乙 1.54
老乙 2.13
老乙 2.18
老乙 2.25
老乙 2.30
老乙 3.19
老乙 4.20
老乙 6.8
老乙 6.13
老乙 11.7
老乙 11.20
老乙 11.27
老乙 13.19
老乙 13.23
老乙 13.28
老乙 13.33
老乙 17.29
老乙 18.33
老乙 19.21
老乙 20.51
老乙 20.62

老乙 22.1
老乙 22.23
老乙 22.29
老乙 22.61
老乙 22.66
老乙 23.9
老乙 23.14
老乙 24.14
老乙 24.21
老乙 28.38

老乙 28.44
老乙 28.48
老乙 28.57
老乙 28.66
老乙 29.7
老乙 29.24
老乙 29.58
老乙 30.1
老乙 30.15
老乙 30.30

老乙 32.57
老乙 34.49
老乙 35.44
老乙 35.47
老乙 35.55
老乙 35.60
老乙 36.1
老乙 36.44
老乙 37.14
老乙 37.21

老乙 38.27
老乙 39.15
老乙 39.31
老乙 39.39
老乙 39.47
老乙 40.1
老乙 40.6
老乙 40.15
老乙 40.20
老乙 40.30

老乙 40.62
老乙 41.54
老乙 41.62
老乙 42.11
老乙 42.16
老乙 42.21
老乙 42.27
老乙 44.7
老乙 44.21
老乙 45.11

老乙 45.17
老乙 45.23
老乙 45.29
老乙 46.6
老乙 46.47
老乙 47.21
老乙 47.53
老乙 49.5
老乙 50.35
老乙 50.44

老乙 50.52
老乙 50.60
老乙 51.55
老乙 52.3
老乙 52.17
老乙 52.28
老乙 53.13
老乙 53.45
老乙 54.14
老乙 57.47

老乙 57.61
老乙 58.19
老乙 58.23
老乙 59.9
老乙 60.15
老乙 63.13
老乙 63.43
老乙 64.23
老乙 66.11
老乙 68.2

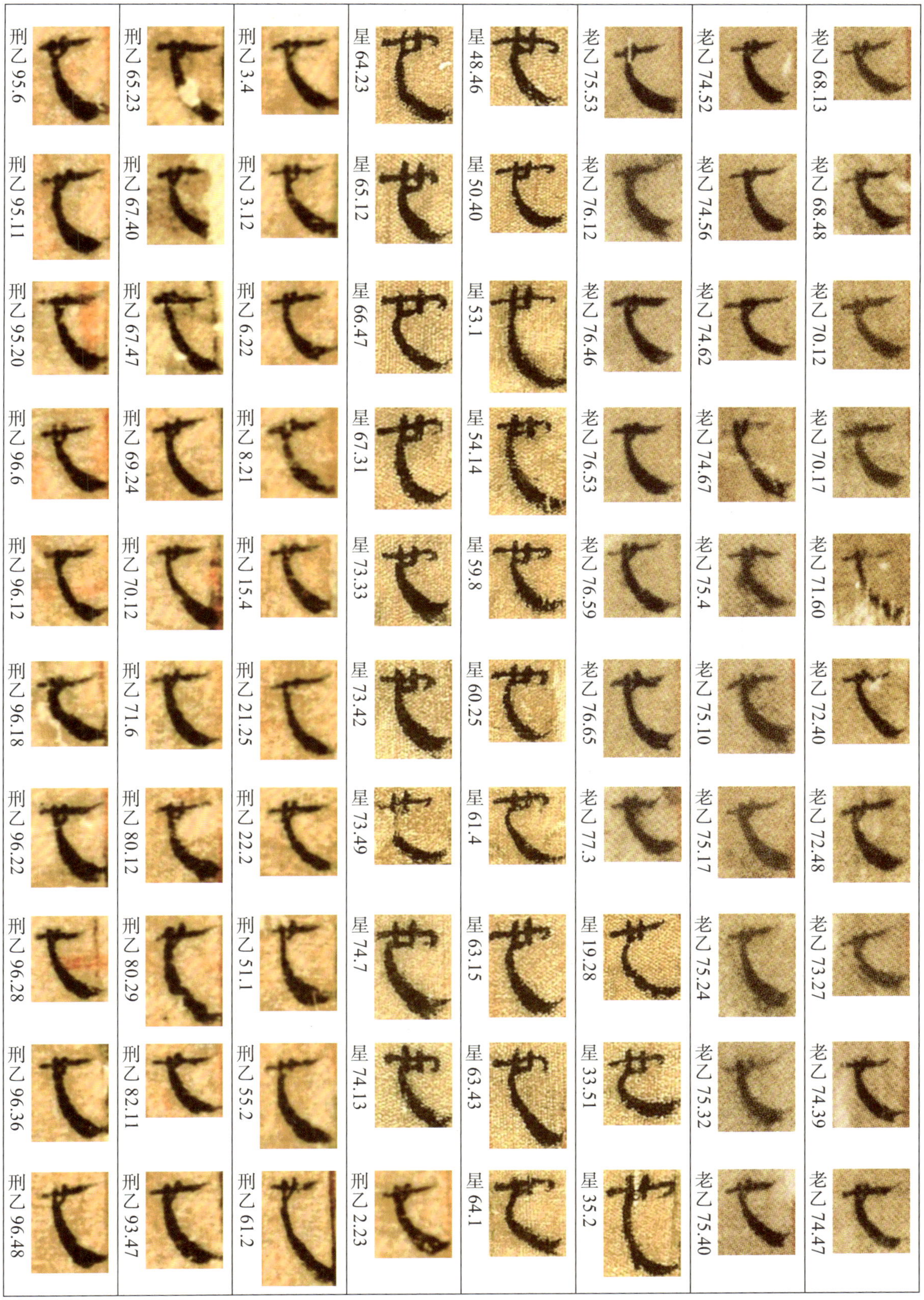

老乙68.13
老乙68.48
老乙70.12
老乙70.17
老乙71.60
老乙72.40
老乙72.48
老乙73.27
老乙74.39
老乙74.47

老乙74.52
老乙74.56
老乙74.62
老乙74.67
老乙75.4
老乙75.10
老乙75.17
老乙75.24
老乙75.32
老乙75.40

老乙75.53
老乙76.12
老乙76.46
老乙76.53
老乙76.59
老乙76.65
老乙77.3
星19.28
星33.51
星35.2

星48.46
星50.40
星53.1
星54.14
星59.8
星60.25
星61.4
星63.15
星63.43
星64.1

星64.23
星65.12
星66.47
星67.31
星73.33
星73.42
星73.49
星74.7
星74.13
刑乙2.23

刑乙3.4
刑乙3.12
刑乙6.22
刑乙8.21
刑乙15.4
刑乙21.25
刑乙22.2
刑乙51.1
刑乙55.2
刑乙61.2

刑乙65.23
刑乙67.40
刑乙67.47
刑乙69.24
刑乙70.12
刑乙71.6
刑乙80.12
刑乙80.29
刑乙82.11
刑乙93.47

刑乙95.6
刑乙95.11
刑乙95.20
刑乙96.6
刑乙96.12
刑乙96.18
刑乙96.22
刑乙96.28
刑乙96.36
刑乙96.48

刑乙 96.55
相 3.47
相 4.6
相 4.10
相 5.43
相 6.51
相 6.58
相 10.47
相 17.23
相 23.65

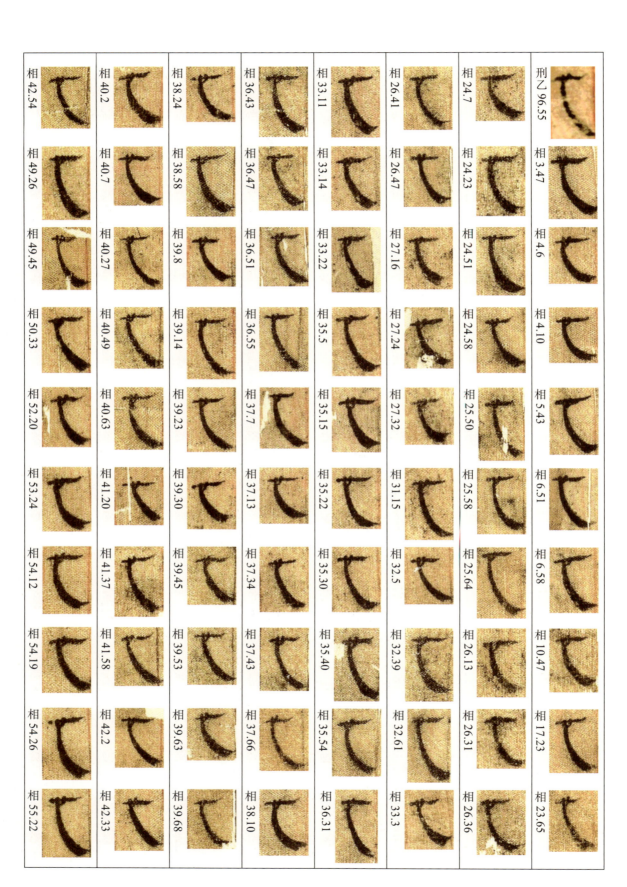

相 24.7
相 24.23
相 24.51
相 24.58
相 25.50
相 25.58
相 25.64
相 26.13
相 26.31
相 26.36

相 26.41
相 26.47
相 27.16
相 27.24
相 27.32
相 31.15
相 32.5
相 32.39
相 32.61
相 33.3

相 33.11
相 33.14
相 33.22
相 35.5
相 35.15
相 35.22
相 35.30
相 35.40
相 35.54
相 36.31

相 36.43
相 36.47
相 36.51
相 36.55
相 37.7
相 37.13
相 37.34
相 37.43
相 37.66
相 38.10

相 38.24
相 38.58
相 39.8
相 39.14
相 39.23
相 39.30
相 39.45
相 39.53
相 39.63
相 39.68

相 40.2
相 40.7
相 40.27
相 40.49
相 40.63
相 41.20
相 41.37
相 41.58
相 42.2
相 42.33

相 42.54
相 49.26
相 49.45
相 50.33
相 52.20
相 53.24
相 54.12
相 54.19
相 54.26
相 55.22

相55.42　相55.60　相58.20　相58.41　相58.55　相58.70　相59.17　相59.74　相60.42　相62.47

相63.71　相64.16　相65.3　相65.67　相66.47　相71.21　相72.48　相73.59　相74.19　相74.65

相75.22　相76.43

吔

老甲133.22

从口也聲，語氣詞「也」的專字。

氏

脈10.10　方82.12　春15.20　戰68.38　戰71.22　戰85.3　戰88.35　戰90.13　戰98.8　戰99.22

戰102.11　戰105.3　戰107.30　戰133.21　戰135.35　戰139.11　戰141.8　戰151.6　戰154.28　戰159.26

戰200.7　戰323.14　五15.10　五15.18　九41.17　明13.7　明13.17　明20.29　明23.13　氣2.213

氣2.302　氣2.337　氣2.363　氣2.381　氣2.394　氣2.400　氣3.3　氣3.30　氣3.44　氣3.49

氏 戈 戎

氣3.59 氣3.76 氣3.86 氣3.93 氣3.151 氣3.163 氣3.168 氣3.173 氣5.25 氣5.49

氣5.63 氣5.84 氣5.119 氣5.144 氣5.178 氣5.182 刑甲56.21 刑甲57.1 刑甲57.8 刑甲57.14

刑甲57.19 刑甲57.25 刑甲58.5 陰乙大游2.57 問76.21 要10.35 繆6.28 十60.28 刑乙60.19 刑乙96.52

刑乙97.4 刑乙97.10 刑乙97.20 刑乙97.25 刑乙小游1.119

經68.41 十48.23 老乙21.71 星110.2 刑乙80.16

陰甲祭一A08L.12 刑甲94.21 陰乙玄戈7.4 陰乙玄戈7.6 陰乙玄戈7.8 陰乙玄戈7.10 陰乙玄戈7.12 陰乙玄戈7.14 陰乙玄戈6.25 遣三239.2

方182.3 戰147.30 明28.15 氣1.16 周57.18 繫33.50 繫34.34 昭14.5 經26.44 經26.46

十 17.52

十 27.20

老乙 9.8

乾

方 109.20

氣 5.197

刑甲 18.8

刑甲 28.15

刑乙 72.28

刑乙 79.60

戟

遣三 15.3

遣三 16.5

賊

陰甲祭一 A04L.9

射 14.19

春 91.22

老甲 60.35

老甲 127.10

氣 9.90

氣 2.249

木 58.20

經 18.34

稱 8.71

稱 14.34

稱 14.41

老乙 60.9

[illegible]

陰甲·殘 5.17

戝

老乙 28.56

「賊」字省體，「貣」或訛作與之同形，卷六貝部重見。

[illegible]

陰乙文武 12.39

戰　戍

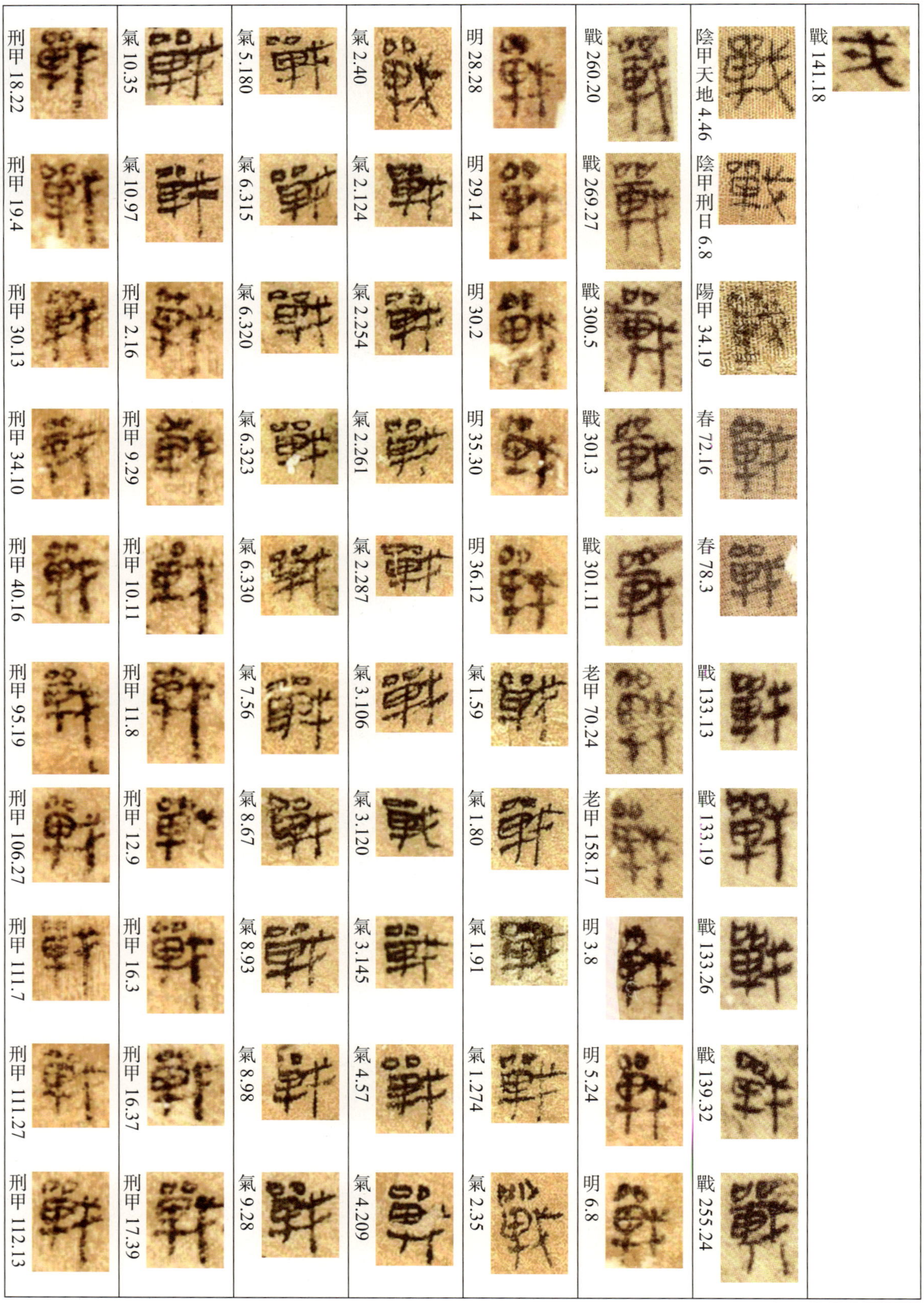

戰 141.18

陰甲天地 4.46
陰甲刑日 6.8
陽甲 34.19
春 72.16
春 78.3
戰 133.13
戰 133.19
戰 133.26
戰 139.32
戰 255.24

戰 260.20
戰 269.27
戰 300.5
戰 301.3
戰 301.11
老甲 70.24
老甲 158.17
明 3.8
明 5.24
明 6.8

明 28.28
明 29.14
明 30.2
明 35.30
明 36.12
氣 1.59
氣 1.80
氣 1.91
氣 1.274
氣 2.35

氣 2.40
氣 2.124
氣 2.254
氣 2.261
氣 2.287
氣 3.106
氣 3.120
氣 3.145
氣 4.57
氣 4.209

氣 5.180
氣 6.315
氣 6.320
氣 6.323
氣 6.330
氣 7.56
氣 8.67
氣 8.93
氣 8.98
氣 9.28

氣 10.35
氣 10.97
刑甲 2.16
刑甲 9.29
刑甲 10.11
刑甲 11.8
刑甲 12.9
刑甲 16.3
刑甲 16.37
刑甲 17.39

刑甲 18.22
刑甲 19.4
刑甲 30.13
刑甲 34.10
刑甲 40.16
刑甲 95.19
刑甲 106.27
刑甲 111.7
刑甲 111.27
刑甲 112.13

刑甲 113.18
刑甲 113.30
刑甲 114.21
刑甲 114.26
刑甲 115.8
刑甲 116.4
刑甲 117.4
刑甲 117.12
刑甲 119.5
刑甲 121.5

刑甲 122.5
刑甲 123.5
刑甲 124.4
刑甲 125.1
刑甲 129.4
刑甲 136.18
刑甲 137.12
刑丙刑 2.5
刑丙刑 3.5
刑丙刑 4.5

刑丙刑 8.3
刑丙地 6.4
刑丙地 15.15
刑丙地 17.19
刑丙天 7.3
陰乙刑德 20.6
陰乙刑德 22.4
陰乙大游 2.135
陰乙大游 3.133
陰乙大游 3.152

陰乙上朔 33.21
陰乙·殘 5.2
二 6.28
二 7.7
二 9.41
星 29.43
星 34.52
星 45.9
星 45.31
星 49.10

星 49.22
星 51.42
星 60.10
星 66.31
星 66.49

𢧐

陰甲天地 2.39

楚文字寫法的「戰」字。

⿰單戔

戰 132.21

戲

養60.7
養61.31
養目2.7
合5.14
談22.37

戲

繫32.50
繫33.46
十26.55

或

陰甲天一6.31
陰甲天一13.22
陰甲祭一A07L.24
陰甲祭一A08L.15
陰甲祭一A09L.25
陰甲堪法9.35
陰甲刑日5.6
陰甲·殘6.13
方134.18
方134.21

方134.25
方134.28
方252.6
春4.14
春63.15
春63.18
戰231.24
戰258.29
老甲13.24
老甲49.26

老甲135.25
老甲151.22
老甲151.24
老甲152.3
老甲155.2
九25.2
氣6.106
氣7.7
氣7.29
陰乙上朔19.22

陰乙上朔25.14
陰乙上朔29.2
陰乙刑日3.7
陰乙天一19.6
陰乙·殘11.1
周5.59
周6.7
周23.33
周34.61
周35.59

周43.34
周50.33
周86.57
周88.38
周88.41
周88.44
周92.26
周93.26
二4.27
二4.29

繫14.21 繫14.23 繫14.25 繫14.27 繫28.3 繫46.65 衷26.25 衷33.50 衷39.50 要12.37

要18.17 繆53.8 繆54.46 昭13.15 經2.67 經3.1 經3.4 經3.7 十26.58 十42.65

老乙23.37 老乙37.41 老乙37.43 老乙63.50 老乙70.30 老乙70.32 老乙70.34 老乙70.36 老乙70.38 老乙70.40

老乙72.2 星25.15 星53.8 星60.18 星65.8 星65.21 星66.6 刑乙70.38 相23.67 相24.8

相24.45

戋

養218.14 養220.12 戰33.10 戰94.33 戰136.24 戰145.30 戰195.33 戰197.33 戰225.23 戰252.20

戰254.30 戰323.21 老甲41.2 問54.13 衷42.60 衷49.56 要15.24 稱14.9 相18.11 相21.33

相22.23 相69.56

㦰

陰甲上朔 1.26

武

春 8.20

春 91.26

戰 185.37

戰 204.11

戰 306.26

老甲 70.21

刑丙地 15.2

刑丙天 11.12

陰乙文武 13.1

陰乙刑日 4.10

太 5.1

箭 17.1

周 4.44

周 82.14

繫 22.50

衷 24.58

衷 25.26

衷 25.44

衷 25.58

衷 28.48

衷 37.8

衷 39.6

昭 6.7

昭 9.34

經 19.35

經 22.27

經 37.37

經 37.45

經 38.13

經 44.53

經 44.71

老乙 34.14

戔

方 276.23

周 17.43

繆 64.24

繆 66.2

繆 66.55

𢦗*

「攻」字異體，卷三支部重見。

牫*

「誅」字異體，卷三言部重見。

㞋*

「辱」字異體，卷十四辰部重見。

𢧀*

「救」字異體，卷三支部重見。

𢧐*

「敵」字異體，卷三支部重見。

𢦶*

「㱿」字異體，卷三支部重見。

戉

衷 43.29

繆 6.16

繆 64.23

戚

𢧁

五 19.26

五 22.19

此形應即「戚鉞」之「戚」字表意初文的變體。

傶

春 94.23

戰 288.6

此字从人作，帛書中皆用爲親戚義，疑即「親戚」之「戚」的專字。

我

陰甲神下 42.18

方 379.21

養 196.22

養 208.2

養 208.11

養 219.1

養 220.16

胎 1.7

春 34.7

春 54.7

戰 3.26 戰 10.31 戰 261.18 戰 262.15 戰 266.16 戰 275.28 戰 276.20 戰 321.38 戰 322.19 老甲 31.23

老甲 42.3 老甲 42.11 老甲 68.13 老甲 125.14 老甲 129.15 老甲 131.7 五 10.24 五 168.12 明 15.7 氣 5.170

木 40.11 太 1.21 太 1.27 太 7.1 周 29.57 周 36.15 周 80.22 周 80.27 周 84.10 周 85.34

周 85.53 周 93.18 二 29.54 繫 12.56 要 17.11 要 17.17 繆 25.55 繆 25.62 繆 28.21 繆 28.28

繆 28.55 繆 30.9 繆 30.16 繆 30.55 繆 32.18 繆 33.21 繆 58.4 繆 60.25 繆 60.34 繆 60.62

繆 61.6 繆 61.17 繆 62.13 繆 64.54 繆 65.1 繆 66.54 十 26.19 十 64.21 十 64.30 十 65.2

十 65.7 十 65.26 稱 7.68 稱 10.34 老乙 14.65 老乙 19.63 老乙 20.4 老乙 20.11 老乙 32.38 老乙 32.59

老乙 36.5 老乙 61.15 老乙 61.36 老乙 61.58 老乙 62.3 相 16.54 相 18.63 相 67.52 相 71.22

義

春 55.13	戰 235.24	五 53.10	五 112.15	五 134.13	五 157.33	二 6.67	衷 1.6
春 56.10	老甲 125.26	五 67.14	五 116.22	五 136.12	五 158.14	二 10.53	衷 1.45
戰 51.21	五 20.16	五 70.1	五 118.27	五 136.16	五 162.2	二 34.70	衷 2.35
戰 51.32	五 25.2	五 91.5	五 121.14	五 139.1	五 163.4	繫 12.35	衷 20.14
戰 52.10	五 33.2	五 91.8	五 121.25	五 140.11	五 165.10	繫 12.41	衷 20.40
戰 52.15	五 33.10	五 93.12	五 123.10	五 140.20	五 166.19	繫 22.9	衷 21.23
戰 66.15	五 36.8	五 94.9	五 123.20	五 141.20	五 168.27	繫 26.73	衷 22.18
戰 106.3	五 36.18	五 95.11	五 131.19	五 150.15	五 179.20	繫 28.74	衷 23.66
戰 200.23	五 45.1	五 95.22	五 131.28	五 151.2	明 43.25	繫 32.47	衷 24.28
戰 235.8	五 53.2	五 112.2	五 132.17	五 151.17	明 46.1	繫 33.3	衷 24.60

衷24.68 衷31.7 衷32.11 衷36.54 衷37.63 衷43.66 衷44.2 衷44.65 衷47.11 衷48.48

要2.3 要7.7 要14.61 要17.21 要18.52 繆25.19 繆29.42 繆59.6 繆59.56 繆59.58

繆60.46 繆61.59 繆70.17 繆71.64 繆72.17 繆72.41 昭1.11 昭2.53 昭3.22 昭7.67

昭10.50 昭10.70 昭13.61 昭13.70 昭14.8 十18.12 十18.21 十28.56 十50.19 十51.2

十51.15 十53.10 稱2.23 稱2.25 老乙1.76 老乙2.2 老乙59.28

羛

戰238.12 戰239.23 戰241.17 戰256.26

《說文》：「義，己之威儀也。从我、羊。羛，墨翟書義从弗。」

琴 珡

遺三243.1 遺三360.3

瑟

養·殘128.5 遺一276.1 遺三32.3 遺三33.3 遺三34.3 遺三244.1

直

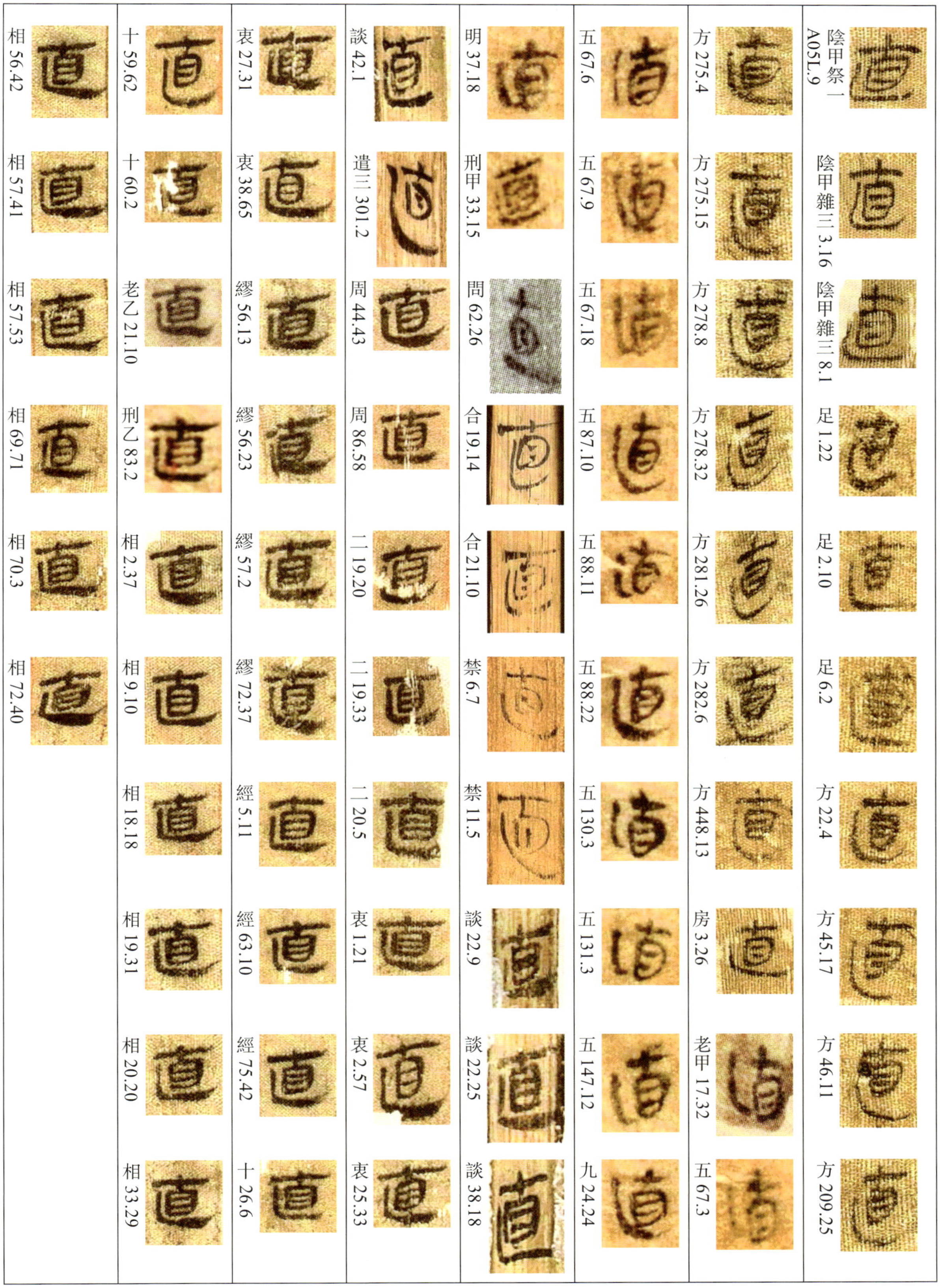

陰甲祭一A05L.9　陰甲雜三3.16　陰甲雜三8.1　足1.22　足2.10　足6.2　方22.4　方45.17　方46.11　方209.25

方275.4　方275.15　方278.8　方278.32　方281.26　方282.6　方448.13　房3.26　老甲17.32　五67.3

五67.6　五67.9　五67.18　五87.10　五88.11　五88.22　五130.3　五131.3　五147.12　九24.24

明37.18　刑甲33.15　問62.26　合19.14　合21.10　禁6.7　禁11.5　談22.9　談22.25　談38.18

談42.1　遣三301.2　周44.43　周86.58　二19.20　二19.33　二20.5　衷1.21　衷2.57　衷25.33

衷27.31　衷38.65　繆56.13　繆56.23　繆57.2　繆72.37　經5.11　經63.10　經75.42　十26.6

十59.62　十60.2　老乙21.10　刑乙83.2　相2.37　相9.10　相18.18　相19.31　相20.20　相33.29

相56.42　相57.41　相57.53　相69.71　相70.3　相72.40

亡

陰甲天一 2.17	陰甲神上 5.17	陰甲雜三 5.17	陰甲雜三 7.9	陰甲築一 4.27	陰甲雜六 2.4	陰甲宜忌 6.11	陰甲·殘 224.2	陰甲·殘 332.11	方 391.9
方 391.11	春 42.35	春 50.10	春 53.6	春 54.20	春 58.11	戰 135.7	戰 138.10	戰 143.16	戰 151.29
戰 151.32	戰 152.36	戰 156.37	戰 161.29	戰 164.12	戰 165.5	戰 203.10	戰 206.22	戰 206.26	戰 206.30
戰 206.34	戰 206.37	戰 206.41	戰 227.18	戰 227.22	戰 228.13	戰 287.20	戰 292.13	戰 293.23	戰 323.8
老甲 16.19	老甲 73.8	九 5.7	九 6.32	明 6.5	明 32.10	氣 1.69	氣 1.197	氣 1.287	氣 2.11
氣 2.150	氣 2.177	氣 2.233	氣 2.242	氣 2.306	氣 2.367	氣 2.396	氣 2.405	氣 3.69	氣 3.73
氣 3.176	氣 4.234	氣 4.256	氣 5.105	氣 5.173	氣 5.247	氣 6.161	氣 6.181	氣 8.149	氣 10.38
氣 10.142	氣 10.157	氣 10.166	氣 10.253	氣 10.275	刑甲 3.7	刑甲 3.16	刑甲 3.27	刑甲 5.33	刑甲 107.27

刑甲 117.14 刑甲 129.10 刑甲 139.12 刑丙刑 16.5 陰乙大游 2.21 陰乙上朔 31.2 陰乙上朔 35.4 陰乙女發 1.47 出 2.2 出 2.18

出 6.32 出 13.41 出 23.48 出 27.29 木 1.31 木 14.6 木 16.2 木 50.7 木 68.19 周 2.66

周 10.68 周 25.51 周 26.27 周 29.10 周 31.17 周 31.39 周 31.75 周 33.31 周 33.47 周 33.62

周 43.26 周 44.27 周 56.19 周 58.6 周 60.18 周 61.40 周 71.24 周 71.61 周 73.53 周 73.73

周 75.68 周 77.61 周 82.43 周 82.54 周 88.54 周 90.22 周 90.30 周 91.14 二 27.68 二 27.71

繫 44.39 衷 24.16 衷 24.20 衷 24.47 衷 34.11 要 9.29 要 9.45 要 13.11 繆 1.22 繆 2.33

繆 4.34 繆 4.44 繆 22.49 繆 49.52 昭 8.58 經 5.47 經 9.37 經 11.38 經 13.43 經 24.44

經 25.13 經 26.30 經 26.58 經 27.15 經 28.28 經 35.16 經 38.57 經 39.10 經 41.28 經 53.19

橆

橆						无	
經57.43	經77.8	十58.13	星14.24	刑乙28.12	相21.18	足23.27	春37.17
經58.12	十18.27	稱4.17	星18.6	刑乙38.13	相53.54	陽甲6.8	春82.6
經58.22	十31.5	稱7.49	星18.16	刑乙39.24		陽乙3.32	春90.16
經61.31	十36.6	稱8.8	星30.45	刑乙43.18		陽乙12.8	春97.10
經65.34	十36.29	稱8.13	星41.34	刑乙63.12		養198.11	戰69.40
經67.58	十36.34	稱13.3	星49.51	刑乙63.21		養208.12	戰79.25
經67.63	十37.60	稱16.3	星71.7	刑乙63.32		春2.6	戰83.33
經69.10	十39.15	老乙4.52	星71.33	刑乙64.50		春22.14	戰86.3
經69.33	十48.60	老乙35.27	星75.15	相6.28		春25.18	戰86.24
經76.50	十58.2	星11.34	刑乙28.4	相14.4			戰88.12

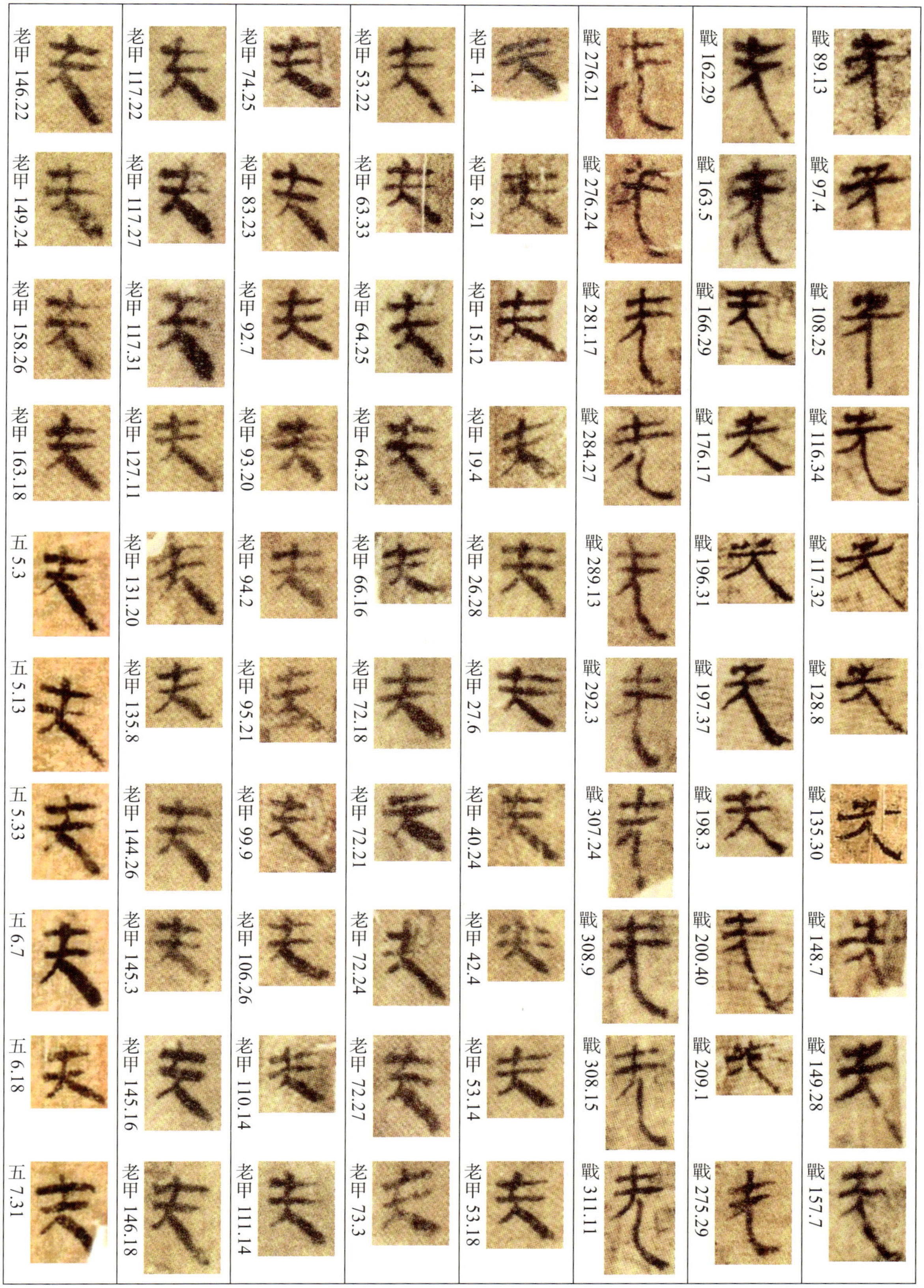

戰 89.13	戰 162.29	戰 276.21	老甲 1.4	老甲 53.22	老甲 74.25	老甲 117.22	老甲 146.22
戰 97.4	戰 163.5	戰 276.24	老甲 8.21	老甲 63.33	老甲 83.23	老甲 117.27	老甲 149.24
戰 108.25	戰 166.29	戰 281.17	老甲 15.12	老甲 64.25	老甲 92.7	老甲 117.31	老甲 158.26
戰 116.34	戰 176.17	戰 284.27	老甲 19.4	老甲 64.32	老甲 93.20	老甲 127.11	老甲 163.18
戰 117.32	戰 196.31	戰 289.13	老甲 26.28	老甲 66.16	老甲 94.2	老甲 131.20	五 5.3
戰 128.8	戰 197.37	戰 292.3	老甲 27.6	老甲 72.18	老甲 95.21	老甲 135.8	五 5.13
戰 135.30	戰 198.3	戰 307.24	老甲 40.24	老甲 72.21	老甲 99.9	老甲 144.26	五 5.33
戰 148.7	戰 200.40	戰 308.9	老甲 42.4	老甲 72.24	老甲 106.26	老甲 145.3	五 6.7
戰 149.28	戰 209.1	戰 308.15	老甲 53.14	老甲 72.27	老甲 110.14	老甲 145.16	五 6.18
戰 157.7	戰 275.29	戰 311.11	老甲 53.18	老甲 73.3	老甲 111.14	老甲 146.18	五 7.31

五9.6
五18.2
五21.25
五60.8
五68.23
五77.15
五82.16
五92.6
五94.2
五166.3
五176.5
九13.16
九14.21
九15.25
九16.4
九19.20
九24.3
九25.20
九25.30
九26.27
九40.8
九51.21
明4.14
明4.24
明6.22
氣6.97
問27.20
問27.24
問28.3
問28.21
問36.1
問71.4
談29.21
物1.13
物1.16
周1.38
周1.47
周1.73
周2.51
周4.15
周5.63
周7.22
周8.20
周8.54
周8.59
周8.70
周8.76
周9.33
周9.50
周9.74
周10.17
周10.25
周12.32
周12.51
周13.29
周13.72
周14.19
周18.54
周20.27
周20.50
周21.57
周21.67
周22.22
周23.9
周23.25
周23.79
周25.16
周26.21
周28.11
周29.11
周30.3
周31.74
周32.22
周33.66
周33.81
周34.63
周35.49
周35.66
周37.6
周38.9

周38.14	周43.44	周50.23	周58.20	周62.8	周70.8	周77.77	周86.62
周38.16	周44.48	周50.43	周58.25	周62.48	周70.15	周79.10	周88.55
周39.6	周46.35	周53.6	周59.43	周66.7	周70.27	周79.19	周88.64
周39.22	周48.36	周53.10	周59.50	周68.18	周70.66	周79.31	周90.37
周40.16	周49.22	周53.30	周59.64	周68.33	周72.18	周79.55	周90.63
周41.21	周49.30	周53.59	周59.68	周68.64	周75.20	周80.14	周91.18
周41.57	周49.36	周55.29	周60.2	周68.66	周75.25	周82.31	周92.21
周42.22	周49.43	周55.41	周60.10	周68.76	周75.34	周85.18	周92.53
周43.4	周49.54	周57.66	周60.26	周69.17	周75.63	周85.57	二16.5
周43.19	周50.4	周57.72	周61.55	周69.82	周77.12	周86.20	二16.72

二17.63
二24.52
二30.55
二31.54
二34.54
二36.50
繫4.56
繫5.62
繫7.63
繫7.66

繫14.51
繫16.10
繫16.34
繫18.47
繫19.36
繫26.13
繫26.52
繫27.56
繫35.2
繫37.20

繫42.51
繫43.17
衷1.26
衷1.40
衷3.18
衷4.46
衷6.12
衷22.28
衷26.21
衷26.51

衷27.47
衷27.50
衷28.14
衷29.20
衷33.19
衷33.54
衷35.2
衷35.32
衷37.28
衷39.53

衷40.11
衷41.12
衷41.29
衷47.49
衷48.8
衷48.25
衷49.29
要11.5
要16.13
繆3.8

繆3.45
繆3.50
繆3.55
繆4.60
繆5.16
繆7.11
繆15.9
繆17.25
繆26.14
繆26.22

繆27.12
繆28.36
繆35.69
繆36.6
繆36.13
繆36.18
繆43.66
繆44.3
繆44.5
繆45.30

繆45.68
繆46.11
繆46.15
繆46.19
繆47.44
繆47.46
繆48.5
繆48.64
繆53.12
繆54.21

繆 54.33
繆 56.18
繆 56.43
繆 57.7
繆 61.20
昭 2.63
昭 9.4
昭 11.12
昭 13.63
周·殘下 76.3

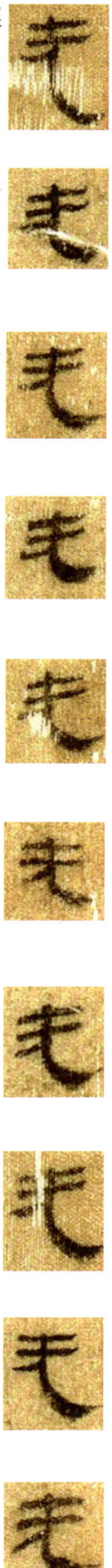
經 1.50
經 3.27
經 3.58
經 3.64
經 3.67
經 4.6
經 4.24
經 4.47
經 5.26
經 6.6

經 9.7
經 9.32
經 10.16
經 15.28
經 17.31
經 17.59
經 18.9
經 18.32
經 18.40
經 21.12

經 21.34
經 21.43
經 22.47
經 23.61
經 26.52
經 27.38
經 29.6
經 30.18
經 32.22
經 40.25

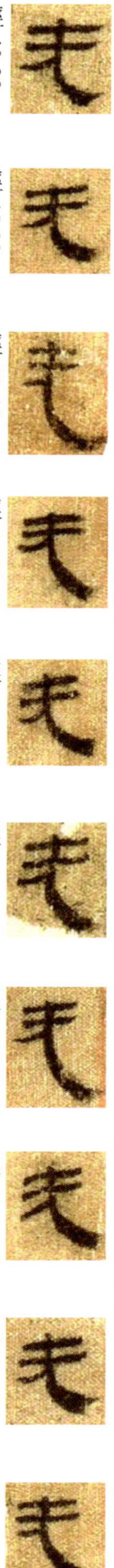
經 40.29
經 45.23
經 48.49
經 55.12
經 56.55
經 60.34
經 62.51
經 67.9
經 67.41
經 68.12

經 72.42
經 75.14
經 77.29
十 3.39
十 4.45
十 4.49
十 7.54
十 7.62
十 12.15
十 17.35

十 34.45
十 34.53
十 41.23
十 41.52
十 42.21
十 43.68
十 45.6
十 45.35
十 50.49
十 50.53

十 52.10
十 52.35
十 56.43
十 58.6
十 60.5
十 64.31
十 65.3
稱 1.3
稱 1.12
稱 1.48

稱 9.50	稱 10.63	稱 14.23	稱 16.30	稱 16.55	稱 23.15	道 1.48	道 2.61	道 4.33	道 4.37
道 4.55	道 5.35	道 5.37	道 7.18	老乙 1.17	老乙 1.21	老乙 1.24	老乙 1.33	老乙 5.50	老乙 10.37
老乙 10.55	老乙 19.64	老乙 20.12	老乙 20.49	老乙 27.50	老乙 30.34	老乙 30.67	老乙 31.6	老乙 32.3	老乙 35.5
老乙 35.8	老乙 35.12	老乙 35.70	老乙 39.61	老乙 43.25	老乙 44.8	老乙 44.24	老乙 46.63	老乙 46.65	老乙 47.9
老乙 49.35	老乙 50.17	老乙 52.11	老乙 52.23	老乙 52.35	老乙 55.43	老乙 55.47	老乙 55.51	老乙 60.10	老乙 61.28
老乙 61.71	老乙 63.33	老乙 67.43	老乙 67.49	老乙 67.63	老乙 68.6	老乙 68.23	老乙 68.27	老乙 69.67	老乙 75.51
老乙 76.51	老乙 77.60	老乙 78.21	刑乙 16.9	刑乙 44.5	刑乙 69.11	相 19.12	相 20.40	相 20.58	相 21.50
相 40.4	相 40.67	相 42.51	相 72.12	相 72.19	相 74.12	相 74.40			

《說文》奇字。

匌

戰 237.1
戰 241.5
戰 242.21

區

方 192.15
繫 13.55

匿

方 453.11
春 96.2
五 34.4
五 34.23
五 35.23
五 36.1
五 36.12
五 127.8
五 127.13
五 129.2
五 130.9
五 130.25
五 130.30
五 131.11
五 132.5
五 132.23
問 44.18
談 3.2
衷 25.67
經 4.28
經 43.53
十 3.32
星 7.35
星 37.9
相 1.50
相 21.23
相 30.30
相 38.41
相 75.18

匽

春 79.27

匹

遺三 46.8
遺三 47.14
遺三 48.4
遺三 49.4
遺三 50.4
遺三 53.9
遺三 53.13
遺三 53.17
牌三 30.4
牌三 33.4
經 28.51

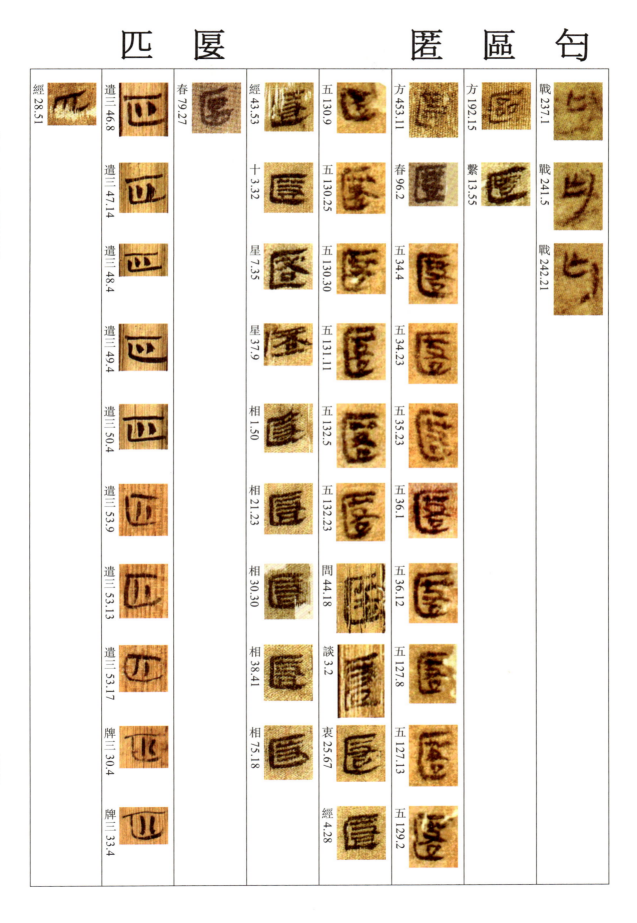

匠

老甲 81.19
老甲 81.25
老乙 38.68
老乙 39.4
相 9.38

匡

春 70.6
合 2.7
繆 31.32
繆 43.65
經 9.29
十 9.37
十 42.19
相 25.67
相 26.14
相 27.9

相 48.5
相 48.25
相 53.8
相 55.29

筐

木 64.18
周 38.8

《說文》或體。

⿷匚禾*

「委」字訛體，本卷女部重見。

曲

老甲 136.3

豊

養 224.10
戰 73.14
戰 92.33
戰 112.2
戰 121.33
戰 231.4
氣 3.138
刑甲 26.15
刑甲 33.5
繫 7.47

衷 30.23
衷 44.26
經 1.13
經 35.42
經 75.41
稱 22.4
老乙 63.59
老乙 64.51
刑乙 78.6
相 20.23

（甾）	畚	瓦	瓦	甑	甗	甌	甂
 相 20.31	 養 37.25	 方 5.12	 遺一 224.6	 方 300.20	 方 94.24	 方 18.4	編
 相 36.14		 方 361.10	 遺三 84.1		 方 95.3	 房 42.5	 方 128.11
 相 59.46		 方 448.14	 遺三 85.1		 方 227.7	 胎 16.3	 方 129.6
		 房 41.25	 遺三 86.1		 養 22.3		
		 房 42.4	 遺三 87.13		 房 51.30		
		 胎 16.2	 遺三 87.17		 胎 19.2		
		 遺一 141.11	 遺三 87.28		 遺一 222.3		
		 遺一 221.1	 府 5.41		 遺三 84.3		
		 遺一 222.1	 府 6.31		 遺三 85.3		
		 遺一 223.1	 府 10.13				

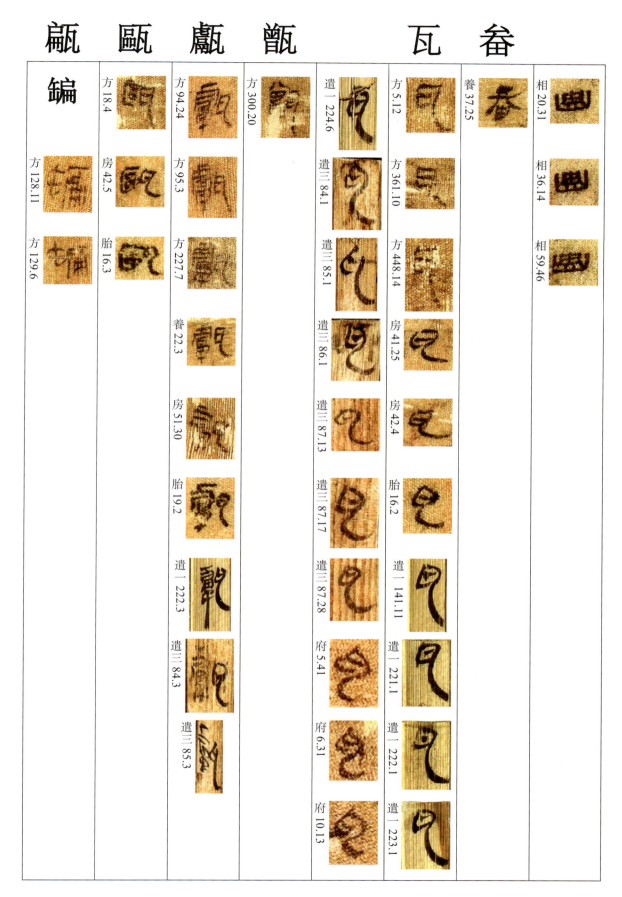

甀*

「䍋」字異體，卷五缶部重見。

𤮼

《說文》「鬲」字或體，詳見卷三鬲部。

甑*

相 7.42　相 49.12　相 55.50　相 60.28　相 63.11

弓

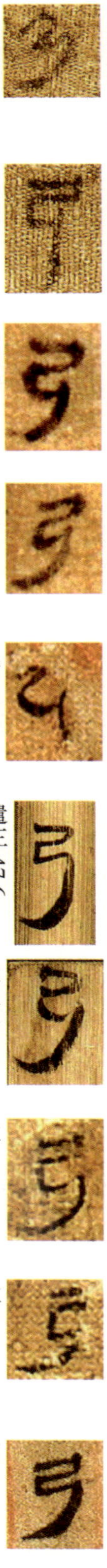

方 227.5　方 390.15　明 7.18　明 22.14　氣 2.69　遣三 47.6　遣三 238.1　太 1.11　太 7.4　周 41.56

繫 41.37　昭 7.6　老乙 40.61　相 42.56　相 43.3　相 43.27　相 43.40

弧

方 238.18　相 18.34　相 18.62　相 70.12　相 71.11　相 71.18

張

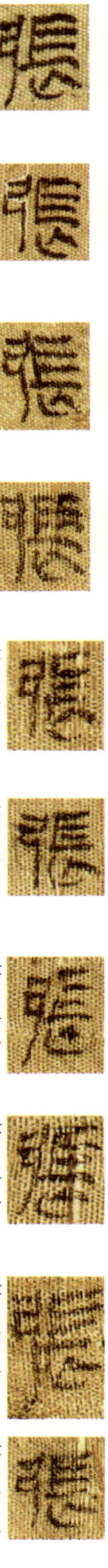

陰甲天一 2.21　陰甲天一 2.37　陰甲天一 8.25　陰甲徒 5.42　陰甲祭一 A09L.4　陰甲祭一 A09L.9　陰甲祭一 A09L.13　陰甲祭一 A16L.12　陰甲神上 11.20　陰甲神上 25.16

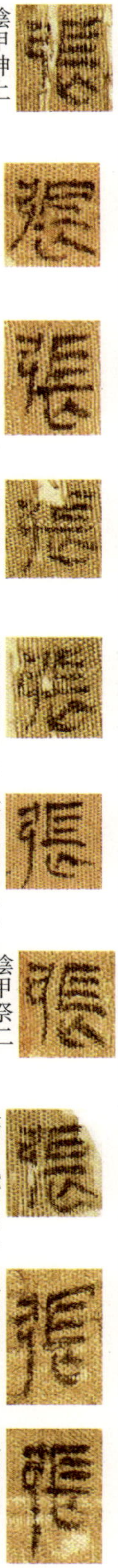

陰甲神上 28.11　陰甲築一 2.8　陰甲築一 5.9　陰甲築一 8.15　陰甲築一 9.13　陰甲刑日 6.6　陰甲祭二 10L.10　陰甲·殘 139.1　足 17.18　足 22.19

引　彊

陽甲21.5、陽甲22.10、方483.5、陽乙10.33、陽乙11.7、養111.20、戰34.7、戰238.11、戰239.22、戰241.16

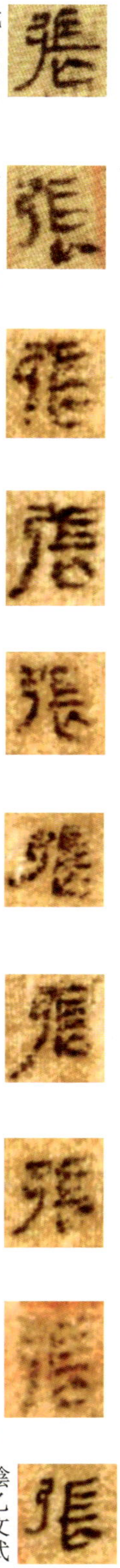

戰256.25、老甲166.24、刑甲5.36、刑甲19.25、刑甲21.1、刑甲23.1、刑甲24.29、刑甲59.1、刑甲大游2.59、陰乙文武13.23

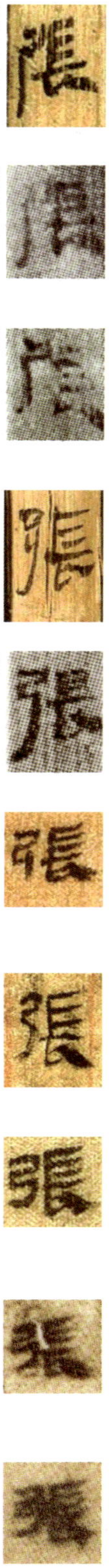

問24.18、問79.4、問84.8、合32.6、談52.21、周76.7、繆38.64、繆67.54、老乙40.60、老乙77.10

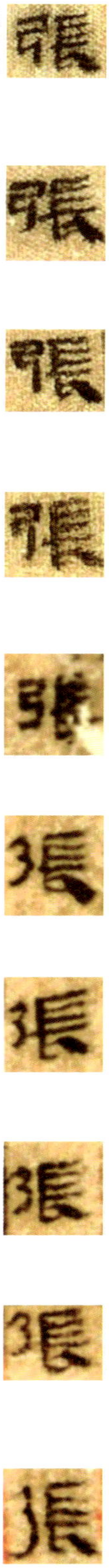

星3.12、星52.5、星82.2、星105.2、刑乙64.55、刑乙71.33、刑乙73.22、刑乙74.22、刑乙76.2、刑乙76.69

刑乙大游1.59

陽乙2.28、房22.14

方61.9、方234.6、方275.19、方·殘39.2、養62.5、養223.2、養223.14、養224.8、射24.6、木65.2

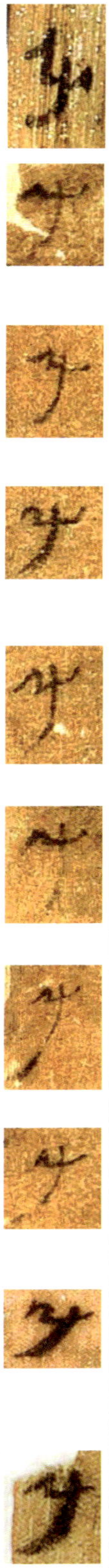

問71.19、導2.9、導3.1、導3.4、導4.6、導4.9、導4.13、導4.16、周59.48、周·殘下47.1

弘

經 1.36

戰 11.8

戰 64.31

[弓+口]

春 78.4

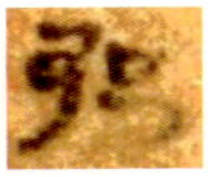
五 176.35

五 177.29

「弘」字訛體，「厶」旁訛作「口」形。

彊

彊

老甲 20.23

繫 6.21

經 9.6

老乙 19.31

相 4.68

相 5.14

弩

戰 229.28

遺三 18.5

遺三 235.2

遺三 236.1

遺三 237.2

彀

[士冖一+攵]

周 86.61

彈

老甲 79.14

發

陰甲天一 3.17

陰甲天一 7.14

陰甲天一 8.11

陰甲女發 1.46

陰甲女發 2.30

陰甲祭一 A02L.6

方 112.9

方 128.21

方 134.14

方 236.5

方 303.5
方 306.5
方 375.4
方 383.10
養 167.10
養·殘 27.2
戰 85.6
戰 264.14
德 3.15
刑甲 13.23

刑甲 25.4
刑甲 25.19
刑甲 48.9
刑甲 52.23
刑甲 53.5
刑甲 53.16
刑甲 53.27
刑甲 95.8
刑甲 111.21
刑甲 131.4

刑甲 134.3
刑甲 135.4
刑甲 136.2
刑甲 137.2
刑甲 138.3
刑丙地 3.13
刑丙天 6.30
陰乙刑德 13.8
陰乙天一 21.1
陰乙天一 26.10

陰乙女發 1.53
問 37.22
問 50.7
合 27.9
遣三 407.90
周 26.29
周 62.39
周 63.13
二 34.66
繫 13.44

繫 13.60
衷 20.26
衷 23.70
衷 27.60
衷 28.21
衷 42.6
繆 15.39
繆 32.3
經 14.54
經 15.37

經 16.27
經 17.17
經 17.43
十 7.15
十 12.1
十 16.37
十 26.14
稱 11.26
老乙 3.34
老乙 52.54

星 25.23
星 39.46
刑乙 8.20
刑乙 34.19
刑乙 35.13
刑乙 37.15
刑乙 42.13
刑乙 69.23
刑乙 69.37
刑乙 76.63

刑乙 76.68
刑乙 77.21
刑乙 77.25
刑乙 77.31
刑乙 94.16
刑乙 94.26
刑乙 94.47
刑乙 94.61
相 21.44
相 34.5

相 42.65

相 43.32

相 64.1

相 75.54

弳*

遺三 241.1

弦

弦

方 227.10

養圖 1.10

養·殘 128.6

刑甲 2.21

木 61.1

遺一 36.1

牌一 10.1

遺三 153.1

牌三 50.1

繫 36.25

刑乙 62.59

相 18.31

相 42.60

相 43.18

相 43.29

相 43.39

相 70.9

盭
盭

纏

遺三 407.40

盭

方 252.30

絘

遺一 265.1

遺一 267.1

繿

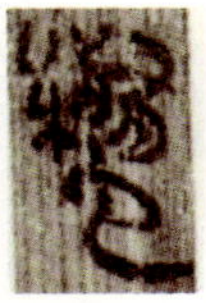
遺三 224.1

遺三 315.1

遺三 334.1

遺三 345.1

系

方82.15

孫

陰甲室4.11　戰8.36　戰11.6　戰184.22　戰184.30　戰195.27　戰197.22　戰249.20　老甲33.5　五79.10

談14.9　談14.17　談18.36　談26.3　談27.20　談27.28　喪4.14　二19.11　衷5.42　要14.57

繆40.25　繆48.63　昭11.54　十38.10　稱17.18　老乙15.53　星31.1

緜

老甲103.16　刑丙天9.5　老乙48.50　相20.64

與「縣」字異體同形，馬王堆簡帛中「緜」、「縣」二形尚未徹底分化，卷九「縣」字下重見。

繇

五33.15　五120.14　五123.1　五137.2　五140.27　五171.20　五173.18　明44.15　氣5.100　問82.10

二14.71　衷23.14　衷23.49　要19.1　要23.67　周·殘下8.2　經72.53　十21.24　十21.49　十49.37

十52.26

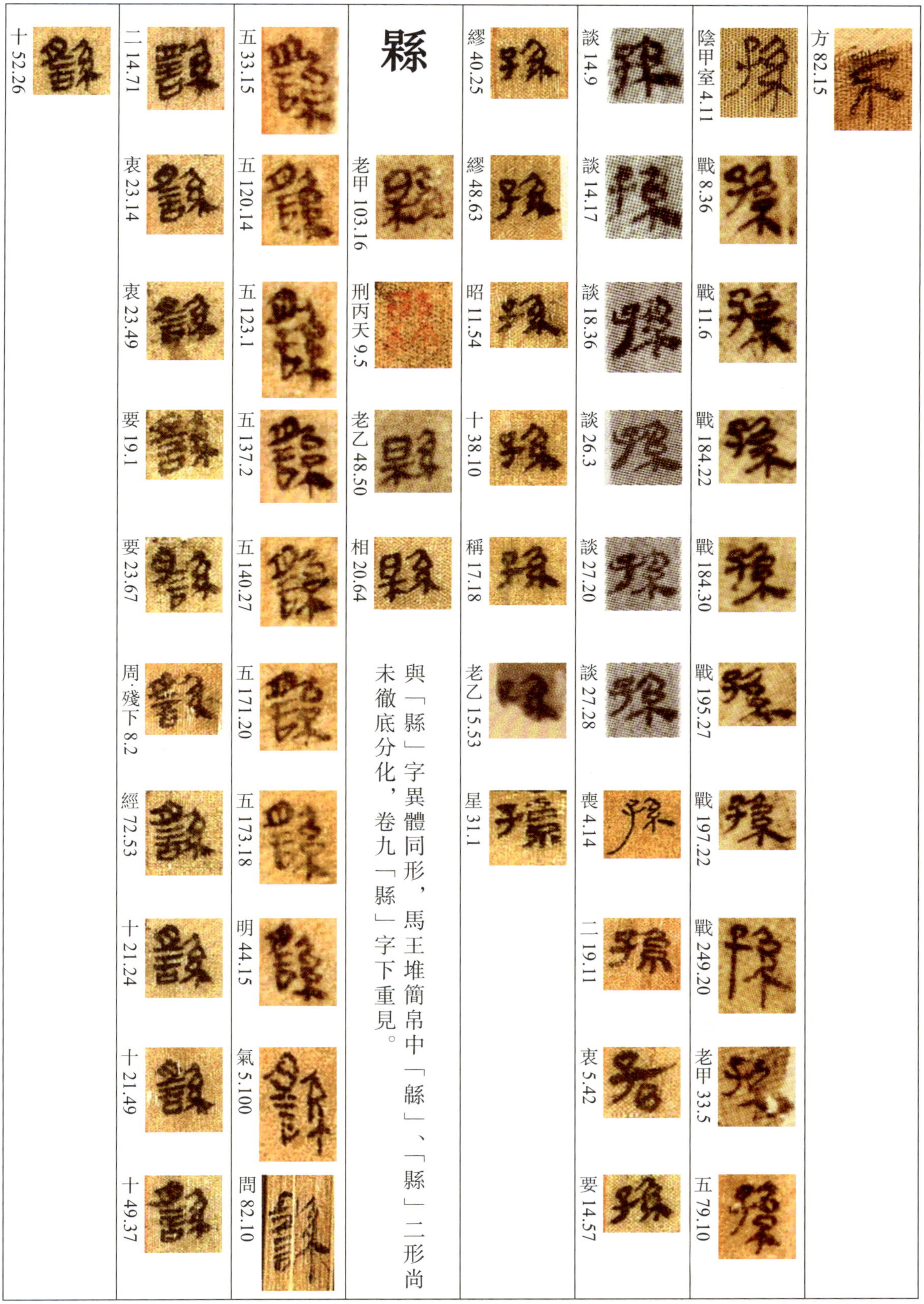

卷十三

繭

相 53.37

相 54.31

繭

相 6.11

相 24.27

繹

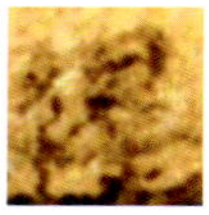
刑甲小游 1.90

緒

遺一 246.2

遺一 247.2

遺一 248.2

遺一 249.1

遺三 221.1

遺三 230.1

遺三 327.2

遺三 328.2

遺三 329.2

遺三 332.1

遺三 333.2

遺三 354.1

遺三 407.25

遺三 407.29

遺三 407.73

純

相 18.12

相 69.57

綃

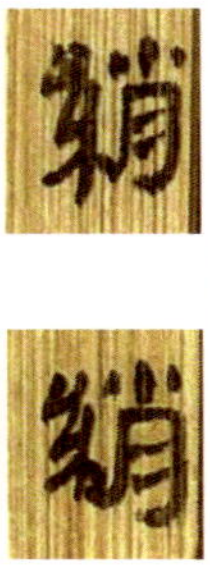

遣一 252.2
遣一 269.2

經

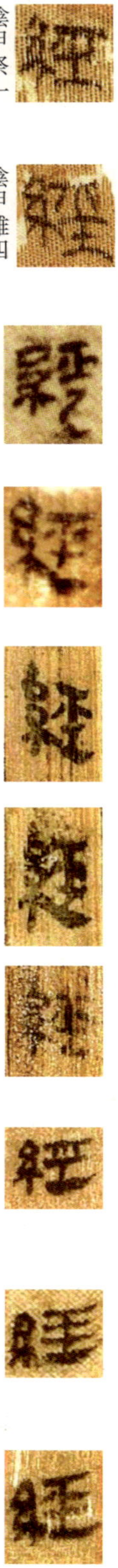

陰甲祭一 A13L.6
陰甲雜四 16.11
戰 217.19
德 8.1
問 29.17
問 39.6
問 59.2
周 18.21
繫 27.41
經 39.54

經 77.57
十 65.32
星 6.12
星 33.50
星 34.22
星 42.53

織

方 369.7
方 464.26

纘

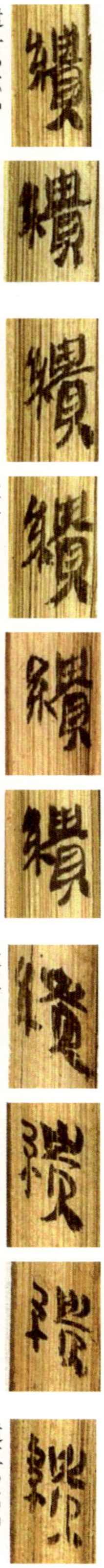

遣一 246.5
遣一 251.8
遣一 253.8
遣一 255.8
遣一 282.7
遣一 286.5
遣三 235.13
遣三 243.9
遣三 244.7
遣三 245.7

遣三 315.7
遣三 316.6
遣三 328.6
遣三 338.6
遣三 339.6
遣三 350.4
遣三 351.4
遣三 352.5
遣三 360.9
遣三 366.7

遣三 382.5
遣三 383.6
遣三 388.5

紀

陰甲祭一A14L.10　刑丙地12.4　刑丙地12.8　陰乙上朔16.18　木12.4　木21.9　問68.3　談48.9　談53.1　衷8.50

昭12.31　經39.55　經42.11　十4.46　十44.1　十45.8　稱5.61　老乙56.19　星121.10

納

戰16.18　戰17.6　戰17.19

絶

足22.6　足23.24　方32.1　方38.8　方252.31　陽乙12.12　養48.15　養139.4　養·殘144.10　春42.25

春45.22　春75.28　戰70.31　戰94.4　戰119.37　戰154.21　戰262.16　戰267.6　戰268.23　戰269.14

老甲126.20　老甲126.29　老甲127.5　九49.20　木59.4　木59.16　談21.21　談27.9　宅2.8　二30.22

衷31.61　衷38.57　衷43.48　經5.43　經61.40　經61.44　經74.3　十28.44　十28.53　十41.20

十41.28　十58.53　稱4.32　老乙15.58　老乙59.51　老乙59.60　老乙60.4　老乙60.36　星24.21　星70.7

縱 續 繼

相 16.64

相 20.48

相 24.47

相 24.53

相 24.60

相 49.58

相 61.72

相 66.3

相 66.26

相 68.6

相 68.16

相 72.58

相 74.24

𢇍

陰甲室 8.41

陰甲室 9.13

陰甲室 9.31

《說文》「絕」字古文作𢇍，字形象以刀斷絲會絕義。

戰 195.29

戰 196.25

十 7.53

十 8.34

絲

五 23.6

𢇍

問 2.15

問 11.23

《說文》：「一曰反𢇍爲繼。」

續

方 17.5

戰 161.13

問 69.2

相 5.18

相 13.4

相 52.21

縱

遣三 227.2

遣三 228.3
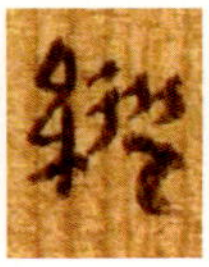
遣三 407.60

遣三 407.66

相 18.35

相 70.23

細

方 309.17

方 378.8

方 382.31

方 384.13

養 46.8

養 101.6

養 113.5

養 125.3

養 125.20

養 163.4

養 179.14

老甲 54.21

老甲 68.10

老甲 85.5

老甲 85.28

繆 16.53

繆 34.29

經 30.25

稱 9.33

老乙 32.56

相 7.35

相 8.41

相 23.7

相 23.25

相 29.4

相 45.47

相 51.49

相 56.8

縮

⿰糸冒

問 63.11

級

談 42.12

總

經 48.18

紓

十 64.60

「總」字訛體。

⿱⿱日共糸

養 195.7

約

方 203.7
方 358.8
方 362.18
方 367.2
養 195.13
房 4.5
房 16.2
房 18.2
房 20.2
胎 19.4

胎 33.28
戰 5.15
戰 33.23
戰 35.16
戰 74.13
戰 91.24
戰 103.6
戰 104.12
戰 108.15
戰 121.26

戰 170.33
戰 181.21
戰 200.12
老甲 146.1
五 124.8
五 158.8
出 9.22
談 17.27
經 40.8
經 64.54

經 65.21
經 70.3
十 61.16
老乙 68.8
相 23.5
相 23.21
相 23.24
相 24.9
相 25.26
相 25.29

相 25.35
相 25.46
相 26.21
相 26.43
相 27.4
相 27.7
相 27.28

繚 繚

戰 159.2

纏

房 15.1
相 31.12

繞

星 25.2
星 34.47

結

方 459.27
老甲 145.25
五 48.5
刑甲 9.25
陰乙文武 19.6
繫 33.31
老乙 31.13
老乙 68.4

縛

出 9.23
木 61.11

給

遣三 216.23
遣三 216.35
遣三 216.49
遣三 216.64
遣三 216.75
星 3.3

終

陰甲天一 8.12
陰甲神下 39.7
陰甲堪法 7.25
陰甲堪法 11.27
戰 11.38
戰 70.24
戰 71.23
戰 92.1
戰 119.41
戰 120.11
戰 126.25
戰 174.35
戰 181.22
老甲 37.6
老甲 58.27
五 17.22
五 18.4
五 59.13
五 60.10
五 67.26
五 137.28
五 139.18
五 140.1
刑甲 20.30
刑甲 49.14
陰乙天一 23.13
物 3.9
周 1.30
周 4.58
周 6.12
周 20.30
周 21.56
周 22.75
周 34.21
周 48.4
周 48.31
周 53.73
周 59.28
周 63.4
周 70.56
周 82.60
周 87.2
周 91.41
周 91.68
二 15.76
二 16.50
二 36.61
經 8.55
星 88.22
星 120.24

繒

方29.1

養115.2

房18.23

遣一233.2

遣一287.11

牌一2.1

牌一3.1

牌一4.1

遣三276.2

遣三380.11

牌三27.2

牌三29.2

牌三32.2

牌三34.2

牌三35.2

牌三36.2

絩

經73.2

綺

遣一265.2

遣一266.2

遣一267.2

遣一270.2

遣一272.2

遣三37.8

遣三243.4

遣三310.1

遣三330.2

遣三340.2

遣三340.7

遣三341.2

遣三341.8

遣三345.2

遣三360.2

遣三361.2

遣三362.2

遣三366.20

牌三34.1

縠

明22.1

[illegible]

遣三407.16

遣三407.41

[illegible]

遣一251.5

縑

綧

遺三 358.2

遺三 359.2

遺一 113.6

遺一 117.7

遺一 118.6

遺一 133.5

遺一 137.15

遺一 161.5

遺一 294.5

遺三 131.5

遺三 167.7

遺三 168.6

遺三 169.6

遺三 170.6

遺三 171.5

遺三 172.6

遺三 379.5

綈

⿰糹夷

遺三 407.64

練

問 71.23

問 72.3

繫 36.62

經 16.43

纏

纏

射 10.6

縵

明 21.27

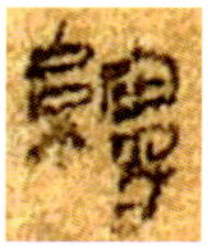
氣 2.382

繡

老甲 140.22

明 29.12

遺一 252.5

遺一 253.4

遺一 254.1

遺一 255.4

遺一 256.4

遺一 257.4

遺一 268.4

遺一 269.5

遣一 270.5

遣一 271.4

遣三 244.3

遣三 311.1

遣三 347.2

遣三 349.4

遣三 351.1

遣三 352.1

遣三 361.5

遣三 363.2

遣三 366.3

遣三 403.3

遣三 405.1

牌三 35.1

絹

⿰糹⿰目卩

遣一 251.3

此字右旁暫無法隸定，但據辭例可判定應是「絹」字異體。

綠

遣三 323.1

絑

遣三 337.2

周 62.38

絀

十 11.5

十 11.43

稱 14.53

老乙 8.19

綪

遣一 288.5

緹

遣三 229.1

遣三 235.11

遣三 237.11

遣三 407.68

紫

戰 212.32

遣三 227.1

遣三 317.1

遣三 318.1

遣三 346.1

遣三 407.59

紅

養 127.6

遣一 272.1

遣一 275.1

繐

木 45.9

遣三 217.2

遣三 222.2

遣三 407.2

遣三 407.30

周 21.79

「繐」字右旁中間或多出「又」形，這部分形體該作何解釋尚不明。

綍

十 47.17

「繐」字訛體。

紺

遣一 270.1

遣三 11.9

遣三 333.1

牌三 32.1

繰

戰 31.32

緇

方 203.6

紑

衷 4.27

繻

遺一 256.11

遺三 237.14

遺三 349.9

縟

方 468.16

纓

相 14.40

相 64.43

紳

⿰糸𤰔

陰甲堪法 3.13

陰甲堪法 8.10

陰甲堪法 9.40

組

遺一 275.2

繆 68.35

繆 69.59

十 42.62

紐

繆 8.15

星 8.24

星 9.13

綸

戰 231.14

九 8.32

九 9.8

九 9.14

九 15.1

九 29.9

周 77.26

二 1.53

二 1.73

緣

遺一 280.5

繫 4.60

衷 28.46

衷 37.14

繆 57.49

繆 58.18

絝

木 62.21 

遺一 251.21 

遺三 230.2 

遺三 355.2 

綔

遺三 407.74 

十 39.6 

條

縧

遺一 256.13 

遺一 266.10 

遺一 267.10 

遺一 268.12 

纗

方 179.10 

綱

合 2.1 

縷

刑甲 56.17 

縫

繳

談 49.5 

綘

戰 224.8 

緛

相 1.26

相 44.64

繕

刑乙 43.11

絬

相 45.32

纍

方 349.4

戰 77.16

談 39.14

周 29.23

周 63.28

十 23.60

老乙 61.25

繩

方 102.10

方 258.1

方 459.21

九 3.18

九 4.6

九 24.25

九 24.34

九 31.9

刑甲 3.4

周 86.43

周 87.1

繫 33.32

衷 23.42

經 1.10

經 1.38

十 8.31

稱 12.33

老乙 31.14

刑乙 63.9

相 2.35

相 6.46

相 10.45

相 54.7

相 59.52

絢

繆 6.5

相 42.24

相 42.29

絨

談 44.1

縢（縢）

陰甲天一 1.3

編

方 453.27

問 76.5

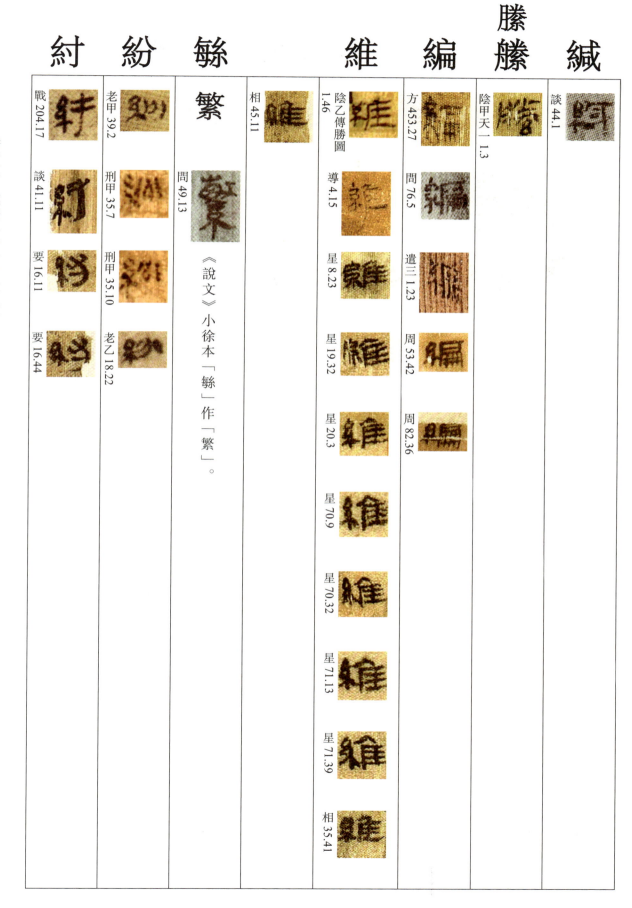

遣三 1.23

周 53.42

周 82.36

維

陰乙傳勝圖 1.46

導 4.15

星 8.23

星 19.32

星 20.3

星 70.9

星 70.32

星 71.13

星 71.39

相 35.41

相 45.11

緐

繁

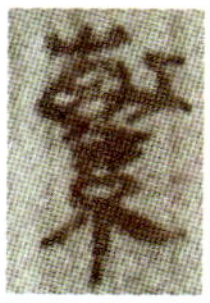
問 49.13

《說文》小徐本「緐」作「繁」。

紛

老甲 39.2

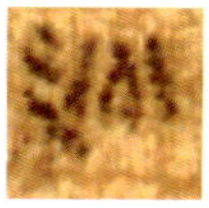
刑甲 35.7

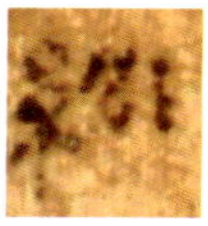
刑甲 35.10

老乙 18.22

紂

戰 204.17

談 41.11

要 16.11

要 16.44

紲

老乙 21.13 

纆

老乙 68.7 

綆

遣三 305.2 

繁

繳

問 43.10 

衷 31.36 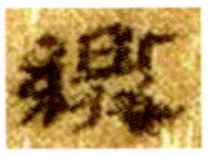

緍

緡

要 13.37 

絮

方 37.13 

房 14.8 

蕠

遣一 162.1 

纑

養 37.5 

五 38.18 

相 20.70 

紨

談 38.11

緰

經 18.26

經

五 57.28

五 58.5

周 69.40

絜

方 257.32

方 459.25

養·殘 35.6

房 53.12

最後一例字形「丰」旁訛作與「耒」旁近同。

繆

春 1.3

老甲 140.24

繆 1.2

繆 1.69

繆 4.47

繆 7.18

繆 72.58

十 32.7

緼

方 18.18

紋*

遣一 246.1

遣一 247.1

遣一 248.1

絉*

遣三 354.2

遣三 356.2

遣三 357.2

⿰糹可*

地 54.1

箭 74.1

箭 100.1

⿰糹攸*

相 31.6

絪*

遺一 252.8

⿰糹君*

老乙 55.19

⿰糹甫*

陰甲雜三 4.17

⿱卵糸*

衷 4.44

衷 8.49

从糸从卵，音義待考。

⿰糹禿*

遺三 243.5

遺三 244.4

遺三 245.4

从糸从秃，「秃」、「秀」本爲一字分化，應即「綉」字異體，簡文中用作「韜」。

⿰糹妾*

遺一 253.12

遺一 255.12

周 71.13

二 7.20

二 23.6

十 14.1

⿵門糸*

老乙 20.28

傳世本異文作「閔」，此字應分析爲从糸門聲。

⿰糸叟*

合 30.4

緮*

周 11.26

周 33.58

周 84.33

緩

《說文》「⿰素爰」字或體，詳見本卷素部。

⿱壯糸*

「裝」字異體，卷八衣部重見。

⿰糸尌*

遣一 266.3

遣一 267.3

遣三 325.2

繲*

⿰角系

方 51.9

⿰糸⿱⺮日*

戰 79.30

素

春70.4
老甲127.30
九52.5
遣一247.5
遣一251.10
遣一251.23
遣一253.1
遣一253.11
遣一255.1
遣一255.11

遣一256.1
遣一256.8
遣一257.1
遣一259.1
遣一264.1
遣一266.6
遣一267.6
遣一268.1
遣一269.9
遣一270.9

遣一271.1
遣一271.9
遣一272.6
遣一273.1
遣一277.7
遣一281.5
遣一282.5
遣三220.6
遣三227.4
遣三230.4

遣三243.6
遣三244.5
遣三245.5
遣三307.1
遣三315.5
遣三315.9
遣三317.5
遣三322.1
遣三325.1
遣三330.7

遣三343.1
遣三343.6
遣三344.1
遣三349.1
遣三353.1
遣三355.1
遣三356.1
遣三359.7
遣三360.6
遣三361.8

遣三363.6
遣三365.5
遣三366.9
遣三366.22
遣三407.23
遣三407.76
牌三27.1
經9.2
經52.26
道2.64

老乙60.28

緌

緌

養114.18
戰282.18
戰282.25
戰317.35
刑甲12.31
問46.18
遣一256.12
十23.46
刑乙59.18

相 18.37
相 33.61
相 70.20
相 70.26
相 70.33

《說文》或體。

絲

木 61.19
遺一 260.1
遺一 261.2
遺三 372.1
相 20.67

虫

方 21.16
方 236.15
方 437.9
房 42.7
射 11.14
射 12.7
胎 16.6
胎 21.23
刑丙地 14.12
刑丙天 3.39

木 62.9
問 11.26
二 2.55
十 11.19
十 11.60
老乙 16.65
相 21.25
相 75.24

䗶
螣

養 174.6

左下兩短橫疑即「仌」字。「朕」、「仌」音近，「仌」或是加注之聲旁。

蟯

方 267.8

雖

方 122.1
方 126.5
方 251.14
方 304.15
方 352.28
方 427.27
養 20.5
養 222.6
春 55.20
戰 14.28

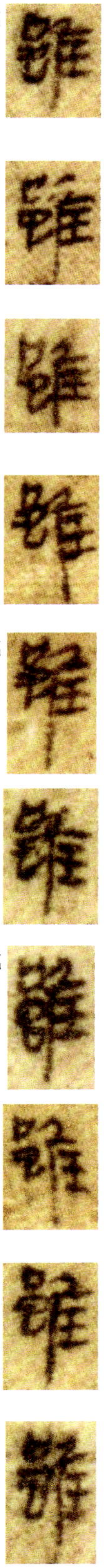

戰 22.14
戰 33.28
戰 38.1
戰 59.16
戰 60.8
戰 69.31
戰 70.22
戰 74.33
戰 75.38
戰 76.13

戰79.24 戰90.38 戰102.3 戰104.33 戰106.16 戰106.29 戰114.13 戰124.20 戰132.13 戰204.12

戰208.8 戰324.31 老甲52.11 五62.11 五153.23 五153.27 五154.10 五154.15 五156.11 九34.5

刑甲115.26 陰乙大游2.22 陰乙大游3.98 陰乙大游3.134 陰乙玄戈9.23 問27.1 合5.3 衷39.8 衷42.40 繆29.46

經23.30 經40.23 經46.31 老乙67.10 老乙68.57 刑乙19.2 刑乙20.15 刑乙39.25 刑乙60.14 相3.42

相18.40

虽

養目1.10

蚖

方87.1 問86.4

蠸

方137.2 養95.5

蛭

方 85.1

畫

遣三 403.5

出 17.14

出 17.24

蝎

木 62.3

強

强

陽甲 22.18

方 35.11

方 50.14

方 212.30

陽乙 13.30

養 36.6

養 43.19

養 110.18

養 115.16

養 116.11

養 151.9

養 168.24

養·殘 114.2

戰 32.23

戰 33.8

戰 36.16

戰 40.17

戰 66.3

戰 70.23

戰 118.16

戰 134.18

戰 152.19

戰 153.33

戰 166.31

戰 178.33

戰 187.17

戰 190.20

戰 210.27

戰 211.17

戰 211.36

戰 229.27

戰 231.32

戰 233.12

戰 254.12

戰 255.14

戰 267.7

戰 268.24

戰 268.27

戰 272.23

戰 279.16

老甲 14.14

老甲 37.32

老甲 84.9

老甲 84.28

老甲 85.12

老甲 85.17

老甲 85.20

老甲 89.2

老甲 119.11

老甲153.16
老甲154.11
老甲162.3
老甲167.1
老甲167.27
五24.3
五133.11
五133.18
明5.15
明25.1

明32.15
明41.16
明44.6
刑甲小游1.221
刑丙天1.5
問46.16
問60.16
問94.21
問97.17
合12.19

合13.13
談10.8
談10.32
談27.6
談28.3
遣三82.1
二4.56
衷5.7
衷39.9
繆27.17

繆38.39
繆64.21
繆65.65
繆66.52
昭5.22
昭5.26
經10.37
經16.12
經23.31
經25.28

經25.55
經26.24
經27.9
經30.15
經37.47
經37.59
經42.13
經54.24
經55.8
經59.29

十48.48
十54.3
稱12.24
稱14.51
道4.3
老乙17.54
老乙40.10
老乙40.26
老乙40.39
老乙40.44

老乙40.48
老乙42.20
老乙46.57
老乙66.17
老乙70.60
老乙71.39
老乙74.66
老乙75.5
老乙77.19
老乙77.43

星18.18
星54.4
相2.5
相5.1
相17.26
相42.62

蜀

陰甲上朔2.31

陰甲上朔3.14

陰甲上朔3.28

陰甲上朔4.11

陰甲上朔4.25

方84.4

方150.7

方360.11

方360.14

方466.10

養·殘75.2

戰255.26

五54.22

五58.24

陰乙上朔21.20

陰乙天一7.1

遺三87.10

稱6.1

蜮*

陰甲上朔1.21

陰甲上朔1.32

帛書中用爲「熒惑」之「惑」，字應分析爲从蜀或聲，故暫附於此。

蠖

合15.15

螻

養92.21

蠪

問99.14

周1.53

繫16.3

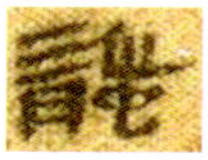
衷3.17

衷25.63

衷26.2

衷30.30

衷32.5

衷32.36

衷34.24

衷35.1

衷35.39

衷42.47

衷43.1

⿱龍巳

陰甲衍5.7

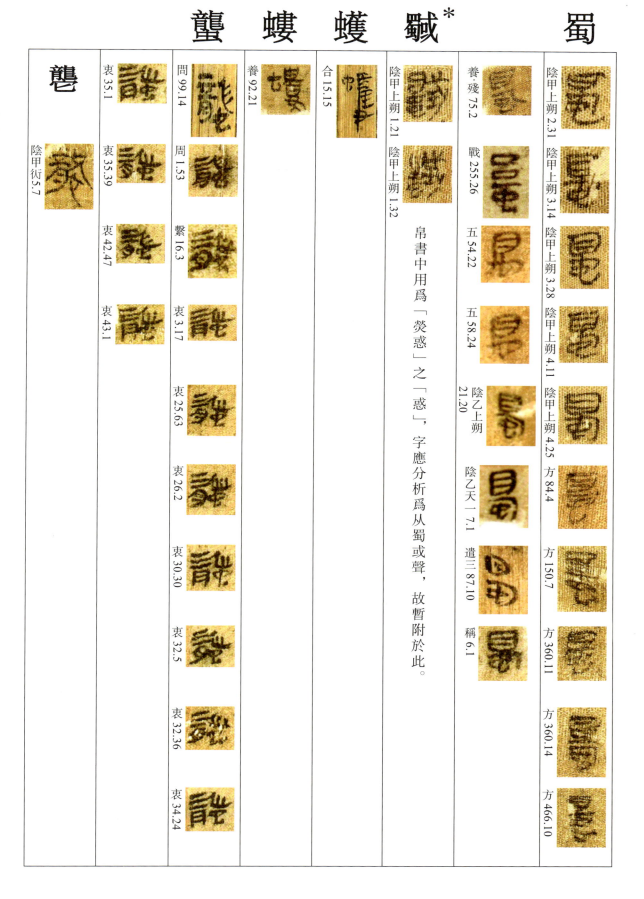

蛾

䖸

養 81.9 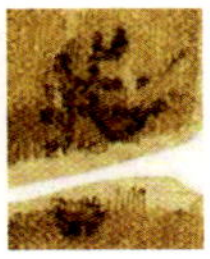

胎 16.7 

《說文》:「蛾，羅也。从虫、我聲。」「䖸」字《說文》䖵部「𧓍」字下重出。

蠃

養 47.6 

養 170.2 

養 170.12 

𧕫

方 195.3 

方 252.3 

蚩

方 420.19 

養 21.7 

氣 6.346 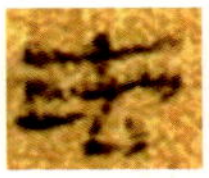

螌

養 81.12 

蝥

繆 57.43 

繆 58.13 

《說文》:「蝥，螌蝥也。从虫、敄聲。」「蝥」字《說文》本卷蟲部「蟊」字下重出。

蝗

合 15.22 

蟬

養 202.19 

蚑　蛻　蝱　螌

蟬

談 31.8 

⿱單虫

合 15.10 

⿱單䖵

戰 146.20 

蚑

射 13.18 

蛻

方 236.16 

⿱蔧䖵

方 91.6 

養 78.7 

養 78.15 

「蝱」字訛體，字形上部訛作「蔧」形。

螌

老甲 36.13 

赨

養 84.2 

从虫赤聲，應即「螌」字異體，與《說文》卷十赤部訓爲「赤色」的「赨」字同形。

蝕

星 17.20

星 18.7

星 18.33

星 33.2

蝕

方 411.3

蛟

二 2.6

蟄

胎 9.7

蛫

方 86.3

蜮

蜮

射 3.5

射 5.4

射 6.2

射 11.12

射 12.6

射 14.7

閩

春 86.28

周 17.35

周 27.38

周 28.7

周 32.24

老乙 61.60

虹

氣 6.9

氣 6.19

氣 7.2

氣 7.13

⿰工虫

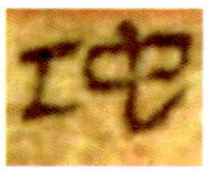
陰乙傳勝圖 1.57

⿱雨工

氣 2.289

蚤

《說文》「⿱叉䖵」字或體，詳見本卷䖵部。

⿱宀虫*

「⿱宀䖵」字異體，本卷䖵部重見。

蛇

《說文》「它」字或體，詳見本卷它部。

蛂*

養 47.5

蛛

《說文》「鼄」字或體，詳見本卷黽部。

蜂

「蠭」字異體，本卷䖵部重見。

蜚

《說文》「蟲」字或體，詳見本卷蟲部。

⿳今凶虫*

「禽」字訛體，卷十四内部重見。

蝪*

蝪

方 350.4

「蝪」字訛體。

⿰虫畏*

老甲 36.10

《玉篇・虫部》：「⿰虫畏，水⿰虫畏也。」帛書中用爲「虺」。

⿱冖䖵*

養 81.13

養 116.5

⿰虫具*

養 172.2

⿺辶⿱夆䖵*

「蠭」字異體，本卷䖵部重見。

⿰䖵孚*

「蠹」字異體，本卷䖵部重見。

蟞*

「鼈」字異體，本卷黽部重見。

蠧*

「蠹」字異體，本卷䖵部重見。

⿱朁虫*

「蠶」字異體，本卷䖵部重見。

蟱*

⿱無虫

遣三 29.3

遣三 30.2

⿰虫喿*

談 46.15

⿱單虫*

「鱓」字異體，卷十一魚部重見。

蠶

方 216.3

方 228.4

方 228.20

方 228.26

胎 6.3

⿱朁虫

戰 135.32

𧒂

䖸

《說文》：「𧒂，蠶化飛蟲。从䖵、我聲。䖸，或从虫。」「䖸」字《說文》虫部重出，字形詳見本卷虫部。

𧓁

蚤

方 131.2　方 226.12　方 380.8　戰 249.5　老甲 26.26　老甲 154.23　明 12.2　問 90.11　問 90.13

禁 9.5　禁 9.11　繆 24.52　十 24.34　老乙 12.41　老乙 17.65　老乙 21.30　老乙 71.50　星 32.52　刑乙 59.9

相 25.59

《說文》或體。

蠭

方 225.6　射 12.9　射 13.23

𧖴

老乙 16.63

《說文》古文。

𧒎

方 372.9　養 78.6　養 118.8　房 12.14

蜂

養 32.4　養 33.4

蠠

方 187.20

養 45.20

養·殘 59.5

房 26.21

蝱

䖟

陰甲雜一 6.10

陰甲刑日圖 1.4

陰甲刑日圖 1.8

陰甲刑日圖 1.14

陰甲刑日圖 1.28

蠹

蠧

木 62.11

蠡

方 97.8

方 98.14

𧕧

方 238.5

或省作「彖」頭。

蠹

蜉

周 56.16

《說文》或體作「蜉」。

𧕟*

「蟬」字異體，本卷虫部重見。

蟲

方 28.1

方 134.6

方 135.23

方 259.30

方 278.25

方 338.6

方 356.12

方 411.2

養 34.9

蟊

蝥

《說文》：「蟊，蟲食艸根者。从蟲，象其形。吏抵冒取民財則生。蝥，蟊或从敄。」「蝥」字《說文》虫部重出，字形詳見本卷虫部。

⿱長䖵

⿱長虫

射13.27　五16.3　問11.25　周51.13　二17.31　經48.46　道2.15　相15.65　相17.63

相18.43　相60.68　相60.73

《說文》或體。

蠱

方目4.3　方445.2　方447.2　方447.27　方448.3　方451.2　養174.18　養177.1

風

陰甲神上7.2　方30.6　方32.26　方37.4　方234.31　方272.8　去3.7　去4.4　去4.32　養176.12

養193.23　養193.27　老甲138.14　氣1.34　氣9.180　氣10.175　刑甲14.11　刑甲16.22　刑甲16.27　刑甲16.40

刑甲18.6　刑甲19.18　刑甲48.6　刑甲49.12　刑甲49.17　刑甲52.15　刑甲52.26　刑甲53.19　刑甲54.1　刑甲109.5

刑甲111.16　刑甲113.35　刑甲131.12　刑甲134.1　刑甲134.15　刑甲小游1.73　刑甲小游1.100　刑甲小游1.136　刑甲小游1.159　刑丙地2.9

飄

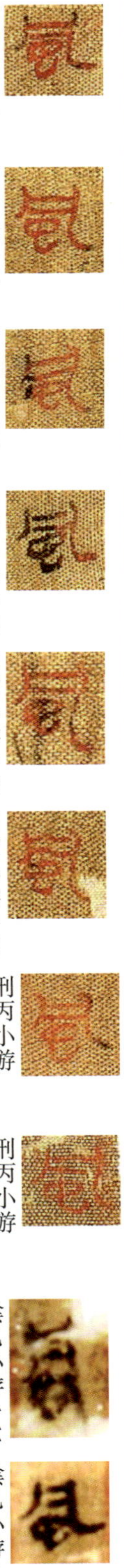
刑丙地3.4 刑丙地6.11 刑丙地17.8 刑丙小游1.25 刑丙小游1.61 刑丙小游1.83 刑丙小游1.100 刑丙小游1.182 陰乙小游1.11 陰乙小游1.33

陰乙小游1.45 陰乙小游1.64 陰乙女發4.2 問3.23 問4.8 問32.21 遣一217.6 遣三280.6 太2.4 二1.67

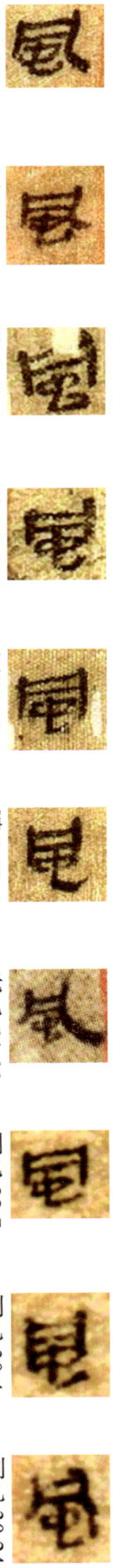
二2.26 二13.9 繫1.60 繫36.67 衷21.59 稱3.29 老乙64.66 刑乙22.7 刑乙30.4 刑乙30.24

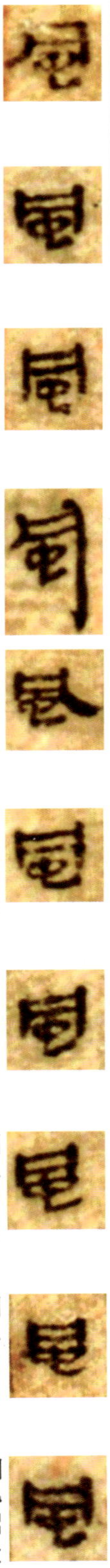
刑乙33.11 刑乙54.13 刑乙57.19 刑乙69.64 刑乙71.23 刑乙71.28 刑乙71.42 刑乙72.26 刑乙76.38 刑乙77.44

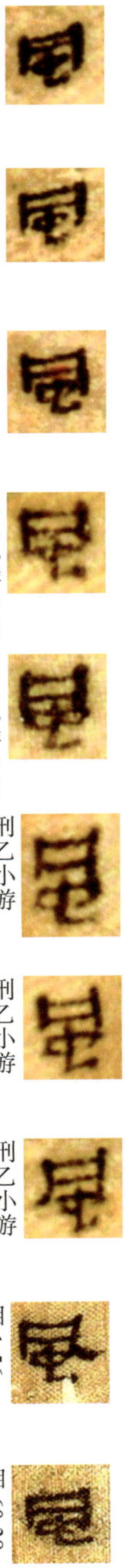
刑乙92.39 刑乙92.44 刑乙94.8 刑乙小游1.48 刑乙小游1.73 刑乙小游1.106 刑乙小游1.165 刑乙小游1.191 相1.56 相60.38

相60.64

颿

老甲138.13

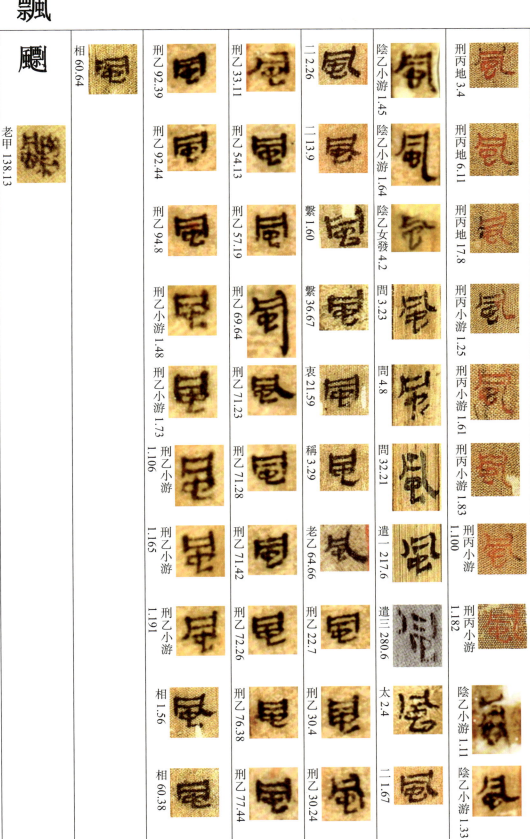

它

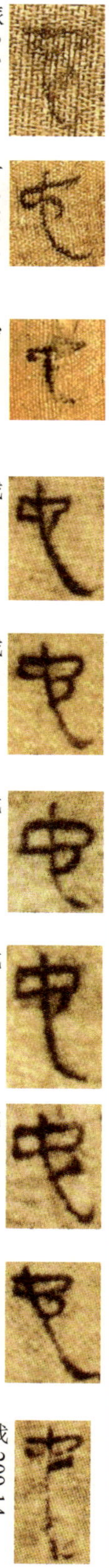

脈 9.6　方 263.16　胎 33.9　戰 27.15　戰 65.14　戰 70.1　戰 75.33　戰 117.27　戰 207.24　戰 209.14

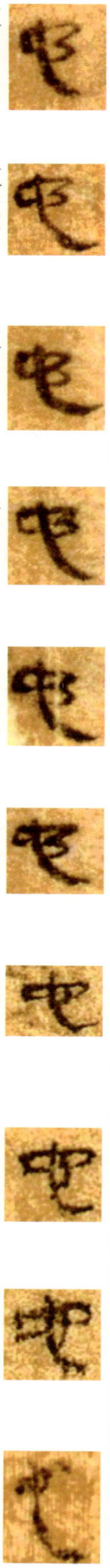

五 96.16　五 166.4　五 176.23　五 176.33　五 177.7　五 177.20　氣 6.155　氣 6.269　氣 8.29　刑甲 33.11

刑甲 38.20　周 68.49　周 88.18　要 13.2　繆 55.15　經 17.32　星 25.26　相 13.42

蛇

方目 2.26　方 152.5　方 368.11　方 370.5　方 448.10　方 448.31　養 45.10　養 174.7　養 174.11

房 20.9　射 11.15　射 11.16　射 12.8　戰 52.43　戰 104.25　箭 14.1　箭 30.1　箭 71.2　箭 91.1

二 2.46　衷 30.20　老乙 16.66

《說文》或體。

⿱龍它*

「蠪」字異體，本卷虫部重見。

⿺黽它

方 259.25　周 13.81　周 92.32　繫 25.17　要 8.3

黽

木 65.16

鼈

繆 58.55

蟞

射 21.5

問 86.7

蠅

方 54.16

導 4.23

鼄

蛛

養 62.8

繆 58.12

《說文》或體。

卵

方 105.15

方 118.6

方 125.24

方 126.4

方 215.3

方 216.4

方 225.7

方 234.5

方 249.8

方 320.4

養 35.8

養 36.3

養 37.23

養 39.4

房 8.8

房 8.21

房 43.17

房 44.7

房 44.17

房 44.25

房 44.31

房 45.4

房 45.10

戰 42.36

問 83.13

遣一 81.1

遣一 84.4

遣一 123.1

遣一 124.12

牌一 28.1

二

遣三160.1	陰甲天一2.24	陰甲祭二4L.34	方46.1	方111.18	方229.7	方264.4
遣三209.1	陰甲天一13.18	陰甲祭二12L.10	方61.11	方124.22	方231.13	方279.10
牌三40.1	陰甲上朔1.29	陽甲8.4	方66.27	方131.10	方232.6	方279.12
	陰甲祭一A07L.22	脈3.15	方93.5	方186.15	方241.12	方283.7
	陰甲祭一A09L.23	脈5.17	方94.7	方195.5	方254.27	方294.13
	陰甲神上3.1	方1.6	方104.17	方211.14	方256.1	方328.7
	陰甲築二1.9	方17.15	方105.22	方213.21	方257.25	方328.18
	陰甲築二3.17	方17.19	方108.21	方218.10	方262.3	方342.19
	陰甲築二4.9	方25.23	方109.9	方220.25	方262.16	方374.5
	陰甲築二9.29	方25.25	方109.30	方228.16	方263.26	方388.12

方 391.24
方 418.8
方 423.5
方 426.21
方 428.6
方 428.9
去 2.18
去 5.14
陽乙 4.24
養 4.17

養 5.6
養 5.23
養 14.16
養 33.26
養 35.16
養 35.28
養 36.2
養 47.11
養 65.16
養 66.9

養 72.5
養 74.30
養 85.9
養 88.3
養 92.23
養 113.4
養 125.29
養 127.12
養 127.27
養 132.12

養 142.5
養 149.22
養 150.28
養 161.2
養 170.9
養 179.3
養 191.3
養 203.5
養 203.22
養 204.15

養 204.28
養·殘 19.3
房 4.23
房 11.14
房 18.12
房 20.11
房 22.10
房 44.12
房 44.24
房 46.20

射 7.7
胎 21.11
春 16.2
春 16.17
春 33.13
春 79.24
春 90.27
春 91.15
戰 40.21
戰 94.9

戰 94.17
戰 177.19
戰 209.23
戰 211.29
戰 257.17
戰 274.26
戰 294.27
五 52.13
九 6.11
九 6.17

九 10.27
九 28.14
九 31.33
氣 4.104
氣 4.127
氣 9.220
刑甲 4.4
刑甲 6.39
刑甲 11.5
刑甲 31.16

刑甲 36.30 刑甲 37.1 刑甲 37.4 刑甲 44.12 刑甲 85.21 刑甲 98.10 刑丙傳 15.17 刑丙天 7.44 陰乙刑德 19.10 陰乙大游 3.118

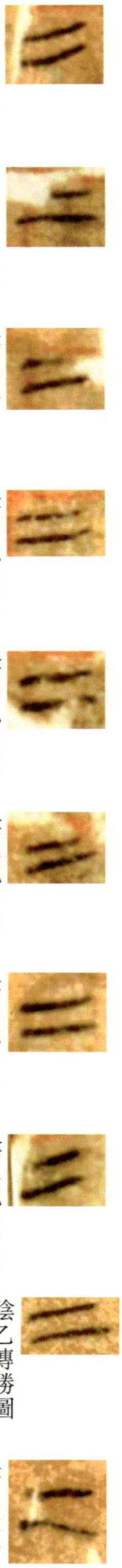

陰乙兇 1.14 陰乙兇 2.13 陰乙兇 3.15 陰乙兇 4.15 陰乙兇 7.15 陰乙兇 8.15 陰乙兇 9.10 陰乙兇 10.13 陰乙傳勝圖 1.6 陰乙天一 9.10

出 22.68 出 26.7 出 26.47 木 11.17 問 43.12 問 63.5 問 75.16 合 15.8 合 17.8 合 19.8

談 1.14 談 20.8 談 21.7 談 31.6 談 33.6 談 38.8 談 39.8 遣一 29.6 遣一 55.13 遣一 88.18

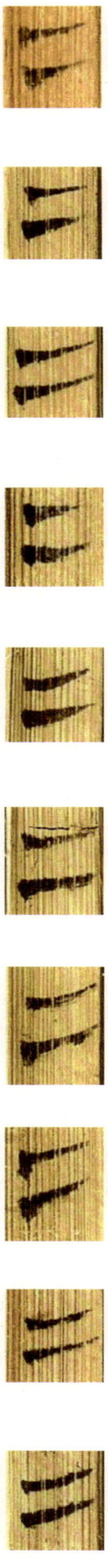

遣一 108.3 遣一 109.3 遣一 110.3 遣一 111.3 遣一 116.3 遣一 117.9 遣一 118.8 遣一 127.7 遣一 130.6 遣一 131.3

遣一 132.10 遣一 139.3 遣一 142.3 遣一 142.7 遣一 143.3 遣一 143.7 遣一 144.4 遣一 144.8 遣一 145.5 遣一 145.9

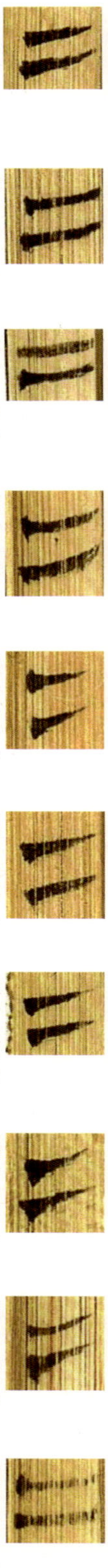

遣一 147.9 遣一 169.4 遣一 172.4 遣一 178.7 遣一 179.5 遣一 180.6 遣一 181.7 遣一 182.3 遣一 188.8 遣一 190.4

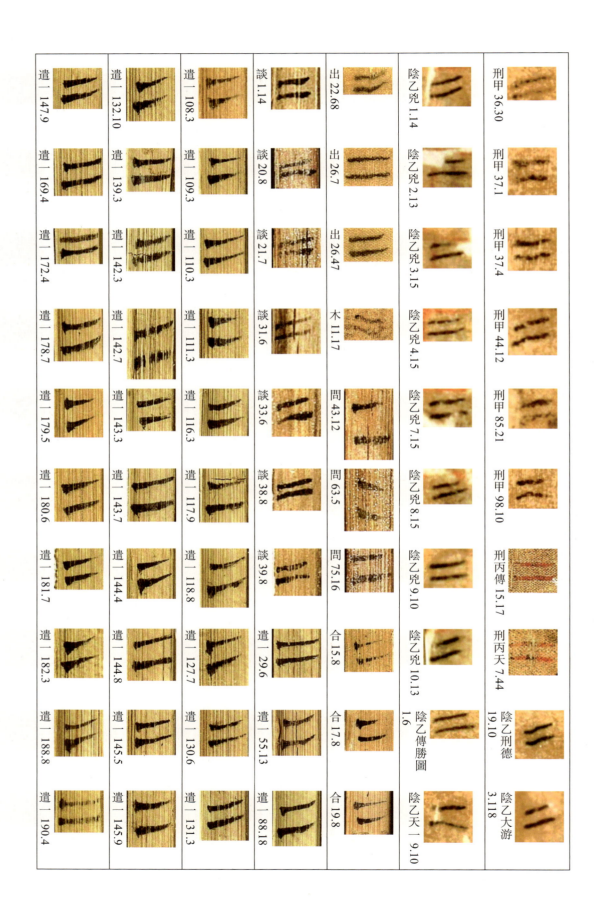

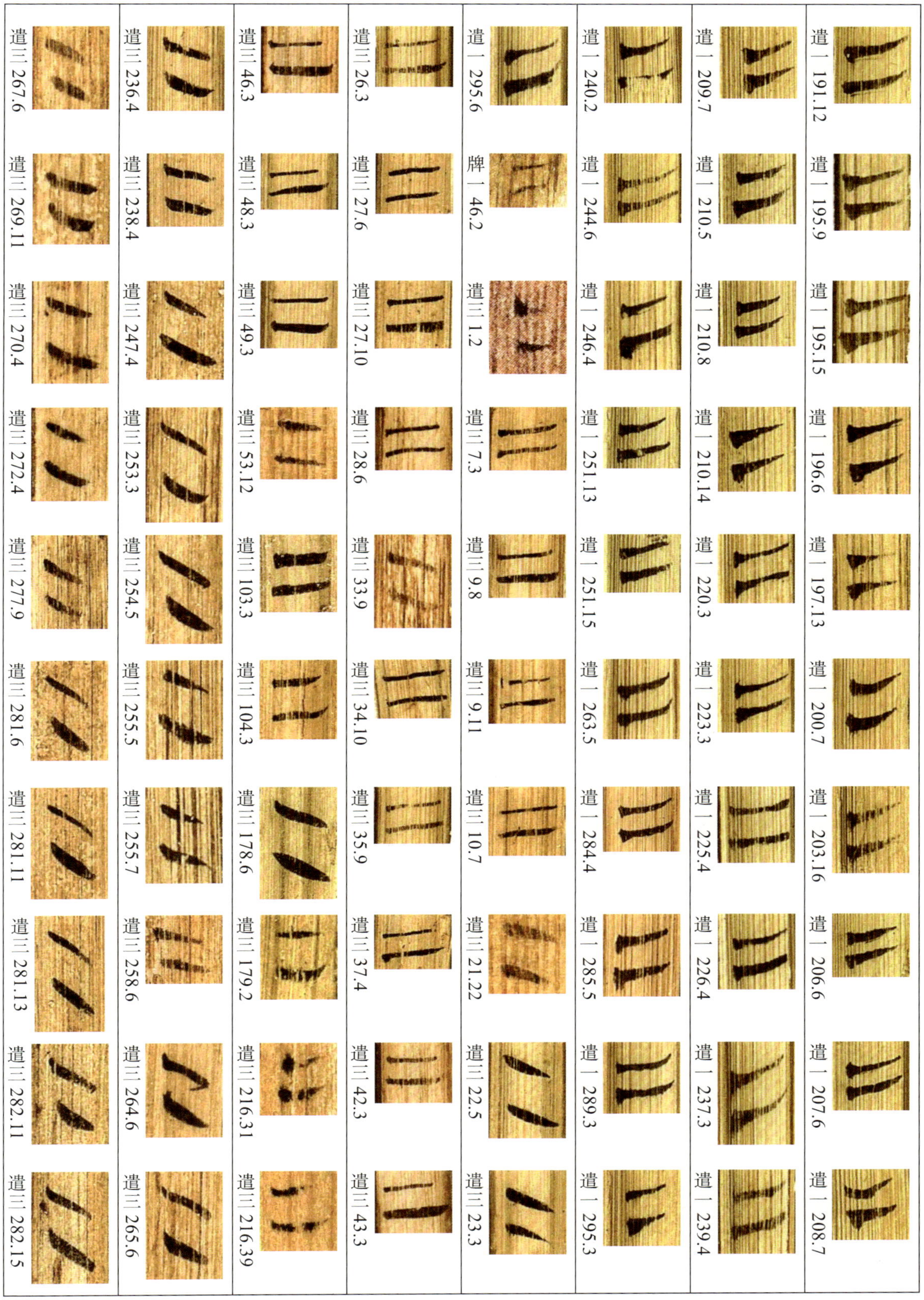

遣一191.12
遣一195.9
遣一195.15
遣一196.6
遣一197.13
遣一200.7
遣一203.16
遣一206.6
遣一207.6
遣一208.7

遣一209.7
遣一210.5
遣一210.8
遣一210.14
遣一220.3
遣一223.3
遣一225.4
遣一226.4
遣一237.3
遣一239.4

遣一240.2
遣一244.6
遣一246.4
遣一251.13
遣一251.15
遣一263.5
遣一284.4
遣一285.5
遣一289.3
遣一295.3

遣一295.6
牌一46.2
遣三1.2
遣三7.3
遣三9.8
遣三9.11
遣三10.7
遣三21.22
遣三22.5
遣三23.3

遣三26.3
遣三27.6
遣三27.10
遣三28.6
遣三33.9
遣三34.10
遣三35.9
遣三37.4
遣三42.3
遣三43.3

遣三46.3
遣三48.3
遣三49.3
遣三53.12
遣三103.3
遣三104.3
遣三178.6
遣三179.2
遣三216.31
遣三216.39

遣三236.4
遣三238.4
遣三247.4
遣三253.3
遣三254.5
遣三255.5
遣三255.7
遣三258.6
遣三264.6
遣三265.6

遣三267.6
遣三269.11
遣三270.4
遣三272.4
遣三277.9
遣三281.6
遣三281.11
遣三281.13
遣三282.11
遣三282.15

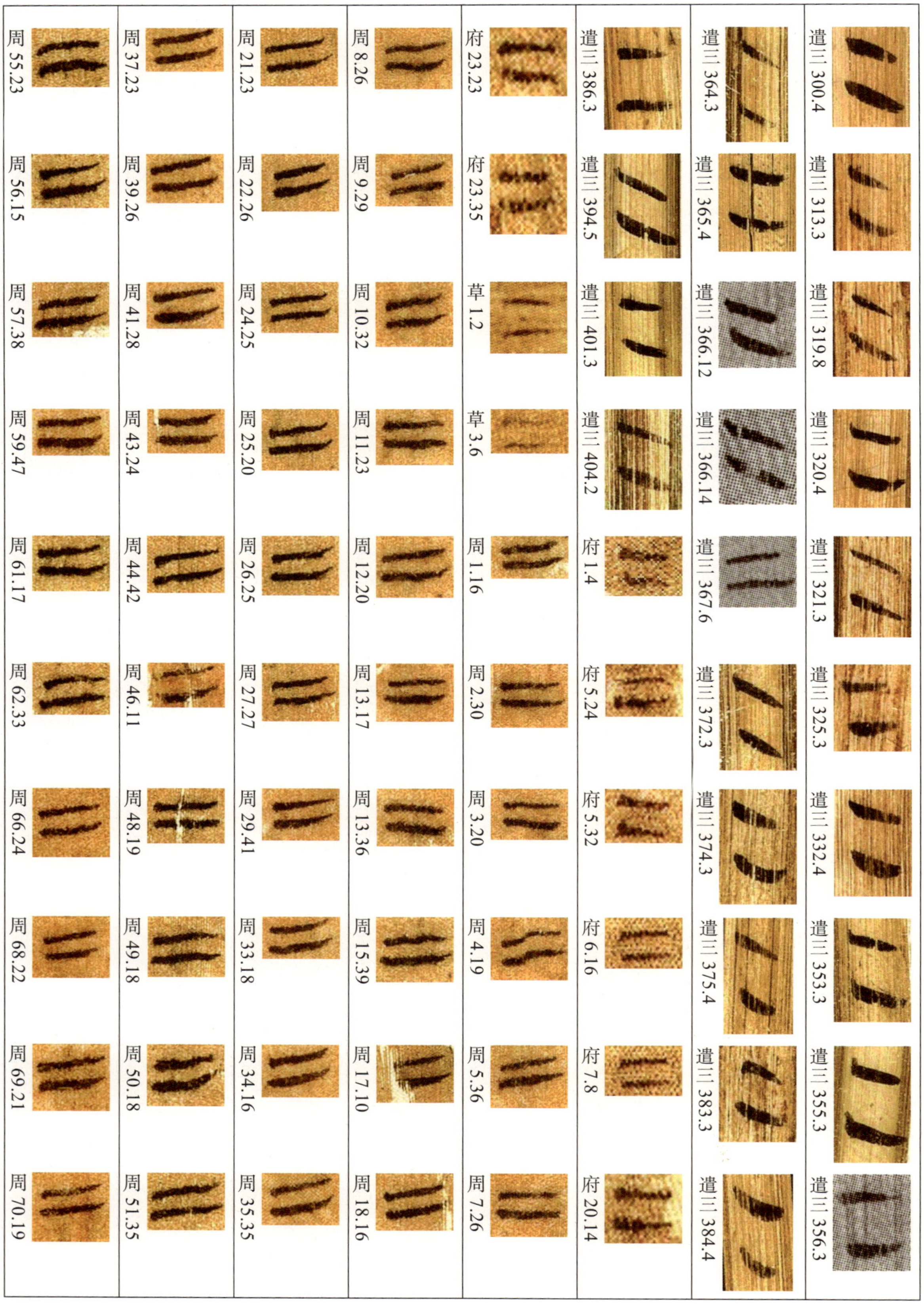

遣三 300.4　遣三 313.3　遣三 319.8　遣三 320.4　遣三 321.3　遣三 325.3　遣三 332.4　遣三 353.3　遣三 355.3　遣三 356.3

遣三 364.3　遣三 365.4　遣三 366.12　遣三 366.14　遣三 367.6　遣三 372.3　遣三 374.3　遣三 375.4　遣三 383.3　遣三 384.4

遣三 386.3　遣三 394.5　遣三 401.3　遣三 404.2　府 1.4　府 5.24　府 5.32　府 6.16　府 7.8　府 20.14

府 23.23　府 23.35　草 1.2　草 3.6　周 1.16　周 2.30　周 3.20　周 4.19　周 5.36　周 7.26

周 8.26　周 9.29　周 10.32　周 11.23　周 12.20　周 13.17　周 13.36　周 15.39　周 17.10　周 18.16

周 21.23　周 22.26　周 24.25　周 25.20　周 26.25　周 27.27　周 29.41　周 33.18　周 34.16　周 35.35

周 37.23　周 39.26　周 41.28　周 43.24　周 44.42　周 46.11　周 48.19　周 49.18　周 50.18　周 51.35

周 55.23　周 56.15　周 57.38　周 59.47　周 61.17　周 62.33　周 66.24　周 68.22　周 69.21　周 70.19

周 71.31
周 73.21
周 75.24
周 75.29
周 77.23
周 79.14
周 80.18
周 82.20
周 84.25
周 85.24

周 86.24
周 88.23
周 90.24
周 91.17
周 92.25
二 1.2
二 9.73
二 14.29
繫 14.29
繫 21.3

繫 38.50
衷 11.12
衷 50.26
衷 51.26
要 19.21
繆 1.15
繆 30.43
繆 56.11
經 14.40
經 15.20

經 44.68
經 49.55
經 50.5
經 53.54
經 54.64
經 59.42
經 61.57
經 62.43
經 63.48
經 64.22

老乙 6.30
老乙 33.4
老乙 78.43
星 6.20
星 7.11
星 8.16
星 20.6
星 21.4
星 21.15
星 40.13

星 77.8
星 81.10
星 81.11
星 84.12
星 85.8
星 87.8
星 88.16
星 90.14
星 91.8
星 91.9

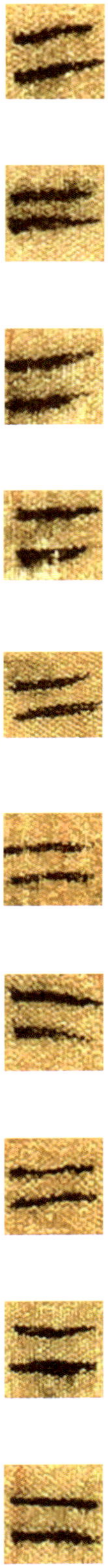
星 98.10
星 111.7
星 111.8
星 113.8
星 120.31
星 124.7
星 124.23
星 130.10
星 131.18
星 132.8

星 132.29
星 132.30
星 134.11
星 134.27
星 136.10
星 138.11
星 140.11
星 143.6
星 144.12
刑乙 10.17

刑乙12.18 刑乙21.11 刑乙21.28 刑乙58.16 刑乙63.49 刑乙65.29 刑乙67.64 刑乙83.27 相4.13 相4.23

相12.19 相15.51 相19.58 相25.56 相27.22 相28.51 相34.51 相35.35 相50.28 相50.36

相59.63 相61.44 相66.27 相73.21

弌

方338.4

《說文》古文。

亟

戰78.14 戰144.11 木1.5 木2.24 木4.14 木6.9 木38.12 談2.29 繫4.3 要22.74

繆18.8 昭10.19 稱7.8 星24.34 星48.41

恆

足23.1 方56.6 方232.31 方251.9 方273.8 養35.3 養223.7 房45.1 房46.2 房47.5

戰230.32 老甲28.12 老甲48.25 老甲58.16 老甲61.3 老甲61.12 老甲68.14 老甲80.10 老甲81.5 老甲85.19

老甲 92.9
老甲 93.17
老甲 94.10
老甲 146.13
老甲 148.11
老甲 148.36
老甲 158.25
老甲 163.17
老甲 168.14
五 126.21

九 3.9
刑甲 31.8
刑丙傳 18.15
刑丙·殘 15.1
陰乙上朔 26.1
陰乙傳勝圖 1.49
問 79.11
問 79.20
問 83.11
問 89.13

周 22.21
周 34.52
周 43.2
周 43.16
周 43.31
周 43.49
周 93.32
二 12.29
二 30.53
二 31.7

繫 23.73
繫 44.50
繫 45.11
衷 8.51
衷 24.64
衷 25.4
衷 33.59
衷 43.51
衷 45.23
衷 46.11

衷 46.57
要 12.43
繆 53.23
繆 53.48
繆 54.22
繆 54.43
繆 54.52
繆 55.24
繆 55.65
經 6.35

經 6.40
經 6.45
經 6.50
經 6.55
經 6.61
經 7.11
經 7.20
經 7.43
經 7.51
經 69.23

經 73.5
十 3.40
十 19.31
十 29.51
十 36.54
十 36.58
十 36.66
十 37.7
十 37.22
十 37.37

十 47.40
十 49.40
十 51.48
十 57.39
十 57.43
十 64.17
十 64.26
稱 1.74
稱 7.60
道 1.2

凡 竺 亘

亘

道 1.14
老乙 10.36
老乙 10.54
老乙 13.30
老乙 23.1
老乙 27.36
老乙 28.67
老乙 29.8
老乙 32.60
老乙 38.15

老乙 38.30
老乙 38.48
老乙 44.23
老乙 46.60
老乙 68.18
老乙 69.5
老乙 69.30
老乙 73.40
老乙 75.50
老乙 77.59

星 23.18
星 74.25
相 13.18
相 63.3

春 42.3
春 46.13
春 66.3
春 70.24

竺

戰 224.30
戰 236.22

凡

陰甲徙 5.1
陰甲徙 6.35
陰甲天地 2.38
陰甲女發 1.41
陰甲室 2.19
陰甲堪法 7.27
陰甲刑日 5.1
陰甲刑日 6.1
候 1.1
方 25.24

方 175.26
方 279.11
方 284.21
方 382.16
去 2.9
養 125.14
養 207.13
養 219.16
養·殘 13.9
養·殘 64.6

胎 14.2
戰 209.22
九 6.19
九 25.22
刑甲 45.1
刑甲 98.1
刑甲 100.4
刑甲 108.24
刑甲 109.3
刑甲 111.5

刑丙傳18.1
陰乙大游3.93
陰乙玄戈6.23
陰乙文武12.20
陰乙文武13.18
陰乙上朔23.5
陰乙天地5.8
陰乙女發1.39
出14.22
出20.2

木10.2
問67.26
合1.2
談8.13
談54.10
談54.16
竹二1.14
遣三21.7
遣三39.7
遣三87.4

遣三216.3
遣三407.85
府18.19
府20.21
繫46.54
繆4.54
繆5.45
繆28.7
經23.18
經27.20

經57.46
經72.60
經77.59
十9.13
十31.36
十36.47
十37.43
十38.21
十65.33
稱2.5

星5.25
星34.14
星42.48
星51.1
星51.41
星54.36
星63.1
星66.41
星120.33
星144.11

刑乙20.14
刑乙21.2
刑乙30.2
刑乙54.2
相8.19
相25.66
相29.2

土

陰甲雜三1.33
陰甲室5.16
陰甲室8.28
陰甲築一3.23
陰甲築一4.23
陰甲築二6.5
陰甲五禁3L.1
陰甲五禁4L.1
陰甲·殘8.4
方45.29

方61.19
方115.21
方280.28
方325.4
方441.4
射13.15
射22.7
胎11.7
胎29.10
胎29.28

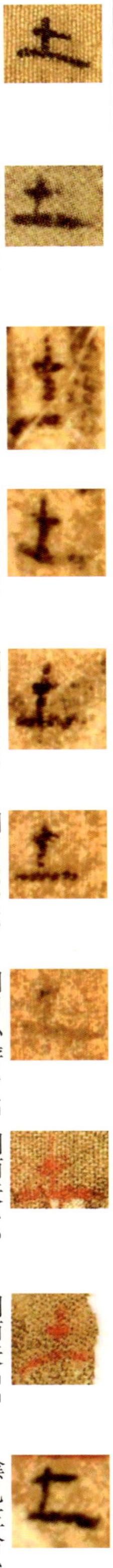
胎30.7　老甲57.10　刑甲86.12　刑甲88.23　刑甲108.21　刑甲133.13　刑甲小游1.47　刑丙天1.8　刑丙天7.7　陰乙三合1.2

陰乙三合5.6　陰乙五禁12.12　陰乙五禁13.10　陰乙·殘8.2　木49.10　遣一160.4　遣一294.1　遣一295.1　遣一297.1　遣一298.4

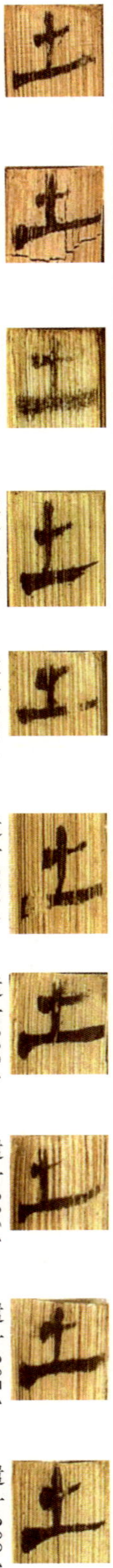
遣一299.1　遣一300.1　遣一301.1　遣一302.1　遣一303.1　遣一304.4　遣一305.1　遣一306.1　遣一307.1　遣一308.1

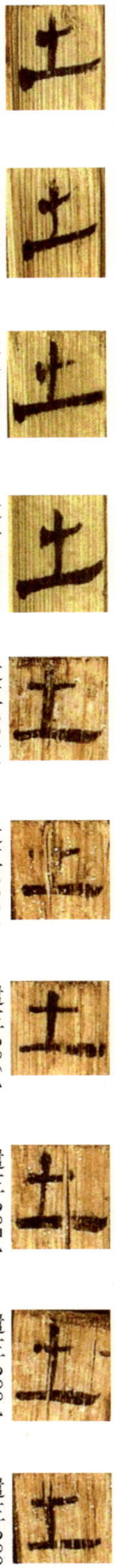
遣一309.1　遣一310.1　遣一311.1　遣一312.4　遣三284.1　遣三285.1　遣三286.1　遣三287.1　遣三288.1　遣三289.1

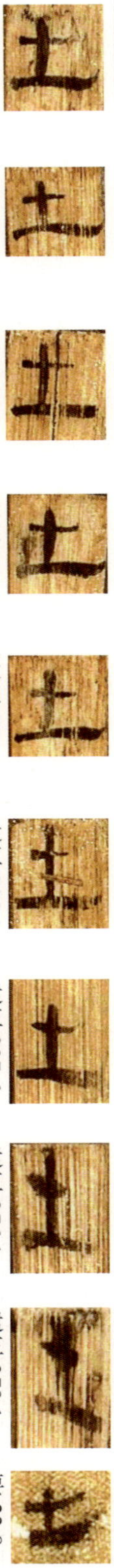
遣三290.1　遣三291.1　遣三292.1　遣三293.1　遣三294.1　遣三295.1　遣三297.6　遣三376.1　遣三379.1　要22.8

繆57.62　經12.33　經12.57　經13.7　經13.10　經13.40　經61.32　經61.36　十9.59　十48.12

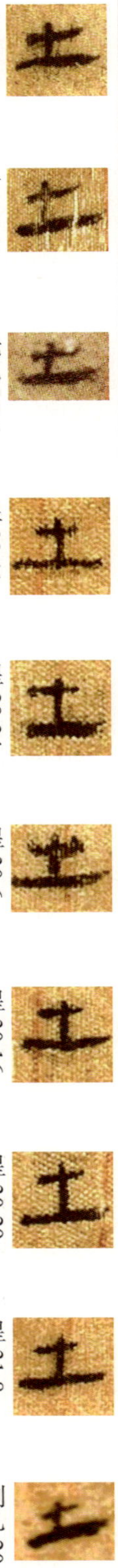
十48.15　十58.46　老乙27.6　星29.11　星29.34　星30.6　星30.16　星30.29　星31.8　刑乙20.9

刑乙34.12

地

坨

陰甲天一 6.5
陰甲天地 1.10
陰甲天地 1.18
陰甲天地 1.31
陰甲天地 1.34
陰甲天地 1.39
陰甲天地 2.12
陰甲天地 2.18
陰甲天地 2.27

陰甲天地 2.43
陰甲天地 3.25
陰甲天地 3.31
陰甲天地 3.38
陰甲天地 4.19
陰甲天地 4.34
陰甲天地 4.41
陰甲築一 4.28
陰甲·殘 201.9
候 1.19

方 13.18
方 45.13
方 77.3
方 259.28
方 267.25
方 279.16
方 279.26
方 444.7
養 48.7
房 42.13

戰 31.24
戰 57.10
戰 57.21
戰 68.9
戰 103.21
戰 109.33
戰 112.17
戰 113.4
戰 134.20
戰 134.33

戰 136.8
戰 142.34
戰 145.24
戰 152.15
戰 157.36
戰 162.33
戰 166.3
戰 166.15
戰 175.22
戰 176.27

戰 178.11
戰 198.24
戰 229.14
戰 229.35
戰 241.13
戰 249.1
戰 277.23
戰 277.28
戰 285.24
戰 288.19

戰 290.18
戰 291.2
戰 295.1
戰 297.8
戰 301.7
戰 304.16
戰 307.7
戰 310.11
戰 311.13
戰 322.8

老甲 25.15
老甲 27.8
老甲 36.11
老甲 101.16
老甲 103.12
老甲 103.28
老甲 103.31
老甲 141.5
老甲 142.3
老甲 169.17

九7.36 九8.25 九11.26 九12.8 明6.3 明8.23 明24.25 明36.2 明39.16 氣1.169

氣1.288 氣2.12 氣2.85 氣2.181 氣2.293 氣2.323 氣3.66 氣3.70 氣3.74 氣6.88

氣8.15 氣9.139 氣10.39 刑甲3.17 刑甲3.28 刑甲6.32 刑甲7.26 刑甲9.15 刑甲10.31 刑甲33.10

刑甲38.2 刑甲55.17 刑甲56.4 刑甲56.9 刑甲58.2 刑甲58.7 刑甲58.17 刑甲59.4 刑甲109.1 刑甲118.8

刑甲119.8 刑甲120.8 刑甲121.9 刑甲122.9 刑丙刑4.10 刑丙刑11.9 刑丙天8.9 刑丙天10.19 刑丙天10.30 刑丙天10.48

陰乙刑德22.16 陰乙刑德23.6 陰乙刑德23.14 陰乙刑德32.10 陰乙刑德34.5 陰乙大游2.96 陰乙天地5.1 陰乙天地6.1 陰乙天地6.6 陰乙天地7.3

陰乙傳勝圖1.12 陰乙傳勝圖1.14 陰乙天一11.6 陰乙天一14.7 陰乙天一17.6 出26.10 木58.6 問25.7 問25.21 問26.6

問26.15 問56.24 問58.28 問90.25 問101.15 合3.19 周52.25 二10.15 二12.68 二14.62

二26.54 繫1.4 繫6.37 繫7.31 繫7.41 繫9.59 繫10.28 繫11.6 繫11.8 繫14.5

繫14.58 繫21.2 繫21.6 繫21.10 繫24.32 繫31.14 繫32.12 繫32.68 繫33.1 繫36.8

繫45.43 衷1.43 衷1.48 衷2.39 衷20.12 衷21.9 衷45.54 要1.17 要11.11 要20.60

要21.39 要21.70 繆19.46 繆25.30 繆40.69 繆42.29 繆65.26 繆67.16 經6.33 經6.59

經10.15 經10.23 經12.32 經13.8 經14.8 經19.47 經20.4 經21.60 經29.25 經30.10

經37.27 經38.7 經43.56 經48.17 經52.51 經55.32 經58.23 經59.20 經61.5 經65.54

經66.17 經67.64 經69.21 經71.38 經71.51 十1.51 十2.20 十2.32 十2.61 十4.2

十4.37
十6.56
十7.57
十8.30
十9.52
十11.10
十11.51
十12.29
十19.17
十19.29
十19.46
十19.59
十21.8
十24.45
十25.34
十26.45
十29.39
十30.7
十30.42
十31.16
十33.7
十33.38
十33.46
十33.51
十39.38
十40.14
十43.25
十45.50
十47.23
十47.47
十47.64
十52.63
十57.10
十57.41
十58.51
十60.11
十60.51
十63.16
十63.30
十63.53
稱5.51
稱5.59
稱6.12
稱7.27
稱10.17
稱10.52
稱16.33
稱16.53
稱24.61
道1.54
道3.38
道4.49
老乙2.66
老乙3.28
老乙48.7
老乙48.47
老乙48.62
老乙48.65
老乙49.68
老乙65.7
老乙65.58
老乙66.4
老乙66.36
老乙66.53
老乙74.4
老乙78.38
星9.10
星21.10
星33.38
星45.55
星49.52
星55.36
星57.36
星58.12
星70.4
星71.9
星71.35
刑乙17.4
刑乙20.22
刑乙23.17

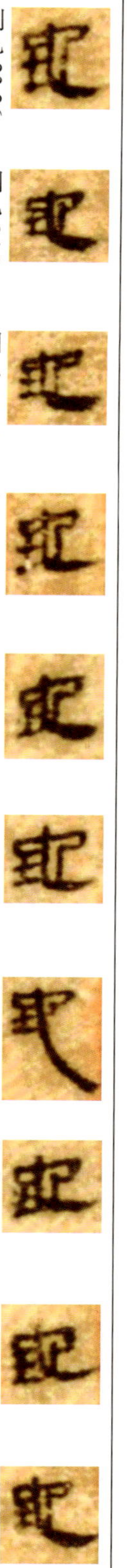
刑乙 23.26　刑乙 24.7　刑乙 24.17　刑乙 24.27　刑乙 28.13　刑乙 42.19　刑乙 45.22　刑乙 48.2　刑乙 62.70　刑乙 63.13

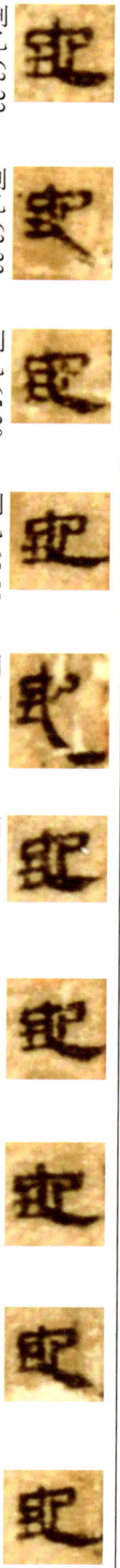
刑乙 63.22　刑乙 63.33　刑乙 65.20　刑乙 65.55　刑乙 67.53　刑乙 95.10　刑乙 96.17　刑乙 96.27　刑乙 96.32　刑乙 97.22

刑乙 97.27　相 6.49　相 20.53　相 54.10　相 74.36

「地」字本从它聲，與見於《玉篇》、《集韻》等字書的「坨」字同形，从也的「地」字乃其後起變體。

坡

問 6.14　問 12.5　問 12.26　問 16.7　問 34.2　問 52.16　問 56.11

坪

陰甲雜四 2.6

均

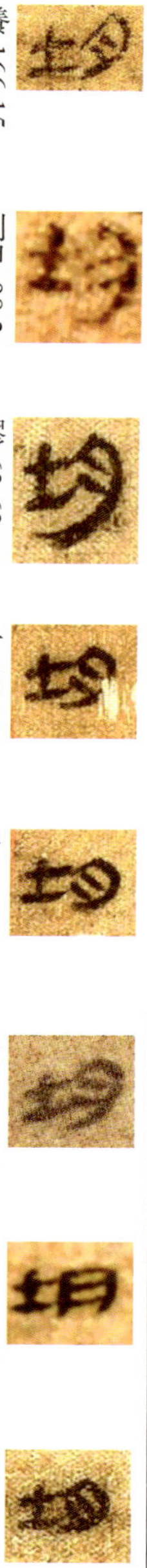
養 166.15　刑甲 98.2　繆 63.62　十 18.52　十 21.18　老乙 74.14　刑乙 21.3　相 38.43

壤

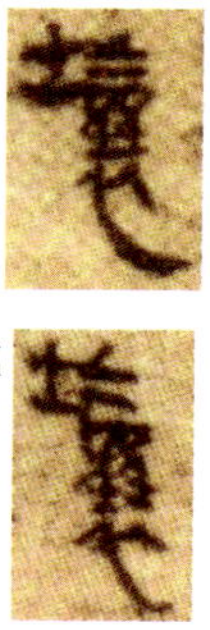
戰 229.19　戰 232.26

埴

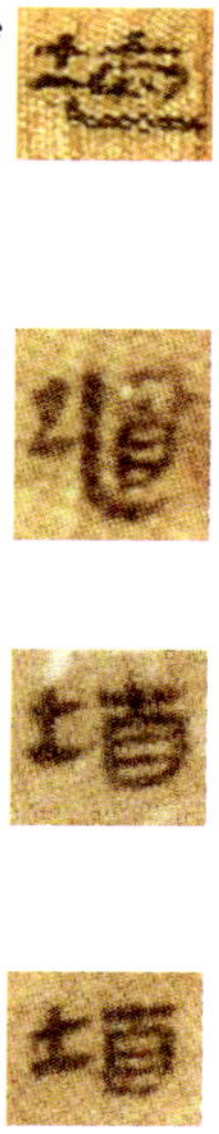
胎 1.9　老甲 110.16　老乙 52.5　老乙 52.13

凷

方 105.11

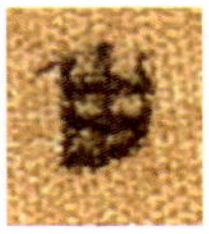
方 105.26

方 106.5

方 106.15

方 106.18

方 106.28

基

陰乙五禁 13.7

𡎝

陰甲雜四 2.7

陰甲築一 3.14

坙

老甲 7.27

衷 45.7

經 46.21

經 46.30

相 47.36

圻

老乙 4.1

垣

方 54.23

方 114.12

方 230.28

方 232.2

胎 18.20

胎 18.31

戰 157.38

老甲 70.14

氣 9.175

氣 9.184

氣 10.264

刑甲 10.13

陰乙五禁 15.11

箭 29.1

箭 82.1

老乙 34.6

相 18.1

相 69.32

堵

五 156.3

談 7.20

刑乙 83.15

壁

陰甲堪表9L.35
遣一293.5
出5.4
出17.13
刑乙96.41

堂

方221.7

在

陽甲33.5
方96.10
方114.10
方134.19
方134.29
方160.2
方400.2
方400.6
方400.12
陽乙16.23

養206.9
養·殘128.2
房40.16
春17.15
春48.5
春50.12
春50.19
戰9.12
戰76.5
戰99.38

戰129.35
戰160.1
戰162.14
戰171.2
戰171.10
戰180.3
戰196.27
戰209.34
戰284.8
戰284.17

戰296.16
戰304.1
戰306.19
老甲24.6
老甲135.16
老甲160.14
五15.5
五28.28
五56.18
五57.24

五58.18
五108.15
五108.21
五119.6
五163.11
九2.22
九3.10
九12.24
九15.17
九21.21

九31.18
九31.23
九34.3
九37.10
明3.6
氣1.43
氣1.104
氣1.108
氣1.113
氣1.119

氣 1.123	氣 1.127	氣 1.222	氣 2.16	氣 2.46	氣 2.62	氣 5.22	氣 5.41	氣 5.56	氣 5.78
氣 5.91	氣 5.112	氣 6.282	氣 6.292	氣 6.350	氣 6.390	氣 6.407	氣 9.150	氣 10.244	刑甲 4.8
刑甲 4.15	刑甲 5.20	刑甲 18.14	刑甲 18.36	刑甲 19.2	刑甲 25.21	刑甲 43.2	刑甲 44.17	刑甲 51.16	刑甲 51.21
刑甲 100.6	刑甲 103.3	刑甲 103.6	刑甲 107.1	刑甲 108.2	刑甲 108.8	刑甲 108.16	刑甲 108.20	刑甲 136.16	刑甲 137.10
刑甲 138.9	刑甲大游 1.17	刑丙地 4.12	刑丙地 6.2	刑丙地 15.5	刑丙地 17.16	陰乙大游 1.7	陰乙大游 1.12	陰乙大游 1.16	陰乙大游 1.35
陰乙大游 1.65	陰乙大游 1.70	陰乙大游 1.76	陰乙大游 1.82	陰乙大游 1.88	陰乙大游 1.94	陰乙大游 1.99	陰乙大游 1.110	陰乙大游 1.116	陰乙大游 1.122
陰乙大游 1.129	陰乙大游 1.134	陰乙大游 1.140	陰乙大游 1.146	陰乙大游 1.163	陰乙大游 1.168	陰乙大游 1.174	陰乙大游 1.180	陰乙大游 1.192	陰乙大游 1.198

陰乙大游1.204
陰乙大游1.213
陰乙大游1.219
陰乙大游1.225
陰乙大游1.231
陰乙大游1.243
陰乙大游1.247
陰乙大游1.255
陰乙大游1.261
陰乙大游1.283

陰乙大游1.295
陰乙大游1.300
陰乙大游1.304
陰乙大游1.310
陰乙大游3.66
陰乙大游3.72
陰乙大游3.79
陰乙大游3.86
陰乙大游3.194
陰乙上朔17.13

陰乙上朔33.34
陰乙天一11.10
出10.7
出10.11
出10.19
出25.39
問39.8
問49.19
問54.18
談8.1

談8.18
遣三400.8
周1.19
周1.45
周1.54
周36.22
周50.19
周66.57
周82.22
周82.72

周88.26
周91.22
二5.33
二17.33
二30.49
二32.62
繫12.50
繫16.15
繫30.18
繫30.27

繫30.36
衷26.3
衷26.27
衷30.42
衷30.46
衷33.52
衷34.25
衷49.40
要12.58
要12.62

繆3.29
繆24.46
繆24.54
繆30.49
繆32.31
繆71.41
昭9.68
昭11.56
經19.46
經19.51

經 19.56　經 19.61　經 19.66　經 20.1　經 23.39　經 25.2　經 25.10　經 25.27　經 25.31　經 25.35

經 25.54　經 25.58　經 26.1　經 26.23　經 26.27　經 26.31　經 27.8　經 27.12　經 27.16　經 51.36

經 54.19　經 55.61　經 56.14　經 69.38　十 9.17　十 13.50　十 31.40　稱 6.7　稱 8.65　道 1.75

道 1.79　老乙 11.24　老乙 63.41　星 12.3　星 13.3　星 14.3　星 15.3　星 25.35　星 37.23　星 44.17

星 44.31　星 46.3　星 46.11　星 46.41　星 46.46　星 46.57　星 58.30　星 58.34　星 69.47　星 70.43

星 71.14　星 71.40　星 72.4　星 72.36　星 73.8　星 73.20　星 120.11　刑乙 19.10　刑乙 19.16　刑乙 19.22

刑乙 20.2　刑乙 20.8　刑乙 36.16　刑乙 37.21　刑乙 39.3　刑乙 41.3　刑乙 43.3　刑乙 45.3　刑乙 47.3　刑乙 63.53

刑乙 63.60　刑乙 64.30　刑乙 72.20　刑乙 72.31　刑乙 72.57　刑乙 72.61　刑乙 79.35　刑乙 93.43　刑乙 93.48　相 3.59

相 16.43　相 21.20　相 52.49　相 67.23

坐
坙

陰甲堪法 5.18　陰甲堪法 6.2　陰甲堪法 6.4　陽甲 29.5　方 43.21　方 230.24　方 268.20　戰 229.29　老甲 38.27　老甲 52.22

刑丙天 12.11　談 9.7　談 22.8　遣一 290.1　遣三 384.1　導 4.12　老乙 24.56

填

周 80.5　星 29.16　星 29.19　星 30.7　星 30.19　星 30.37　星 52.38　星 120.9

堤

塭

周 21.64

「堤」字誤寫。

封

方 21.14　方 81.7　方 87.12　方 90.7　方 93.2　方 101.7　方 165.5　方 295.12　方 316.17　方 326.12

方 327.13　方 339.17　方 356.8　方 359.12　方 443.5　方 444.20　養 156.9　戰 3.1　戰 24.4　戰 35.31

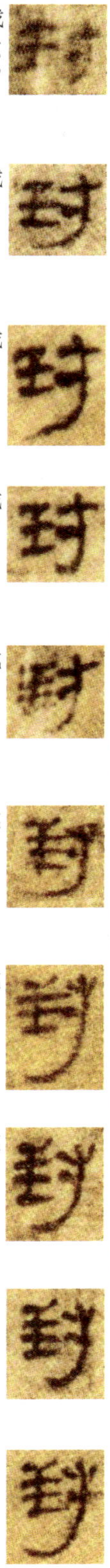

戰 46.2　戰 46.19　戰 104.29　戰 198.19　戰 201.31　戰 249.10　戰 250.13　戰 250.20　戰 250.25　戰 251.26

戰252.21 戰275.15 明21.5 陰乙刑德34.7 談48.8 談52.30 遣一24.2 遣三77.2 箭16.2 箭17.2

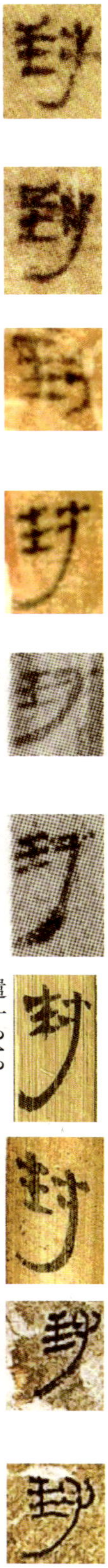

箭18.1 箭21.3 繫37.15 繆20.24 繆67.20 周·殘下70.2 相19.19 相72.28 相73.41

壐

方391.8 射14.13 射14.20 戰276.31 五175.1 五175.14 木25.4 木55.3 問1.31 周61.47

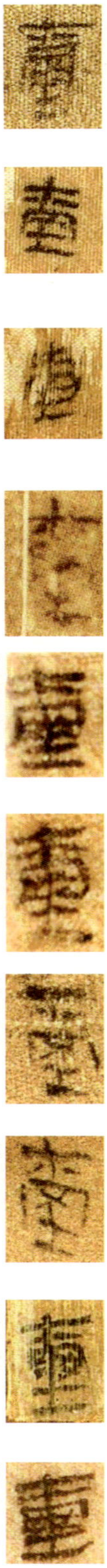

二29.23 繫12.62 繫38.64 繆30.61 繆32.24 繆33.27

墨

養196.29 木37.10 問88.20 衷36.63 衷41.44

垸

方2.3 方8.20 方62.3 方272.21 養152.26 養153.8

城

養190.12 戰141.37 戰142.18 戰157.20 戰160.38 戰274.27 戰275.14 戰286.10 戰296.23 戰302.6

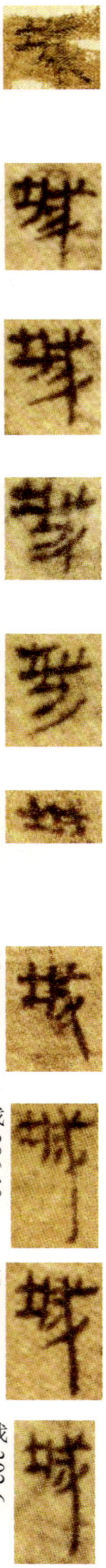

戰316.4 明5.27 明21.2 氣1.109 氣1.259 氣2.71 氣2.135 氣2.252 氣3.47 氣4.40

氣4.138
氣4.146
氣5.153
氣7.111
氣7.114
氣7.122
氣8.32
氣8.129
氣9.165
氣·殘1.2

刑甲1.18
刑甲16.24
刑甲18.24
刑甲20.22
刑甲20.29
刑甲20.32
刑甲31.27
刑甲44.24
刑甲45.12
刑甲45.22

刑甲46.8
陰乙三合2.14
陰乙三合5.18
陰乙文武12.27
陰乙五禁12.3
陰乙五禁14.16
陰乙五禁15.8
箭52.3
府1.2
府6.25

周47.9
繆63.65
繆68.22
昭4.36
經12.16
稱18.60
星18.17
星56.10
刑乙43.20
刑乙62.7

刑乙62.27
刑乙62.44
刑乙65.22
刑乙67.54
刑乙71.18
刑乙71.25
刑乙73.64
刑乙74.9
刑乙74.17
刑乙79.3

刑乙82.15
刑乙82.19
刑乙89.34
刑乙90.10
刑乙90.21

坎

方191.3
方192.18

增

戰49.13
戰50.21
戰159.20
戰230.29
稱11.40
稱13.21

埤

稱 13.17

坿

⿰亻圣

陰甲雜三 4.21

塞

陰甲衍3.25

方 34.21

方 243.7

方 244.6

方 275.3

方 329.1

去 4.2

去 4.19

春 57.16

戰 70.28

戰 155.21

老甲 38.16

五 77.27

九 15.32

明 13.14

問 19.13

問 30.17

合 27.12

周 29.59

周 80.40

二 35.6

繆 72.23

經 25.1

經 62.20

經 62.64

老乙 14.22

老乙 18.4

相 8.49

相 56.24

埾

《說文》：「埾，土積也。从土、从聚省。」帛書中「埾」是「堅」字訛體，字形詳見卷三臤部。

壘

房 4.9

地 73.1

繆 63.2

垝

戰 157.21

埂

陰甲徙 5.35

陰甲祭一 A10L.7

陰甲祭一 B10L.4

陰甲祭一 B11L.5

陰甲神上 13.8

陰甲神上 14.8

陰甲神上 18.16

陰甲神上 18.22

陰甲神上 20.8

陰甲神上 26.22

陰甲雜五 5.20

陰甲祭二 10L.1

陰甲·殘 289.7

陰甲·殘 299.1

毀

毀

方 2.1

方 117.16

方 212.9

方 400.15

養 35.6

戰 172.5

陰乙文武 14.8

陰乙文武 15.13

《説文》古文。

⿰⿱臼土攵

繆 42.24

稱 11.64

刑乙 70.17

⿰⿱臼土攵

陰甲雜三 5.21

陰甲築一 3.10

陰甲築一 5.8

陰甲雜六 2.1

房 43.15

戰 180.12

戰 182.12

刑甲 14.30

陰乙大游 2.20

繫 27.54

經 44.50

十 37.56

刑乙 39.23

壓

刑甲 17.4

壞

陰甲祭二 2L.10

戰 157.13

周 73.25

經 52.5

經 69.12

十 44.41

稱 12.67

塼

導 4.20

塺

［疒林土］

方 369.20

垢

方 185.11

方 222.4

坏

老甲 152.2

《說文》：「坏，丘再成者也。一曰：瓦未燒。从土、不聲。」與「壞」的簡化字「坏」音義無涉。

堋

戰 199.3

周 53.8

墓

戰 157.31

稱 17.41

相 67.63

壇

周 27.30

塗

方120.3

方127.6

方316.9

方387.9

方442.6

養79.15

養·殘101.4

周76.1

繆67.48

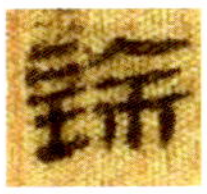
昭13.68

稱7.15

⿰土余

陰甲雜三4.20

陰甲雜四3.6

陰甲室8.29

禁1.9

禁2.4

禁2.14

禁3.11

禁4.7

遣一221.6

遣一222.6

遣一224.9

遣三87.31

衷10.28

埏

⿰土然

老乙52.4

⿱卩土*

楚文字寫法的「危」字，卷九危部重見。

圩*

「盂」字異體，卷五皿部重見。

⿰土犬*

「⿰目犬」字異體，卷十一く部重見。

坑*

陰乙玄戈10.14

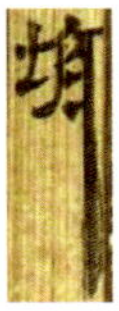
遣一98.4

遣一99.3

遣一100.3

遣一101.3

遣一102.12

遣三93.3

遣三94.4

遣三95.4

遣三96.3

遣三97.3

遣三98.3

遣三99.3

遣三100.3

遣三101.3

遣三102.4

遣三103.4

遣三104.4

遣三216.51

「瓬」字異體，《廣雅·釋器》：「瓬，瓶也。」與見於《玉篇》、《廣韻》等字書的「阬」字俗體「坑」同形。

块*

周33.50

从土夬聲，與「塊」的簡化字「块」無涉。

坂*

「阪」字異體，卷十四阜部重見。

坸*

衷7.2

衷7.27

星46.40

星46.51

星47.1

星47.13

相41.25

𡋎

《說文》「丘」字古文，詳見卷八丘部。

𡉏*

「穴」字異體，卷七穴部重見。

珍*

「畛」字異體，本卷田部重見。

垌*

相 38.42

垪*

「缾」字異體，卷五缶部重見。

⿰土缶*

「缶」字異體，卷五缶部重見。

⿰土亦*

明 23.29

明 25.12

垸*

老乙 14.24

老乙 14.34

老乙 18.6

琇*

禁 5.4

箭 97.1

用爲「牖」。

⿰土甾*

方 132.5

帛書中用爲藥物名，音義待考。

堬*

春 28.24

⿰土宂*

「築」字異體，卷六木部重見。

塤*

「隕」字異體，卷十四𨸏部重見。

埥

《説文》「陸」字篆文，詳見卷十四𨸏部。

塼*

相 7.38

壄

《説文》「野」字古文，詳見本卷里部。

⿱髟土*

「塵」字異體，卷十麤部重見。

筌*

「築」字異體，卷六木部重見。

覞*

周 21.76

從土視聲，用爲「寘」。

壑

《說文》「叡」字或體，詳見卷四𣦼部。

壁*

經 58.20

十 48.18

壆*

方 45.22

蘠*

「牆」字異體，卷五嗇部重見。

堯

陰甲堪表 7L.9

陰甲堪表 7L.12

陰甲堪表 7L.15

陰甲堪表 7L.18

陰甲堪表 7L.21

陰甲堪表 7L.23

戰 204.6

五 144.25

問 42.2

問 42.17

問 43.5

問 45.14

遣三 401.1

二 35.63

繫 34.39

繫 35.8

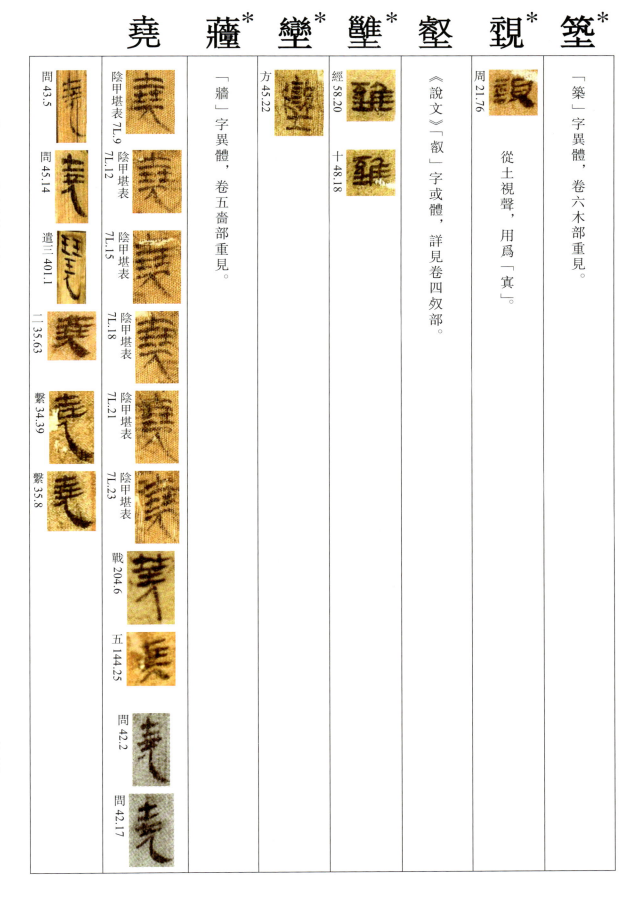

堇

方63.3　老甲30.20　老甲103.24　箭35.2　老乙14.31　老乙48.59

墓*

要19.15

「墓」字即《説文》「嘆」、「漢」、「難」等字所从聲符。馬王堆帛書中「墓」、「堇」二字在寫法和用法上皆已分化，故暫附於此。

里

陰甲衍2.13　陰甲衍3.18　陰甲築一4.30　養175.11　養189.4　春1.7　春2.17　戰155.15　戰160.9　戰162.22

戰190.25　戰211.12　戰228.30　戰229.5　戰229.24　戰230.5　戰230.38　戰286.3　戰299.29　戰301.9

五137.22　五138.15　五139.15　明8.21　氣8.111　刑甲20.35　刑甲20.41　刑甲29.6　刑甲40.2　刑甲40.7

刑甲40.12　陰乙大游2.33　陰乙女發1.42　談49.27　談54.32　地10.3　地11.2　地12.2　地15.2　地16.2

地17.2　地20.2　地21.2　地22.2　地23.2　地24.3　地26.2　地27.2　地28.2　地29.2

地30.2　地34.2　地38.2　地40.2　地41.2　地42.2　地43.2　地45.2　地48.2　地51.2

地55.2　地56.2　箭57.2　箭58.2　箭59.2　箭60.2　箭62.2　箭64.2　箭66.3　箭67.2

箭72.2　箭74.2　箭75.2　箭76.2　箭77.2　箭78.2　箭80.3　箭83.2　箭84.2　箭86.2

箭89.2　箭92.2　箭93.2　箭93.5　箭95.2　箭96.2　箭97.2　箭97.5　箭98.7　箭98.10

箭98.15　周31.15　繫13.7　繫13.25　繆6.8　繆67.32　稱6.15　稱6.19　星54.33　刑乙40.10

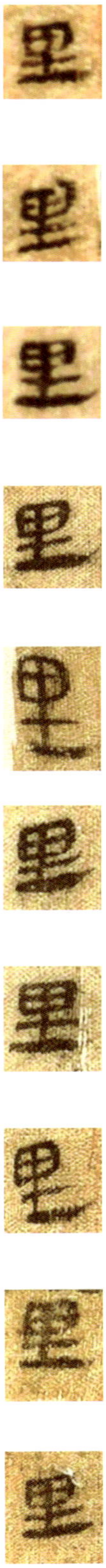

刑乙74.12　刑乙74.20　刑乙80.25　相5.55　相11.68　相15.35　相15.41　相19.66　相61.1　相64.7

相65.51　相65.57

野

壄

方99.6　方250.3　五16.15　五56.30　明7.7　刑甲18.1　刑甲18.15　刑甲19.3　刑甲25.22

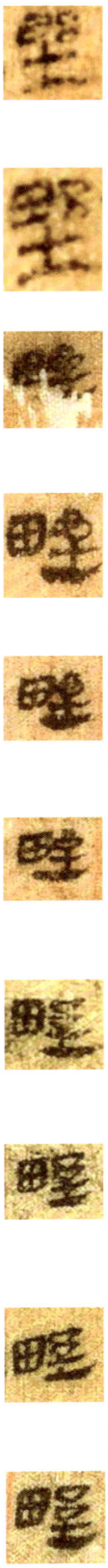

刑甲43.3　刑甲44.18　周7.5　周45.13　二6.30　二7.9　繫36.50　繫37.13　衷28.4　繆59.32

昭 6.40
十 63.2
刑乙 72.21
刑乙 72.32
刑乙 72.62
刑乙 77.34
刑乙 79.36
刑乙 89.28
星 10.1
星 11.28

星 24.28
星 30.3
星 30.39
星 42.4
星 46.4
相 31.48

壄

氣 1.284
氣 5.42
氣 5.79
氣 5.92
氣 10.189

《說文》古文。

⿰田予

衷 42.50

田

射 11.5
春 73.20
戰 8.31
戰 57.36
戰 64.37
戰 283.16
戰 284.5
戰 285.11
戰 288.26
戰 309.5

老甲 32.13
老甲 111.28
刑甲 139.6
木 58.5
周 1.20
周 39.27
周 43.43
周 50.48
周 82.44
二 10.18

繫 33.37
衷 26.4
老乙 15.20
老乙 52.49
刑乙 38.7
相 15.67
相 66.64

畸

老甲 40.20
刑甲 84.8
道 6.63
老乙 19.6
老乙 38.36
相 49.4

畮

畞

陰乙大游 2.29

二 30.39

刑乙 40.6

《說文》或體。

甸

方 66.5

方 66.12

繫 1.57

畦

地 51.1

星 93.2

畍（界）

養 108.10

經 61.6

星 21.1

畛

明 39.18

明 41.6

繆 35.34

星 37.17

土㐱

問 66.18

略

陰甲室 9.10

繆 31.25

當

陰甲上朔 5.20

陰甲上朔 5.24

陰甲上朔 5.28

陰甲上朔 5.34

陰甲神上 16.17

陰甲室 9.19

陰甲室 9.25

陰甲堪表 6.4

陰甲祭三 2.3

陰甲·殘 2.12

陰甲·殘189.3	陰甲·殘269.6	方140.9	方212.18	方212.23	方288.23	養108.11	胎4.13	春80.15	戰73.15
戰75.22	戰116.5	戰182.14	戰204.15	老甲110.12	九14.32	九19.14	明6.25	氣2.375	氣3.13
氣9.86	氣9.272	氣9.285	氣10.184	氣10.188	刑甲17.36	刑甲52.10	刑甲96.16	刑甲110.17	刑甲114.28
刑甲130.5	陰乙上朔16.20	陰乙·殘6.3	問10.24	問72.8	合31.18	談9.13	物4.33	太2.10	衷41.17
衷43.52	衷48.45	衷50.1	要16.63	繆2.53	繆13.12	繆38.24	繆38.61	繆43.47	繆62.22
昭10.56	經4.66	經9.49	經9.56	經10.43	經18.11	經34.48	經36.16	經37.9	經37.17
經39.18	經40.1	經40.18	經51.22	經57.40	經59.39	經60.44	經60.53	十2.14	十9.32
十13.14	十13.21	十29.3	十31.55	十31.59	十34.38	十34.50	十40.54	十41.46	十50.42

十58.29　稱7.45　老乙52.9　老乙52.21　星11.26　星33.16　星33.21　星41.31　星42.9　星47.27

星47.40　星53.34　星58.35　星67.14　星68.11　星68.43　刑乙31.20　刑乙51.8　刑乙52.4　刑乙72.15

刑乙94.4　相8.35　相8.51　相8.65　相13.41　相21.62　相56.25

留

戰98.9　刑甲39.22　談15.16　談50.4　箭16.1　箭31.1　二23.33　衷4.36　繆71.26　十28.36

十28.49　十52.52　星25.17　星58.22　刑乙86.28

畜

陰甲五禁3L.19　戰173.33　老甲27.16　老甲28.20　老甲50.8　老甲127.2　陰乙文武22.10　談20.18　周3.39　周69.6

繆46.53　經6.47　經7.28　十18.48　十21.14　老乙12.60　老乙23.52

畼

畼

射11.6

「畼」字訛體。

由* 畽* 畺 黃

由*

方217.6　方318.4　戰324.23

《說文》無「由」字，暫依《康熙字典》歸在田部。

畽*

「野」字異體，本卷里部重見。

畺

方1.9　方284.15　方382.12　養165.21

黃

陰甲雜四9.3　陽甲19.23　方17.17　方19.3　方44.3　方68.3　方115.20　方216.8　方228.23　方239.13

方271.7　方275.30　方284.7　方284.32　方288.5　方304.4　方318.15　方348.4　方418.7　方419.2

方437.10　方437.16　陽乙9.47　養24.9　養32.3　養33.3　養·殘107.2　射22.6　戰294.13　明19.25

氣1.61　氣2.219　氣2.244　氣9.17　氣9.38　氣10.111　氣10.214　刑甲6.16　刑甲6.24　刑甲41.2

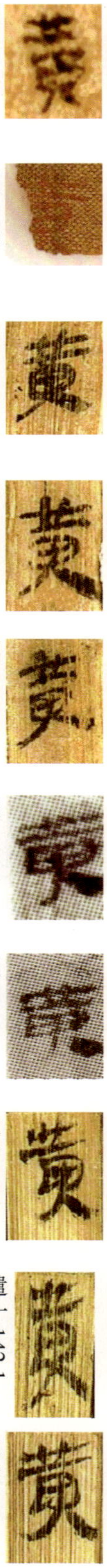

刑甲45.10　刑丙·殘14.1　問1.2　問8.2　問15.2　談1.2　談31.22　遣一128.1　遣一142.1　遣一161.1

遣一203.8
牌一36.1
牌一45.1
遣三131.1
遣三177.1
牌三2.1
太8.1
周3.24
周45.17
周69.22

周80.64
二4.46
二6.34
二7.27
二7.52
二35.59
繫34.37
繫35.6
衷27.53
衷41.66

衷42.54
經46.3
十1.4
十5.28
十14.9
十15.41
十16.14
十16.55
十17.22
十17.42

十18.33
十20.53
十27.22
十42.38
十44.2
十45.9
十60.20
星26.18
星29.6
星51.35

星52.19
星54.41
刑乙65.4
刑乙65.12
刑乙67.58
刑乙87.8
相16.50

男

方13.8
方15.3
方105.17
方111.13
方147.1
方237.4
方328.8
方391.19
方480.20
養43.17

養60.5
養89.21
養91.19
養193.13
養201.7
養219.5
養目2.2
養·殘70.6
養·殘82.2
胎18.5

胎18.26
胎21.14
胎22.19
胎23.21
合26.4
談30.2
遣三21.3
繫2.4
要11.16
繆23.69

力

繆55.32
經7.13
經17.48
經24.34
經26.61
十14.46
十19.23
稱23.33

養20.1
養144.2
養172.18
養目3.4
胎30.14
春46.6
戰140.5
戰205.11
戰224.22
戰253.20

老甲161.17
五89.13
刑丙天5.24
刑丙天5.29
木2.11
木5.17
問58.2
談1.27
二16.21
繆24.5

繆32.9
繆33.68
繆39.65
繆42.10
繆46.25
繆66.19
繆69.39
昭1.2
昭1.43
昭3.36

昭4.28
昭6.54
昭7.59
昭12.66
昭14.20
經19.67
經20.12
經21.52
經35.13
經68.8

十3.27
十3.45
十4.26
十9.51
十25.8
十30.3
十42.2
十42.41
十43.19
十44.13

十45.23
十60.60
十63.32
十63.65
稱3.21
稱8.40
稱14.19
稱18.67
老乙74.61
相5.31

相14.42
相19.56
相20.30
相26.35
相56.58
相60.22
相64.45
相69.45
相70.48

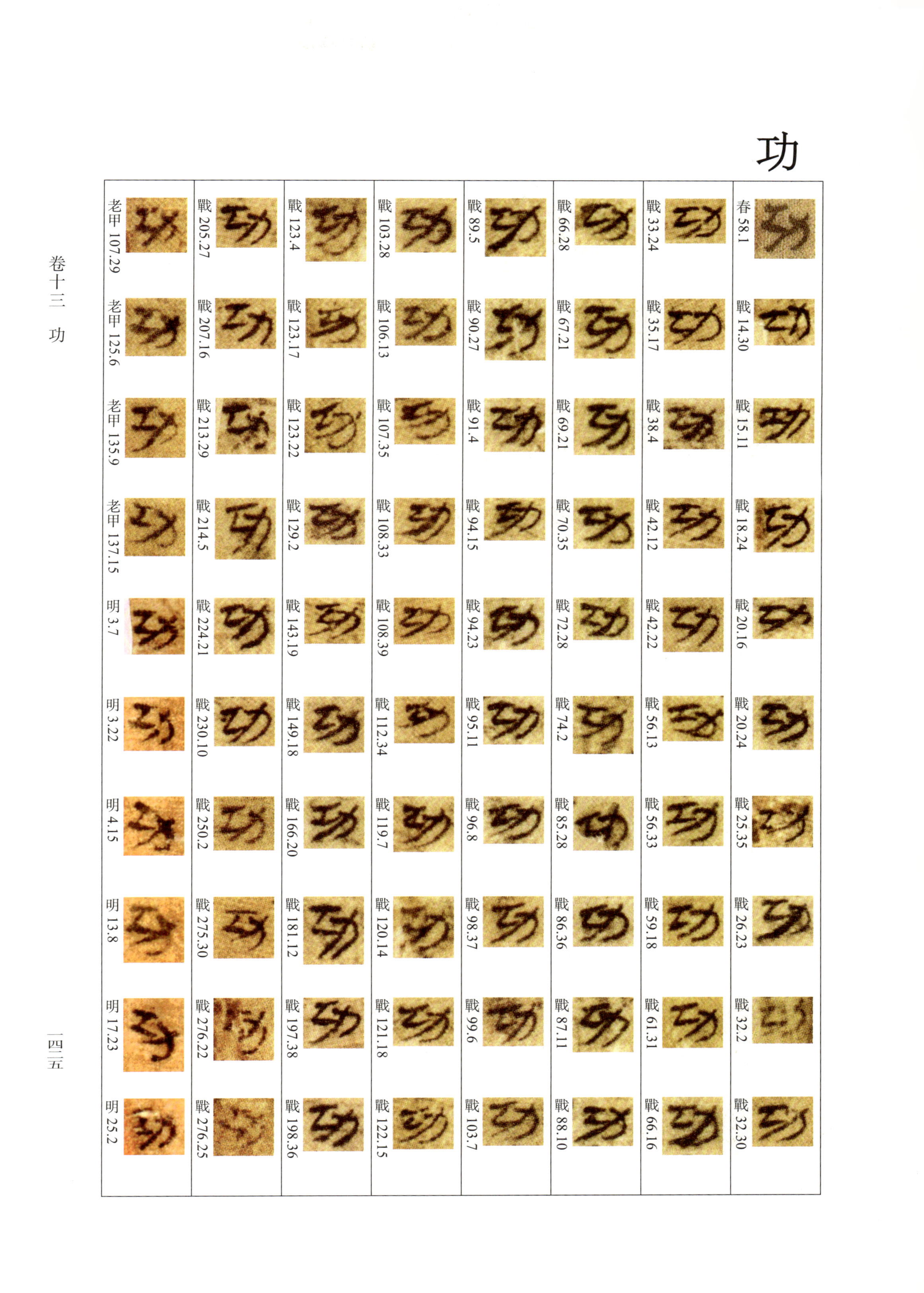

功

春 58.1
戰 14.30
戰 15.11
戰 18.24
戰 20.16
戰 20.24
戰 25.35
戰 26.23
戰 32.2
戰 32.30

戰 33.24
戰 35.17
戰 38.4
戰 42.12
戰 42.22
戰 56.13
戰 56.33
戰 59.18
戰 61.31
戰 66.16

戰 66.28
戰 67.21
戰 69.21
戰 70.35
戰 72.28
戰 74.2
戰 85.28
戰 86.36
戰 87.11
戰 88.10

戰 89.5
戰 90.27
戰 91.4
戰 94.15
戰 94.23
戰 95.11
戰 96.8
戰 98.37
戰 99.6
戰 103.7

戰 103.28
戰 106.13
戰 107.35
戰 108.33
戰 108.39
戰 112.34
戰 119.7
戰 120.14
戰 121.18
戰 122.15

戰 123.4
戰 123.17
戰 123.22
戰 129.2
戰 143.19
戰 149.18
戰 166.20
戰 181.12
戰 197.38
戰 198.36

戰 205.27
戰 207.16
戰 213.29
戰 214.5
戰 224.21
戰 230.10
戰 250.2
戰 275.30
戰 276.22
戰 276.25

老甲 107.29
老甲 125.6
老甲 135.9
老甲 137.15
明 3.7
明 3.22
明 4.15
明 13.8
明 17.23
明 25.2

明 48.8	刑丙刑 15.4	刑丙刑 18.3	刑丙刑 19.7	刑丙刑 21.9	刑丙地 16.2	陰乙五禁 13.11	喪 6.3	喪 6.9	周 66.21
二 8.45	二 16.24	繫 2.48	繫 15.41	繫 15.53	繫 31.73	衷 24.7	衷 24.62	衷 51.6	繆 15.2
繆 17.1	周·殘下 39.5	經 4.38	經 10.13	經 11.4	經 11.58	經 12.41	經 13.30	經 18.62	經 32.23
經 34.12	經 38.54	經 39.19	經 40.27	經 44.65	經 45.54	經 58.48	經 61.37	經 66.11	經 66.59
經 67.3	經 67.11	經 67.50	經 68.13	經 73.23	經 73.26	經 77.46	十 8.12	十 10.20	十 10.53
十 17.37	十 30.59	十 40.26	十 40.38	十 41.25	十 41.37	十 42.23	十 42.29	十 48.16	十 52.8
稱 8.44	老乙 41.50	老乙 50.53	老乙 59.11	老乙 63.34	老乙 64.31	老乙 75.34	星 51.50	星 56.21	刑乙 26.14
刑乙 84.30									

助

戰210.11　問10.26　遣一110.1　竹一9.1　遣三104.1　繫26.19　繫26.25　繫26.32　昭6.56　稱18.50

務

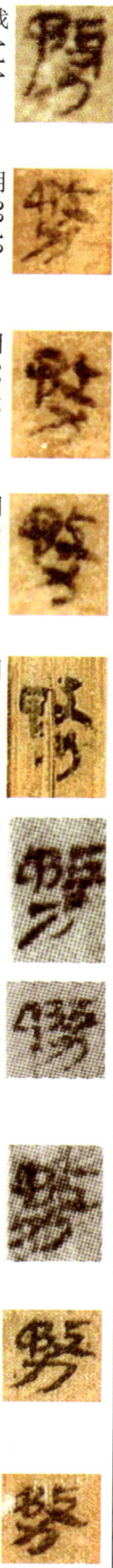

戰4.14　明22.12　明23.12　明31.6　問39.7　談8.17　談32.1　談55.11　二8.54　二16.14

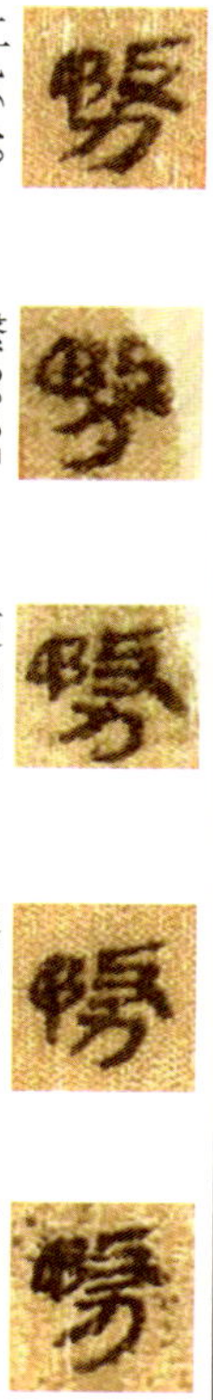

二16.40　繫20.37　衷39.45　繆35.19　道6.31

勁

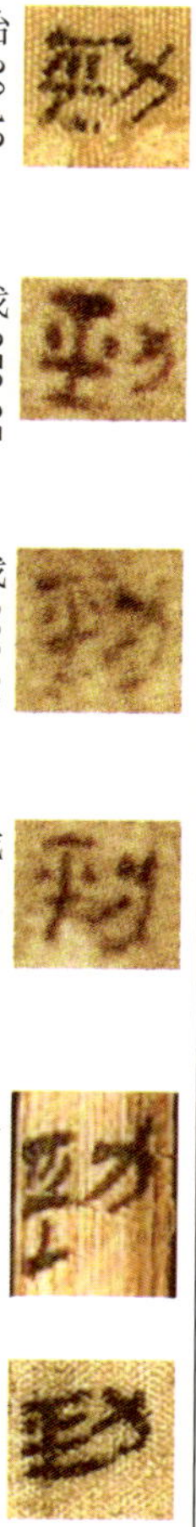

胎30.12　戰272.27　戰322.23　戰322.28　談10.30　相20.27

勉

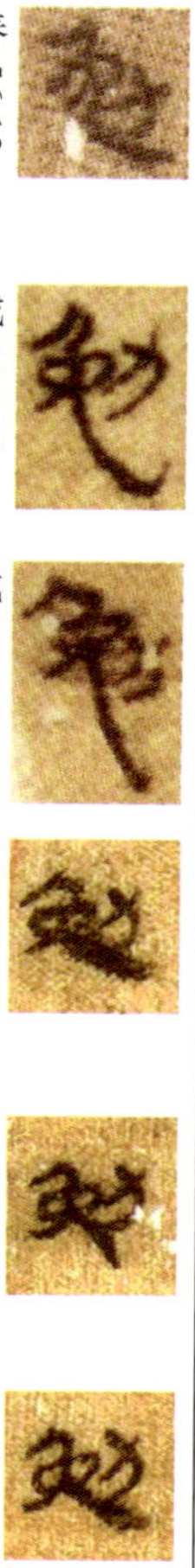

春56.13　戰126.23　戰304.20　繆34.43　經16.23　經17.51

勸

戰63.9　戰122.9　昭4.10　道6.23

勸

繆23.62　繆39.63　繆45.42　繆46.2　昭2.7　昭9.5　經17.50

勝
勝

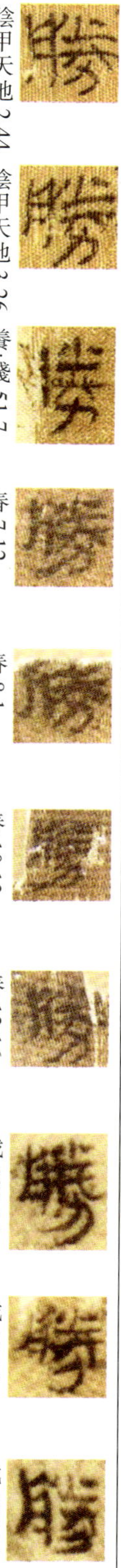

陰甲天地2.44　陰甲天地3.26　養·殘51.7　春7.12　春8.1　春10.13　春12.16　戰133.14　戰136.2　戰139.33

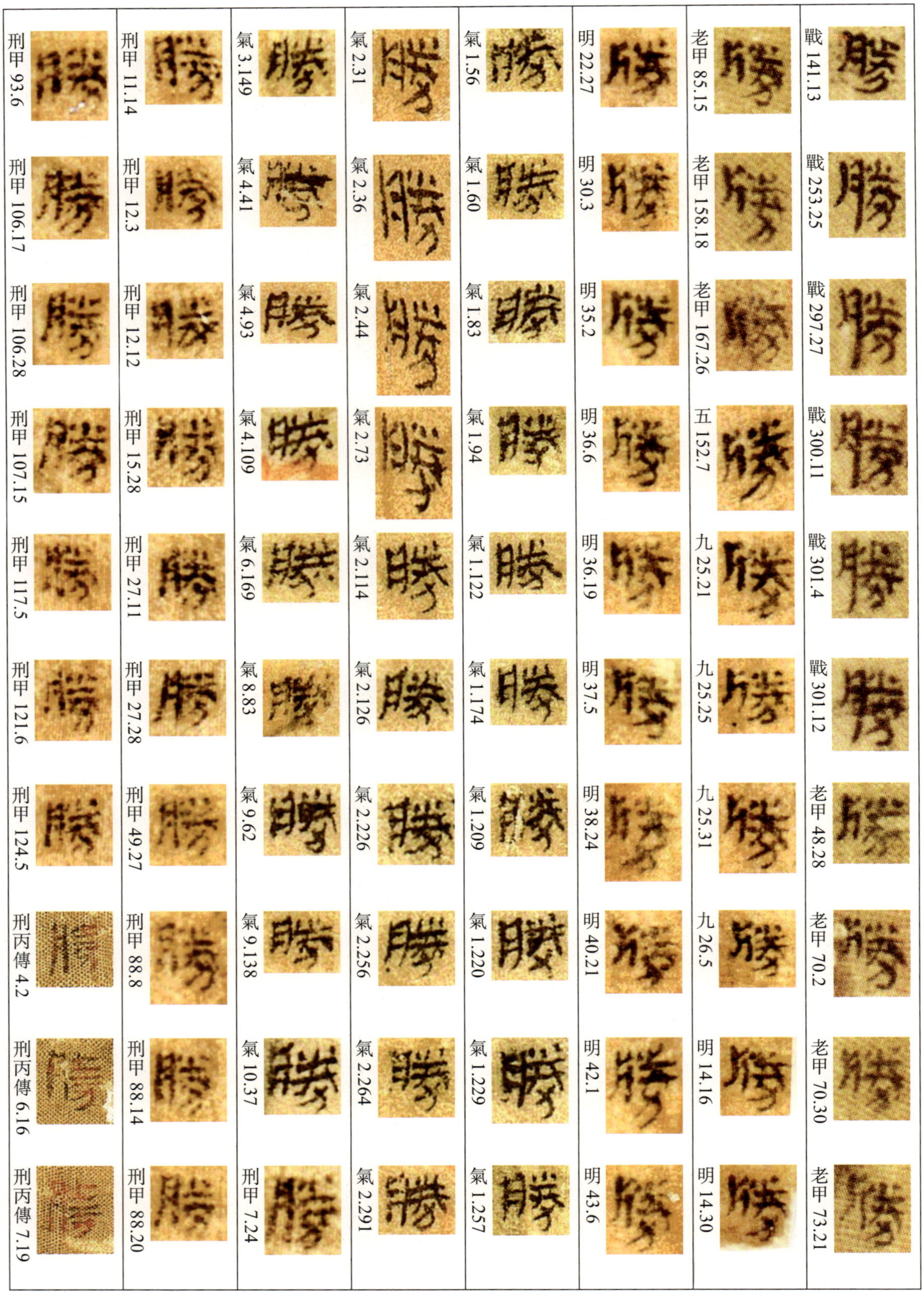

戰 141.13
戰 253.25
戰 297.27
戰 300.11
戰 301.4
戰 301.12
老甲 48.28
老甲 70.2
老甲 70.30
老甲 73.21
老甲 85.15
老甲 158.18
老甲 167.26
五 152.7
九 25.21
九 25.25
九 25.31
九 26.5
明 14.16
明 14.30
明 22.27
明 30.3
明 35.2
明 36.6
明 36.19
明 37.5
明 38.24
明 40.21
明 42.1
明 43.6
氣 1.56
氣 1.60
氣 1.83
氣 1.94
氣 1.122
氣 1.174
氣 1.209
氣 1.220
氣 1.229
氣 1.257
氣 2.31
氣 2.36
氣 2.44
氣 2.73
氣 2.114
氣 2.126
氣 2.226
氣 2.256
氣 2.264
氣 2.291
氣 3.149
氣 4.41
氣 4.93
氣 4.109
氣 6.169
氣 8.83
氣 9.62
氣 9.138
氣 10.37
刑甲 7.24
刑甲 11.14
刑甲 12.3
刑甲 12.12
刑甲 15.28
刑甲 27.11
刑甲 27.28
刑甲 49.27
刑甲 88.8
刑甲 88.14
刑甲 88.20
刑甲 93.6
刑甲 106.17
刑甲 106.28
刑甲 107.15
刑甲 117.5
刑甲 121.6
刑甲 124.5
刑丙傳 4.2
刑丙傳 6.16
刑丙傳 7.19

勶

刑丙刑 2.8
刑丙刑 3.7
刑丙刑 4.8
刑丙刑 7.7
刑丙刑 8.5
刑丙刑 9.8
刑丙刑 11.7
刑丙刑 15.2
刑丙刑 16.3
刑丙刑 19.4

刑丙地 15.17
陰乙刑德 5.8
陰乙刑德 10.11
陰乙刑德 21.15
陰乙刑德 23.4
陰乙刑德 23.12
陰乙刑德 24.10
陰乙刑德 24.15
陰乙刑德 33.8
陰乙大游 2.23

陰乙大游 3.155
陰乙大游 3.190
陰乙大游 3.196
陰乙天地 6.2
陰乙傳勝圖 1.2
陰乙天一 23.6
陰乙天一 33.5
周 3.30
周 57.32
周 87.5

二 9.16
星 29.46
星 34.54
星 45.10
星 46.45
星 46.56
星 46.61
星 47.32
星 49.46
星 52.13

星 53.4
星 53.19
星 53.29
星 61.28
星 61.34
星 67.13
星 72.45
星 73.5
星 73.17

陰乙文武 18.9
出 22.51

⿰彳⿱育力

老甲 92.3
老甲 144.27
五 149.3
五 164.27
問 32.2
問 54.19
問 81.23
問 84.17
二 26.55

勁

相 4.61
相 27.33
相 28.7
相 28.24
相 36.41
相 51.29
相 56.31

刑甲 95.4

五 62.31

動

勭

陽甲 10.5
陽甲 16.24
陽甲 20.27
陽乙 3.18
陽乙 10.24
陽乙 15.11
陽乙 16.46
陽乙 18.18
養 170.19

老甲 12.3
老甲 25.11
氣 1.74
問 16.13
問 16.18
問 71.6
問 72.5
問 86.9
問 94.20
合 9.12

合 10.7
合 11.3
合 11.30
合 14.7
合 19.3
合 20.10
合 23.4
合 25.14
合 26.23
繫 1.18

繫 4.1
繫 4.40
繫 10.1
繫 10.16
繫 11.55
繫 12.39
繫 16.25
繫 19.41
繫 29.10
繫 29.46

繫 30.24
繫 30.45
繫 30.58
繫 31.30
繫 31.65
繫 42.5
繫 42.21
繫 46.19
要 11.50
要 12.7

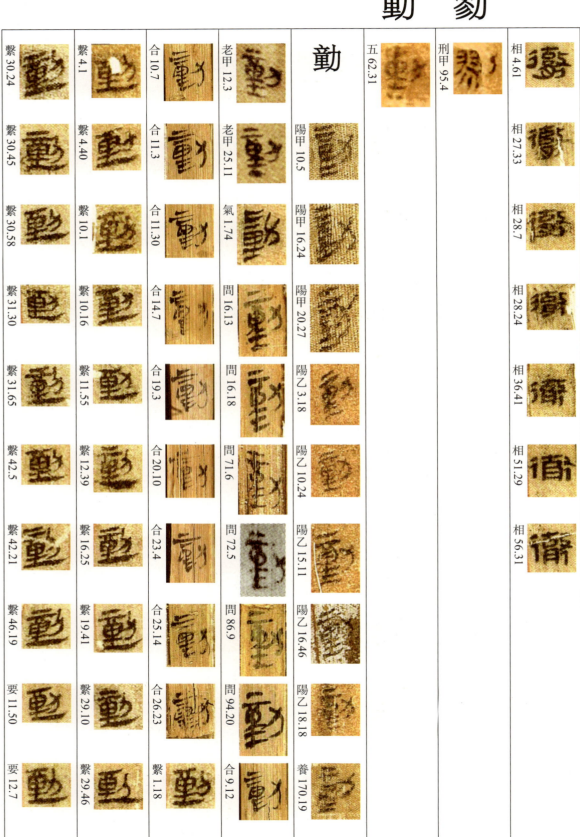

要 21.12
經 2.8
經 17.54
經 36.6
經 36.53
經 37.22
經 39.36
經 47.18
經 48.48
經 50.15

經 53.25
經 54.20
經 55.22
經 60.4
經 60.17
經 71.5
經 71.12
經 71.18
經 73.15
十 34.19

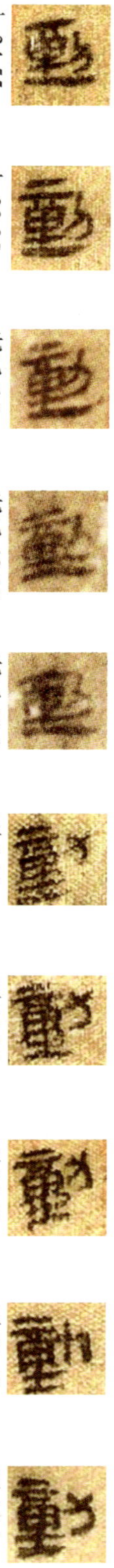
十 34.55
十 39.35
老乙 6.7
老乙 48.19
老乙 50.9
星 9.11
星 12.24
星 25.11
星 33.40
星 48.4

星 51.32
相 1.42
相 30.10
相 30.65
相 31.17
相 32.17
相 32.31
相 33.6
相 35.25
相 35.48

相 37.50
相 37.58
相 38.51
相 60.67

勞

陰甲上朔 1.31
陰甲雜五 5.34
胎 3.25
春 59.14
戰 166.12
戰 198.4
戰 201.5
戰 210.16
九 34.30
九 35.27

明 37.16
明 37.26
陰乙大游 2.86
木 53.5
周 48.26
繫 15.27
繫 15.36
衷 9.7
繆 12.15
繆 15.14

繆 19.28
繆 33.63
十 62.34
刑乙 41.16
相 5.6

首例「勞」字用爲「熒惑」之「熒」。陰甲篇據楚文字轉抄而成，楚文字中「勞」、「熒」所从聲符已訛混，書手不明所以將「熒」字誤抄爲「勞」。

劵

談 33.16

「劵」字省體。

勶

五 133.9

繫 41.6

稱 15.33

稱 15.46

稱 15.49

相 11.24

勤

戰 114.33

加

陰甲神上 2.8

方 347.1

方 348.28

方 366.3

方 370.3

方 370.15

方 372.2

養 18.1

養目 1.8

房 4.3

房 8.3

房 9.3

房 11.3

房 12.3

房 48.4

春 75.3

春 75.12

戰 117.20

戰 210.23

戰 211.13

戰 224.25

五 132.7

五 132.12

繫 13.40

繆 43.14

繆 62.52

經 13.14

勢

陰甲上朔 5.22

戰 277.3

勈

勇

老甲77.13 

男

春25.19 

明7.12 

十61.36 

老乙33.41 

改从「用」聲。

勇

五89.12 

「勇」字訛體，「力」旁訛作「刀」形。

男

繫8.47 

衷18.40 

衷32.66 

稱18.66 

老乙33.19 

老乙37.28 

老乙37.33 

勃

養44.7 

合2.18 

劫

春22.5 

戰71.37 

戰137.4 

戰247.2 

遺三233.1 

十63.5 

飭

明19.15 

明26.3 

相61.26 

飭

遺一256.14 

遺一266.11 

遺一267.11 

遺一268.13 

遺三9.6 

一32.23 

⿰彔力*

「剝」字訛體，卷四刀部重見。

⿰扌務*

「攘」字異體，卷十二手部重見。

⿱雨⿰革力*

「霸」字異體，卷七月部重見。

劦

⿱⿰力子力

遣一14.4

遣一39.2

遣一41.3

遣三188.3

金

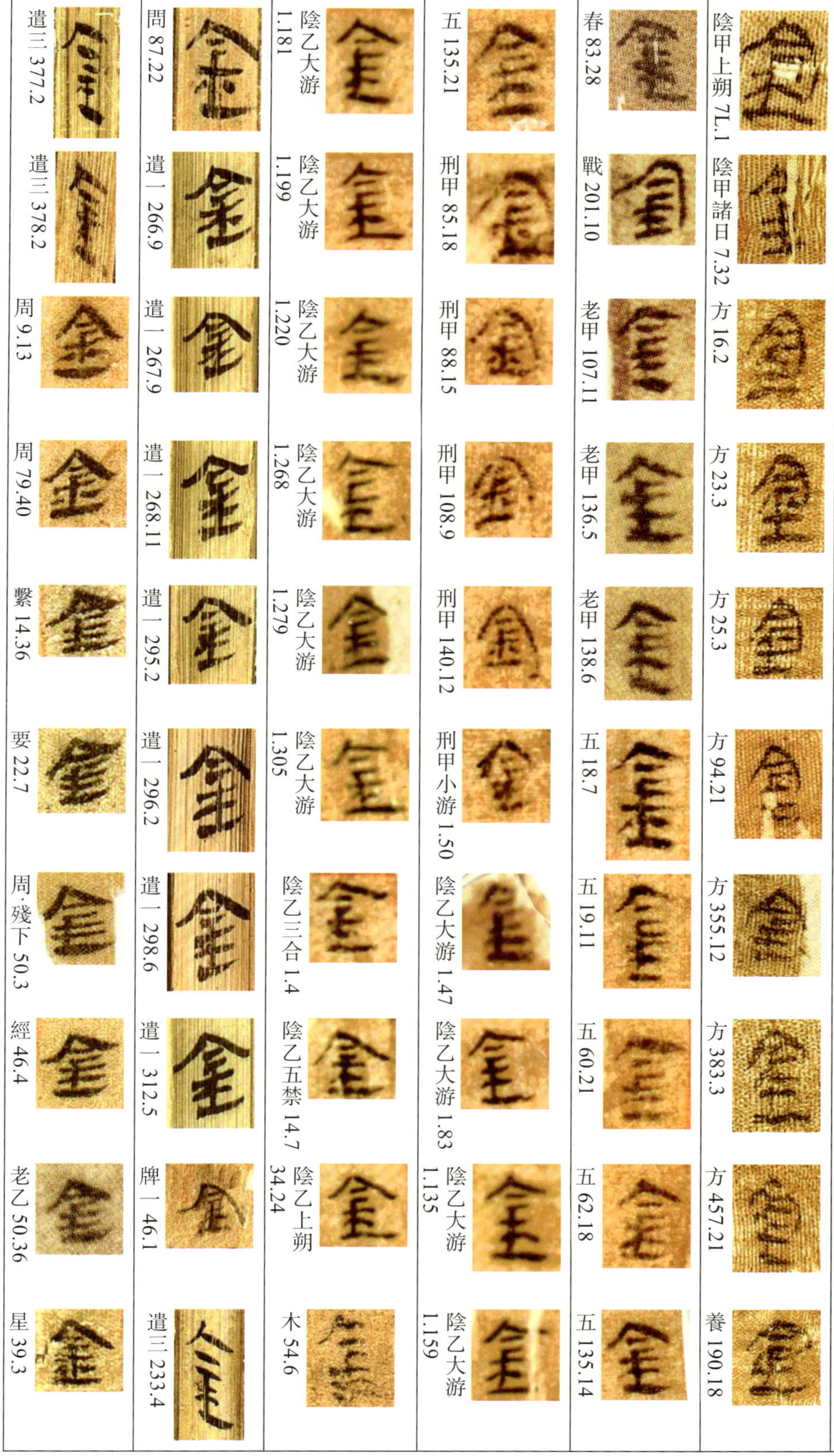

陰甲上朔7L.1 陰甲諸日7.32 方16.2 方23.3 方25.3 方94.21 方355.12 方383.3 方457.21 養190.18

春83.28 戰201.10 老甲107.11 老甲136.5 老甲138.6 五18.7 五19.11 五60.21 五62.18 五135.14

五135.21 刑甲85.18 刑甲88.15 刑甲108.9 刑甲140.12 刑甲小游1.50 陰乙大游1.47 陰乙大游1.83 陰乙大游1.135 陰乙大游1.159

陰乙大游1.181 陰乙大游1.199 陰乙大游1.220 陰乙大游1.268 陰乙大游1.279 陰乙大游1.305 陰乙三合1.4 陰乙五禁14.7 陰乙上朔34.24 木54.6

問87.22 遣一266.9 遣一267.9 遣一268.11 遣一295.2 遣一296.2 遣一298.6 遣一312.5 牌一46.1 遣三233.4

遣三377.2 遣三378.2 周9.13 周79.40 繫14.36 要22.7 周·殘下50.3 經46.4 老乙50.36 星39.3

星 64.4

星 64.22

星 65.10

刑乙 19.17

刑乙 43.4

刑乙小游 1.202

銀

方 328.6

方 355.9

方 371.4

方 384.1

方 418.11

遣一 277.5

鉛

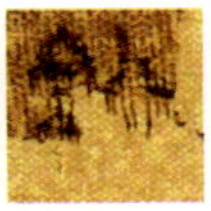
方 144.10

錫

二 11.68

二 12.48

相 30.15

相 30.58

相 31.31

相 31.62

相 34.64

相 35.17

鍚

遣一 221.5

遣一 222.5

遣一 224.8

遣三 87.30

遣三 335.2

相 35.50

「錫」字訛體。

銅

陰乙上朔 33.41

談 38.27

談 42.21

鐵 鐡

方 75.3

方 213.16

方 456.9

方 481.13

養 66.13

陰乙大游 2.109

刑乙 47.8

銷

方 298.24

繆 42.31

釘

周 68.74

錮

衷 33.41

鍛

⿱段金

方 456.8

鋌

方 267.20

鏡

遺一 233.7

遺一 241.2

遺一 242.2

遺一 243.4

遺一 264.4

遺三 389.2

遺三 390.2

鍑

方 457.2

鍪

禁 9.14

銼

老甲 100.12
老乙 18.16
老乙 47.29

銚

方 383.4
星 47.6

鍵

周 1.32
二 15.78
二 16.52
繫 1.6
繫 2.1
繫 2.9
繫 2.17
繫 9.11
繫 9.65
繫 23.26
繫 27.36
繫 27.43
繫 27.52
繫 27.67
繫 28.1
繫 31.37
繫 35.20
繫 44.47
衷 3.24
衷 22.64
衷 25.52
衷 26.13
衷 28.62
衷 29.6
衷 29.62
衷 33.13
衷 35.47
衷 40.48
衷 40.57
周·殘下 11.10
周·殘下 11.14

鎣

星 35.18

鑪

太 8.4

釦

養 207.9

从金口聲，「唫」字異體或寫作與之同形，卷二口部重見。

錯

陰甲祭一 A07L.19

陰甲祭一 A09L.15

周 4.12

繫 18.46

繫 24.74

要 2.5

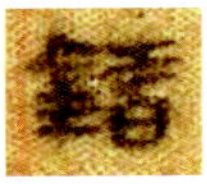
繆 15.37

繆 25.10

鍼

遺一 265.3

鎩

⿱殺金

遺三 12.3

遺三 17.6

鑿

老乙 52.18

⿱斤臼

陰甲築一 1.8

陰甲宜忌 5.5

陰甲宜忌 5.17

陰甲·殘 11.3

陰甲·殘 11.5

从斤从臼，楚文字寫法的「鑿」字。

銛

老甲 156.12

老乙 72.34

錢

遺一 297.2

遺一 298.7

遺一 312.6

遺三 376.2

鏺

遺三 242.2

錐

錍

遺三 277.5

遺三 278.1

銳

方 169.18

繆 64.27

繆 66.58

昭 5.48

鑽

戰 27.8

鈎

方 376.12

戰 253.27

戰 254.3

氣 4.58

氣 4.101

遺三 165.3

鐃

遺三 10.1

遺三 21.30

遺三 24.3

遺三 25.4

鐸

遺三 10.2

遺三 24.4

遺三 25.5

鐘

春 36.22

明 25.20

遺三 35.1

遺三 242.1

經 11.19

經 12.20

鈁	鐔	鉈	鉞	銜	鋪	鉅	鈚*
 遣一 221.13	 遣三 233.6	 方 16.14	 十 17.49	 氣 2.235	 方 448.16	 陽甲 21.20	「匕」字異體，卷八匕部重見。
		 星 47.18			 戰 154.23	 陽甲 33.2	

釰*

「刃」字異體，卷四刃部重見。

鈚*

遺一 166.3

遺一 167.9

遺三 250.3

銧*

去 3.22

去 3.33

鉿*

五 61.16

⿱生金*

星 11.9

星 14.2

⿰金泉*

遺一 223.2

相 8.42

⿰金将*

⿱⿰丬夕金

十 17.48

十 27.16

鐖*

五 174.2

五 174.21

五 175.17

鐱*

「劒」字異體，卷四刃部重見。

⿰金聖*

遣三 35.2

⿰金袞*

方 355.13

从金袞（衮）聲，用爲「鉛」。

⿰金鬵*

「鬵」字異體，卷三鬲部重見。

勺

陰甲祭一 A15L.9
陰甲堪法 4.7
陰甲堪法 4.23
陰甲堪法 5.12
陰甲堪法 6.6
陰甲堪法 7.28
方 72.3
養 28.3
養目 2.4
戰 12.1
戰 12.4
戰 12.30
戰 13.7
戰 14.15
戰 15.21
戰 20.22
戰 22.26
戰 23.4
戰 23.15
戰 24.19
戰 25.20
戰 25.31
戰 26.5
戰 26.13
戰 27.11
戰 29.25
戰 30.25
戰 32.25
戰 33.12
戰 36.4
戰 36.25
戰 37.15
戰 37.21
戰 46.25
戰 56.19
戰 63.17
戰 63.26
戰 64.30
戰 68.13
戰 68.37

処　几　軥* 与

戰69.19
戰70.19
戰71.20
戰72.19
戰88.3
戰88.34
戰90.12
戰90.28
戰95.38
戰97.9

戰106.38
戰107.34
戰108.7
戰112.35
戰113.1
戰113.9
戰116.18
戰116.30
遣一85.2
遣一88.5

遣一198.3
遣一199.3
遣一200.6
遣三207.2
遣三251.3

養·殘56.9

相6.8
相53.34
相54.28

音義待考。

經13.39
經36.46

春19.1
春91.14
明47.16
氣6.4
談16.16
談28.9
繫36.51
繫46.14
衷6.46
繆19.13

繆19.17
繆19.21
繆19.25
繆19.61
經3.62
經11.13
經24.2
經24.18
經25.45
經26.10

經27.35 經37.3 經44.7 經45.8 經45.13 經47.11 經50.23 經69.14 經70.28 經70.49

經74.19 十23.12 稱3.31 稱10.48 稱10.50 老乙67.15 老乙73.37 相2.13 相21.26 相46.46

相75.25

處

陽甲11.15 方61.18 方107.6 方134.17 方217.34 方458.7 房42.15 射13.8 胎10.3

戰25.14 戰28.19 戰42.33 戰91.32 戰310.5 老甲158.22 九40.10 明45.2 明46.3 刑甲39.27

問67.4 問92.19 問95.8 周84.65 二2.20 二17.56 二35.71 星1.19 星9.29 星29.25

星30.11 星31.4

《說文》或體。

且

方83.4 方244.5 方318.17 養14.10 養86.23 養111.21 房4.13 射15.1 胎29.4 春49.1

斧　斤

春 56.19　春 83.13　戰 8.2　戰 10.30　戰 12.9　戰 111.36　戰 137.3　戰 145.20　戰 175.17　戰 181.11

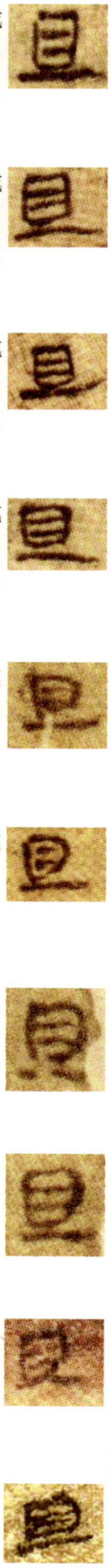
戰 181.14　戰 227.10　戰 227.35　戰 232.10　戰 242.3　戰 267.16　老甲 69.21　老甲 69.27　老甲 104.1　氣 1.187

氣 9.72　氣 10.293　木 37.13　問 36.16　合 21.7　談 41.17　太 1.8　周 21.38　繫 17.63　繫 41.15

繫 47.1　衷 42.63　要 14.19　繆 20.11　繆 37.61　繆 48.1　昭 4.62　昭 11.3　經 68.39　十 42.25

十 57.11　十 57.14　老乙 5.62　老乙 33.40　老乙 33.45　老乙 38.16　老乙 38.31　老乙 38.49　相 4.2　相 12.16

相 34.16　相 61.41

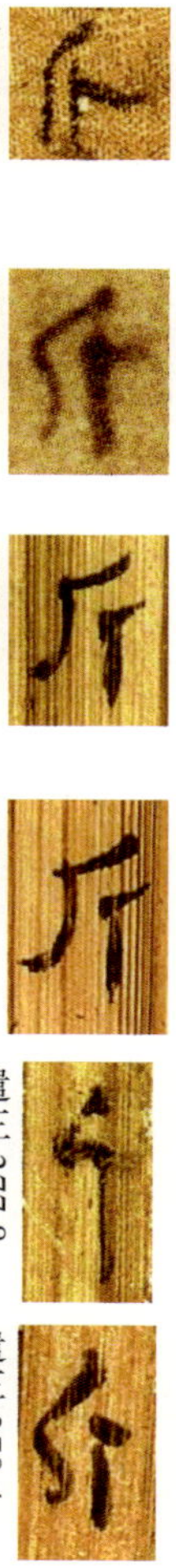
養 141.7　老甲 73.7　遣一 295.5　遣一 296.8　遣三 377.8　遣三 378.4

方 218.2　周 83.4　昭 13.57

斲

老甲 81.20
老甲 81.26
氣 4.31
氣 4.90
氣 4.100
氣 10.30
氣 10.47
繫 33.53
老乙 38.69
老乙 39.5

星 29.44
星 34.33
星 65.38
相 13.1

剅

養 203.19

此字據反印文切圖。

⿰豆斤

禁 4.6

所

陰甲天一 1.1
陰甲徙 5.15
陰甲上朔 5.6
陰甲祭一 A09L.18
陰甲雜四 16.9
陰甲祭二 12L.6
陽甲 12.10
陽甲 17.13
陽甲 19.15
陽甲 35.3

陽甲 37.18
脈 1.12
方 29.8
方 46.15
方 54.4
方 56.22
方 64.3
方 106.6
方 113.3
方 121.6

方 129.11
方 134.7
方 134.13
方 135.24
方 217.35
方 244.4
方 279.24
方 375.11
方 400.8
方 400.11

方 425.25
方·殘 2.11
陽乙 6.13
陽乙 9.39
陽乙 13.11
陽乙 17.25
養 82.22
養 98.9
養 124.6
養 192.15

養 208.13
房 40.15
房 42.19
胎 31.24
春 56.21
春 74.6
春 74.26
春 75.1
春 82.21
春 97.11

戰 2.3
戰 13.4
戰 20.7
戰 26.3
戰 30.3
戰 42.32
戰 47.34
戰 47.39
戰 48.20
戰 52.16

戰 52.22
戰 64.15
戰 65.13
戰 74.9
戰 88.4
戰 88.24
戰 91.21
戰 97.27
戰 97.37
戰 107.27

戰 130.3
戰 134.13
戰 139.2
戰 144.33
戰 155.22
戰 155.26
戰 161.28
戰 189.16
戰 200.3
戰 220.12

戰 220.18
戰 220.22
戰 234.3
戰 251.33
戰 253.7
戰 259.18
戰 291.24
戰 292.4
戰 321.23
戰 322.22

老甲 13.9
老甲 26.17
老甲 26.23
老甲 43.14
老甲 43.20
老甲 52.28
老甲 59.19
老甲 64.26
老甲 64.33
老甲 76.11

老甲 76.16
老甲 94.17
老甲 103.33
老甲 114.19
老甲 127.27
老甲 153.1
老甲 162.12
五 33.14
五 33.21
五 46.25

五 47.35
五 50.18
五 53.6
五 64.28
五 69.26
五 75.26
五 82.17
五 92.25
五 105.22
五 107.11

五 107.14
五 111.26
五 114.30
五 116.11
五 120.15
五 120.18
五 120.31
五 122.17
五 122.19
五 122.21
五 122.30
五 123.15
五 131.24
五 162.8
五 167.32
五 169.17
五 170.20
五 170.25
五 177.19
九 18.27
九 23.28
九 25.12
九 26.13
九 40.3
九 50.1
九 51.13
明 7.25
明 11.19
明 12.22
明 14.22
明 16.11
明 19.13
明 31.16
明 31.21
明 32.12
明 33.21
明 34.6
明 34.12
明 45.22
明 45.27
明 46.7
明 46.12
明 46.17
明 46.22
德 12.4
德 13.2
氣 1.138
氣 1.143
氣 1.158
氣 1.212
氣 2.15
氣 2.140
氣 2.290
氣 2.374
氣 5.23
氣 6.399
氣 10.245
氣 10.250
刑甲 14.33
刑甲 15.14
刑甲 23.28
刑甲 34.29
刑甲 45.7
刑甲 49.24
刑甲 92.1
刑甲大游 1.28
刑丙傳 2.6
刑丙傳 5.4
刑丙傳 8.15
刑丙傳 9.15
刑丙傳 10.12
刑丙傳 14.8
刑丙傳 16.17
刑丙地 10.3
陰乙刑德 5.6
陰乙刑德 10.9
陰乙玄戈 6.28
陰乙女發 4.4
木 19.21
問 4.28

問10.11 問27.6 談8.3 談37.5 談40.5 談40.7 遣一243.1 物4.52 周5.27 周39.7

周73.16 周86.48 周90.50 二2.57 二14.70 二24.33 二24.55 二25.26 繫4.12 繫4.21

繫6.11 繫10.59 繫15.24 繫16.40 繫25.61 繫25.68 繫26.2 繫26.24 繫26.31 繫34.25

繫41.5 繫47.28 衷4.41 衷10.25 衷11.29 衷15.7 衷43.67 要19.61 要23.71 繆1.33

繆5.36 繆21.4 繆22.12 繆22.59 繆28.13 繆33.5 繆33.58 繆34.47 繆36.26 繆37.34

繆37.42 繆39.61 繆40.13 繆44.62 繆47.1 繆47.24 繆48.11 繆48.18 繆56.63 繆66.20

繆66.25 昭3.57 昭3.62 昭4.17 昭9.9 經1.59 經2.32 經3.17 經4.25 經5.27

經6.13 經7.38 經8.54 經21.18 經35.23 經44.13 經46.53 經51.8 經51.35 經53.28

經 54.18
經 55.60
經 56.13
經 60.42
經 60.50
經 62.9
經 68.59
經 72.15
經 72.20
經 74.39

十 8.14
十 14.7
十 31.13
十 45.38
十 47.9
十 47.15
十 49.36
十 50.25
十 50.57
十 51.13

十 51.20
十 51.54
十 53.8
十 61.54
十 63.27
十 65.28
稱 3.8
稱 5.48
稱 6.20
稱 9.60

稱 11.4
道 4.16
道 4.23
道 5.9
道 5.17
道 7.13
道 7.21
老乙 6.45
老乙 24.19
老乙 29.31

老乙 30.68
老乙 31.7
老乙 36.63
老乙 36.68
老乙 48.67
老乙 49.59
老乙 60.25
老乙 60.58
老乙 61.29
老乙 61.72

老乙 64.49
老乙 75.14
星 7.25
星 9.35
星 11.25
星 24.10
星 24.14
星 25.16
星 29.47
星 30.9

星 36.11
星 36.52
星 37.22
星 41.30
星 42.8
星 46.10
星 50.22
星 51.46
星 52.7
星 58.24

星 58.33
刑乙 3.15
刑乙 6.26
刑乙 65.49
刑乙 69.59
刑乙 70.20
刑乙 70.42
刑乙 76.29
刑乙 77.11
相 2.26

斯　斷

斯

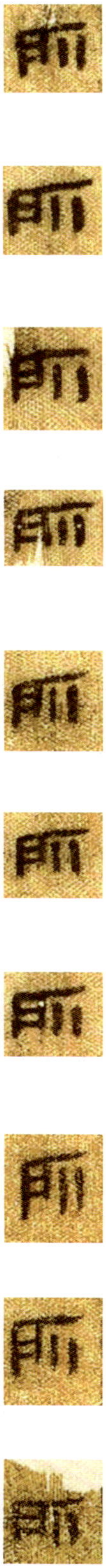

相 6.41 相 7.53 相 7.57 相 7.61 相 14.56 相 17.9 相 17.17 相 25.69 相 40.68 相 41.41

相 41.45 相 41.49 相 41.53 相 44.1 相 54.2 相 61.33 相 61.35 相 66.1 相 66.12 相 67.4

相 68.21

斷

射 13.25 五 100.21 五 128.14 繆 63.1 老乙 45.6

陰甲雜一 5.1 方 135.6 方 280.18 戰 69.7 明 36.22 陰乙三合 4.15 繫 1.24 繫 12.1 繫 14.35 繫 26.4

繫 29.25 繫 36.3 繫 44.11 經 74.55 十 13.20 十 13.22 十 13.24 十 40.53 十 40.55 十 40.57

十 62.64

𠜧

九 32.11 九 35.1 九 41.31 九 43.4 九 49.1 明 43.9

《說文》古文。

⿰叀支

五 48.31　九 33.27

㡭

方 17.6　方 41.28　方 61.17

《說文》「絶」字古文作「𢇍」，字形象以刀斷絲會絶義。「絶」「斷」同義，「㡭」或同義換讀爲「斷」。

新

方 92.24　方 131.14　方 224.12　方 345.27　養 61.5　養 61.38　養 89.15　養 179.15　胎 33.22　戰 252.10

老甲 136.16　陰乙三合 3.7　木 49.6　問 30.26　問 31.8　問 31.23　問 34.16　繫 8.72　十 65.21　稱 16.47

老乙 63.70

斗

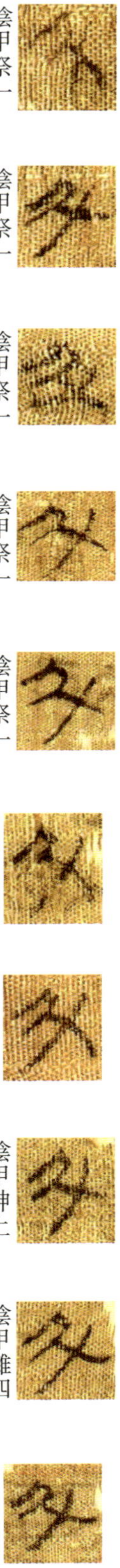

陰甲祭一 A11L.5　陰甲祭一 A12L.4　陰甲祭一 A16L.25　陰甲祭一 B02L.2　陰甲祭一 B04L.6　陰甲神上 9.7　陰甲神上 15.8　陰甲神上 22.11　陰甲雜四 16.26　陰甲式圖 1.7

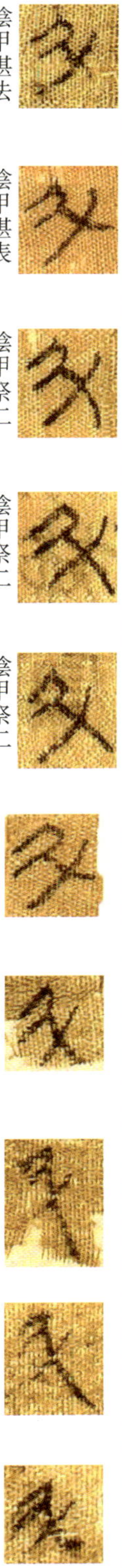

陰甲堪法 11.13　陰甲堪表 9L.27　陰甲祭二 11L.1　陰甲祭二 12L.4　陰甲祭二 13L.2　陰甲·殘 353.1　方 30.23　方 41.17　方 43.13　方 48.23

方48.28
方92.17
方94.11
方115.17
方181.5
方186.29
方189.20
方194.5
方206.20
方207.1
方254.16
方257.26
方261.29
方264.5
方268.13
方274.8
方274.11
方274.16
方286.10
方292.1
方301.4
方307.17
方309.22
方357.6
方357.24
方378.7
方387.2
方398.7
方428.7
方475.3
方475.8
養4.18
養5.7
養28.8
養43.7
養47.8
養47.12
養47.23
養81.19
養85.10
養90.5
養92.4
養92.8
養101.11
養118.25
養127.28
養134.6
養142.6
養148.12
養154.14
養160.3
養163.11
養165.4
養170.4
養·殘3.3
養·殘69.3
房4.24
房11.9
氣6.375
刑甲115.24
刑丙地13.10
刑丙地15.14
刑丙傳勝圖1.22
陰乙大游3.156
出17.9
遣一148.4
遣一149.4
遣一150.4
遣一152.10
遣一179.3
遣一202.7
遣三181.4
遣三183.4
遣三254.3
遣三262.8
太1.33
周41.68
繫13.64
繆16.10
繆17.31

繆 18.35
經 5.17
經 43.9
星 4.18
星 86.2
星 115.2
刑乙 60.12

魁

出 8.2
出 12.2

升

方 115.24
方 166.7
方 174.22
方 186.16
方 186.20
方 194.12
方 229.8
方 240.8
方 263.27
方 283.17

方 363.10
方 363.24
方 418.19
方 425.10
方 428.10
方 428.19
方·殘 45.2
養 6.11
養 33.25
養 66.10

養 81.7
養 81.11
養 92.13
養 93.2
養 161.3
房 5.9
胎 22.29
遣一 180.4
遣一 181.8
遣一 182.4

遣一 184.7
遣三 252.4
遣三 253.4
遣三 255.8
遣三 268.7

矛

陰甲徙 5.38
陰甲祭一 A08L.5
陰甲祭一 A09L.11
陰甲祭一 A16L.18
陰甲神上 14.24
陰甲神上 21.6
陰甲神上 28.5
陰甲雜七 5.3
陰甲·殘 56.1
刑甲小游 1.220

遺三 7.14

遺三 11.4

遺三 240.2

刑乙小游 1.240

矜

戰 132.3

老甲 135.11

老甲 137.18

老甲 153.26

老乙 63.36

「矜」字本从「令」得聲。

車

陰甲宜忌 2.5

方 413.4

方 423.25

方 454.18

養 71.9

養 72.8

養 195.5

春 7.23

春 93.6

戰 72.36

戰 81.15

戰 200.13

戰 260.21

戰 261.2

戰 264.18

老甲 64.23

明 22.17

氣 2.78

氣 2.93

氣 2.96

氣 2.110

氣 6.40

氣 9.244

遺三 5.11

遺三 6.2

遺三 40.2

遺三 41.2

遺三 42.2

遺三 43.2

遺三 44.2

遺三 46.2

遺三 51.2

遺三 52.3

遺三 53.3

遺三 53.19

遺三 53.23

周 11.24

周 12.64

周 17.5

周 33.56

周 70.21

周 75.40

周 76.5

周 84.31

二 10.29

繆 66.24

繆 67.52

稱 10.39

老乙 30.66

相 23.48

軒

刑甲 39.18

十 53.35

刑乙 86.24

輬

遣三 43.1

軺

陰甲祭一 A10L.13

遣三 46.1

輕

去 1.38

養 98.4

養·殘 110.2

戰 41.28

戰 142.8

戰 174.15

戰 210.7

戰 263.4

戰 267.5

戰 268.22

戰 306.24

五 8.22

五 11.15

五 46.6

五 46.13

五 46.18

五 46.31

五 48.28

五 69.13

九 29.16

談 17.1

談 27.35

繆 34.44

經 6.24

經 30.24

經 33.50

經 43.5

經 76.19

十 20.40

稱 23.8

老乙 26.2

老乙 39.45

老乙 39.57

老乙 66.66

老乙 67.28

老乙 67.32

輿

方 454.23

養 149.1

戰 154.4

戰 189.10

老甲 53.6

老甲 102.10

老甲 105.1

明 3.26

明 25.13

明 42.17

刑甲 58.13

周 20.71

周 24.22

周 50.62

繆 27.19

昭 3.20

昭 4.53

昭 4.61

老乙 4.24

老乙 4.26

老乙 48.14

老乙 49.37

星 138.5

輂

木 12.16

木 68.11

輯

經 30.2

輅

足 15.2

⿰車瓦

方 49.32

方 231.29

方 339.20

方 429.25

方 439.9

方 465.8

養 49.1

⿰車川

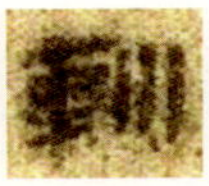
繆 57.13

轖

喪 6.11

軨

明 15.12

軫

⿰㐱車

明9.17

陰甲祭一A16L.15

陰甲雜四16.27

陰甲堪法4.6

陰甲堪法4.17

陰甲祭二9L.4

陰甲·殘188.1

去1.40

戰237.4

戰240.2

戰258.13

戰258.18

戰268.17

戰271.9

五36.5

五38.11

五127.20

五128.8

五128.11

五128.19

五131.1

五142.2

出5.11

出17.3

星3.29

星83.2

星107.2

星125.10

星126.5

軸

軲

氣6.41

漢隸「由」旁與「古」旁形近易混，「軸」字或訛作「軲」形。

輮

經7.6

轂

繆65.17

繆65.33

老乙51.64

軹

戰233.24

輻

方 445.6

轅

氣 6.47

載

春 93.2
戰 309.13
九 12.9
刑甲 22.6
木 28.7
遣一 62.2
遣一 63.6
遣一 64.2
遣一 65.6
遣一 66.2
遣一 67.3
遣一 68.13
遣一 214.21
牌一 16.2
牌一 17.3
遣三 126.2
遣三 140.2
遣三 190.2
遣三 191.3
牌三 53.2
出 23.29
周 70.23
周 76.2
周 84.68
繆 29.64
繆 67.49
經 10.28
經 29.4
十 53.13
十 54.37
道 1.57
刑乙 66.13
刑乙 66.18
刑乙 75.7
相 64.53

軍

陰甲刑日 6.7
戰 5.27
戰 132.19

軍

戰 160.24
戰 230.9
戰 274.2
戰 274.12
戰 280.7
戰 281.11
戰 281.26
戰 283.3
戰 286.28

戰292.25	氣1.179	氣3.107	氣5.80	氣6.387	氣9.143	刑甲8.11	刑甲13.25
戰298.9	氣2.13	氣3.177	氣5.110	氣8.8	氣9.149	刑甲8.32	刑甲14.35
戰298.24	氣2.115	氣4.28	氣5.237	氣8.19	氣9.240	刑甲8.37	刑甲14.37
戰299.7	氣2.128	氣4.86	氣5.245	氣8.34	氣9.248	刑甲9.20	刑甲14.40
戰302.26	氣2.143	氣4.234	氣6.79	氣8.51	刑甲4.3	刑甲9.40	刑甲16.2
老甲157.26	氣2.146	氣5.39	氣6.120	氣8.96	刑甲4.26	刑甲10.14	刑甲17.6
老甲157.31	氣2.154	氣5.54	氣6.189	氣8.105	刑甲5.8	刑甲11.41	刑甲18.10
明12.27	氣2.238	氣5.58	氣6.263	氣9.25	刑甲6.22	刑甲12.8	刑甲18.13
明14.27	氣2.415	氣5.68	氣6.267	氣9.59	刑甲6.36	刑甲12.23	刑甲18.31
明27.9	氣3.99	氣5.76	氣6.291	氣9.133	刑甲8.5	刑甲12.29	刑甲19.26

刑甲 21.2	刑甲 25.27	陰乙刑德 28.1	十 57.18	星 46.60	星 66.11	刑乙 64.5	刑乙 68.22
刑甲 21.9	刑甲 27.24	陰乙大游 2.130	老乙 12.33	星 48.21	星 66.22	刑乙 64.24	刑乙 68.35
刑甲 22.3	刑甲 27.35	陰乙文武 13.24	老乙 73.12	星 48.43	刑乙 27.25	刑乙 64.68	刑乙 68.60
刑甲 22.14	刑甲 28.6	出 26.50	老乙 73.18	星 49.8	刑乙 30.6	刑乙 65.10	刑乙 69.8
刑甲 22.20	刑甲 35.2	木 52.5	星 43.32	星 49.42	刑乙 36.17	刑乙 65.26	刑乙 69.12
刑甲 22.24	刑甲 44.16	箭 3.3	星 46.2	星 50.10	刑乙 37.22	刑乙 66.9	刑乙 69.39
刑甲 22.28	刑甲 109.7	箭 5.4	星 46.37	星 50.17	刑乙 48.5	刑乙 66.15	刑乙 70.22
刑甲 23.2	刑甲 129.5	箭 7.4	星 46.44	星 50.27	刑乙 63.35	刑乙 66.35	刑乙 70.26
刑甲 24.6	刑甲 137.11	箭 8.3	星 46.49	星 52.6	刑乙 63.48	刑乙 66.40	刑乙 70.29
刑甲 25.20	刑甲 138.10	昭 9.58	星 46.55	星 59.29	刑乙 64.2	刑乙 68.17	刑乙 71.3

轉

刑乙 71.34　刑乙 71.48　刑乙 72.19　刑乙 72.30　刑乙 72.51　刑乙 73.23　刑乙 74.23　刑乙 74.30　刑乙 75.4　刑乙 75.12

刑乙 75.15　刑乙 75.20　刑乙 75.24　刑乙 75.28　刑乙 76.3　刑乙 76.46　刑乙 77.1　刑乙 77.6　刑乙 77.32　刑乙 77.50

刑乙 79.15　刑乙 79.25　刑乙 79.34　刑乙 79.43　刑乙 79.46　刑乙 79.51　刑乙 79.54　刑乙 80.22　刑乙 89.26　刑乙 93.49

戰 212.26　戰 213.25　戰 295.10　經 53.62　相 3.25　相 18.47　相 57.67　相 60.70　相 62.69　相 70.37

相 70.45　相 72.41

輸

去 3.20　去 3.37　去 8.31　合 27.16

軌

相 3.17　相 48.41

簞

遣一 281.3　遣一 282.3　遣三 387.3

軵 輪 輇 斬

⿱莫車

遺三388.3

軵

養21.9

⿰車寸

十25.6

「軵」字省體。

輪

二23.18

繆3.44

相23.49

輇

相16.5

斬

陰甲神上3.11

陰甲室10.12

方4.17

方53.12

方211.3

方218.3

方413.2

養54.12

養163.5

春28.22

五47.4

五47.12

陰乙上朔31.6

陰乙上朔31.8

喪3.6

稱16.44

星21.39

相5.15

相8.46

相52.13

相56.12

輔

老甲 59.23

九 11.28

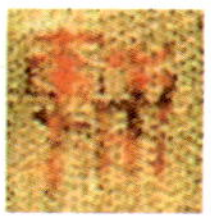
刑丙天 11.16

問 4.27

談 17.36

二 11.48

二 35.62

繫 16.22

衷 38.51

衷 38.55

稱 18.47

老乙 28.18

相 2.63

轟

陰乙大游 3.27

軲*

問 52.8

問 101.3

从車古聲，「軸」字或訛作與之同形，本卷「軸」字下重見。

軭*

繆 18.23

輚*

脈 5.2

脈 5.10

韓*

氣 7.8

𨏉*

周 68.5

周 68.46

官

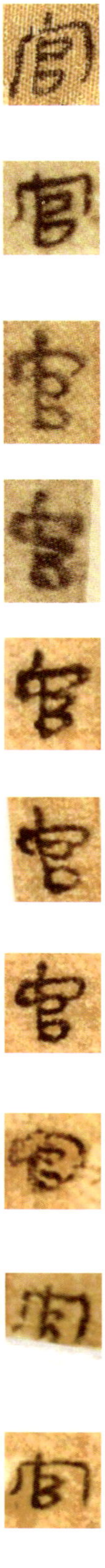

陰甲上朔 5.35
戰 53.17
老甲 143.23
老甲 150.5
九 16.17
九 16.26
九 20.11
刑甲 110.26
陰乙三合 2.17
陰乙三合 3.9

陰乙三合 5.16
陰乙玄戈 9.19
出 5.22
出 23.17
箭 54.2
周 66.12
二 3.41
繫 37.51
要 23.18
昭 8.47

十 24.44
老乙 67.13
老乙 69.79
相 42.31

陵

方 361.7
方 363.7
方 379.11
方 420.3
養 34.3
房 12.24
射 8.11
戰 104.24
戰 104.32
戰 123.19

戰 125.20
戰 125.32
戰 126.13
戰 142.14
戰 158.11
戰 158.37
戰 159.25
戰 169.22
戰 217.24
戰 294.6

戰 295.24
戰 300.15
戰 301.17
戰 301.26
戰 303.10
戰 305.14
老甲 26.4
刑甲 36.4
問 57.12
合 2.17

地 4.2
周 31.44
周 86.70
二 2.19
二 14.77
老乙 12.26
刑乙 84.14
相 6.38
相 53.64
相 54.54

陰

陰甲堪法 5.19
陰甲堪法 6.5
足 13.4
足 15.21
足 18.13
足 19.21
足 20.22
足 21.12
足 23.5
足 23.28

陰

足 25.4
足 27.4
足 28.3
脈 10.7
脈 10.9
候 1.18
候 2.7
方 42.3
方 120.7
方 129.9

方 178.3
方 239.11
養 58.4
養·殘 139.8
房 5.22
胎 18.19
導 3.20
戰 6.39
戰 58.11
戰 146.10

戰 294.17
刑丙天 2.11
刑丙天 3.10
刑丙天 9.43
刑丙天 11.8
刑丙傳勝圖 1.27
木 10.20
木 55.2
木 57.13
問 2.5

問 2.23
問 3.1
問 6.9
問 9.28
問 10.21
問 11.20
問 19.8
問 22.23
問 33.3
問 35.17

問 40.21
問 43.3
問 47.23
問 50.17
問 52.23
問 59.7
問 60.13
問 63.10
問 71.20
問 94.17

問 97.11
談 1.9
談 2.10
談 14.23
談 15.11
星 19.25
星 19.30
星 20.9
星 20.34
星 20.39

星 21.12
星 36.19
星 43.19

陰甲築一 1.3
陽甲 26.13
陽甲 33.3
陽甲 33.12
陽甲 36.25
方 235.9
去 7.14
陽乙 10.11
陽乙 15.39

陽乙16.21　陽乙16.30　陽乙17.19　陽乙17.43　養18.10　養34.10　養37.7　養37.30　養42.3　養44.13

養103.8　養106.6　戰101.23　氣1.171　氣6.411　氣10.178　刑甲11.18　刑甲57.12　刑甲大游1.16　陰乙刑德9.5

陰乙刑德21.3　陰乙刑德21.12　陰乙大游2.108　陰乙大游3.195　陰乙文武17.9　陰乙傳勝圖1.67　合1.5　談54.24　遣一77.2　牌一25.2

牌三3.2　周88.27　二1.63　二29.13　繫7.69　繫9.29　繫12.51　繫38.31　衷1.8　衷1.55

衷4.25　衷20.20　衷21.5　衷23.51　衷24.49　衷30.52　衷40.62　衷40.65　要21.67　繆5.50

繆33.16　經12.54　經13.36　經40.58　經41.13　經41.19　十5.64　十8.24　十9.54　十11.6

十19.42　十20.25　十32.29　十34.3　十57.57　十60.36　十62.60　稱15.24　稱22.56　稱22.60

稱22.64　稱23.4　稱23.10　稱23.17　稱23.20　稱23.24　稱23.28　稱23.32　稱23.36　稱23.40

稱23.48
稱23.52
稱23.60
稱24.7
稱24.12
稱24.16
稱24.20
稱24.24
道1.76
道3.39

星43.40
星43.48
星45.2
星45.5
星45.21
星57.6
星60.21
星66.19
星68.47
星68.49

星69.13
星69.16
星69.49
星71.2
星72.10
星72.30
星73.23
星121.8
刑乙1.7
刑乙6.4

刑乙29.3
刑乙62.67
刑乙63.19
刑乙68.12
刑乙97.8
相2.8
相2.32
相2.49
相2.59
相6.72

相7.43
相18.20
相19.49
相20.38
相23.10
相24.24
相24.44
相24.69
相25.13
相25.40

相41.70
相44.57
相48.1
相55.48
相57.36
相60.27
相63.8

「陰」字訛體，「云」旁訛作「虫」形。

隋

遺三122.2

陽

陰甲築一2.2
足1.4
足5.4
足9.3
足10.3
足12.16
足23.9
足23.13
足23.20
足29.4

足30.15
足32.4
足33.3
足34.8
陽甲5.2
陽甲6.19
陽甲12.4
陽甲13.4
陽甲27.10
脈3.11

候1.3
方90.5
方201.15
方235.11
去2.45
去3.21
去3.32
去3.36
陽乙4.26
陽乙16.11

養179.7
養190.8
房·殘18.1
胎18.30
胎·殘2.1
戰7.12
戰11.18
戰12.12
戰13.13
戰16.14

戰17.2
戰25.7
戰35.20
戰36.8
戰65.25
戰68.2
戰68.24
戰68.31
戰89.8
戰91.13

戰97.21
戰98.29
戰105.15
戰105.38
戰126.18
戰158.25
戰159.4
戰175.21
戰178.6
戰183.20

戰217.20
戰231.3
戰294.16
戰294.20
氣4.232
刑甲56.23
刑甲57.6
刑甲57.10
刑甲57.16
刑丙天2.8

刑丙天3.11
刑丙天11.2
刑丙天11.4
刑丙傳勝圖1.29
陰乙大游3.189
陰乙傳勝圖1.69
木10.12
木23.5
木36.6
木57.4

問2.6
問2.25
問6.15
問9.29
問20.11
問32.16
問43.4
問50.19
問59.8
問83.24

合1.6
合1.13
談1.10
談2.14
導3.21
地3.2
地6.2
地7.2
箭80.2
周57.3

二1.50
二5.11
二34.48
二35.10
繫7.71
繫9.30
繫38.28
繫38.47
衷1.10
衷1.56

衷20.21
衷21.7
衷24.18
衷30.58
衷40.58
衷40.66
衷42.22
要21.68
繆5.52
經12.51

經13.1
經40.54
經41.4
經41.8
經41.20
十5.65
十8.20
十9.49
十9.61
十11.47

十12.8
十12.11
十19.44
十20.26
十24.29
十30.1
十32.32
十34.4
十41.60
十60.37

稱15.21
稱22.54
稱22.58
稱22.62
稱23.1
稱23.7
稱23.13
稱23.34
稱23.38
稱23.50

稱23.57
稱24.9
稱24.14
稱24.18
稱24.22
稱24.26
道2.1
星20.40
星43.27
星43.53

星44.58
星45.25
星45.27
星56.35
星58.28
星59.14
星66.26
星68.35
星68.38
星69.17

阿 陸

星69.27 星69.41 星70.25 星70.37 星71.26 星72.6 星72.43 星73.3 星73.15 星73.32

星73.41 星73.48 星74.6 星74.12 刑乙63.30 刑乙96.47 刑乙97.2 刑乙97.6 刑乙97.12 相2.6

相2.33 相2.51 相2.57 相7.3 相7.45 相15.5 相17.33 相18.21 相18.36 相19.50

相21.46 相25.14 相41.64 相41.72 相46.18 相47.17 相47.41 相52.50 相53.3 相56.48

相57.20 相61.8 相61.58 相65.24 相67.60 相68.29 相69.39 相70.42 相75.56

陽

問21.2 星69.46

周86.40 周87.13

春94.17 戰33.15 相6.68

阪

氣6.268

坂

周86.28

隅

陰甲室3.25

陰甲室3.37

陰甲室9.21

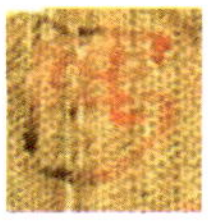
刑丙天3.25

陰乙刑德5.17

繆43.19

星28.10

刑乙3.26

險

問26.1

繫6.4

繫18.52

繫24.77

繫44.54

經59.21

十19.1

十21.28

陜

方43.20

周61.63

相5.25

相52.34

隤

陽乙15.17

陽乙15.51

隊

隧

方192.21

降

陽乙15.50

戰146.4

氣9.166

氣9.251

刑甲1.13

刑甲26.2

刑甲46.14

刑丙小游1.23

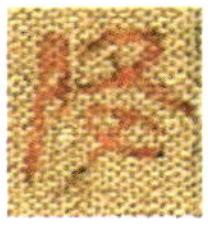
刑丙小游1.58

刑丙小游1.80

隱　附　隄　隓　隕

（降，續）

刑丙小游 1.97

刑丙小游 1.119

二 13.7

經 10.34

經 26.49

經 59.41

經 60.31

刑乙 62.9

刑乙 62.19

刑乙 62.33

刑乙 77.57

刑乙 83.6

隕

塤

周 9.64

隓

𡐦

老乙 70.41

《說文》篆文。

隄

相 10.16

相 16.67

相 59.7

相 60.7

相 68.9

附

去 8.4

去 8.27

遣三 47.11

遣三 48.12

遣三 49.1

隱

方 201.6

春 66.6

春 66.16

春 66.23

春 67.8

春 71.8

春 77.5

衷 26.29

衷 42.61

衷 44.31

稱 8.26

稱 8.67

隃

繆 64.49
昭 2.20

阮

方 270.2

陳

方 18.17
方 166.8
方 191.13
方 193.4
方 193.7
方 200.8
方 205.12
方 230.27
方 336.7
方 365.3

養 179.6
養 200.30
胎 13.6
春 83.10
春 83.30
戰 59.33
戰 156.13
戰 237.3
戰 240.1
戰 258.12

戰 258.17
戰 268.16
戰 271.8
九 7.21
九 25.4
氣 3.117
氣 8.24
刑甲 94.15
刑丙傳 18.16
刑丙天 5.12

刑丙天 10.29
陰乙傳勝圖 1.48
陰乙傳勝圖 1.50
問 34.11
問 50.23
談 36.9
繫 1.13
繆 68.6
繆 69.10
繆 70.3

繆 70.11
經 5.24
十 65.13
老乙 31.8

陶

戰 104.28
戰 126.11
戰 143.14
戰 161.24
戰 201.34
戰 202.8
戰 202.31
戰 203.7

除

方 110.6

養 144.4

養目 3.5

春 82.23

戰 33.35

戰 205.28

戰 206.14

戰 207.17

老甲 108.9

明 48.14

刑甲 102.4

刑甲 107.8

陰乙刑德 29.8

陰乙傳勝圖 1.27

遣一 243.3

繆 20.32

十 47.6

老乙 15.19

老乙 51.9

刑乙 14.12

刑乙 15.10

相 38.31

相 54.45

相 76.54

階

周 55.49

周 90.28

繫 16.46

衷 35.33

繆 1.20

繆 2.17

繆 4.32

陛

刑甲 3.24

刑甲 6.13

刑乙 63.18

刑乙 63.29

刑乙 65.1

陪

老乙 70.39

陲

繫 35.10

昭 6.68

陯

箭 49.1

陀*

方 95.2

陔*

相 6.43

相 54.4

厽

二 1.3

二 9.75

二 13.30

二 13.33

二 14.31

衷 29.9

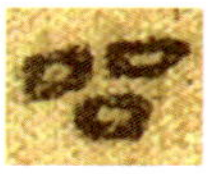
要 19.22

絫

問 55.22

合 24.12

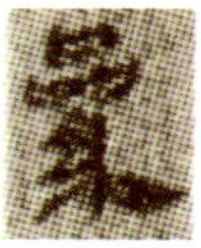
談 52.22

參

《說文》「曑」字或體，字形詳見卷七晶部。

四

陰甲上朔 1L.16

陰甲上朔 2L.31

陰甲上朔 3L.31

陰甲上朔 4L.31

陰甲上朔 5L.25

陰甲上朔 7L.21

陰甲上朔 9L.30

陰甲上朔 1.13

陰甲上朔 1.15

陰甲上朔 3.17

陰甲神上 29.3

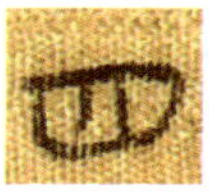
陰甲雜五 4.9

陰甲堪表 6.8

陰甲祭三 3.11

陰甲·殘 4.33

陰甲·殘 6.43

陰甲·殘 282.4

陰甲·殘 318.6

陽甲 15.25

方 32.20

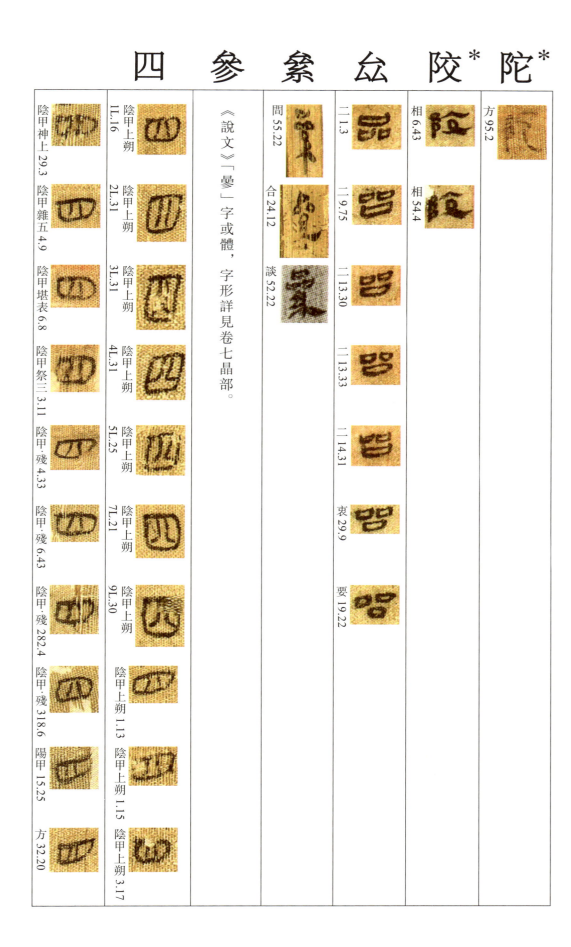

方 43.22
方 49.19
方 192.6
方 207.11
方 274.15
方 286.9
方 288.11
方 289.23
方 294.6
方 306.23

方 328.11
方 349.15
方 363.5
方 453.25
去 4.18
陽乙 8.2
陽乙 17.34
養 31.15
養 48.16
養 57.11

養 92.3
養 92.7
養 92.11
養 101.10
養 113.7
養 118.24
養 122.11
養 125.15
養 125.22
養 150.4

養 154.13
養 170.3
養 174.14
養 202.21
養 203.13
養 205.2
房 20.21
胎 29.18
胎 29.22
戰 96.10

戰 103.3
戰 111.18
戰 190.24
戰 260.11
老甲 52.18
老甲 142.11
五 4.11
五 33.18
五 83.13
五 123.12

五 124.19
五 124.22
五 139.30
五 140.18
九 8.11
九 8.28
九 9.7
九 11.31
九 12.17
九 14.28

九 29.11
九 31.21
德 1.1
德 1.8
氣 1.234
氣 1.244
氣 2.107
氣 2.184
氣 4.59
氣 5.109

氣 5.233
氣 5.241
氣 8.26
氣 8.53
刑甲 14.15
刑甲 37.11
刑甲 37.14
刑甲 44.3
刑甲 84.15
刑甲 94.6

刑甲 96.19	陰乙刑德 21.13	陰乙上朔 32.24	問 4.26	合 28.23	遣一 60.7	遣一 162.3
刑甲 98.6	陰乙大游 2.6	陰乙上朔 32.36	問 20.21	禁 9.6	遣一 68.20	遣一 175.7
刑甲 98.19	陰乙大游 3.28	陰乙傳勝圖 1.21	問 33.6	禁 9.12	遣一 88.16	遣一 184.6
刑甲 112.34	陰乙大游 3.164	陰乙天一 31.9	問 58.22	談 33.14	遣一 107.6	遣一 211.9
刑丙傳 7.16	陰乙大游 3.183	出 2.6	問 63.26	談 38.16	遣一 128.4	遣一 229.10
刑丙天 4.31	陰乙上朔 18.6	出 3.6	問 67.10	談 39.16	遣一 129.4	遣一 283.4
刑丙天 6.35	陰乙上朔 23.8	出 22.49	問 71.8	談 46.16	遣一 130.8	遣一 287.6
刑丙天 8.5	陰乙上朔 25.2	出 22.61	合 6.16	遣一 33.7	遣一 132.7	遣一 291.7
刑丙天 11.43	陰乙上朔 25.24	出 26.15	合 15.16	遣一 46.14	遣一 137.13	遣三 4.3
陰乙刑德 8.11	陰乙上朔 29.7	木 15.20	合 19.16	遣一 46.19	遣一 153.11	遣三 5.7

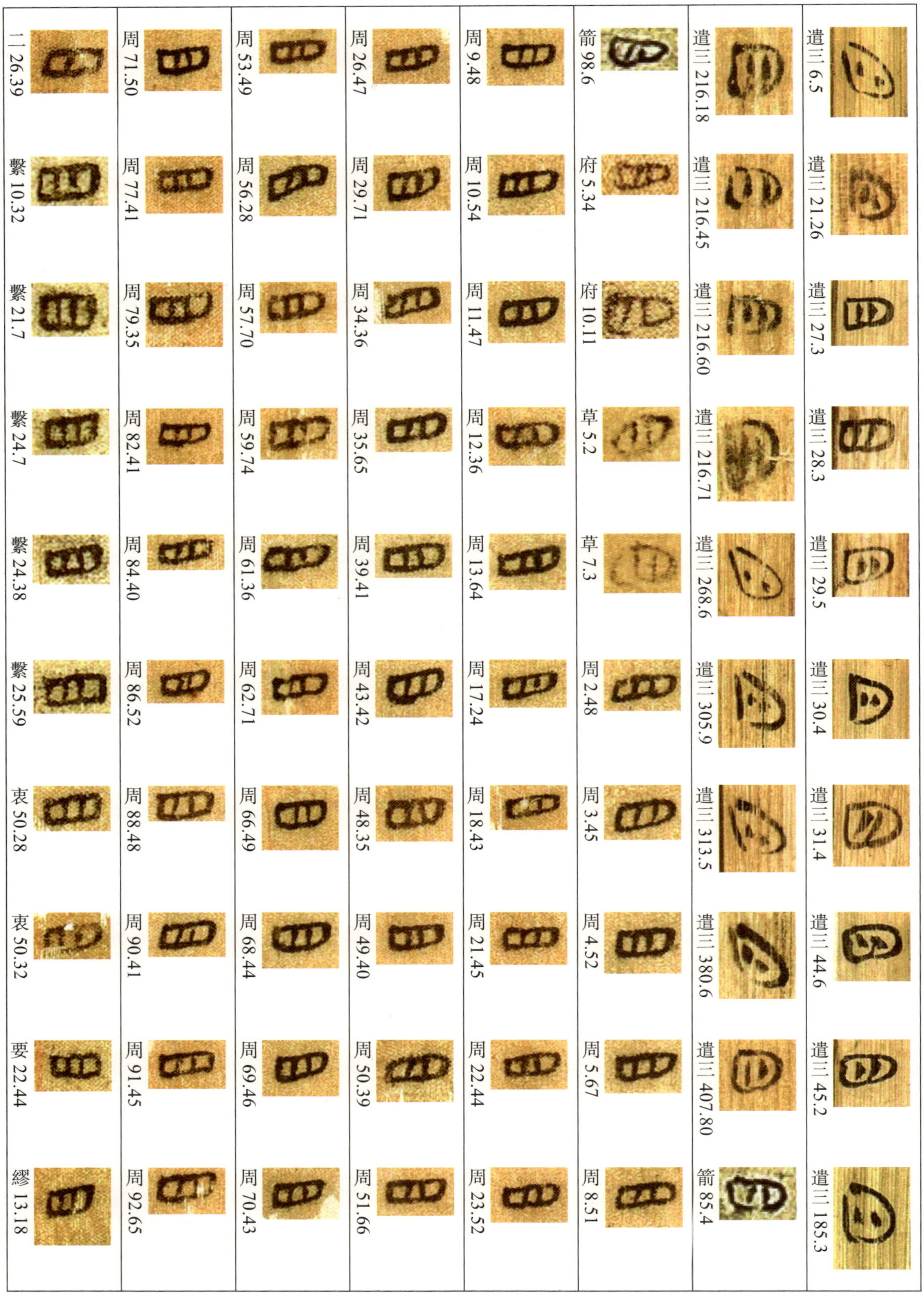
遣三 6.5
遣三 21.26
遣三 27.3
遣三 28.3
遣三 29.5
遣三 30.4
遣三 31.4
遣三 44.6
遣三 45.2
遣三 185.3
遣三 216.18
遣三 216.45
遣三 216.60
遣三 216.71
遣三 268.6
遣三 305.9
遣三 313.5
遣三 380.6
遣三 407.80
箭 85.4
箭 98.6
府 5.34
府 10.11
草 5.2
草 7.3
周 2.48
周 3.45
周 4.52
周 5.67
周 8.51
周 9.48
周 10.54
周 11.47
周 12.36
周 13.64
周 17.24
周 18.43
周 21.45
周 22.44
周 23.52
周 26.47
周 29.71
周 34.36
周 35.65
周 39.41
周 43.42
周 48.35
周 49.40
周 50.39
周 51.66
周 53.49
周 56.28
周 57.70
周 59.74
周 61.36
周 62.71
周 66.49
周 68.44
周 69.46
周 70.43
周 71.50
周 77.41
周 79.35
周 82.41
周 84.40
周 86.52
周 88.48
周 90.41
周 91.45
周 92.65
二 26.39
繫 10.32
繫 21.7
繫 24.7
繫 24.38
繫 25.59
衷 50.28
衷 50.32
要 22.44
繆 13.18

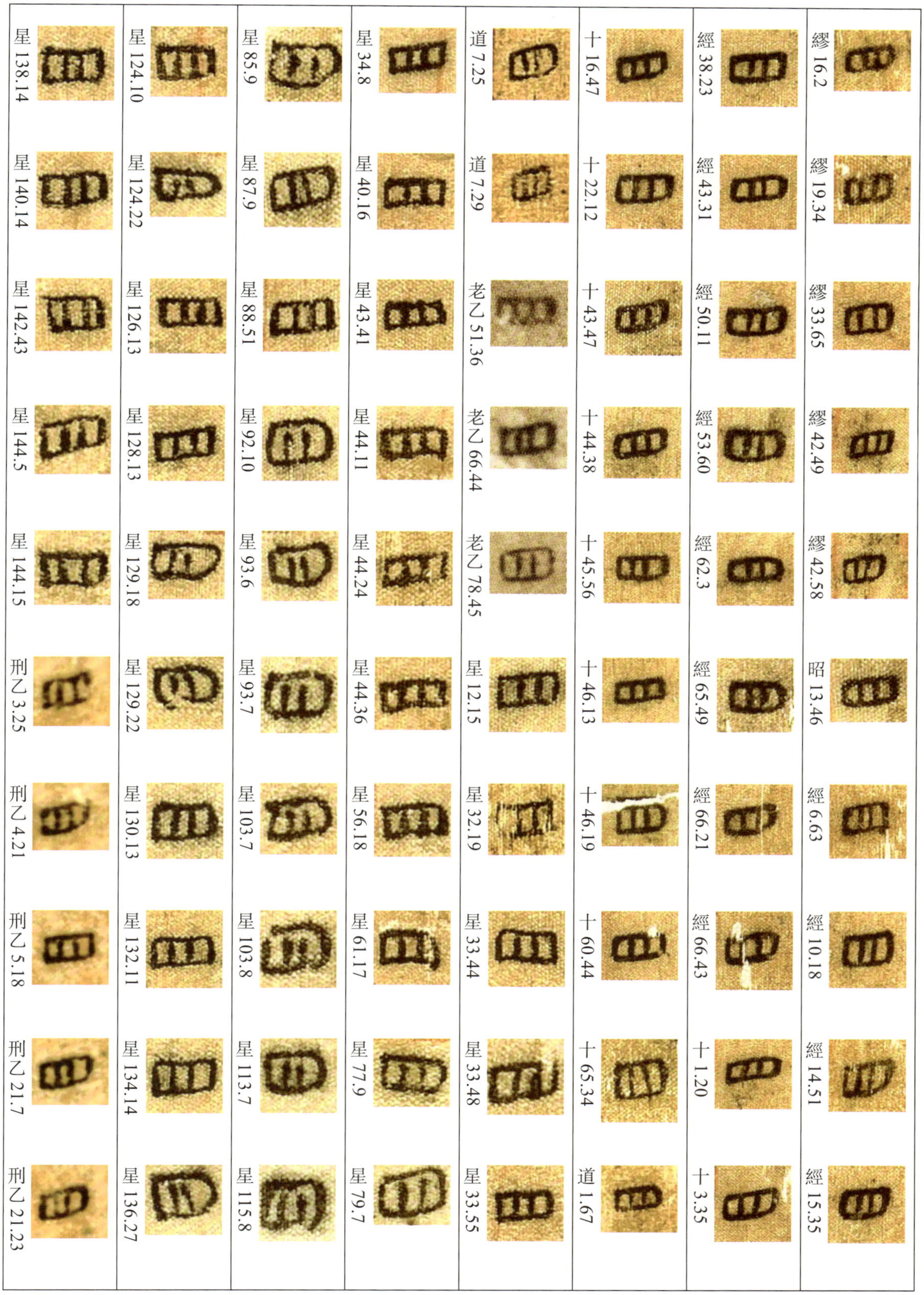

繆 16.2	繆 19.34	繆 33.65	繆 42.49	繆 42.58	昭 13.46	經 6.63	經 10.18	經 14.51	經 15.35
經 38.23	經 43.31	經 50.11	經 53.60	經 62.3	經 65.49	經 66.21	經 66.43	十 1.20	十 3.35
十 16.47	十 22.12	十 43.47	十 44.38	十 45.56	十 46.13	十 46.19	十 60.44	十 65.34	道 1.67
道 7.25	道 7.29	老乙 51.36	老乙 66.44	老乙 78.45	星 12.15	星 32.19	星 33.44	星 33.48	星 33.55
星 34.8	星 40.16	星 43.41	星 44.11	星 44.24	星 44.36	星 56.18	星 61.17	星 77.9	星 79.7
星 85.9	星 87.9	星 88.51	星 92.10	星 93.6	星 93.7	星 103.7	星 103.8	星 113.7	星 115.8
星 124.10	星 124.22	星 126.13	星 128.13	星 129.18	星 129.22	星 130.13	星 132.11	星 134.14	星 136.27
星 138.14	星 140.14	星 142.43	星 144.5	星 144.15	刑乙 3.25	刑乙 4.21	刑乙 5.18	刑乙 21.7	刑乙 21.23

亞　綴　叕

刑乙 29.8　刑乙 39.9　刑乙 49.8　刑乙 52.7　刑乙 56.10　刑乙 70.2　刑乙 76.18　刑乙 89.17　刑乙 92.12　相 4.33

相 4.49　相 13.22　相 20.1　相 23.57　相 29.53　相 32.56　相 33.20　相 44.47　相 56.52　相 59.67

相 60.13　相 63.19　相 73.25

方 224.8　德 5.25

[illegible]

射 9.7

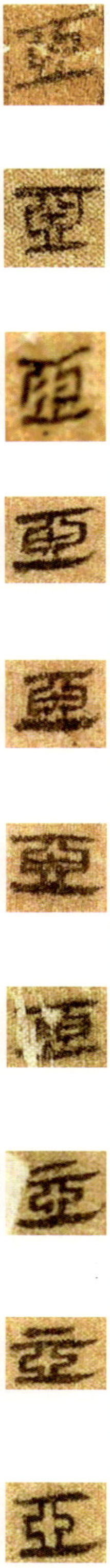

陽乙 5.23　養 54.8　陰乙上朔 20.8　周 31.10　周 75.18　二 26.66　二 35.9　繫 43.3　衷 2.12　衷 36.62

繆 8.13　繆 31.18　昭 12.18　經 43.51　經 44.25　十 4.13　十 19.58　十 58.32　十 58.38　稱 11.5

稱 15.25　道 5.38　老乙 37.48　老乙 45.1　老乙 49.60　老乙 60.50　老乙 63.51　老乙 72.3

五

陰甲徙5.12
陰甲女發3.8
陰甲上朔1.8
陰甲上朔1.18
陰甲神上4.13
陰甲神上6.1
陰甲衍3.5
陰甲衍4.3
陰甲築一4.19
陰甲堪法3.20

陰甲堪法7.21
陰甲堪法8.19
陰甲刑日9.10
陰甲諸日3.9
陰甲諸日6.13
陰甲諸日6.19
陰甲諸日6.25
陰甲諸日6.46
陰甲諸日6.52
陰甲·殘2.7

足21.4
候2.15
候4.3
方13.16
方92.16
方94.27
方125.16
方207.12
方250.8
方261.28

方269.25
方285.20
方345.11
方357.14
方361.19
方382.17
方382.22
方391.6
方398.6
去1.17

陽乙17.39
養18.3
養21.3
養31.18
養47.2
養79.24
養145.1
養149.13
養163.14
養165.22

養174.3
養176.3
養177.2
養202.25
養203.16
養221.13
房51.20
房·殘13.4
射12.28
春87.34

戰5.16
戰6.9
戰30.14
戰52.41
戰147.20
戰186.12
戰201.21
戰202.22
戰215.10
戰229.3

戰232.11
戰232.35
戰285.27
戰296.28
戰310.14
老甲15.14
老甲111.19
老甲112.10
老甲112.18
五4.6

五 7.2　五 54.29　五 55.8　五 182.5　德 1.14　德 2.12　氣 1.77　氣 1.133　氣 4.82　氣 6.73

氣 6.127　氣 6.175　刑甲 5.27　刑甲 12.32　刑甲 22.23　刑甲 31.11　刑甲 37.16　刑甲 37.19　刑甲 40.31　刑甲 51.12

刑甲 53.14　刑甲 54.8　刑甲 60.1　刑甲 99.10　刑甲 101.5　刑甲 101.15　刑甲 108.25　刑甲 112.21　刑甲 112.23　刑甲 115.12

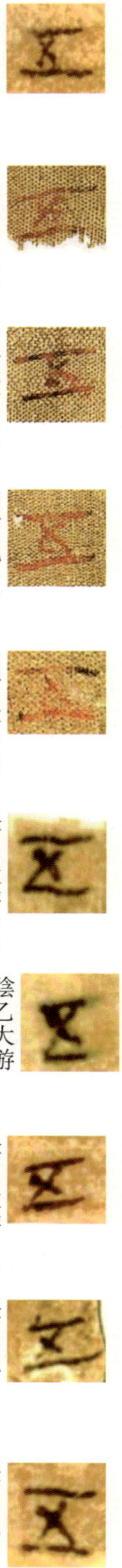

刑甲 140.4　刑丙傳 8.20　刑丙傳 18.6　刑丙地 8.3　刑丙天 8.12　陰乙大游 2.32　陰乙大游 2.128　陰乙大游 3.94　陰乙兇 5.21　陰乙兇 7.18

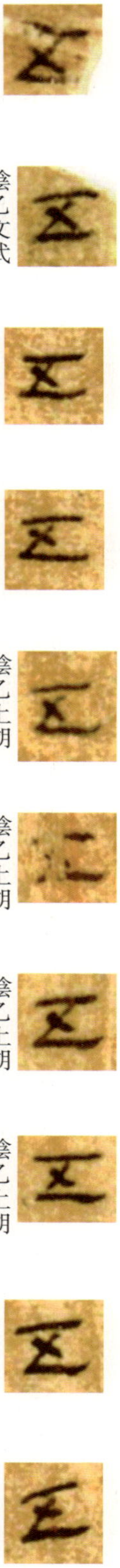

陰乙兇 9.23　陰乙文武 12.33　陰乙文武 18.8　陰乙五禁 11.2　陰乙上朔 17.18　陰乙上朔 31.14　陰乙上朔 31.30　陰乙上朔 33.26　陰乙上朔 35.5　陰乙上朔 36.4

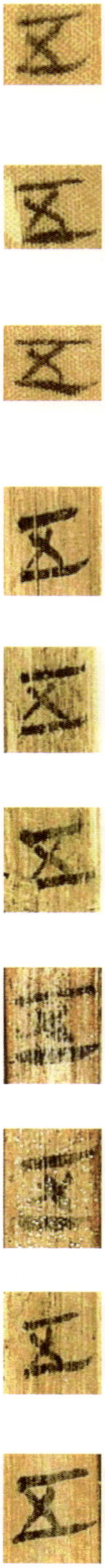

出 23.41　出 26.19　出 31.25　問 3.6　問 4.11　問 4.19　問 5.10　問 5.18　問 10.15　問 16.23

問 21.4　問 64.2　問 64.9　問 64.20　問 81.7　問 98.11　問 99.8　問 101.1　合 7.2　合 7.12

合10.9
合12.21
合15.20
合17.20
合19.20
合29.3
禁2.8
禁3.5
禁4.10
禁5.7

談21.16
談33.18
談37.9
談38.20
談39.2
談39.19
談39.24
談46.20
遣一49.3
遣一68.24

遣一102.13
遣一148.3
遣一150.3
遣一152.1
遣一152.9
遣一153.5
遣一157.5
遣一157.9
遣一183.8
遣一185.9

遣一186.9
遣一202.6
遣一207.8
遣一217.2
遣一217.9
遣一231.1
遣一232.3
遣一251.18
遣三21.15
遣三173.5

遣三174.5
遣三175.3
遣三176.3
遣三177.3
遣三178.2
遣三181.3
遣三182.3
遣三183.3
遣三184.1
遣三184.3

遣三252.6
遣三262.7
遣三264.8
遣三269.9
遣三280.2
遣三280.8
遣三293.4
遣三294.4
遣三305.6
遣三366.17

遣三368.9
遣三377.6
遣三407.87
箭74.3
箭76.4
箭83.4
府3.7
府5.5
府5.12
府17.4

府20.16
草7.1
草7.5
周1.51
周2.58
周3.56
周4.62
周5.80
周7.52
周8.58

周 9.55
周 9.56
周 10.60
周 11.56
周 13.75
周 15.62
周 17.39
周 20.65
周 21.60
周 22.53

周 23.60
周 24.39
周 26.57
周 28.15
周 30.7
周 33.61
周 34.49
周 36.9
周 37.54
周 39.51

周 42.1
周 43.48
周 50.47
周 52.4
周 53.56
周 55.45
周 58.13
周 60.6
周 61.51
周 63.7

周 66.65
周 68.53
周 69.60
周 70.49
周 71.59
周 73.48
周 75.66
周 79.47
周 82.50
周 85.51

周 86.66
周 88.59
周 90.54
周 91.52
周 93.6
二 9.53
二 12.65
二 19.8
繫 19.13
繫 21.9

衷 19.26
衷 23.13
衷 23.48
衷 51.4
衷 51.14
要 23.17
要 23.26
繆 18.56
繆 49.8
繆 54.50

繆 65.18
繆 65.34
繆 71.29
昭 4.40
經 14.1
經 15.44
經 53.63
經 59.7
經 60.48
經 62.12

經 77.60
十 10.27
十 14.54
十 14.60
十 18.30
十 44.29
十 44.61
老乙 52.41
老乙 53.1
星 5.10

六

星5.30
星5.33
星6.3
星19.3
星40.46
星54.38
星56.22
星61.18
星63.2
星63.4
星76.16
星78.8
星80.8
星84.11
星86.9
星88.27
星88.38
星93.8
星94.7
星94.8
星104.8
星104.9
星114.7
星116.9
星122.30
星127.17
星132.22
星132.25
星138.27
星139.19
星144.27
刑乙18.8
刑乙48.3
刑乙55.25
刑乙59.21
刑乙64.44
刑乙75.23
刑乙77.7
刑乙87.6
刑乙94.58
相3.2
相7.27
相20.6
相31.51
相73.27
相75.39
陰甲上朔1L.30
陰甲上朔2L.45
陰甲上朔3L.45
陰甲上朔4L.45
陰甲上朔5L.35
陰甲上朔7L.30
陰甲上朔9L.44
陰甲築一6.1
陰甲五禁3L.18
陰甲五禁3L.22
陰甲式圖1.33
陰甲刑日9.15
陰甲·殘102.1
足34.15
方179.22
方212.6
方262.12
方269.26
方285.22
方345.13
方361.20
方378.14
方388.14
養123.29
養151.7
養202.29
養204.3
戰283.10
老甲126.2
五40.13

五 148.8
五 149.25
氣 2.142
氣 5.226
刑甲 16.10
刑甲 16.14
刑甲 22.27
刑甲 29.3
刑甲 43.28
刑甲 51.5

刑甲 88.4
刑甲 93.3
刑甲 97.4
刑甲 126.17
刑甲 140.9
刑丙地 5.3
陰乙刑德 8.5
陰乙刑德 8.17
陰乙刑德 9.7
陰乙刑德 14.8

陰乙刑德 15.9
陰乙刑德 16.13
陰乙刑德 19.16
陰乙兇 1.19
陰乙文武 22.9
陰乙上朔 16.3
陰乙上朔 18.23
陰乙上朔 19.5
陰乙天一 28.4
出 3.3

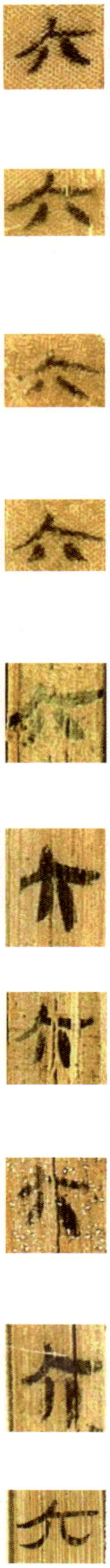

出 3.21
出 22.66
出 23.1
出 23.8
問 21.13
問 32.7
問 37.19
問 68.21
問 92.4
合 13.2

合 15.24
合 17.24
合 29.7
談 20.24
談 21.19
談 31.27
談 33.22
談 38.24
談 46.24
遣一 88.11

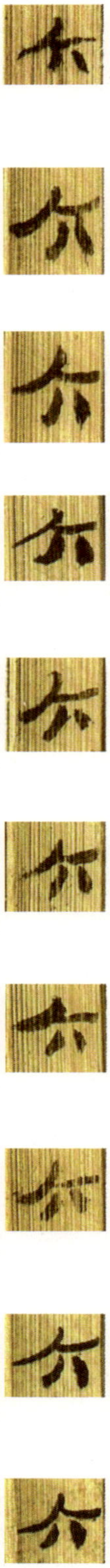

遣一 130.3
遣一 166.4
遣一 167.10
遣一 171.7
遣一 203.4
遣一 205.7
遣一 208.9
遣一 209.9
遣一 221.8
遣一 221.14

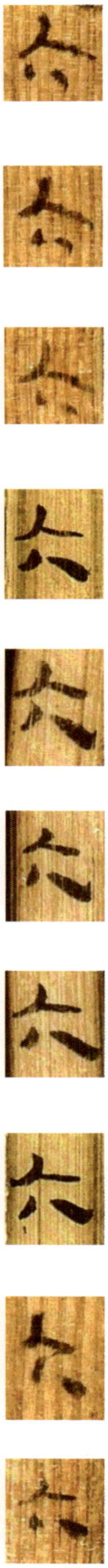

遣三 21.8
遣三 21.11
遣三 21.35
遣三 40.6
遣三 41.6
遣三 42.7
遣三 43.7
遣三 50.3
遣三 87.12
遣三 87.15

遣三 87.26
遣三 216.28
遣三 246.5
遣三 248.4
遣三 250.4
遣三 266.7
遣三 282.13
府 5.9
府 15.5
府 20.8

府23.37	草3.3	周2.18	周2.29	周2.42	周3.9	周3.19	周4.29	周5.24	周5.52
周7.25	周8.25	周8.38	周9.10	周10.21	周10.31	周10.59	周11.46	周11.55	周12.10
周12.19	周12.29	周12.35	周12.43	周13.46	周13.63	周13.74	周15.23	周15.50	周15.61
周17.9	周17.23	周17.38	周18.15	周18.28	周18.42	周20.19	周20.64	周21.14	周21.31
周21.44	周21.71	周22.43	周22.52	周23.20	周23.37	周23.44	周23.51	周23.77	周24.18
周24.24	周24.45	周25.27	周25.37	周25.45	周26.14	周26.24	周26.78	周27.26	周27.49
周28.1	周28.27	周29.30	周29.70	周30.15	周33.60	周33.70	周34.10	周34.15	周34.26
周34.48	周34.57	周35.28	周35.34	周36.8	周36.26	周37.32	周37.42	周37.53	周38.5

周 39.21
周 39.50
周 40.4
周 41.27
周 41.75
周 42.10
周 43.14
周 43.47
周 44.41
周 44.52

周 45.9
周 45.20
周 48.7
周 48.18
周 48.34
周 48.42
周 49.26
周 49.39
周 50.8
周 50.38

周 50.46
周 51.34
周 51.65
周 52.3
周 52.14
周 53.36
周 53.48
周 53.55
周 53.63
周 55.16

周 55.44
周 55.52
周 58.24
周 59.24
周 59.46
周 59.58
周 60.21
周 61.11
周 61.16
周 61.59

周 62.16
周 62.51
周 63.24
周 66.23
周 68.13
周 68.52
周 69.20
周 69.59
周 70.48
周 71.30

周 71.42
周 71.58
周 73.10
周 73.20
周 73.47
周 75.37
周 75.65
周 77.16
周 77.29
周 79.13

周 79.22
周 79.46
周 82.10
周 82.40
周 84.39
周 85.13
周 85.23
周 85.31
周 85.39
周 86.10

周 86.23
周 86.51
周 88.47
周 90.17
周 90.32
周 91.16
周 91.44
周 92.46
周 92.64
繫 14.46

繫21.11
繫22.6
繫24.22
衷1.11
衷1.24
衷1.38
衷2.44
衷21.29
衷21.42
衷25.53

衷26.58
衷30.7
衷31.65
衷47.45
衷48.56
要23.19
要24.23
繆21.62
繆34.64
繆35.52

繆43.61
繆53.20
繆56.10
昭13.42
經23.22
經27.24
經28.22
經28.24
經28.37
經35.45

經52.66
經53.49
經53.66
經54.47
經57.59
經61.50
經62.21
十26.5
十65.31
稱25.5

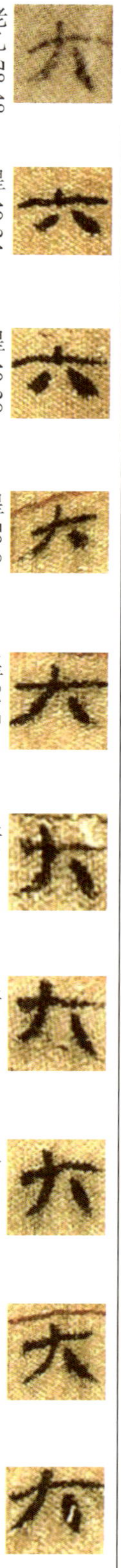

老乙78.48
星40.34
星40.38
星79.8
星81.7
星85.10
星85.11
星94.9
星95.7
星95.8

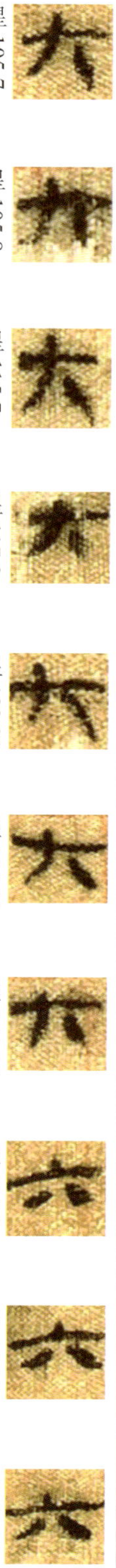

星105.7
星105.8
星115.7
星117.9
星122.31
星124.21
星124.25
星125.3
星125.7
星129.3

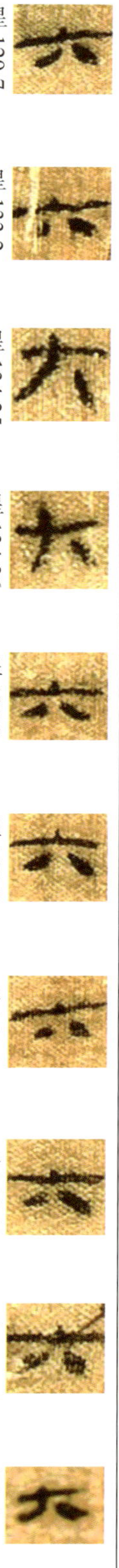

星129.7
星133.2
星134.25
星134.26
星137.3
星137.7
星141.5
星144.19
星144.23
刑乙5.12

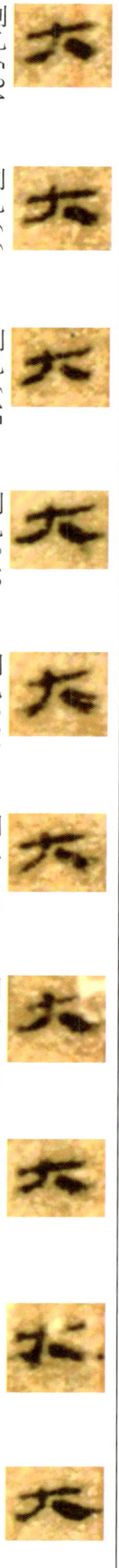

刑乙5.24
刑乙6.6
刑乙6.17
刑乙9.12
刑乙9.24
刑乙10.5
刑乙10.28
刑乙11.7
刑乙11.18
刑乙12.10

七

刑乙 12.24
刑乙 26.21
刑乙 71.11
刑乙 71.15
刑乙 75.27
刑乙 80.23
刑乙 89.8
刑乙 93.32

陰甲雜一 6.6
陰甲天一 6.6
陰甲天一 6.20
陰甲上朔 1L.44
陰甲上朔 2L.3
陰甲上朔 3L.3
陰甲上朔 3L.59
陰甲上朔 4L.3
陰甲上朔 4L.59
陰甲上朔 5L.3

陰甲上朔 6L.43
陰甲上朔 7L.38
陰甲上朔 9L.2
陰甲上朔 9L.58
陰甲上朔 10L.2
陰甲上朔 1.47
陰甲上朔 4.14
陰甲神上 22.33
陰甲神下 40.28
陰甲築一 3.19

陰甲堪法 2.11
陰甲堪法 9.27
陰甲堪法 13.17
陰甲·殘 5.14
陰甲·殘 230.1
方 66.28
方 104.19
方 105.19
方 108.22
方 109.10

方 109.31
方 111.15
方 111.19
方 125.20
方 179.24
方 195.6
方 209.11
方 211.16
方 213.22
方 218.11

方 220.26
方 228.17
方 231.14
方 232.7
方 262.9
方 283.8
方 284.22
方 391.21
方 391.25
方·殘 5.1

養 34.16
養 56.12
養 92.24
養 123.30
養 175.19
養 204.7
戰 141.34
戰 142.15
戰 160.30
戰 229.22

戰 286.18	五 15.9	氣 2.4	氣 2.121	氣 4.117	氣 4.245	氣 6.324	氣 8.101	刑甲 2.18	刑甲 26.18
刑甲 29.5	刑甲 31.14	刑甲 50.24	刑甲 53.3	刑甲 58.21	陰乙刑德 3.10	陰乙大游 3.115	陰乙大游 3.169	陰乙大游 3.179	陰乙兇 5.27
陰乙玄戈 8.3	陰乙五禁 11.20	陰乙上朔 19.12	陰乙上朔 21.7	陰乙上朔 21.11	陰乙上朔 22.7	陰乙上朔 25.10	陰乙上朔 32.32	陰乙天一 18.8	陰乙天一 25.8
出 2.3	出 2.13	出 3.16	出 5.9	出 10.12	出 17.21	出 22.32	出 23.45	出 25.32	出 26.27
出 29.25	問 21.22	合 13.8	合 16.2	合 29.11	禁 4.1	談 20.28	談 21.22	談 27.19	談 27.27
談 31.33	談 33.26	談 38.28	談 46.31	遣一 18.6	遣一 50.6	遣一 119.11	遣一 165.5	遣一 167.7	遣一 180.3
遣一 208.13	遣一 209.13	遣一 214.10	遣一 224.4	遣一 228.6	遣一 291.5	遣一 305.4	遣三 216.8	遣三 216.56	遣三 216.66

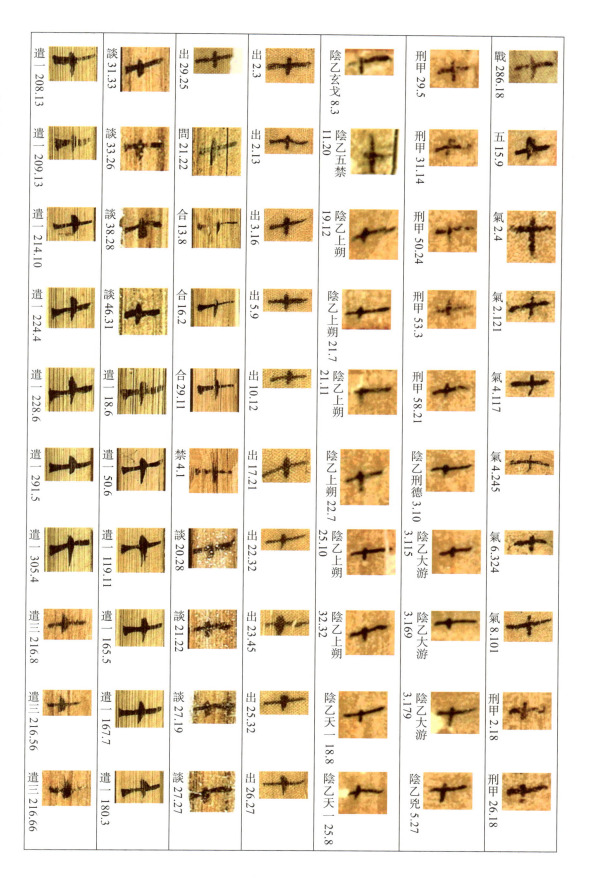

九

遣三 252.3
遣三 282.8
箭 77.4
箭 80.5
箭 88.5
箭 91.5
府 6.28
府 7.14
草 1.4
草 4.4
周 26.32
周 31.47
周 53.16
繫 21.13
繆 67.30
經 15.5
經 51.17
星 56.26
星 76.17
星 78.9
星 82.7
星 86.10
星 95.9
星 96.7
星 96.8
星 104.2
星 106.7
星 106.8
星 116.8
星 118.8
星 120.39
星 124.26
星 127.16
星 127.20
星 128.27
星 132.24
星 142.36
刑乙 2.13
刑乙 18.12
刑乙 62.56
刑乙 78.9
刑乙 80.24
刑乙 93.25
刑乙 94.24
刑乙 97.40
相 3.57
相 49.17
陰甲式圖 1.37
陰甲·殘 64.3
方·殘 80.2
養 33.23
胎 28.8
戰 67.19
戰 201.25
戰 211.7
九 6.24
九 7.1
九 7.3
氣 1.279
氣 2.145
刑甲 13.26
刑甲 31.18
刑甲 50.10
刑甲 52.21
刑甲 99.15
刑甲 114.16
刑丙傳 7.4
刑丙傳 9.1
陰乙大游 3.120
陰乙兇 2.28
陰乙兇 5.33
陰乙兇 6.30
陰乙兇 7.29
陰乙兇 9.35
陰乙兇 10.28
陰乙上朔 25.29
陰乙天一 30.6

陰乙女發3.37	合13.21	遣一102.10	周1.15	周3.55	周6.6	周9.47	周13.35
出12.1	合16.10	遣一112.6	周1.26	周3.63	周7.33	周9.69	周15.38
出22.38	合18.11	遣一201.14	周1.50	周4.11	周7.51	周10.45	周20.41
出26.35	合29.19	遣一230.1	周1.62	周4.18	周7.67	周10.71	周20.74
出32.25	談1.11	遣三5.3	周1.69	周4.51	周8.19	周11.16	周21.22
問22.11	談12.27	遣三21.18	周2.47	周4.61	周8.50	周11.22	周21.59
問32.3	談32.2	遣三160.4	周2.57	周4.69	周8.57	周11.28	周22.15
問43.9	談33.34	府1.6	周2.74	周5.35	周8.69	周11.64	周22.25
問82.3	談48.34	府5.39	周3.32	周5.66	周9.28	周12.56	周23.59
問91.4	遣一10.6	草3.1	周3.44	周5.79	周9.39	周13.24	周24.38

周 25.11
周 25.19
周 26.56
周 27.16
周 28.14
周 29.40
周 29.50
周 30.6
周 31.22
周 33.8
周 33.17
周 33.22
周 34.35
周 35.52
周 35.64
周 37.11
周 37.22
周 39.25
周 39.40
周 41.14
周 41.44
周 41.60
周 43.23
周 43.28
周 43.41
周 46.10
周 46.29
周 48.24
周 49.11
周 49.17
周 50.17
周 51.9
周 51.48
周 53.26
周 55.22
周 56.9
周 56.14
周 56.21
周 56.27
周 57.25
周 57.37
周 57.69
周 58.12
周 60.5
周 61.25
周 61.35
周 61.50
周 62.32
周 62.70
周 63.6
周 66.11
周 66.48
周 66.64
周 66.72
周 68.21
周 68.43
周 68.70
周 69.11
周 69.27
周 69.45
周 69.71
周 70.7
周 70.18
周 70.42
周 70.60
周 71.16
周 71.49
周 72.8
周 73.33
周 73.61
周 75.8
周 75.23
周 75.28
周 75.78
周 77.22
周 77.40
周 77.71
周 79.7
周 79.34
周 80.17

厹

周82.19	周86.35	周90.67	衷2.48	經17.22	星118.7	相31.55	繆5.64
周82.34	周86.65	周91.9	衷30.4	十49.26	星122.29		
周82.70	周87.9	周91.28	衷30.13	星7.5	星127.15		
周84.15	周88.14	周91.51	衷44.57	星18.12	星132.23		
周84.24	周88.22	周91.63	繆1.14	星76.18	刑乙18.16		
周84.29	周88.58	周92.13	繆16.1	星82.8	刑乙58.14		
周84.49	周88.68	周92.24	繆18.55	星84.7	刑乙69.40		
周84.61	周90.23	周93.5	繆53.50	星98.8	刑乙82.4		
周85.50	周90.40	周93.22	周·殘上21.1	星98.9	刑乙93.11		
周85.61	周90.53	衷2.29	周·殘上37.2	星108.7	刑乙94.14		

禽

春 79.23　戰 270.28　戰 323.20　周 23.69　周 29.38　周 50.50　繫 41.35　繆 59.16　昭 11.40　經 31.41

十 18.3

周 43.45

「禽」字訛體，「内」旁訛作「虫」形。

离

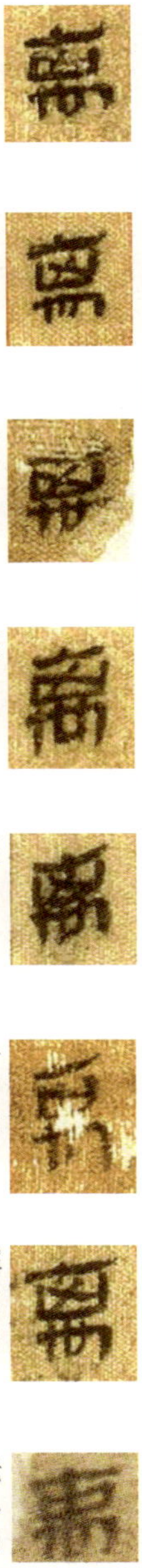

衷 23.3　繆 37.22　繆 46.33　經 24.55　經 72.28　十 5.66　稱 13.53　老乙 69.11

萬

胎 21.34　春 72.3　春 73.16　春 86.17　戰 94.10　戰 94.18　戰 141.27　戰 141.30　戰 142.21　戰 202.10

戰 205.29　戰 207.18　戰 209.35　戰 210.9　戰 210.28　戰 211.18　戰 286.11　戰 289.10　戰 296.20　戰 296.25

戰 297.25　戰 302.2　戰 302.7　戰 302.11　戰 302.31　老甲 27.27　老甲 51.2　老甲 59.24　老甲 84.11　老甲 93.22

老甲 93.30　老甲 100.7　老甲 101.20　老甲 105.16　老甲 122.10　老甲 144.4　老甲 163.8　老甲 163.25　老甲 168.23　五 162.27

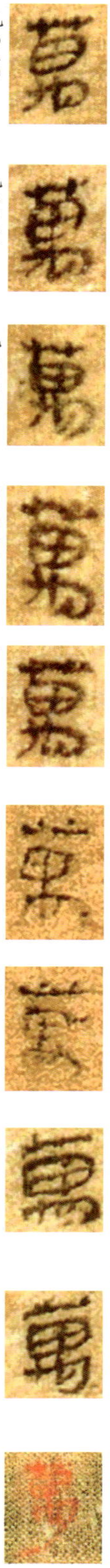
九 8.15　九 10.11　九 11.36　明 8.16　明 16.22　氣 6.51　氣 6.56　氣 6.67　氣 6.75　刑丙天 5.34

問 1.9　問 2.9　遣一 297.4　遣三 376.4　二 15.9　繫 7.9　繫 7.48　繫 8.49　繫 33.26　繫 36.15

衷 2.4　衷 22.15　要 11.13　要 11.21　要 22.52　繆 41.10　經 1.56　經 6.37　經 7.8　經 8.51

經 53.7　經 69.41　經 72.61　十 46.36　十 46.39　十 51.31　十 53.4　十 53.28　十 64.68　道 1.38

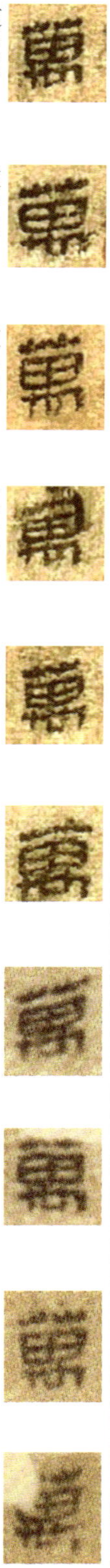
道 2.24　道 3.31　道 5.70　道 6.6　道 6.16　老乙 13.9　老乙 24.5　老乙 28.19　老乙 44.10　老乙 44.17

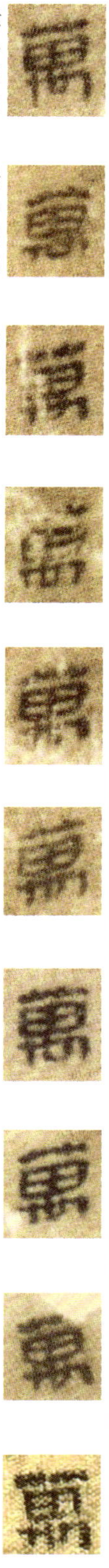
老乙 45.57　老乙 47.25　老乙 47.63　老乙 49.50　老乙 57.52　老乙 67.21　老乙 75.41　老乙 75.58　老乙 78.4　星 49.19

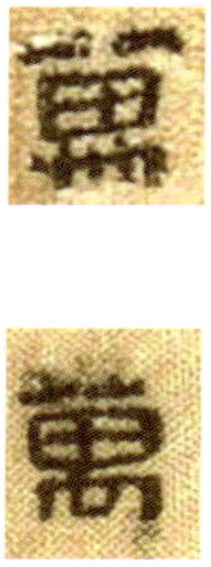
星 54.29　相 5.62

禹

方 97.17　方 106.7　方 208.6　方 221.27　方 223.12　方 411.5　方 452.2　養 190.21　養 196.9　養·殘 77.6

獸

房 13.12
房 16.11
胎 1.2
氣 7.134
刑丙天 4.37
問 66.2
問 72.22
太 1.12
繆 13.8
繆 13.16

老甲 36.17
問 11.6
問 83.25
問 90.10
問 96.6

獸

方 250.4

獸

五 161.2
繫 32.71
衷 36.2
繆 58.53
道 2.20
老乙 17.6
相 15.57
相 28.38
相 28.46

甲

陰甲天一 1.16
陰甲徙 6.11
陰甲上朔 1L.55
陰甲上朔 2L.6
陰甲上朔 2L.28
陰甲上朔 2L.36
陰甲上朔 2L.46
陰甲上朔 3L.14
陰甲上朔 3L.54
陰甲上朔 3L.66

陰甲上朔 4L.24
陰甲上朔 4L.32
陰甲上朔 5L.8
陰甲上朔 5L.30
陰甲上朔 6L.52
陰甲上朔 7L.18
陰甲上朔 7L.31
陰甲上朔 8L.53
陰甲上朔 9L.23
陰甲上朔 9L.31

陰甲上朔 10L.9
陰甲上朔 10L.39
陰甲上朔 10L.49
陰甲上朔 10L.59
陰甲祭一 B04L.4
陰甲神上 14.3
陰甲神下 42.27
陰甲雜四 5.6
陰甲雜四 5.10
陰甲雜六 2.5

陰甲堪表 3L.3	陰甲刑日 10.9	陰甲諸日 5.3	陰甲諸日 6.21	陰甲諸日 7.2	陰甲祭一 2L.3	陰甲祭三 4.25	陰甲祭三 5.21	陰甲祭三 6.9	陰甲·殘 4.7
陰甲·殘 82.4	陰甲·殘 87.1	方 357.9	方 392.9	養·殘 145.3	戰 9.10	戰 94.11	戰 94.19	戰 141.14	戰 254.23
戰 259.7	老甲 26.13	老甲 64.30	氣 6.111	刑甲 17.17	刑甲 20.6	刑甲 20.27	刑甲 24.21	刑甲 43.4	刑甲 50.7
刑甲 65.1	刑甲 80.1	刑甲 111.29	刑甲大游 2.1	刑甲大游 2.83	刑甲大游 2.108	刑丙地剛圖 1.1	陰乙刑德 6.2	陰乙刑德 7.15	陰乙刑德 13.12
陰乙刑德 13.16	陰乙刑德 15.17	陰乙刑德 18.10	陰乙刑德 19.7	陰乙刑德 19.14	陰乙大游 1.1	陰乙大游 1.10	陰乙大游 1.19	陰乙大游 1.29	陰乙大游 1.37
陰乙大游 1.45	陰乙大游 1.48	陰乙小游 1.43	陰乙兇 1.7	陰乙兇 4.17	陰乙兇 6.6	陰乙兇 7.26	陰乙上朔 29.10	陰乙上朔 30.17	陰乙地綱圖 1.3
出 4.6	出 6.7	出 6.13	出 8.15	出 8.23	出 17.16	出 17.20	出 18.23	出 18.30	出 21.51

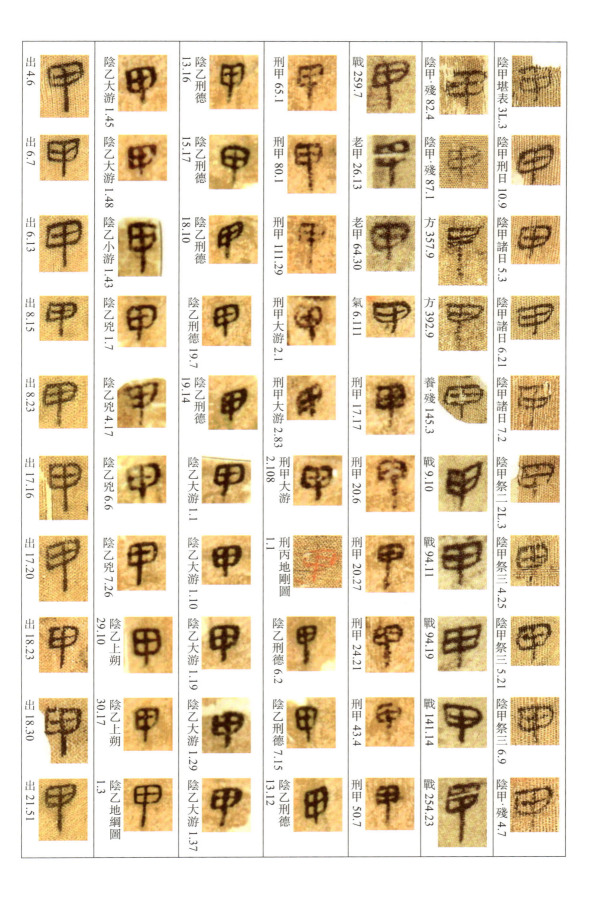

出24.6
出24.39
出25.29
出30.8
出31.14
出32.8
出33.2
木57.16
地52.1
箭22.1

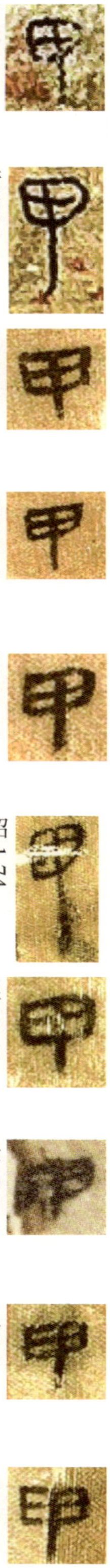

箭23.1
箭24.1
周20.10
周20.14
周34.45
昭1.74
經34.40
老乙31.4
星8.6
星21.27

星37.26
星39.26
星47.10
刑乙1.24
刑乙4.1
刑乙5.4
刑乙8.24
刑乙9.2
刑乙10.13
刑乙12.5

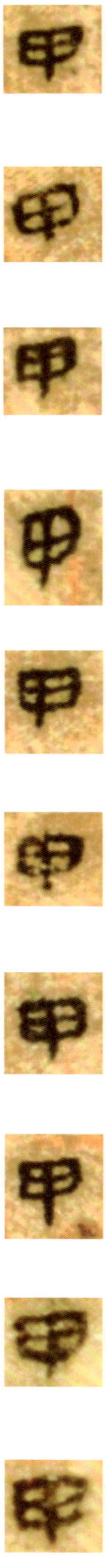

刑乙12.13
刑乙12.22
刑乙55.1
刑乙71.59
刑乙73.48
刑乙74.4
刑乙76.61
刑乙93.8
刑乙大游1.1
刑乙大游1.83

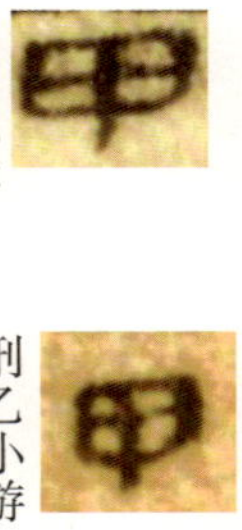

刑乙小游1.38
刑乙小游1.171

乙

陰甲徙7.12
陰甲上朔1L.7
陰甲上朔2L.8
陰甲上朔2L.38
陰甲上朔2L.48
陰甲上朔2L.60
陰甲上朔3L.18
陰甲上朔3L.68
陰甲上朔4L.4
陰甲上朔4L.26

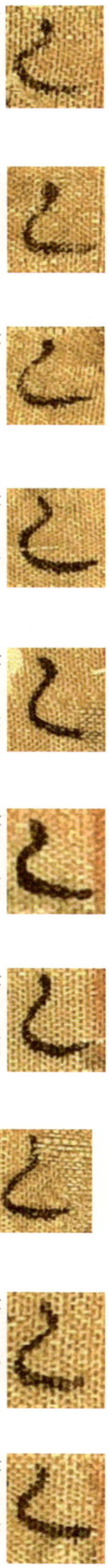

陰甲上朔5L.40
陰甲上朔5L.48
陰甲上朔6L.13
陰甲上朔7L.39
陰甲上朔8L.18
陰甲上朔8L.55
陰甲上朔8L.65
陰甲上朔9L.3
陰甲上朔9L.25
陰甲上朔9L.33

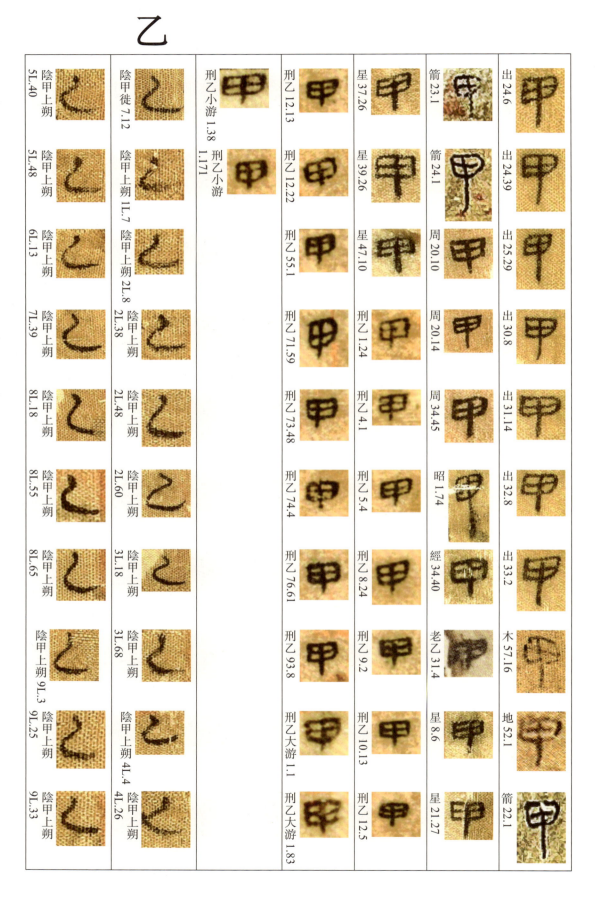

陰甲上朔10L.11
陰甲上朔10L.51
陰甲上朔10L.61
陰甲上朔5.15
陰甲祭一B03L.4
陰甲祭一B04L.5
陰甲祭一B05L.5
陰甲祭一B09L.2
陰甲神上23.7
陰甲神上25.5

陰甲神上27.7
陰甲神下41.26
陰甲雜四5.4
陰甲雜五3.22
陰甲式圖1.18
陰甲堪表6.3
陰甲刑日9.7
陰甲諸日7.21
陰甲諸日7.23
陰甲祭二4L.25

陰甲·殘4.2
陰甲·殘6.18
陰甲·殘8.21
陰甲·殘276.7
陰甲·殘311.5
刑甲24.22
刑甲52.13
刑甲72.4
刑甲108.4
刑甲大游2.110

刑甲小游1.67
刑甲小游1.94
刑甲小游1.231
刑丙小游1.38
刑丙小游1.165
陰乙大游1.190
陰乙大游1.202
陰乙大游1.211
陰乙大游1.223
陰乙大游3.62

陰乙兇2.30
陰乙兇4.22
陰乙兇6.13
陰乙兇7.31
陰乙兇9.25
陰乙上朔29.11
陰乙上朔30.18
陰乙地綱圖1.5
陰乙女發2.44
出4.7

出6.3
出6.9
出6.15
出11.3
出11.5
出11.7
出17.10
出17.23
出18.26
出19.6

出24.42
出30.11
出31.11
出32.11
出32.29
出33.3
遣三1.6
遣三407.83
牌三7.3
牌三8.1

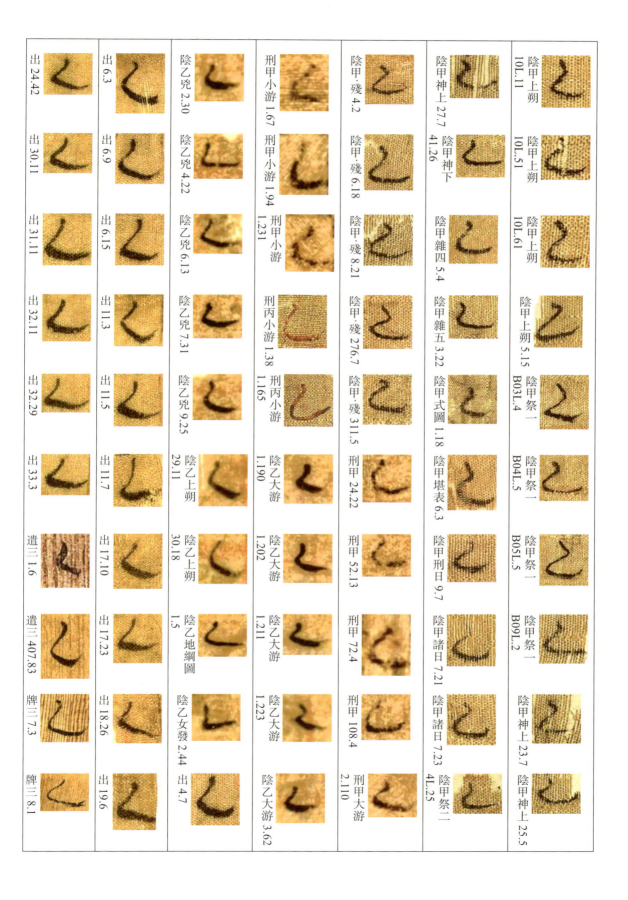

乾

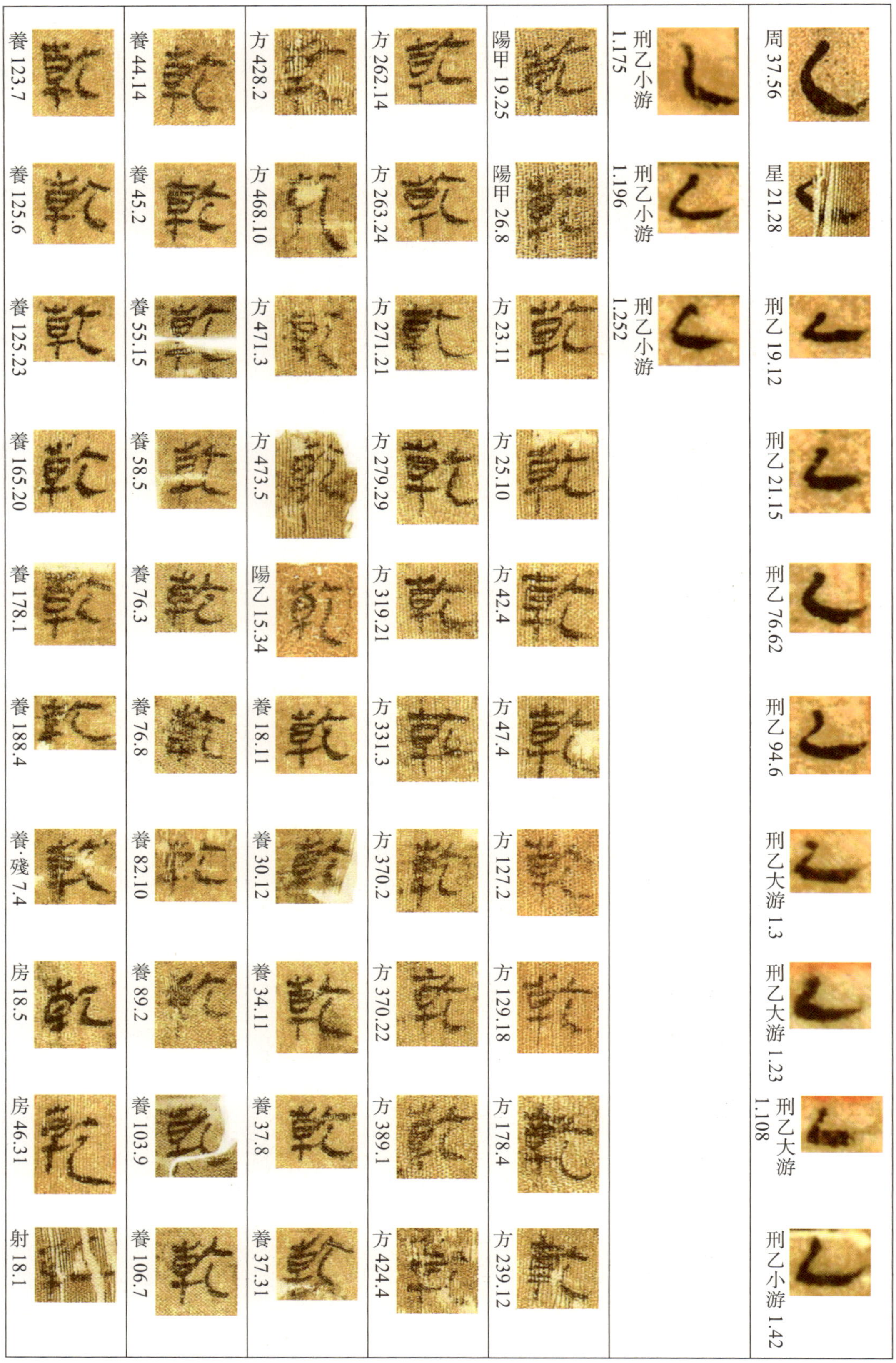
周37.56
星21.28
刑乙19.12
刑乙21.15
刑乙76.62
刑乙94.6
刑乙大游1.3
刑乙大游1.23
刑乙大游1.108
刑乙小游1.42
刑乙小游1.175
刑乙小游1.196
刑乙小游1.252
陽甲19.25
陽甲26.8
方23.11
方25.10
方42.4
方47.4
方127.2
方129.18
方178.4
方239.12
方262.14
方263.24
方271.21
方279.29
方319.21
方331.3
方370.2
方370.22
方389.1
方424.4
方428.2
方468.10
方471.3
方473.5
陽乙15.34
養18.11
養30.12
養34.11
養37.8
養37.31
養44.14
養45.2
養55.15
養58.5
養76.3
養76.8
養82.10
養89.2
養103.9
養106.7
養123.7
養125.6
養125.23
養165.20
養178.1
養188.4
養·殘7.4
房18.5
房46.31
射18.1

胎24.9
戰35.11
戰46.29
戰62.15
戰68.6
戰71.11
戰72.14
戰88.7
戰88.31
戰94.25

戰102.4
戰103.1
戰108.24
戰110.35
戰112.30
戰113.13
合7.5
談43.29
遣一214.12
周79.49

亂

足21.15
陽甲29.4
候1.28
九3.3
氣1.164
氣4.247
氣5.175
氣10.34
氣10.64
刑甲15.19

刑甲134.13
陰乙上朔16.15
談17.18
談27.1

乳

去4.22
老甲126.14
周26.11
周59.30
二9.43
二26.49
繫12.29
繫34.49
繫47.8

繆45.54
昭9.7
經14.13
經20.74
經21.8
經24.40
經26.38
經36.5
經36.24
經46.19

經46.28
經55.5
經59.1
經65.18
經67.55
經72.38
星34.37
星42.60

「亂」或省作與「乳」同形，卷十二乙部重見。

⿱乳皿

戰151.18
戰251.20
戰307.4

⿰爫乚

- 春 75.14
- 春 80.23
- 經 76.39
- 十 10.18
- 十 13.28
- 十 28.40
- 十 28.51
- 十 29.58
- 十 40.61
- 十 43.4
- 十 43.69
- 十 45.7
- 十 51.5
- 十 55.45
- 十 62.53
- 稱 2.42
- 稱 15.37
- 稱 15.51
- 稱 16.62
- 稱 16.64
- 稱 17.5
- 稱 18.26
- 稱 18.30
- 稱 18.39
- 道 6.26
- 老乙 2.15
- 老乙 46.40
- 刑乙 70.47

糺

- 問 67.16

尤

- 方目 4.8
- 方 102.1
- 方 102.18
- 方 102.23
- 方 103.3
- 方 103.18
- 方 104.16
- 方 104.27
- 方 106.26
- 方 111.3
- 春 93.19
- 戰 146.21
- 老甲 106.27
- 五 138.19
- 五 139.22
- 氣 1.84
- 氣 3.134
- 氣 6.83
- 氣 7.4
- 氣 7.20
- 陰乙上朔 18.1
- 陰乙上朔 18.19
- 陰乙上朔 20.13
- 陰乙上朔 21.3
- 陰乙上朔 21.17
- 陰乙上朔 25.19
- 要 14.38
- 繆 17.8
- 十 11.11
- 十 11.52
- 十 17.61
- 十 18.19
- 十 27.27
- 十 29.23
- 老乙 50.18

丙

陰甲雜一 5.5
陰甲天一 1.20
陰甲上朔 1L.9
陰甲上朔 2L.10
陰甲上朔 2L.40
陰甲上朔 2L.50
陰甲上朔 2L.62
陰甲上朔 3L.20
陰甲上朔 3L.70
陰甲上朔 4L.6

陰甲上朔 4L.36
陰甲上朔 5L.50
陰甲上朔 6L.15
陰甲上朔 7L.5
陰甲上朔 7L.25
陰甲上朔 8L.20
陰甲上朔 9L.5
陰甲上朔 9L.35
陰甲上朔 9L.45
陰甲上朔 10L.53

陰甲上朔 10L.63
陰甲上朔 5.19
陰甲祭一 B04L.7
陰甲祭一 B06L.1
陰甲祭一 B06L.3
陰甲祭一 B06L.5
陰甲祭一 B07L.2
陰甲神上 5.18
陰甲神上 15.16
陰甲神下 40.3

陰甲神下 42.6
陰甲神下 42.12
陰甲神下 42.29
陰甲雜四 5.14
陰甲雜四 9.4
陰甲式圖 1.19
陰甲堪法 4.12
陰甲刑日 10.3
陰甲諸日 7.25
陰甲諸日 7.27

陰甲祭二 4L.1
陰甲祭二 4L.19
陰甲祭二 6L.3
陰甲祭二 6L.5
陰甲祭二 6L.7
陰甲·殘 8.31
氣 10.299
刑甲 16.7
刑甲 17.11
刑甲 17.20

刑甲 19.28
刑甲 23.22
刑甲 43.14
刑甲 50.14
刑甲 62.1
刑甲 67.1
刑甲 72.11
刑甲 96.17
刑甲 108.14
刑甲大游 2.92

刑甲大游 2.116
刑甲小游 1.98
刑甲小游 1.150
刑甲小游 1.235
刑丙小游 1.169
陰乙刑德 14.12
陰乙刑德 14.16
陰乙刑德 16.17
陰乙大游 1.58
陰乙大游 1.68

陰乙大游1.80
陰乙大游1.84
陰乙大游1.90
陰乙大游1.92
陰乙大游1.96
陰乙大游1.103
陰乙大游1.106
陰乙大游1.114
陰乙大游1.118
陰乙大游1.124

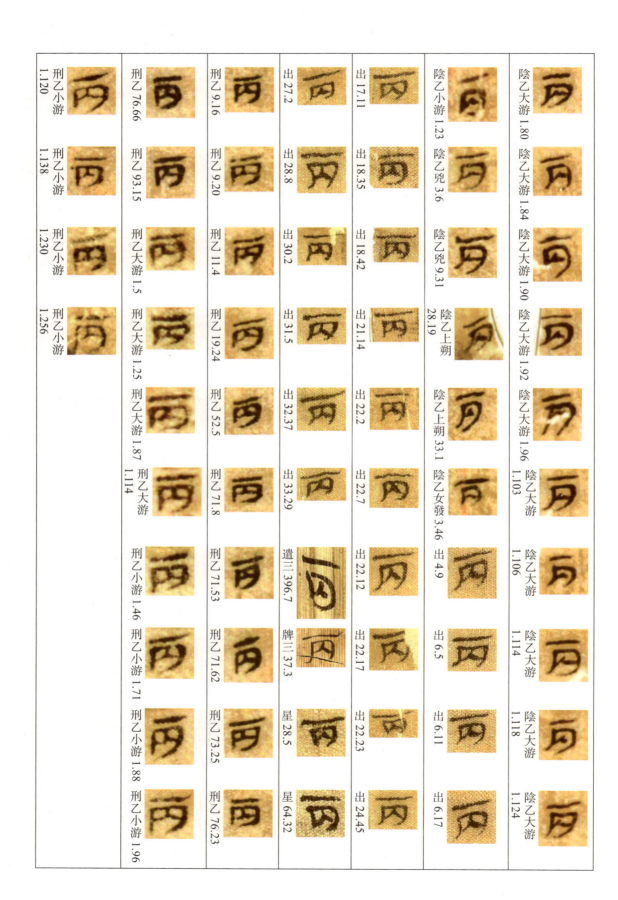

陰乙小游1.23
陰乙兇3.6
陰乙兇9.31
陰乙上朔28.19
陰乙上朔33.1
陰乙女發3.46
出4.9
出6.5
出6.11
出6.17

出17.11
出18.35
出18.42
出21.14
出22.2
出22.7
出22.12
出22.17
出22.23
出24.45

出27.2
出28.8
出30.2
出31.5
出32.37
出33.29
遣三396.7
牌三37.3
星28.5
星64.32

刑乙9.16
刑乙9.20
刑乙11.4
刑乙19.24
刑乙52.5
刑乙71.8
刑乙71.53
刑乙71.62
刑乙73.25
刑乙76.23

刑乙76.66
刑乙93.15
刑乙大游1.5
刑乙大游1.25
刑乙大游1.87
刑乙大游1.114
刑乙小游1.46
刑乙小游1.71
刑乙小游1.88
刑乙小游1.96

刑乙小游1.120
刑乙小游1.138
刑乙小游1.230
刑乙小游1.256

丁

陰甲徙 7.17
陰甲上朔 1L.19
陰甲上朔 2L.12
陰甲上朔 2L.42
陰甲上朔 2L.52
陰甲上朔 2L.64
陰甲上朔 3L.22
陰甲上朔 4L.8
陰甲上朔 4L.38
陰甲上朔 4L.48

陰甲上朔 4L.60
陰甲上朔 5L.16
陰甲上朔 5L.52
陰甲上朔 6L.17
陰甲上朔 7L.27
陰甲上朔 9L.7
陰甲上朔 9L.37
陰甲上朔 9L.47
陰甲上朔 9L.59
陰甲上朔 10L.17

陰甲上朔 10L.55
陰甲上朔 5.23
陰甲祭一 B03L.6
陰甲祭一 B04L.8
陰甲祭一 B07L.3
陰甲祭一 B09L.4
陰甲神上 13.28
陰甲神上 26.15
陰甲神下 40.7
陰甲神下 41.4

陰甲築一 3.12
陰甲五禁 2L.5
陰甲五禁 2L.13
陰甲式圖 1.20
陰甲堪法 4.13
陰甲刑日 9.1
陰甲刑日 9.17
陰甲祭二 4L.3
陰甲祭二 4L.9
陰甲祭二 4L.27

陰甲·殘 4.10
陰甲·殘 8.32
刑甲 24.27
刑甲 44.19
刑甲 52.24
刑甲 96.18
刑甲大游 2.69
刑甲大游 2.94
刑甲大游 2.118
刑甲小游 1.75

刑甲小游 1.130
刑甲小游 1.153
刑甲小游 1.239
刑丙小游 1.43
刑丙小游 1.77
刑丙小游 1.94
刑丙小游 1.192
刑丙地剛圖 1.6
陰乙大游 1.245
陰乙大游 1.253

陰乙小游 1.27
陰乙小游 1.52
陰乙兇 4.34
陰乙兇 6.21
陰乙兇 8.13
陰乙兇 9.37
陰乙上朔 33.2
出 4.10
出 8.5
出 8.9

戊

出8.13
出8.29
出8.33
出9.8
出11.10
出11.12
出11.14
出17.6
出18.38
出19.8

出19.12
出21.10
出21.59
出24.33
出27.4
出28.11
出30.5
出31.8
出32.38
出33.30

星28.6
刑乙21.17
刑乙52.6
刑乙76.67
刑乙大游1.7
刑乙大游1.89
刑乙大游1.116
刑乙小游1.50
刑乙小游1.60
刑乙小游1.75

刑乙小游1.100
刑乙小游1.116
刑乙小游1.139
刑乙小游1.234

陰甲天一1.34
陰甲徙7.3
陰甲上朔1L.21
陰甲上朔1L.31
陰甲上朔2L.14
陰甲上朔2L.54
陰甲上朔2L.66
陰甲上朔3L.24
陰甲上朔3L.32
陰甲上朔4L.10

陰甲上朔4L.40
陰甲上朔4L.62
陰甲上朔6L.19
陰甲上朔7L.33
陰甲上朔8L.24
陰甲上朔8L.31
陰甲上朔9L.9
陰甲上朔9L.39
陰甲上朔9L.49
陰甲上朔9L.61

陰甲上朔10L.19
陰甲上朔10L.67
陰甲上朔5.27
陰甲神上13.29
陰甲神上18.4
陰甲神上18.14
陰甲神下41.11
陰甲神下41.28
陰甲雜七3.1
陰甲式圖1.21

陰甲刑日10.7
陰甲祭二5L.2
陰甲祭二5L.4
陰甲·殘175.5
養113.12
氣1.167
刑甲17.28
刑甲19.10
刑甲25.2
刑甲45.2

刑甲50.21
刑甲64.1
刑甲74.1
刑甲79.1
刑甲89.12
刑甲91.5
刑甲94.3
刑甲94.10
刑甲94.12
刑甲104.4

刑甲107.10
刑甲108.22
刑甲111.12
刑甲113.32
刑甲小游1.24
刑甲小游1.79
刑甲小游1.157
刑丙地2.16
刑丙小游1.98
陰乙刑德12.11

陰乙大游1.127
陰乙大游1.131
陰乙大游1.136
陰乙大游1.142
陰乙大游1.148
陰乙大游1.160
陰乙大游1.165
陰乙大游1.170
陰乙大游1.176
陰乙大游1.182

陰乙大游1.188
陰乙大游3.89
陰乙小游1.31
陰乙兇5.6
陰乙兇6.27
陰乙兇10.6
陰乙上朔33.6
出10.9
出13.12
出13.18

出13.30
出24.37
出26.44
出29.11
出30.14
出34.2
遣三1.9
刑乙7.22
刑乙8.6
刑乙20.10

刑乙49.5
刑乙49.10
刑乙49.12
刑乙54.9
刑乙57.16
刑乙72.6
刑乙72.22
刑乙73.7
刑乙73.32
刑乙77.14

成

刑乙93.22
刑乙大游1.9
刑乙大游1.29
刑乙大游1.71
刑乙大游1.94
刑乙大游1.118
刑乙小游1.79
刑乙小游1.104

陰甲築一3.18
陰甲築一4.18
陰甲堪法12.4
方92.14
方126.15
方128.19
方307.20
養65.29
養178.5
房53.1

胎6.12
春79.16
春94.27
春97.3
戰26.28
戰44.24
戰58.38
戰68.23
戰75.40
戰98.30

戰101.24
戰104.34
戰120.18
戰132.11
戰167.27
戰174.10
戰202.7
戰203.17
戰205.22
戰207.13

戰237.20
戰237.25
戰239.32
老甲58.19
老甲69.13
老甲95.30
老甲105.5
老甲122.1
老甲125.5
老甲164.13

老甲164.24
五8.5
五37.16
五119.20
五136.19
五140.25
五145.10
五146.15
九7.5
明24.18

德1.3
氣2.130
氣3.51
氣3.97
氣4.62
氣4.112
氣6.98
氣9.238
刑甲4.11
刑甲4.18

刑甲33.4
刑甲98.5
刑丙天10.38
陰乙天一33.3
木4.4
木5.28
木29.11
木30.19
木32.10
問8.7

問9.6	合31.14	繫2.15	繫45.48	要11.23	經11.60	經59.55	十1.52
問14.1	遣三269.8	繫3.6	衷1.14	要16.8	經12.43	經66.10	十4.39
問23.6	周5.64	繫8.9	衷21.32	繆27.4	經25.22	經67.29	十6.48
問23.20	周34.60	繫9.7	衷28.15	繆29.67	經35.43	經68.21	十7.28
問24.22	二8.57	繫15.60	衷30.40	繆43.13	經38.43	經71.66	十10.45
問28.1	二16.23	繫24.60	衷34.1	繆43.17	經38.55	經73.22	十11.40
問49.10	二26.52	繫30.4	衷34.15	繆51.18	經39.20	經73.29	十12.36
問52.11	繫1.38	繫30.15	衷39.39	昭12.47	經40.26	經76.52	十14.8
問59.16	繫2.3	繫42.18	衷39.54	經3.9	經44.64	經77.17	十17.36
問86.23	繫2.7	繫43.1	衷49.25	經3.33	經59.47	經77.26	十20.16

己

十20.24 十20.52 十26.12 十30.8 十30.58 十32.22 十34.14 十34.27 十39.50 十40.21

十40.37 十41.24 十41.32 十42.22 十43.12 十43.27 十43.53 十52.7 十56.18 十60.16

十60.52 稱8.42 稱11.54 稱11.62 稱15.15 道1.60 道1.64 道2.35 老乙5.43 老乙10.9

老乙13.5 老乙27.39 老乙33.33 老乙41.49 老乙45.16 老乙57.43 老乙59.10 老乙65.55 老乙75.33 老乙76.10

老乙76.21 刑乙21.6 刑乙42.6 刑乙63.56 刑乙63.63 刑乙78.5 相3.48 相10.27 相20.43 相23.45

相34.31 相45.68 相52.65 相55.13 相55.16

陰甲上朔1L.23 陰甲上朔1L.33 陰甲上朔1L.45 陰甲上朔2L.18 陰甲上朔2L.56 陰甲上朔2L.68 陰甲上朔3L.26 陰甲上朔3L.34 陰甲上朔4L.12 陰甲上朔4L.42

- 陰甲上朔4L.52
- 陰甲上朔4L.64
- 陰甲上朔6L.3
- 陰甲上朔6L.24
- 陰甲上朔6L.44
- 陰甲上朔8L.4
- 陰甲上朔8L.26
- 陰甲上朔8L.33
- 陰甲上朔9L.11
- 陰甲上朔9L.41
- 陰甲上朔9L.51
- 陰甲上朔9L.63
- 陰甲上朔10L.21
- 陰甲上朔5.33
- 陰甲祭一B08L.2
- 陰甲神上11.3
- 陰甲神上23.4
- 陰甲神上24.6
- 陰甲神上25.17
- 陰甲雜七3.2
- 陰甲式圖1.22
- 陰甲堪表8.3
- 陰甲刑日9.5
- 陰甲諸日6.15
- 陰甲諸日6.48
- 陰甲祭二5L.1
- 陰甲祭二5L.3
- 陰甲·殘196.2
- 方196.3
- 方219.30
- 春28.21
- 戰58.5
- 戰122.41
- 戰123.2
- 戰145.6
- 戰226.20
- 戰261.11
- 戰323.37
- 德11.10
- 刑甲25.3
- 刑甲53.6
- 刑甲96.8
- 刑甲大游2.11
- 刑甲大游2.31
- 刑甲大游2.51
- 刑甲大游2.73
- 刑甲大游2.98
- 刑甲小游1.4
- 刑甲小游1.27
- 刑甲小游1.83
- 刑甲小游1.110
- 刑甲小游1.138
- 刑甲小游1.161
- 刑丙小游1.4
- 刑丙小游1.69
- 刑丙小游1.102
- 陰乙大游1.5
- 陰乙大游1.14
- 陰乙大游1.41
- 陰乙兇1.29
- 陰乙兇6.32
- 陰乙兇8.20
- 陰乙上朔33.7
- 出4.11
- 出4.13
- 出8.7
- 出8.11
- 出8.27
- 出8.31
- 出8.35

庚　巴

出 10.5
出 10.14
出 13.3
出 13.6
出 13.9
出 13.21
出 13.24
出 13.27
出 19.1
出 24.40

出 28.5
出 29.2
出 30.17
出 34.3
衷 5.14
周·殘下 51.3
十 64.52
稱 2.51
老乙 32.9
老乙 32.17

星 31.12
刑乙 77.15
刑乙 94.27
刑乙大游 1.11
刑乙大游 1.31
刑乙大游 1.51
刑乙大游 1.73
刑乙大游 1.96
刑乙大游 1.120
刑乙小游 1.83

刑乙小游 1.126
相 21.52

房 20.5

陰甲天一 1.8
陰甲上朔 1L.35
陰甲上朔 2L.20
陰甲上朔 3L.6
陰甲上朔 3L.36
陰甲上朔 3L.46
陰甲上朔 4L.54
陰甲上朔 4L.66
陰甲上朔 6L.5
陰甲上朔 7L.44

陰甲上朔 8L.6
陰甲上朔 8L.28
陰甲上朔 8L.35
陰甲上朔 8L.45
陰甲上朔 9L.53
陰甲上朔 9L.65
陰甲上朔 10L.23
陰甲上朔 10L.31
陰甲祭一 B04L.10
陰甲神上 5.22

陰甲神上12.18
陰甲神上13.19
陰甲神上14.16
陰甲雜五5.14
陰甲刑日10.1
陰甲諸日4.4
陰甲諸日5.7
陰甲祭二4L.5
陰甲祭二4L.15
陰甲祭二4L.29

陰甲·殘6.7
刑甲19.5
刑甲23.8
刑甲43.32
刑甲51.2
刑甲66.1
刑甲71.1
刑甲76.1
刑甲81.1
刑甲91.10

刑甲大游2.33
刑甲大游2.75
刑甲大游2.100
刑甲小游1.8
刑甲小游1.31
刑甲小游1.142
刑甲小游1.172
刑甲小游1.191
刑丙小游1.106
刑丙小游1.113

刑丙小游1.134
刑丙地剛圖1.10
陰乙刑德14.5
陰乙刑德16.10
陰乙刑德20.3
陰乙大游1.194
陰乙大游1.196
陰乙大游1.200
陰乙大游1.206
陰乙大游1.208

陰乙大游1.217
陰乙大游1.229
陰乙大游1.237
陰乙兇2.6
陰乙兇5.18
陰乙兇8.26
陰乙上朔33.11
陰乙上朔34.28
陰乙地綱圖1.8
出4.12

出9.3
出21.6
出21.60
出24.4
出24.43
出28.14
出29.5
出32.17
出34.23
問60.4

周82.65
星64.36
刑乙9.6
刑乙9.9
刑乙10.21
刑乙10.25
刑乙73.2
刑乙73.37
刑乙77.19
刑乙89.12

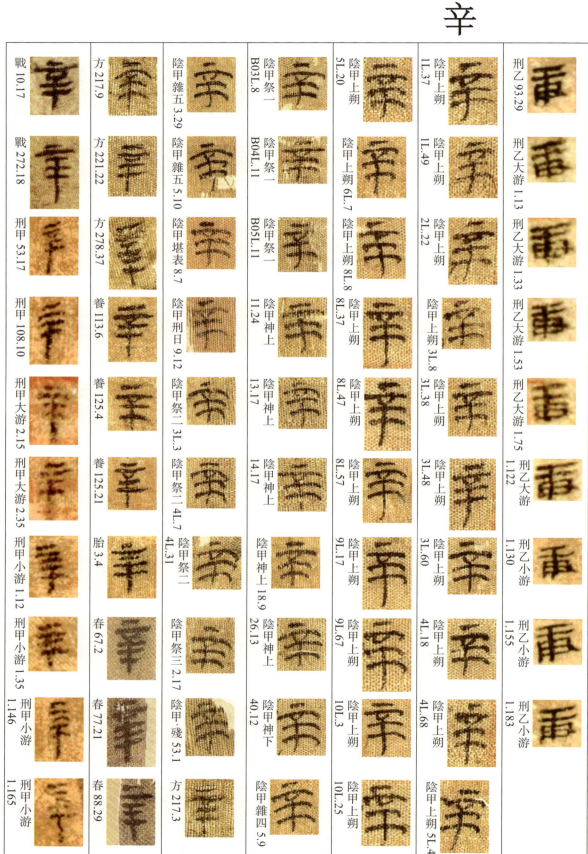

辛

刑乙 93.29
刑乙大游 1.13
刑乙大游 1.33
刑乙大游 1.53
刑乙大游 1.75
刑乙大游 1.122
刑乙小游 1.130
刑乙小游 1.155
刑乙小游 1.183

陰甲上朔 1L.37
陰甲上朔 1L.49
陰甲上朔 2L.22
陰甲上朔 3L.8
陰甲上朔 3L.38
陰甲上朔 3L.48
陰甲上朔 3L.60
陰甲上朔 4L.18
陰甲上朔 4L.68
陰甲上朔 5L.4

陰甲上朔 5L.20
陰甲上朔 6L.7
陰甲上朔 8L.8
陰甲上朔 8L.37
陰甲上朔 8L.47
陰甲上朔 8L.57
陰甲上朔 9L.17
陰甲上朔 9L.67
陰甲上朔 10L.3
陰甲上朔 10L.25

陰甲祭一 B03L.8
陰甲祭一 B04L.11
陰甲祭一 B05L.11
陰甲神上 11.24
陰甲神上 13.17
陰甲神上 14.17
陰甲神上 18.9
陰甲神上 26.13
陰甲神下 40.12
陰甲雜四 5.9

陰甲雜五 3.29
陰甲雜五 5.10
陰甲堪表 8.7
陰甲刑日 9.12
陰甲祭二 3L.3
陰甲祭二 4L.7
陰甲祭二 4L.31
陰甲祭三 2.17
陰甲·殘 53.1
方 217.3

方 217.9
方 221.22
方 278.37
養 113.6
養 125.4
養 125.21
胎 3.4
春 67.2
春 77.21
春 88.29

戰 10.17
戰 272.18
刑甲 53.17
刑甲 108.10
刑甲大游 2.15
刑甲大游 2.35
刑甲小游 1.12
刑甲小游 1.35
刑甲小游 1.146
刑甲小游 1.165

刑甲小游 1.194
刑丙小游 1.10
刑丙小游 1.110
刑丙小游 1.116
刑丙小游 1.138
刑丙地剛圖 1.12
陰乙大游 1.63
陰乙大游 1.74
陰乙大游 1.86
陰乙大游 1.108

陰乙大游 1.120
陰乙大游 3.75
陰乙小游 1.19
陰乙兇 2.11
陰乙兇 7.13
陰乙兇 8.31
陰乙上朔 33.12
陰乙地綱圖 1.10
出 9.4
出 11.16

出 11.18
出 11.20
出 17.1
出 19.4
出 19.36
出 21.34
出 24.46
出 28.17
出 29.8
出 32.2

出 34.24
星 74.46
刑乙 19.18
刑乙 21.19
刑乙 72.53
刑乙 77.20
刑乙大游 1.35
刑乙小游 1.134
刑乙小游 1.143
刑乙小游 1.159

刑乙小游 1.185

皋

陰甲刑日 7.6

辜

春 86.10
陰乙刑日 4.6
經 58.6
經 62.56

辭

春45.17　戰9.3　戰32.15　戰34.13　戰38.16　戰54.3　戰63.7　繫3.18　繫4.39　繫5.52

繫6.2　繫6.6　繫11.67　繫25.66　繫27.18　繫29.22　繫29.50　繫30.41　繫32.10　繫47.7

繫47.12　繫47.17　繫47.31　衷28.47　衷43.60　衷44.22　衷48.20　要15.10　要23.57　繆1.24

繆30.45　繆34.66　繆44.10　繆66.15　十16.59　稱2.59

辤

戰239.4　戰240.17　戰241.22

辯

戰216.3　戰222.32　五23.14　五34.6　五87.4　五101.14　五110.16　竹二1.3　周12.24　衷29.54

衷43.23　衷43.55　衷47.10　十35.15　十42.56　十44.66　十54.1

王

陰甲上朔1L.39　陰甲上朔1L.51　陰甲上朔2L.24　陰甲上朔2L.32　陰甲上朔3L.10　陰甲上朔3L.40　陰甲上朔3L.50　陰甲上朔3L.62　陰甲上朔4L.20　陰甲上朔6L.48

陰甲上朔7L.14
陰甲上朔7L.22
陰甲上朔8L.39
陰甲上朔8L.49
陰甲上朔8L.59
陰甲上朔9L.19
陰甲上朔9L.69
陰甲上朔10L.5
陰甲上朔10L.27
陰甲上朔10L.35

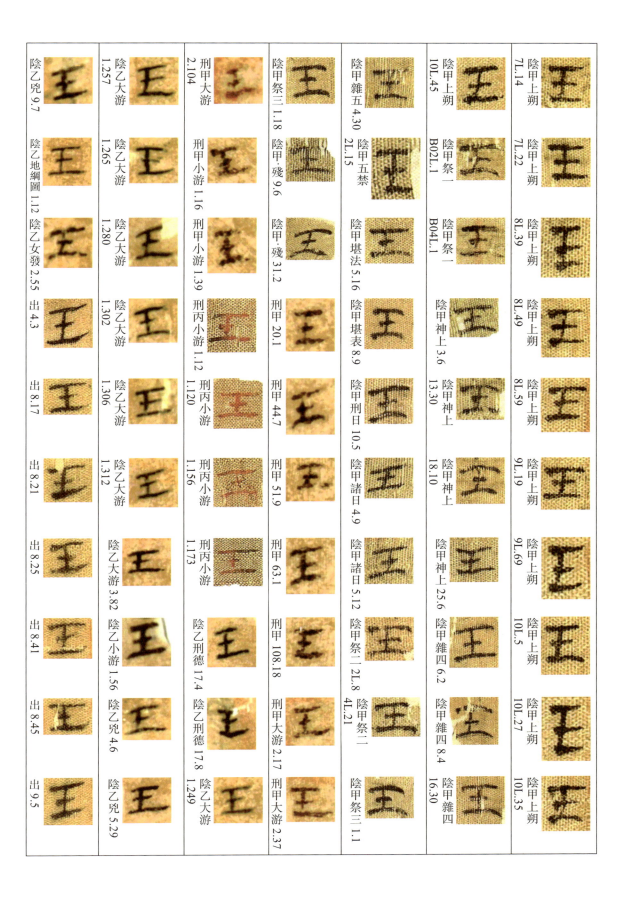

陰甲上朔10L.45
陰甲祭一B02L.1
陰甲祭一B04L.1
陰甲神上3.6
陰甲神上13.30
陰甲神上18.10
陰甲神上25.6
陰甲雜四6.2
陰甲雜四8.4
陰甲雜四16.30

陰甲雜五4.30
陰甲五禁2L.15
陰甲堪法5.16
陰甲堪表8.9
陰甲刑日10.5
陰甲諸日4.9
陰甲諸日5.12
陰甲祭二2L.8
陰甲祭二4L.21
陰甲祭三1.1

陰甲祭三1.18
陰甲·殘9.6
陰甲·殘31.2
刑甲20.1
刑甲44.7
刑甲51.9
刑甲63.1
刑甲108.18
刑甲大游2.17
刑甲大游2.37

刑甲大游2.104
刑甲小游1.16
刑甲小游1.39
刑丙小游1.12
刑丙小游1.120
刑丙小游1.156
刑丙小游1.173
陰乙刑德17.4
陰乙刑德17.8
陰乙大游1.249

陰乙大游1.257
陰乙大游1.265
陰乙大游1.280
陰乙大游1.302
陰乙大游1.306
陰乙大游1.312
陰乙大游3.82
陰乙小游1.56
陰乙兇4.6
陰乙兇5.29

陰乙兇9.7
陰乙地綱圖1.12
陰乙女發2.55
出4.3
出8.17
出8.21
出8.25
出8.41
出8.45
出9.5

癸

出 17.2	星 37.34	刑乙 93.36	陰甲上朔 2L.4	陰甲上朔 8L.41	陰甲祭一 B05L.1	陰甲堪法 5.17
出 21.18	星 65.1	刑乙大游 1.17	陰甲上朔 2L.26	陰甲上朔 8L.51	陰甲神上 13.3	陰甲堪表 8.10
出 21.35	刑乙 10.2	刑乙大游 1.37	陰甲上朔 2L.34	陰甲上朔 8L.61	陰甲神上 18.19	陰甲刑日 9.3
出 23.4	刑乙 11.11	刑乙大游 1.79	陰甲上朔 3L.52	陰甲上朔 9L.21	陰甲神上 26.17	陰甲諸日 4.10
出 24.34	刑乙 11.15	刑乙大游 1.102	陰甲上朔 3L.64	陰甲上朔 10L.7	陰甲神下 40.10	陰甲諸日 5.13
出 25.25	刑乙 20.4	刑乙大游 1.126	陰甲上朔 4L.22	陰甲上朔 10L.37	陰甲雜四 1.5	陰甲祭二 4L.23
出 27.6	刑乙 72.9	刑乙小游 1.163	陰甲上朔 5L.28	陰甲上朔 10L.47	陰甲雜四 6.3	陰甲·殘 175.2
出 31.17	刑乙 72.46	刑乙小游 1.189	陰甲上朔 6L.50	陰甲上朔 10L.57	陰甲雜四 16.31	刑甲 18.20
出 32.5	刑乙 73.43	刑乙小游 1.203	陰甲上朔 7L.16	陰甲祭一 B03L.1	陰甲雜五 1.5	刑甲 53.28
出 35.2	刑乙 77.23	刑乙小游 1.242	陰甲上朔 8L.12	陰甲祭一 B04L.2	陰甲雜七 4.4	刑甲 113.22

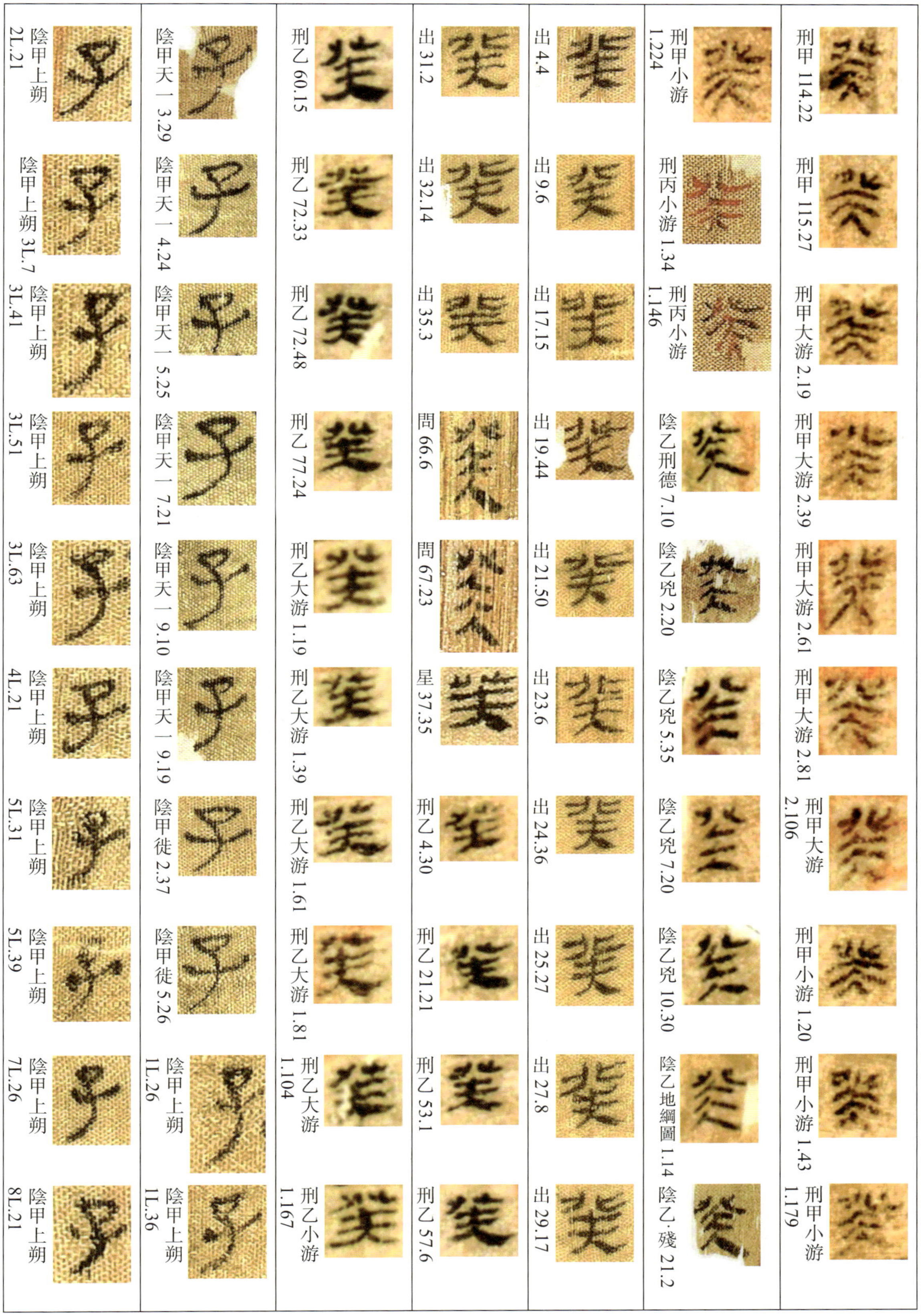

刑甲 114.22
刑甲 115.27
刑甲大游 2.19
刑甲大游 2.39
刑甲大游 2.61
刑甲大游 2.81
刑甲大游 2.106
刑甲小游 1.20
刑甲小游 1.43
刑甲小游 1.179

刑甲小游 1.224
刑丙小游 1.34
刑丙小游 1.146
陰乙刑德 7.10
陰乙兇 2.20
陰乙兇 5.35
陰乙兇 7.20
陰乙兇 10.30
陰乙地綱圖 1.14
陰乙·殘 21.2

出 4.4
出 9.6
出 17.15
出 19.44
出 21.50
出 23.6
出 24.36
出 25.27
出 27.8
出 29.17

出 31.2
出 32.14
出 35.3
問 66.6
問 67.23
星 37.35
刑乙 4.30
刑乙 21.21
刑乙 53.1
刑乙 57.6

刑乙 60.15
刑乙 72.33
刑乙 72.48
刑乙 77.24
刑乙大游 1.19
刑乙大游 1.39
刑乙大游 1.61
刑乙大游 1.81
刑乙大游 1.104
刑乙小游 1.167

子

陰甲天一 3.29
陰甲天一 4.24
陰甲天一 5.25
陰甲天一 7.21
陰甲天一 9.10
陰甲天一 9.19
陰甲徒 2.37
陰甲徒 5.26
陰甲上朔 1L.26
陰甲上朔 1L.36

陰甲上朔 2L.21
陰甲上朔 3L.7
陰甲上朔 3L.41
陰甲上朔 3L.51
陰甲上朔 3L.63
陰甲上朔 4L.21
陰甲上朔 5L.31
陰甲上朔 5L.39
陰甲上朔 7L.26
陰甲上朔 8L.21

陰甲上朔 9L.6
陰甲上朔 9L.40
陰甲上朔 9L.50
陰甲上朔 9L.62
陰甲上朔 10L.20
陰甲上朔 2.28
陰甲祭一 A02L.5
陰甲祭一 A07L.7
陰甲祭一 A07L.8
陰甲祭一 A07L.12

陰甲祭一 A07L.14
陰甲神上 8.19
陰甲神下 41.12
陰甲神下 42.28
陰甲衍 2.9
陰甲衍 6.5
陰甲雜四 1.1
陰甲室 3.28
陰甲室 4.10
陰甲室 5.13

陰甲築二 1.20
陰甲築二 4.14
陰甲築二 4.17
陰甲築二 5.13
陰甲築二 8.16
陰甲築二 8.20
陰甲築二 8.24
陰甲築二 8.32
陰甲築二 9.22
陰甲築二 10.12

陰甲築二 10.20
陰甲築二 11.5
陰甲五禁 3L.11
陰甲五禁 4L.10
陰甲五禁 5L.14
陰甲五禁 6L.10
陰甲雜七 3.4
陰甲堪法 10.19
陰甲堪法 13.8
陰甲堪法 15.14

陰甲堪表 9.11
陰甲堪表 8L.13
陰甲刑日圖 1.27
陰甲諸日 1.19
陰甲諸日 7.31
陰甲祭二 1L.2
陰甲祭三 3.2
陰甲宜忌 4.7
陰甲宜忌 4.10
陰甲·殘 10.7

陰甲·殘 24.4
陰甲·殘 143.1
陰甲·殘 204.4
陰甲·殘 270.2
陰甲·殘 332.12
脈 11.10
方 13.9
方 13.13
方 15.4
方 105.18

方 105.21
方 111.14
方 111.17
方 147.2
方 147.4
方 147.17
方 200.3
方 201.3
方 212.35
方 214.4

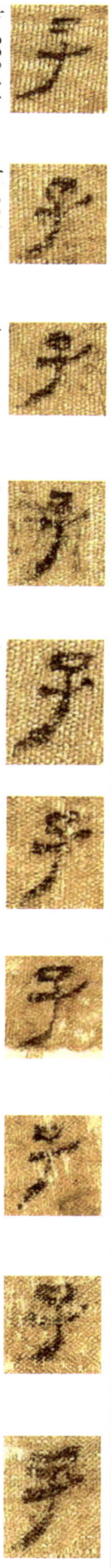

方 220.14
方 324.4
方 328.9
方 385.6
方 391.20
方 446.4
養 59.28
養 60.3
養 87.21
養 132.4

養 193.10
養 193.14
養 217.17
養·殘 8.5
養·殘 70.7
養·殘 82.3
房 32.4
射 4.19
胎 1.12
胎 1.34

胎 6.7
胎 20.3
胎 20.16
胎 20.25
胎 21.13
胎 23.18
胎 28.3
胎 33.3
胎 33.5
春 7.4

春 16.19
春 24.12
春 25.11
春 30.6
春 33.14
春 38.19
春 53.8
春 54.16
春 59.24
春 60.11

春 62.11
春 64.5
春 66.13
春 67.1
春 73.3
春 73.5
春 73.13
春 77.2
春 77.20
春 79.12

春 81.17
春 86.23
春 87.8
春 87.16
春 87.24
春 88.3
春 88.8
春 88.17
春 88.23
春 89.24

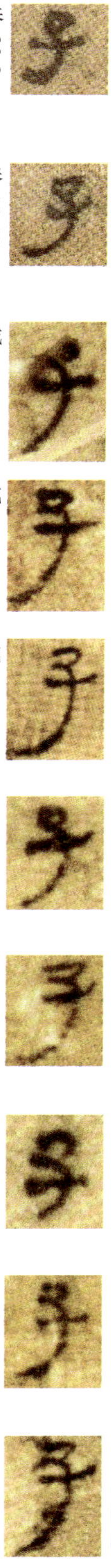

春 90.3
春 90.28
戰 17.29
戰 18.9
戰 40.7
戰 56.11
戰 57.2
戰 71.39
戰 79.31
戰 94.7

戰 115.27
戰 115.39
戰 133.37
戰 136.4
戰 139.35
戰 151.10
戰 185.19
戰 187.2
戰 193.5
戰 194.15

戰 195.26
戰 196.21
戰 197.27
戰 200.22
戰 200.29
戰 208.33
戰 238.21
戰 249.27
戰 250.6
戰 288.10

戰 318.11
戰 319.15
戰 319.23
老甲 33.4
老甲 36.7
老甲 52.6
老甲 143.11
老甲 155.13
老甲 155.29
五 4.27

五 7.21
五 9.27
五 10.11
五 11.23
五 14.30
五 15.8
五 15.14
五 15.28
五 16.9
五 17.4

五 17.11
五 17.25
五 26.17
五 27.7
五 27.14
五 29.9
五 37.13
五 37.22
五 38.23
五 39.1

五 39.11
五 44.17
五 46.30
五 47.8
五 49.9
五 49.18
五 49.29
五 53.23
五 54.17
五 56.24

五 59.25
五 86.1
五 102.6
五 102.20
五 103.25
五 104.2
五 104.14
五 110.4
五 110.19
五 112.6

五 114.29
五 120.30
五 126.17
五 128.5
五 137.14
五 138.4
五 141.3
五 143.16
五 144.17
五 146.4

五 178.27
五 179.14
五 179.27
五 180.24
明 13.31
氣 2.326
氣 2.335
氣 4.2
氣 5.229
氣 6.144

刑甲 16.8	刑甲 20.7	刑甲 61.16	刑甲 108.19	刑丙地剛圖 1.2	陰乙刑德 19.8	陰乙大游 1.107
刑甲 17.12	刑甲 23.9	刑甲 63.2	刑甲 108.23	刑丙地剛圖 1.11	陰乙刑德 30.5	陰乙大游 1.119
刑甲 17.18	刑甲 43.5	刑甲 65.2	刑甲 109.11	陰乙刑德 4.3	陰乙大游 1.2	陰乙大游 1.128
刑甲 17.21	刑甲 43.15	刑甲 67.2	刑甲 110.15	陰乙刑德 7.16	陰乙大游 1.34	陰乙大游 1.137
刑甲 17.24	刑甲 43.33	刑甲 81.2	刑甲大游 2.105	陰乙刑德 10.14	陰乙大游 1.49	陰乙大游 1.145
刑甲 17.29	刑甲 45.3	刑甲 84.5	刑甲小游 1.25	陰乙刑德 11.10	陰乙大游 1.62	陰乙大游 1.149
刑甲 17.32	刑甲 50.8	刑甲 89.4	刑甲小游 1.92	陰乙刑德 13.13	陰乙大游 1.69	陰乙大游 1.161
刑甲 19.11	刑甲 50.15	刑甲 91.23	刑甲小游 1.151	陰乙刑德 14.13	陰乙大游 1.73	陰乙大游 1.166
刑甲 19.29	刑甲 50.22	刑甲 94.11	刑甲小游 1.223	陰乙刑德 16.7	陰乙大游 1.85	陰乙大游 1.171
刑甲 19.36	刑甲 51.3	刑甲 101.16	刑丙小游 1.135	陰乙刑德 17.5	陰乙大游 1.97	陰乙大游 1.183

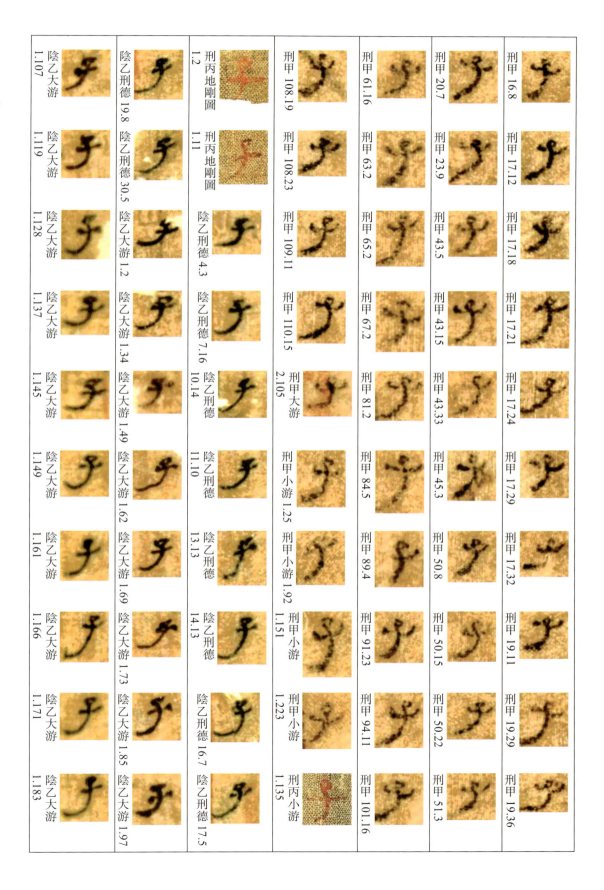

陰乙大游1.201	陰乙大游1.230	陰乙大游1.270	陰乙大游1.281	陰乙大游1.292	陰乙大游1.294	陰乙大游1.298	陰乙大游1.307	陰乙大游2.47	陰乙大游3.83
陰乙大游3.140	陰乙小游1.24	陰乙玄戈10.6	陰乙玄戈8.24	陰乙文武12.13	陰乙文武12.31	陰乙文武13.4	陰乙文武13.6	陰乙文武15.15	陰乙文武18.4
陰乙文武19.14	陰乙文武20.2	陰乙文武22.2	陰乙文武24.1	陰乙上朔32.17	陰乙地綱圖1.4	陰乙地綱圖1.9	陰乙地綱圖1.13	陰乙天一9.5	陰乙天一12.11
陰乙天一16.2	陰乙天一21.7	陰乙天一22.2	陰乙天一27.2	陰乙天一27.10	陰乙天一34.9	陰乙女發2.3	陰乙女發2.27	陰乙女發2.56	出6.8
出6.14	出6.26	出7.9	出7.14	出12.8	出14.7	出18.24	出19.33	出22.8	出24.7
出25.5	出25.26	出27.31	出28.15	出29.15	出30.15	出31.6	出32.9	木2.10	木3.9
木6.5	木28.18	木28.22	問51.19	問60.11	問74.17	問80.22	問82.19	禁9.9	談16.14

遺一230.2
遺一231.2
遺三21.4
遺三37.2
遺三39.4
喪4.12
喪5.8
太5.3
周1.29
周2.9

周3.49
周7.13
周12.62
周15.46
周20.25
周27.61
周33.29
周39.53
周48.29
周51.19

周52.6
周57.55
周66.27
周66.39
周70.37
周77.63
周80.13
周84.76
周85.21
周85.56

周85.66
周86.16
周88.29
周91.38
二三1.4
二三4.8
二三4.26
二三4.44
二三7.77
二三8.27

二三9.10
二三9.76
二三10.3
二三14.32
二三15.56
二三15.75
二三16.13
二三16.38
二三16.49
二三17.17

二三25.71
二三26.30
二三27.27
二三29.31
二三34.62
繫4.10
繫4.30
繫8.37
繫10.48
繫12.53

繫12.67
繫13.53
繫13.69
繫14.15
繫14.18
繫14.53
繫15.30
繫15.34
繫16.6
繫16.36

繫16.69
繫17.7
繫17.37
繫26.56
繫27.1
繫38.53
繫38.66
繫40.35
繫41.48
繫42.24

繫 43.45　繫 44.16　衷 10.30　衷 11.5　衷 12.4　衷 19.24　衷 22.13　衷 25.50　衷 26.10　衷 27.1

衷 29.12　衷 31.15　衷 32.45　衷 33.10　衷 33.22　衷 33.57　衷 33.64　衷 34.3　衷 34.31　衷 35.4

衷 35.12　衷 35.52　衷 37.54　衷 38.10　衷 38.30　衷 39.2　衷 39.57　衷 40.8　衷 40.37　衷 41.31

衷 41.49　衷 41.70　衷 42.55　衷 47.18　要 8.18　要 8.20　要 9.21　要 10.4　要 10.37　要 11.44

要 11.63　要 12.51　要 12.64　要 13.1　要 13.7　要 13.43　要 13.52　要 13.55　要 14.46　要 14.55

要 15.1　要 15.21　要 16.46　要 16.50　要 16.56　要 17.8　要 18.71　要 19.19　要 19.23　要 22.27

繆 2.10　繆 2.25　繆 7.43　繆 9.14　繆 14.20　繆 16.19　繆 19.12　繆 19.30　繆 22.4　繆 23.33

繆 25.5　繆 26.40　繆 27.51　繆 27.59　繆 29.39　繆 30.52　繆 31.16　繆 31.65　繆 32.15　繆 33.18

繆 33.57
繆 35.16
繆 35.31
繆 36.39
繆 37.32
繆 38.5
繆 38.28
繆 39.21
繆 39.27
繆 39.33
繆 40.51
繆 41.47
繆 41.50
繆 42.20
繆 43.26
繆 43.44
繆 44.15
繆 47.54
繆 48.22
繆 48.62
繆 49.5
繆 49.10
繆 50.40
繆 51.41
繆 53.15
繆 54.10
繆 55.3
繆 56.6
繆 57.36
繆 58.6
繆 62.25
繆 70.35
繆 70.51
繆 71.5
繆 71.14
繆 71.17
昭 1.13
昭 1.49
昭 3.23
昭 3.71
昭 5.17
昭 7.69
昭 8.29
昭 12.4
昭 13.18
周·殘下 81.3
經 11.27
經 12.28
經 21.40
經 23.25
經 24.47
經 61.55
經 65.14
經 69.57
十 24.15
十 25.13
十 38.9
十 53.61
稱 4.58
稱 6.10
稱 12.45
稱 17.17
稱 18.40
稱 23.56
老乙 14.8
老乙 14.13
老乙 16.62
老乙 24.41
老乙 47.52
星 18.40
星 31.2
刑乙 1.10
刑乙 1.17
刑乙 2.16
刑乙 2.24
刑乙 4.2
刑乙 5.5
刑乙 7.3
刑乙 7.18
刑乙 7.23

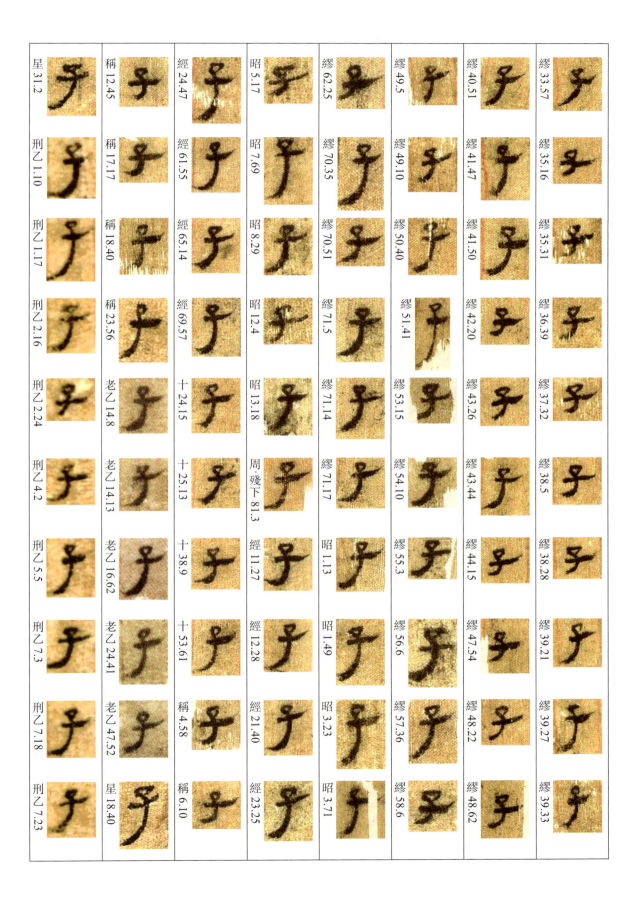

字

刑乙8.25
刑乙9.17
刑乙10.22
刑乙11.12
刑乙12.6
刑乙14.6
刑乙15.5
刑乙20.5
刑乙30.10
刑乙31.18

刑乙40.18
刑乙41.18
刑乙41.25
刑乙49.13
刑乙71.9
刑乙71.54
刑乙71.60
刑乙71.63
刑乙72.2
刑乙72.7

刑乙72.10
刑乙73.8
刑乙73.26
刑乙73.33
刑乙73.38
刑乙73.44
刑乙73.49
刑乙76.10
刑乙89.13
刑乙89.19

刑乙93.9
刑乙93.23
刑乙93.30
刑乙93.37
刑乙大游1.2
刑乙大游1.26
刑乙大游1.76
刑乙大游1.103
刑乙小游1.65
刑乙小游1.121

刑乙小游1.184
刑乙小游1.243
相2.29
相7.56
相15.47
相65.63

房41.1
胎14.4
胎18.2
胎29.2
胎29.6
胎31.2
木6.25
周27.43
周27.47
周·殘下99.5

老乙66.12

穀　季　孟　孽

侼

木6.27

穀

方94.28

問38.19

衷38.18

繆34.48

敦

二23.36

遣三219.6

遣三224.2

遣三365.2

季

陰甲雜一6.18

陰甲雜三1.25

陰甲築二1.19

陰甲築二4.24

陰甲築二10.19

陰甲·殘89.4

脈11.9

出9.1

星34.9

孟

戰132.25

戰136.28

戰140.23

五68.6

明7.9

陰乙刑日圖1.4

陰乙刑日圖1.17

陰乙刑日圖1.23

周8.3

周8.21

周8.60

周8.71

衷4.47

繆30.35

昭13.64

十11.26

稱13.38

老乙17.5

星34.1

孽

養39.9

稱6.43

孤

陰甲·殘281.8
春66.11
春67.12
春76.33
老甲13.12
陰乙文武15.19
繆67.43
經63.9
老乙4.9

存

戰165.31
戰167.2
戰169.17
戰186.6
戰203.9
戰292.16
戰293.25
老甲103.20
老甲104.31
九5.6
九6.30
明3.21
明31.14
合3.21
談37.6
二6.59
二8.58
繫5.36
繫5.43
繫5.58
繫5.64
繫15.71
繫29.48
繫29.55
繫29.62
繫30.9
繫44.38
要9.26
要12.3
經5.50
經24.9
經27.43
經28.27
經52.2
經54.13
經61.16
經69.9
經69.32
十37.4
十37.11
十37.26
十37.41
十64.67
稱3.36
稱8.3
稱8.18
稱18.4
稱18.33
老乙4.50
老乙47.45
老乙48.55
老乙49.31

疑

春58.18
戰32.26
戰76.14
戰76.20
戰143.27
戰144.19
戰163.26
戰226.19
談51.26
繫21.60

疑

繫 28.65

衷 3.45

衷 49.21

要 18.14

繆 1.27

繆 47.25

十 62.65

稱 6.33

稱 6.44

稱 6.54

稱 6.56

稱 20.23

相 20.44

相 74.20

矷

周 34.43

周 41.38

舌*

戰 127.26

孶*

問 35.19

疑爲「孶」字異體。

孑

箭 41.1

箭 72.1

𡦹*

箭 87.1

从子从卑，故暫附於此。

孱

春 74.13

疏

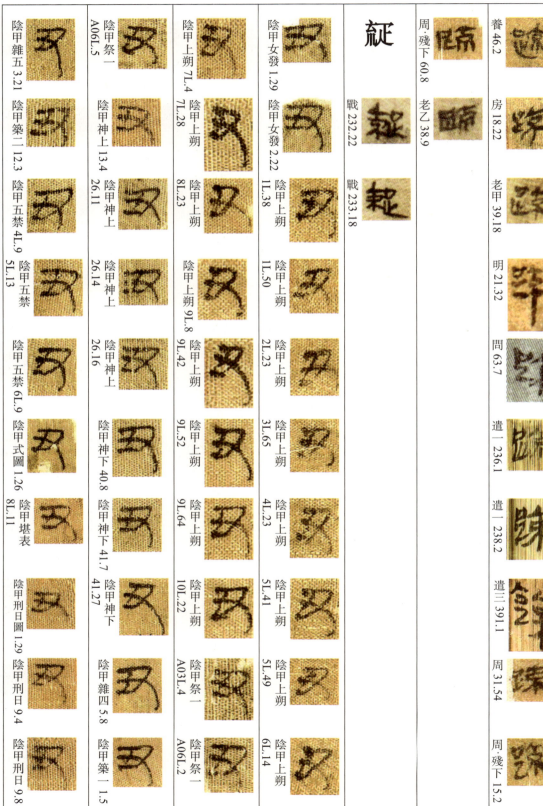

養46.2
房18.22
老甲39.18
明21.32
問63.7
遣一236.1
遣一238.2
遣三391.1
周31.54
周·殘下15.2

周·殘下60.8
老乙38.9

⿰㐬疋

戰232.22
戰233.18

丑

陰甲女發1.29
陰甲女發2.22
陰甲上朔1L.38
陰甲上朔1L.50
陰甲上朔2L.23
陰甲上朔3L.65
陰甲上朔4L.23
陰甲上朔5L.41
陰甲上朔5L.49
陰甲上朔6L.14

陰甲上朔7L.4
陰甲上朔7L.28
陰甲上朔8L.23
陰甲上朔9L.8
陰甲上朔9L.42
陰甲上朔9L.52
陰甲上朔9L.64
陰甲上朔10L.22
陰甲祭一A03L.4
陰甲祭一A06L.2

陰甲祭一A06L.5
陰甲神上13.4
陰甲神上26.11
陰甲神上26.14
陰甲神上26.16
陰甲神下40.8
陰甲神下41.7
陰甲神下41.27
陰甲雜四5.8
陰甲築一1.5

陰甲雜五3.21
陰甲築二12.3
陰甲五禁4L.9
陰甲五禁5L.13
陰甲五禁6L.9
陰甲式圖1.26
陰甲堪表8L.11
陰甲刑日圖1.29
陰甲刑日9.4
陰甲刑日9.8

陰甲諸日 2.13
陰甲祭二 4L.10
陰甲祭二 4L.28
陰甲·殘 270.3
刑甲 91.26
刑甲 98.18
刑甲大游 2.52
刑甲大游 2.107
刑甲小游 1.28
刑丙小游 1.56

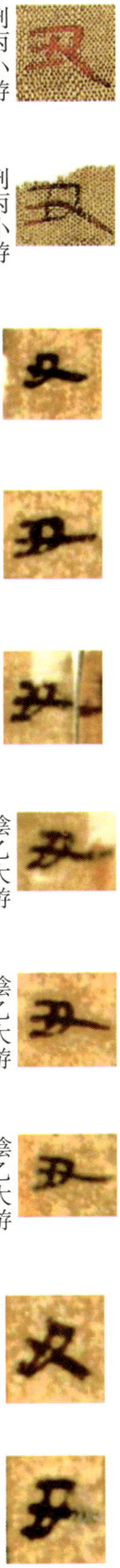

刑丙小游 1.139
刑丙小游 1.195
陰乙刑德 30.8
陰乙大游 1.26
陰乙大游 1.98
陰乙大游 1.173
陰乙大游 1.191
陰乙大游 1.246
陰乙小游 1.28
陰乙小游 1.60

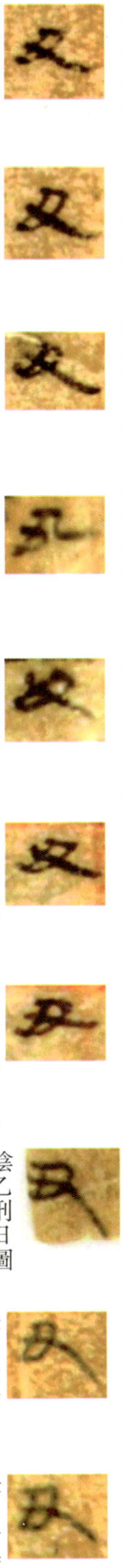

陰乙兇 7.21
陰乙兇 9.26
陰乙玄戈 8.11
陰乙文武 13.5
陰乙文武 17.5
陰乙文武 19.4
陰乙文武 21.3
陰乙刑日圖 1.24
陰乙女發 1.24
陰乙女發 2.12

出 6.4
出 6.10
出 6.16
出 7.11
出 7.16
出 8.6
出 8.10
出 8.14
出 12.4
出 13.4

出 13.7
出 13.10
出 14.1
出 14.17
出 15.3
出 15.13
出 21.11
出 25.28
出 27.45
出 28.18

出 29.18
出 30.18
出 31.9
出 32.12
星 71.32
星 74.27
刑乙 15.8
刑乙 72.38
刑乙大游 1.4
刑乙大游 1.52

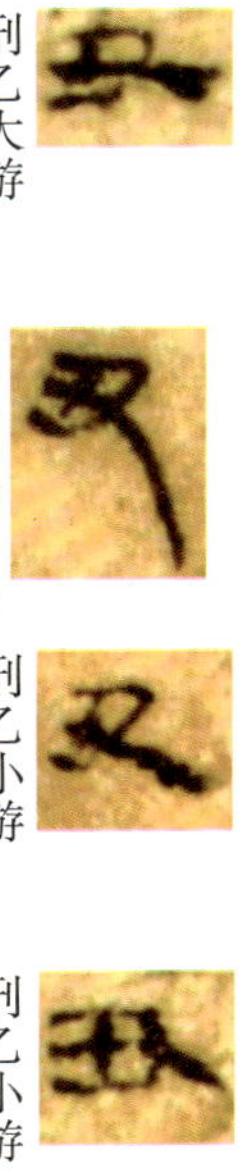

刑乙大游 1.105
刑乙小游 1.68
刑乙小游 1.186
刑乙小游 1.246

丑　羞　寅

丑

- 方67.4
- 養53.6

羞

- 周43.37
- 繆54.7
- 昭2.18

寅

- 陰甲天一1.9
- 陰甲天一1.13
- 陰甲天一1.17
- 陰甲天一1.21
- 陰甲徙3.34
- 陰甲女發3.10
- 陰甲上朔1L.40
- 陰甲上朔1L.52
- 陰甲上朔2L.25
- 陰甲上朔2L.33
- 陰甲上朔3L.11
- 陰甲上朔3L.55
- 陰甲上朔3L.67
- 陰甲上朔4L.25
- 陰甲上朔4L.33
- 陰甲上朔5L.9
- 陰甲上朔5L.43
- 陰甲上朔5L.51
- 陰甲上朔6L.16
- 陰甲上朔7L.6
- 陰甲上朔7L.34
- 陰甲上朔8L.25
- 陰甲上朔8L.32
- 陰甲上朔9L.54
- 陰甲上朔9L.66
- 陰甲上朔10L.24
- 陰甲上朔10L.32
- 陰甲神上8.20
- 陰甲神上14.5
- 陰甲神上16.5
- 陰甲神下42.7
- 陰甲神下42.30
- 陰甲雜四5.3
- 陰甲築一2.4
- 陰甲築二1.6
- 陰甲築二4.27
- 陰甲築二5.6
- 陰甲築二7.6
- 陰甲築二9.11
- 陰甲五禁4L.8
- 陰甲五禁5L.12
- 陰甲雜七3.5
- 陰甲式圖1.27
- 陰甲刑日圖1.3
- 陰甲祭二2L.7
- 陰甲祭二4L.2
- 陰甲祭二4L.30
- 陰甲·殘144.3
- 刑甲18.3
- 刑甲大游2.109

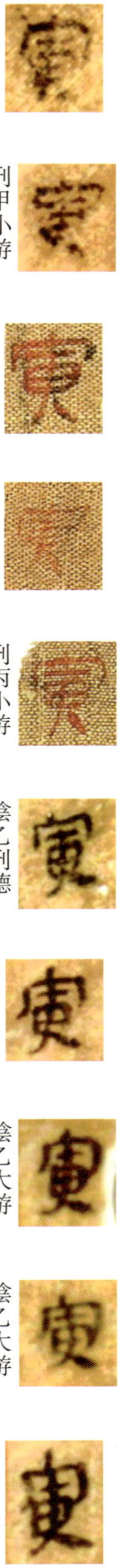

- 刑甲小游1.32
- 刑甲小游1.199
- 刑丙小游1.60
- 刑丙小游1.99
- 刑丙小游1.196
- 陰乙刑德29.10
- 陰乙大游1.59
- 陰乙大游1.133
- 陰乙大游1.218
- 陰乙小游1.32

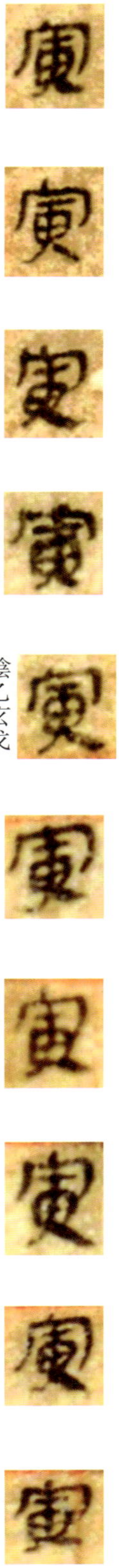

- 陰乙兇5.30
- 陰乙兇7.27
- 陰乙兇9.32
- 陰乙玄戈8.5
- 陰乙玄戈10.10
- 陰乙文武13.9
- 陰乙文武14.1
- 陰乙文武18.5
- 陰乙文武20.3
- 陰乙文武22.3

- 陰乙刑日圖1.3
- 陰乙女發3.19
- 陰乙女發3.31
- 出6.6
- 出6.12
- 出6.18
- 出7.13
- 出7.18
- 出8.44
- 出11.4

- 出11.6
- 出11.8
- 出12.11
- 出14.4
- 出14.16
- 出18.25
- 出20.27
- 出22.3
- 出25.7
- 出25.30

- 出27.3
- 出27.57
- 出28.3
- 出29.6
- 出30.3
- 出31.15
- 出32.6
- 星72.9
- 刑乙14.13
- 刑乙72.23

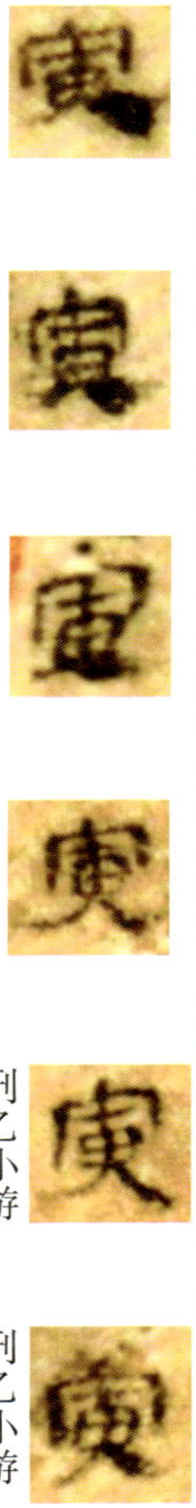

- 刑乙大游1.6
- 刑乙大游1.54
- 刑乙大游1.80
- 刑乙小游1.72
- 刑乙小游1.190
- 刑乙小游1.249

卯

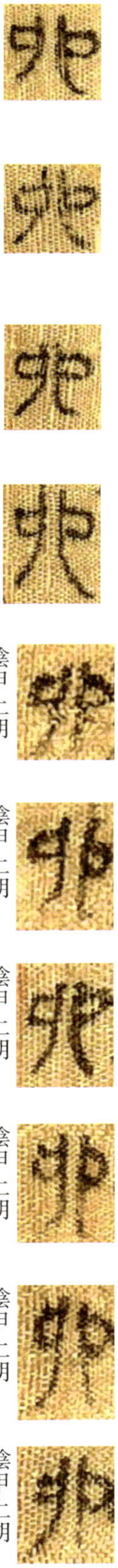

- 陰甲徙1.33
- 陰甲徙4.38
- 陰甲徙7.13
- 陰甲徙7.18
- 陰甲上朔1L.54
- 陰甲上朔2L.27
- 陰甲上朔2L.35
- 陰甲上朔3L.69
- 陰甲上朔4L.27
- 陰甲上朔5L.11

陰甲上朔 5L.53	陰甲上朔 6L.18	陰甲上朔 7L.43	陰甲上朔 8L.27	陰甲上朔 8L.34	陰甲上朔 9L.12	陰甲上朔 9L.68	陰甲上朔 10L.26	陰甲上朔 10L.34	陰甲祭一 A04L.4
陰甲祭一 A07L.5	陰甲祭一 A07L.10	陰甲神上 25.18	陰甲神下 41.5	陰甲雜四 1.2	陰甲築一 3.13	陰甲雜五 5.9	陰甲雜五 5.11	陰甲五禁 3L.8	陰甲五禁 4L.7
陰甲五禁 6L.7	陰甲刑日圖 1.5	陰甲諸日 6.16	陰甲諸日 6.51	陰甲祭二 4L.14	陰甲祭二 4L.32	陰甲·殘 276.8	方 221.4	方 221.23	戰 132.26
戰 136.29	氣 9.97	刑甲 18.33	刑甲 52.14	刑甲 52.25	刑甲 53.7	刑甲 53.29	刑甲 108.5	刑甲 109.30	刑甲 113.23
刑甲 114.23	刑甲 115.28	刑甲大游 2.32	刑甲大游 2.82	刑甲大游 2.111	刑甲小游 1.53	刑甲小游 1.162	刑丙小游 1.28	刑丙小游 1.103	刑丙小游 1.147
陰乙刑德 3.15	陰乙大游 1.15	陰乙大游 1.87	陰乙大游 1.254	陰乙大游 3.63	陰乙兇 5.36	陰乙兇 7.32	陰乙玄戈 8.13	陰乙文武 13.8	陰乙文武 15.1
陰乙文武 19.5	陰乙文武 21.4	陰乙文武 23.3	陰乙女發 1.9	陰乙女發 1.34	陰乙女發 2.21	出 7.15	出 10.6	出 12.7	出 14.5

出 14.13
出 18.19
出 18.40
出 19.45
出 27.9
出 28.6
出 28.27
出 29.9
出 30.6
出 31.13

星 72.19
刑乙 3.5
刑乙 19.13
刑乙 21.16
刑乙 21.26
刑乙 57.7
刑乙 58.21
刑乙 60.16
刑乙 72.54
刑乙 94.7

刑乙 94.17
刑乙 94.28
刑乙 94.37
刑乙 94.49
刑乙大游 1.8
刑乙大游 1.82
刑乙大游 1.109
刑乙小游 1.76
刑乙小游 1.127
刑乙小游 1.253

辰

陰甲天一 1.35
陰甲徙 1.37
陰甲女發 2.19
陰甲上朔 2L.37
陰甲上朔 2L.47
陰甲上朔 4L.37
陰甲上朔 8L.36
陰甲上朔 8L.46
陰甲上朔 10L.36
陰甲上朔 10L.46

陰甲祭一 A03L.8
陰甲祭一 A05L.3
陰甲祭一 A05L.4
陰甲祭一 A05L.10
陰甲祭一 A06L.4
陰甲祭一 A06L.6
陰甲祭一 A06L.8
陰甲祭一 B06L.2
陰甲祭一 B06L.4
陰甲神上 14.4

陰甲神上 27.16
陰甲神下 41.13
陰甲神下 41.29
陰甲雜四 5.12
陰甲雜四 5.15
陰甲雜五 5.22
陰甲五禁 3L.12
陰甲五禁 4L.6
陰甲五禁 5L.10
陰甲五禁 6L.6

陰甲堪法 6.31
陰甲堪法 9.43
陰甲堪表 9.16
陰甲堪表 9.26
陰甲堪表 4L.17
陰甲刑日圖 1.7
陰甲刑日 3.4
陰甲刑日 10.4
陰甲刑日 10.8
陰甲諸日 6.45

陰甲諸日7.28 陰甲祭一6L.8 陰甲祭三6.16 陰甲·殘6.8 陰甲·殘185.2 陰甲·殘202.3 陰甲·殘282.11 五62.26 五135.17 氣7.69

刑甲42.3 刑甲89.8 刑甲91.11 刑甲99.5 刑甲大游1.24 刑甲大游2.58 刑甲大游2.84 刑甲大游2.117 刑甲小游1.40 刑甲小游1.205

刑甲小游1.236 刑丙小游1.107 陰乙刑德29.17 陰乙大游1.209 陰乙大游1.288 陰乙大游3.105 陰乙兇2.7 陰乙兇8.7 陰乙兇10.7 陰乙玄戈8.19

陰乙文武12.18 陰乙文武13.10 陰乙文武13.12 陰乙文武14.2 陰乙文武16.1 陰乙文武20.4 陰乙文武22.4 陰乙上朔17.16 陰乙上朔18.7 陰乙上朔18.24

陰乙上朔20.4 陰乙上朔21.21 陰乙女發1.18 陰乙女發2.6 陰乙女發2.30 出7.17 出8.18 出8.22 出8.26 出12.3

出13.13 出13.16 出13.19 出14.8 出15.1 出18.14 出21.7 出25.9 出25.13 出25.19

出28.9 出28.37 出29.12 出30.9 出31.18 出32.18 遣三1.10 周31.2 周31.4 周31.12

辱

辰	辰	辱	辱	辱	⿸辰又	⿸辰叉
周 31.23	星 21.16	胎 31.8	老甲 169.12	老乙 53.38	陰甲天一 13.3	陰甲天地 1.42
周 62.17	星 35.3	春 16.16	陰乙大游 2.87	老乙 53.57	陰甲天一 13.14	
二 1.43	星 69.25	春 93.18	陰乙天一 26.5	老乙 69.20	陰甲室 8.44	
繫 13.62	刑乙 18.2	戰 39.3	陰乙天一 36.3	老乙 78.33		
要 21.59	刑乙大游 1.58	戰 54.12	陰乙天一 36.7	刑乙 45.16		
繆 62.26	刑乙大游 1.84	老甲 17.6	繫 41.14			
經 43.28	刑乙大游 1.115	老甲 113.7	繆 66.9			
經 65.61	刑乙小游 1.80	老甲 113.19	稱 4.42			
道 3.45	刑乙小游 1.131	老甲 114.7	老乙 5.24			
星 19.33		老甲 148.27	老乙 53.27			

巳

陰甲徙 2.41
陰甲上朔 2L.5
陰甲上朔 2L.49
陰甲上朔 2L.61
陰甲上朔 4L.5
陰甲上朔 4L.39
陰甲上朔 4L.61
陰甲上朔 6L.45
陰甲上朔 8L.5
陰甲上朔 8L.38

陰甲上朔 8L.58
陰甲上朔 9L.18
陰甲上朔 10L.4
陰甲上朔 10L.38
陰甲上朔 10L.58
陰甲祭一 A04L.5
陰甲神下 40.9
陰甲神下 41.10
陰甲神下 42.17
陰甲雜四 1.6

陰甲雜四 5.5
陰甲室 4.28
陰甲築二 2.6
陰甲築二 8.12
陰甲五禁 3L.5
陰甲五禁 4L.5
陰甲五禁 6L.5
陰甲雜七 4.5
陰甲堪表 4L.13
陰甲堪表 7L.13

陰甲刑日圖 1.11
陽甲 32.14
方 26.22
方 28.11
方 28.25
方 32.18
方 46.24
方 49.29
方 50.27
方 53.19

方 56.25
方 58.7
方 62.14
方 64.26
方 69.13
方 74.9
方 96.24
方 96.26
方 98.10
方 101.10

方 107.1
方 110.8
方 113.12
方 113.23
方 116.8
方 116.19
方 123.27
方 125.3
方 125.25
方 126.14

方 128.18
方 136.7
方 158.5
方 159.3
方 161.4
方 173.6
方 177.5
方 190.3
方 190.11
方 192.23

方193.23
方196.4
方196.12
方199.10
方199.15
方213.6
方217.4
方217.10
方217.36
方218.1
方220.17
方220.28
方222.17
方231.27
方232.10
方233.5
方256.4
方258.23
方260.16
方264.15
方264.17
方285.26
方296.3
方301.21
方305.7
方316.20
方329.18
方331.9
方335.13
方339.27
方341.3
方344.14
方377.7
方385.7
方387.22
方389.11
方422.20
方424.22
方426.26
方429.28
方438.22
方439.7
方450.3
方458.9
方462.4
方463.9
方465.16
方468.14
方469.2
方476.4
方·殘53.5
陽乙14.14
養15.5
養15.10
養16.5
養16.20
養41.1
養64.15
養79.4
養82.6
養91.11
養93.7
養128.23
養215.3
養·殘2.5
養·殘133.2
房39.14
房41.3
射14.26
胎22.20
胎31.4
春75.11
戰10.3
戰11.12
戰13.37
戰26.35
戰44.27
戰71.27
戰89.29
戰95.26

戰 102.2
戰 104.36
戰 127.29
戰 138.14
戰 145.13
戰 157.9
戰 159.18
戰 167.16
戰 179.24
戰 180.22

戰 195.5
戰 208.14
戰 259.25
戰 265.7
戰 268.5
戰 296.13
戰 325.22
老甲 6.31
老甲 95.9
老甲 153.11

老甲 154.5
老甲 154.24
老甲 156.8
五 55.23
五 55.31
五 81.5
五 141.4
五 162.23
九 7.2
九 18.16

九 41.18
明 9.1
明 14.12
明 15.4
明 20.17
明 42.10
氣 6.102
氣 10.321
刑甲 38.4
刑甲 72.5

刑甲 110.10
刑甲大游 1.18
刑甲大游 2.62
刑甲大游 2.119
刑甲小游 1.44
刑甲小游 1.111
刑甲小游 1.240
刑丙小游 1.35
刑丙小游 1.70
陰乙大游 1.6

陰乙大游 1.75
陰乙兌 2.12
陰乙兌 6.14
陰乙兌 8.14
陰乙玄戈 8.7
陰乙文武 12.3
陰乙文武 12.19
陰乙文武 13.11
陰乙文武 15.2
陰乙文武 17.1

陰乙文武 21.5
陰乙文武 23.4
陰乙女發 3.10
陰乙女發 3.22
出 7.19
出 8.4
出 8.8
出 8.12
出 11.9
出 11.11

出11.13	出30.12	合28.24	談46.21	繫21.42	經4.17	經74.14	十45.16
出14.10	出31.3	合29.4	談46.25	繫26.76	經4.21	十4.28	十52.32
出16.4	出32.3	合29.8	談46.32	衷19.42	經5.19	十4.38	十58.43
出18.28	問74.27	合29.12	遣三1.7	要14.47	經5.23	十9.2	十58.58
出18.39	合9.21	合29.16	周11.20	要17.6	經5.35	十12.7	十65.16
出19.46	合10.13	合29.20	周13.25	要18.26	經8.23	十12.27	稱1.15
出20.22	合28.3	合30.2	周66.59	要20.68	經33.20	十15.33	稱5.41
出28.12	合28.7	合30.6	二25.2	繆63.55	經41.17	十30.43	老乙3.23
出28.47	合28.13	談46.1	二26.15	昭13.10	經68.68	十31.17	老乙3.30
出29.3	合28.20	談46.17	繫1.12	經3.47	經73.59	十31.25	老乙3.43

㠯

老乙17.66 老乙45.2 老乙47.7 老乙50.26 老乙70.6 老乙71.12 老乙71.33 老乙71.51 老乙72.30 星24.43

星35.42 星52.4 刑乙31.13 刑乙42.5 刑乙75.38 刑乙大游1.36 刑乙大游1.62 刑乙大游1.117 刑乙小游1.61 刑乙小游1.84

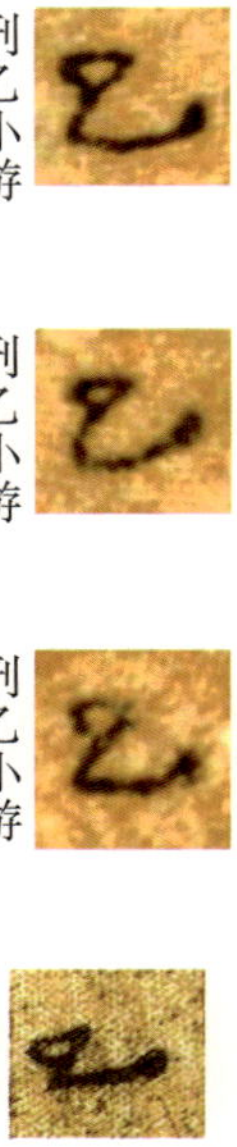

刑乙小游1.135 刑乙小游1.197 刑乙小游1.261 相68.26

以

陰甲雜一7.3 陰甲雜一7.10 陰甲雜一7.16 陰甲雜一8.13 陰甲天一1.2 陰甲天一1.11 陰甲天一1.15 陰甲天一1.19 陰甲天一1.27

陰甲徙5.22 陰甲徙6.8 陰甲徙6.16 陰甲徙6.32 陰甲徙6.39 陰甲徙6.44 陰甲徙7.11 陰甲徙7.16 陰甲上朔1.55 陰甲祭一A03L.12

陰甲祭一A04L.11 陰甲祭一A05L.11 陰甲祭一A06L.11 陰甲祭一A07L.20 陰甲祭一A08L.13 陰甲祭一A09L.21 陰甲祭一A10L.15 陰甲祭一A12L.10 陰甲祭一A13L.8 陰甲祭一A15L.11

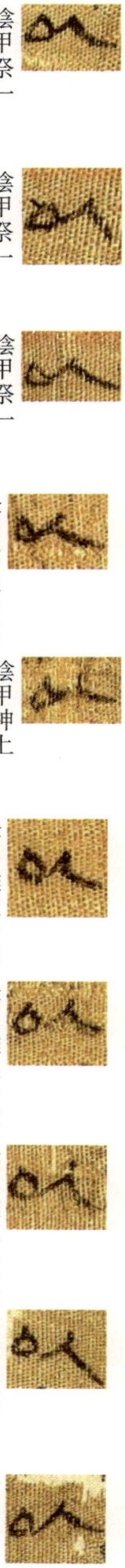

陰甲祭一A16L.43 陰甲祭一A17L.14 陰甲祭一B10L.12 陰甲神上3.15 陰甲神上22.19 陰甲雜三1.29 陰甲雜三3.14 陰甲雜三4.14 陰甲雜三5.2 陰甲雜三5.6

陰甲衍6.12
陰甲雜四2.13
陰甲雜四5.16
陰甲雜四6.4
陰甲室2.15
陰甲室3.26
陰甲室3.34
陰甲室5.19
陰甲室5.27
陰甲室8.24

陰甲室8.32
陰甲室8.37
陰甲室9.1
陰甲室10.8
陰甲築一3.4
陰甲築一3.15
陰甲築一4.4
陰甲雜五4.2
陰甲雜六3.11
陰甲堪法2.2

陰甲堪法6.9
陰甲堪法12.9
陰甲堪法14.9
陰甲堪法15.11
陰甲堪表5.2
陰甲堪表9.4
陰甲堪表9.20
陰甲刑日5.4
陰甲刑日6.5
陰甲刑日8.5

陰甲諸日2.2
陰甲諸日4.11
陰甲諸日4.15
陰甲諸日7.8
陰甲諸日7.13
陰甲祭二2L.11
陰甲祭二6L.9
陰甲祭二10L.7
陰甲祭二11L.8
陰甲祭二12L.8

陰甲祭三1.20
陰甲祭三2.28
陰甲祭三4.4
陰甲祭三4.28
陰甲祭三5.24
陰甲祭三6.24
陰甲宜忌5.15
陰甲宜忌6.6
陰甲·殘2.8
陰甲·殘3.7

陰甲·殘3.12
陰甲·殘4.24
陰甲·殘4.35
陰甲·殘7.11
陰甲·殘8.22
陰甲·殘28.4
陰甲·殘42.2
陰甲·殘189.7
陰甲·殘330.4
陰甲·殘358.3

足10.27
足15.13
足19.10
足23.8
陽甲6.3
陽甲14.28
方2.12
方11.8
方16.5
方17.4

方 18.9
方 18.16
方 19.12
方 21.10
方 22.8
方 28.28
方 30.25
方 31.6
方 31.8
方 31.27
方 34.7
方 34.23
方 34.28
方 38.9
方 42.12
方 42.18
方 44.10
方 44.15
方 44.22
方 46.8
方 48.12
方 48.21
方 49.7
方 50.23
方 52.9
方 53.25
方 55.5
方 56.9
方 56.19
方 58.3
方 61.13
方 62.4
方 63.4
方 67.14
方 68.2
方 69.15
方 71.15
方 72.9
方 73.15
方 74.2
方 80.3
方 87.4
方 87.10
方 88.2
方 89.2
方 90.2
方 90.13
方 92.2
方 94.20
方 95.7
方 100.21
方 101.5
方 102.16
方 104.2
方 104.12
方 105.2
方 106.1
方 108.2
方 109.2
方 109.18
方 109.22
方 111.4
方 112.11
方 112.21
方 113.4
方 123.7
方 127.5
方 127.12
方 127.17
方 129.2
方 129.5
方 129.14
方 131.1
方 133.2
方 133.6
方 135.10
方 135.16
方 135.21
方 142.2
方 144.9

方 146.14	方 147.15	方 149.10	方 165.4	方 167.7	方 171.9	方 172.11	方 174.23	方 177.26	方 178.11
方 181.15	方 182.11	方 185.2	方 187.11	方 187.19	方 189.13	方 189.16	方 191.27	方 192.20	方 194.2
方 195.11	方 196.2	方 202.2	方 205.7	方 206.33	方 209.8	方 211.10	方 212.3	方 213.15	方 213.23
方 214.6	方 217.2	方 219.2	方 220.21	方 221.2	方 222.5	方 222.8	方 224.15	方 227.6	方 227.11
方 227.15	方 229.5	方 229.10	方 229.17	方 231.7	方 232.4	方 232.32	方 234.10	方 237.2	方 238.3
方 238.16	方 239.2	方 243.5	方 243.8	方 243.12	方 244.8	方 250.26	方 253.15	方 254.20	方 254.28
方 255.15	方 255.24	方 257.33	方 258.3	方 260.3	方 260.13	方 261.30	方 262.29	方 264.6	方 264.9
方 266.20	方 267.17	方 271.4	方 271.13	方 271.24	方 272.17	方 274.13	方 275.11	方 275.22	方 276.10

方 276.20
方 277.3
方 279.4
方 280.24
方 280.27
方 281.11
方 285.9
方 286.11
方 287.11
方 288.2
方 295.5
方 298.17
方 298.25
方 299.6
方 303.8
方 306.8
方 314.6
方 316.6
方 316.11
方 316.22
方 319.22
方 320.2
方 321.5
方 322.5
方 323.7
方 324.6
方 325.6
方 326.10
方 327.2
方 327.10
方 328.4
方 333.8
方 336.11
方 336.15
方 338.26
方 339.13
方 340.20
方 347.14
方 348.5
方 348.11
方 348.18
方 348.29
方 349.5
方 350.5
方 351.15
方 351.22
方 355.7
方 356.6
方 357.11
方 357.21
方 358.5
方 359.7
方 360.22
方 360.28
方 361.2
方 361.9
方 362.9
方 363.12
方 363.28
方 365.9
方 365.15
方 366.9
方 367.14
方 368.6
方 370.8
方 371.2
方 371.14
方 372.8
方 375.12
方 376.17
方 376.23
方 378.11
方 378.22
方 380.6
方 383.2
方 384.5
方 387.8
方 388.16
方 388.21
方 389.6

方390.13
方390.28
方398.2
方401.12
方401.17
方404.14
方409.7
方409.20
方412.24
方419.16

方421.15
方421.20
方425.13
方426.9
方436.2
方439.2
方441.5
方442.2
方443.4
方445.7

方446.6
方447.15
方448.5
方448.20
方449.13
方454.14
方462.1
方462.10
方463.3
方464.16

方464.24
方466.20
方475.9
方476.2
方484.2
方殘2.20
去2.3
去2.35
去3.9
去3.19

陽乙2.3
陽乙2.8
陽乙3.27
養4.21
養7.2
養16.7
養19.6
養21.2
養24.2
養28.4

養29.1
養33.6
養33.18
養33.29
養35.4
養37.15
養37.20
養38.7
養42.4
養43.15

養44.2
養44.15
養45.19
養46.1
養47.19
養49.26
養50.22
養56.8
養59.25
養62.17

養63.7
養64.11
養64.18
養66.7
養66.18
養67.5
養67.14
養72.12
養74.4
養74.23

養78.14	養89.19	養125.35	養163.12	養206.25	房20.26	射12.16	胎19.1
養79.6	養90.9	養127.24	養163.16	養221.11	房40.18	射19.23	胎22.4
養79.19	養91.17	養129.18	養166.19	養·殘21.4	房41.5	射22.9	胎33.29
養81.15	養99.3	養131.18	養167.19	養·殘59.4	房43.27	射22.12	春11.24
養81.26	養105.5	養138.4	養170.13	養·殘67.2	房46.3	射24.10	春20.22
養83.12	養110.6	養148.13	養172.7	養·殘139.3	房53.7	胎13.9	春25.9
養86.5	養111.10	養150.12	養177.15	房7.12	房·殘6.2	胎14.6	春30.9
養86.17	養115.6	養152.10	養179.13	房9.22	射9.6	胎15.10	春38.8
養88.6	養116.1	養155.7	養190.17	房14.27	射10.13	胎16.1	春38.22
養89.13	養123.17	養157.5	養202.3	房18.21	射11.4	胎17.17	春45.21

春 45.27 春 46.17 春 54.19 春 55.2 春 55.29 春 57.15 春 58.17 春 59.13 春 61.7 春 63.2

春 63.22 春 65.7 春 65.12 春 66.9 春 67.13 春 70.29 春 74.15 春 76.31 春 81.4 春 82.11

春 82.22 春 85.7 春 86.13 春 87.29 春 88.34 春 89.17 春 92.20 春 92.26 春 95.16 戰 5.8

戰 6.20 戰 6.26 戰 13.16 戰 15.4 戰 15.9 戰 15.19 戰 15.23 戰 16.30 戰 17.30 戰 18.12

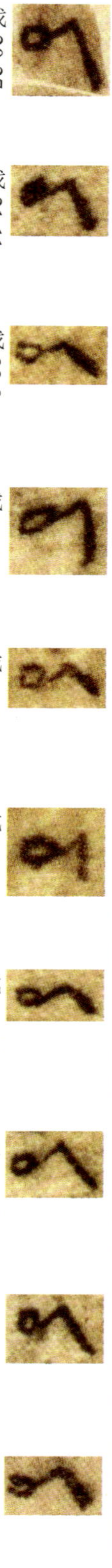

戰 20.27 戰 21.11 戰 22.8 戰 22.23 戰 23.2 戰 24.1 戰 24.14 戰 25.17 戰 25.24 戰 29.14

戰 29.22 戰 29.28 戰 33.1 戰 34.30 戰 35.28 戰 37.4 戰 38.6 戰 38.27 戰 40.9 戰 40.28

戰 43.23 戰 43.30 戰 44.4 戰 44.36 戰 45.8 戰 45.35 戰 45.38 戰 46.43 戰 47.18 戰 50.2

戰 51.10 戰 51.14 戰 52.17 戰 52.23 戰 53.3 戰 53.9 戰 55.22 戰 57.14 戰 57.23 戰 57.40

戰 59.10	戰 60.15	戰 61.14	戰 63.24	戰 64.10	戰 65.19	戰 66.20	戰 66.36	戰 67.26	戰 67.39
戰 68.11	戰 70.5	戰 71.40	戰 72.6	戰 72.31	戰 72.35	戰 73.11	戰 74.1	戰 76.29	戰 77.18
戰 78.12	戰 78.36	戰 79.38	戰 80.33	戰 83.7	戰 84.3	戰 84.25	戰 86.11	戰 86.16	戰 88.16
戰 89.4	戰 90.16	戰 90.26	戰 91.8	戰 91.17	戰 91.30	戰 93.33	戰 94.14	戰 94.22	戰 94.35
戰 97.17	戰 102.22	戰 103.5	戰 104.16	戰 104.22	戰 104.27	戰 105.11	戰 108.35	戰 110.3	戰 110.7
戰 111.4	戰 111.16	戰 112.21	戰 112.33	戰 115.4	戰 116.8	戰 116.23	戰 117.5	戰 117.30	戰 118.6
戰 119.6	戰 119.20	戰 121.39	戰 122.13	戰 122.37	戰 123.16	戰 124.9	戰 124.16	戰 124.28	戰 125.30
戰 126.22	戰 127.8	戰 129.1	戰 129.5	戰 129.25	戰 130.4	戰 131.6	戰 131.12	戰 131.21	戰 131.30

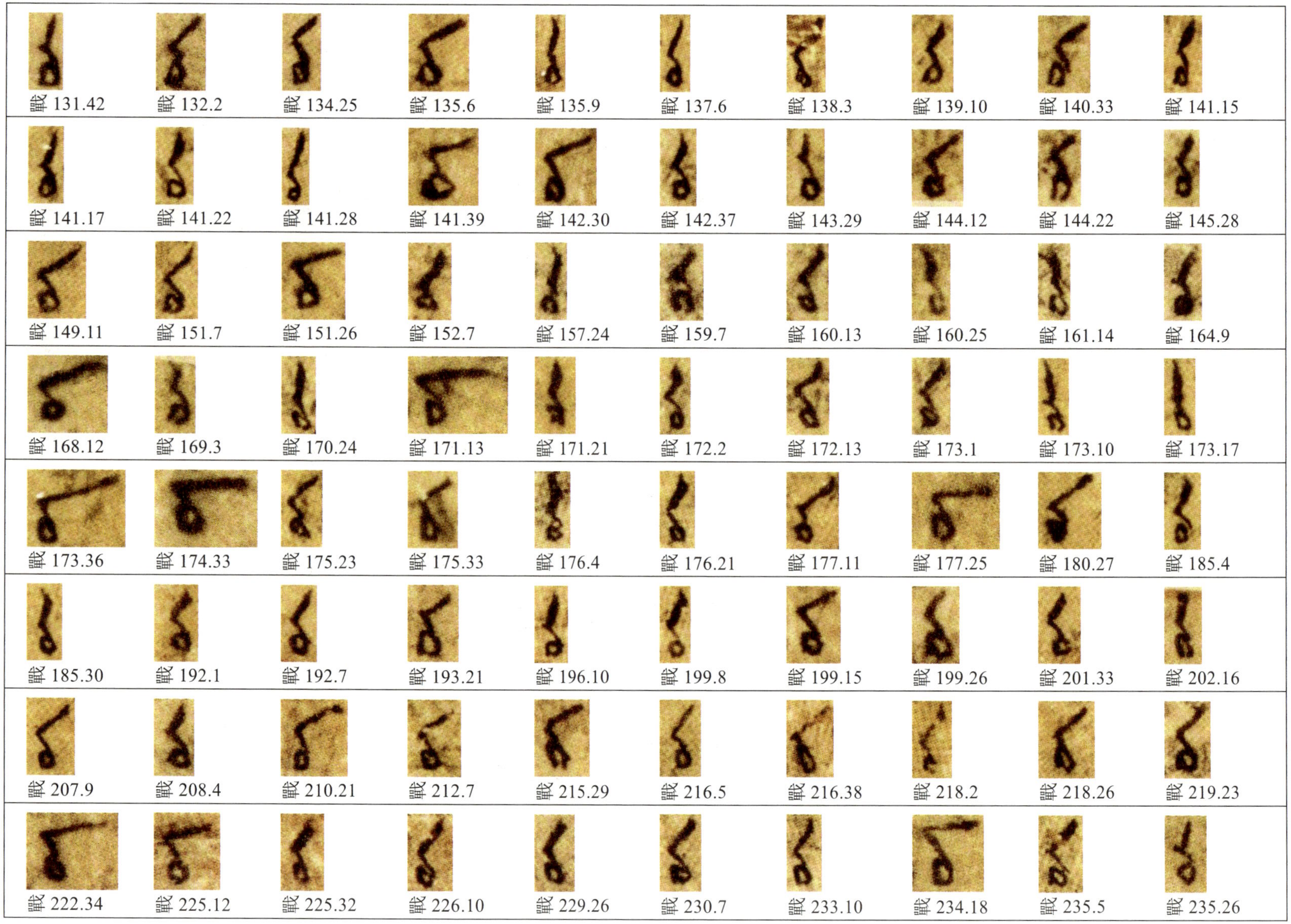

戰 131.42	戰 132.2	戰 134.25	戰 135.6	戰 135.9	戰 137.6	戰 138.3	戰 139.10	戰 140.33	戰 141.15
戰 141.17	戰 141.22	戰 141.28	戰 141.39	戰 142.30	戰 142.37	戰 143.29	戰 144.12	戰 144.22	戰 145.28
戰 149.11	戰 151.7	戰 151.26	戰 152.7	戰 157.24	戰 159.7	戰 160.13	戰 160.25	戰 161.14	戰 164.9
戰 168.12	戰 169.3	戰 170.24	戰 171.13	戰 171.21	戰 172.2	戰 172.13	戰 173.1	戰 173.10	戰 173.17
戰 173.36	戰 174.33	戰 175.23	戰 175.33	戰 176.4	戰 176.21	戰 177.11	戰 177.25	戰 180.27	戰 185.4
戰 185.30	戰 192.1	戰 192.7	戰 193.21	戰 196.10	戰 199.8	戰 199.15	戰 199.26	戰 201.33	戰 202.16
戰 207.9	戰 208.4	戰 210.21	戰 212.7	戰 215.29	戰 216.5	戰 216.38	戰 218.2	戰 218.26	戰 219.23
戰 222.34	戰 225.12	戰 225.32	戰 226.10	戰 229.26	戰 230.7	戰 233.10	戰 234.18	戰 235.5	戰 235.26

戰 235.34　戰 242.4　戰 247.11　戰 251.16　戰 251.23　戰 253.8　戰 257.4　戰 257.14　戰 261.28　戰 266.13

戰 266.20　戰 272.20　戰 275.10　戰 279.13　戰 293.18　戰 293.22　戰 295.9　戰 296.19　戰 297.2　戰 297.6

戰 306.17　戰 308.10　戰 316.23　戰 316.31　戰 317.23　戰 323.11　戰 325.9　老甲 4.14　老甲 13.3　老甲 14.22

老甲 18.20　老甲 20.8　老甲 20.16　老甲 25.24　老甲 27.4　老甲 35.4　老甲 35.12　老甲 40.19　老甲 40.23　老甲 46.3

老甲 46.11　老甲 48.26　老甲 49.28　老甲 51.28　老甲 53.30　老甲 60.11　老甲 60.29　老甲 60.37　老甲 62.8　老甲 62.14

老甲 62.30　老甲 70.3　老甲 70.12　老甲 75.5　老甲 80.3　老甲 82.11　老甲 82.20　老甲 82.28　老甲 82.32　老甲 83.2

老甲 83.10　老甲 83.18　老甲 83.24　老甲 91.14　老甲 91.18　老甲 91.24　老甲 94.5　老甲 94.14　老甲 96.25　老甲 97.19

老甲 101.19　老甲 104.4　老甲 104.16　老甲 111.11　老甲 111.16　老甲 112.27　老甲 114.20　老甲 115.15　老甲 115.22　老甲 115.29

老甲 118.11	老甲 146.10	老甲 169.14	五 69.12	五 136.7	九 3.17	九 17.26	九 31.8
老甲 118.17	老甲 152.7	五 22.2	五 73.10	五 136.14	九 4.5	九 18.28	九 38.15
老甲 132.1	老甲 152.16	五 24.9	五 80.8	五 136.26	九 6.28	九 19.3	九 42.15
老甲 134.9	老甲 153.14	五 25.3	五 80.12	五 167.33	九 7.23	九 19.13	九 49.14
老甲 134.16	老甲 157.2	五 50.19	五 91.3	五 169.18	九 8.22	九 20.22	九 50.3
老甲 134.22	老甲 157.11	五 53.7	五 92.26	五 179.30	九 10.22	九 23.15	明 1.3
老甲 136.27	老甲 157.23	五 53.30	五 95.5	五 180.27	九 13.15	九 25.6	明 4.16
老甲 136.32	老甲 158.12	五 54.1	五 96.2	五 182.3	九 16.29	九 26.10	明 7.4
老甲 141.2	老甲 158.19	五 54.9	五 105.23	九 1.10	九 17.14	九 26.14	明 7.26
老甲 144.9	老甲 168.9	五 66.14	五 131.25	九 3.5	九 17.21	九 30.8	明 8.5

明 9.15 明 11.1 明 11.20 明 11.25 明 12.23 明 13.16 明 14.23 明 15.20 明 15.28 明 16.3

明 16.20 明 16.29 明 17.9 明 19.19 明 25.8 明 33.12 明 35.18 明 43.10 明 43.13 明 43.26

明 45.17 德 8.9 氣 1.216 氣 2.132 氣 3.105 氣 3.113 氣 3.125 氣 5.174 氣 6.412 氣 6.418

氣 10.261 氣 10.267 刑甲 11.39 刑甲 13.5 刑甲 14.26 刑甲 16.6 刑甲 16.12 刑甲 17.33 刑甲 19.17 刑甲 19.27

刑甲 20.19 刑甲 20.26 刑甲 23.7 刑甲 23.21 刑甲 24.14 刑甲 27.12 刑甲 47.7 刑甲 47.14 刑甲 52.7 刑甲 72.10

刑甲 84.4 刑甲 84.9 刑甲 91.1 刑甲 94.4 刑甲 101.10 刑甲 106.3 刑甲 106.19 刑甲 107.5 刑甲 107.12 刑甲 109.4

刑甲 111.11 刑甲 112.4 刑甲 113.8 刑甲 115.6 刑甲 115.19 刑丙地 2.8 刑丙地 2.15 刑丙地 6.10 刑丙天 3.17 刑丙天 8.23

刑丙天 8.29 刑丙天 9.2 刑丙天 10.7 陰乙刑德 3.6 陰乙刑德 6.7 陰乙大游 2.8 陰乙大游 2.39 陰乙大游 2.80 陰乙大游 2.89 陰乙大游 2.110

陰乙大游 3.132
陰乙三合 1.8
陰乙三合 2.9
陰乙文武 12.24
陰乙文武 13.22
陰乙文武 13.31
陰乙文武 14.9
陰乙文武 15.10
陰乙文武 16.9
陰乙文武 19.8

陰乙文武 20.8
陰乙文武 20.13
陰乙文武 21.9
陰乙五禁 12.8
陰乙五禁 13.3
陰乙五禁 14.14
陰乙五禁 14.22
陰乙五禁 15.5
陰乙上朔 22.10
陰乙上朔 23.15

陰乙上朔 26.2
陰乙上朔 28.11
陰乙上朔 30.23
陰乙上朔 31.5
陰乙上朔 31.27
陰乙上朔 32.6
陰乙上朔 33.38
陰乙上朔 35.21
陰乙上朔 35.28
陰乙刑日 3.5

陰乙刑日 3.13
陰乙天地 2.3
陰乙天一 1.3
陰乙天一 1.6
陰乙天一 15.9
陰乙女發 2.54
陰乙女發 3.45
陰乙·殘 6.1
出 6.29
出 6.33

出 9.20
出 12.14
出 13.38
出 14.30
出 15.29
出 21.33
出 21.49
出 21.58
出 22.58
出 24.48

出 27.20
出 32.42
木 3.20
木 19.12
問 10.27
問 11.10
問 11.24
問 13.16
問 13.23
問 16.21

問 22.8
問 26.21
問 28.20
問 29.7
問 29.15
問 32.1
問 33.11
問 34.25
問 38.4
問 38.20

問 44.9	問 52.3	問 58.21	問 60.14	問 83.2	問 87.10	問 92.11	問 94.18	問 95.1	問 96.10
問 97.14	問 98.4	問 99.16	合 5.1	合 5.12	合 8.2	合 8.14	合 13.12	合 26.16	禁 9.13
談 2.2	談 9.26	談 10.10	談 10.14	談 10.31	談 36.16	談 39.26	談 40.2	遣一 243.2	遣三 400.6
周 2.22	周 9.57	周 12.23	周 26.62	周 35.31	周 37.14	周 37.36	周 37.39	周 46.5	周 54.3
周 70.22	周 73.56	周 84.56	二 7.38	二 8.22	二 8.79	二 11.33	二 11.38	二 13.18	二 14.8
二 15.67	二 16.22	二 16.59	二 23.5	二 32.25	繫 1.27	繫 1.31	繫 2.18	繫 2.21	繫 4.50
繫 6.28	繫 6.34	繫 9.47	繫 9.55	繫 10.5	繫 10.20	繫 11.27	繫 11.38	繫 11.50	繫 11.61
繫 11.69	繫 15.20	繫 15.51	繫 15.70	繫 16.24	繫 16.44	繫 16.67	繫 19.14	繫 21.55	繫 22.4

繫 22.11	繫 22.15	繫 22.30	繫 22.34	繫 22.70	繫 23.5	繫 23.9	繫 24.62	繫 25.62	繫 25.69
繫 25.74	繫 26.3	繫 26.46	繫 27.8	繫 27.13	繫 27.20	繫 27.27	繫 27.57	繫 28.57	繫 28.70
繫 29.5	繫 29.16	繫 29.24	繫 32.27	繫 32.33	繫 33.18	繫 33.24	繫 33.36	繫 33.38	繫 33.66
繫 34.66	繫 35.37	繫 35.53	繫 35.66	繫 36.17	繫 36.37	繫 36.58	繫 36.65	繫 37.8	繫 37.28
繫 37.39	繫 37.47	繫 37.52	繫 37.56	繫 40.3	繫 40.18	繫 42.10	繫 42.64	繫 43.8	繫 43.13
繫 43.24	繫 45.13	繫 46.2	繫 46.8	繫 46.26	衷 4.42	衷 4.59	衷 9.22	衷 9.40	衷 11.21
衷 18.19	衷 29.28	衷 29.32	衷 29.36	衷 32.61	衷 33.66	衷 33.70	衷 34.54	衷 35.41	衷 36.38
衷 36.43	衷 36.58	衷 37.4	衷 41.1	衷 42.19	衷 44.1	衷 44.60	衷 44.64	衷 46.43	衷 46.48

衷46.53	衷46.58	衷46.63	衷46.68	衷47.4	衷47.9	衷47.14	衷48.53	衷49.24	要12.6
要13.26	要13.31	要13.57	要16.7	要18.18	要19.46	要20.5	要20.57	要21.2	要21.55
要21.66	要22.4	要22.16	要22.25	要22.40	要22.51	要22.60	要22.73	要23.3	要23.62
要24.16	繆4.23	繆16.64	繆19.37	繆20.22	繆21.5	繆21.49	繆21.53	繆22.38	繆22.43
繆23.19	繆23.28	繆23.50	繆23.61	繆26.9	繆31.27	繆32.7	繆33.6	繆33.59	繆34.12
繆34.38	繆35.12	繆35.65	繆36.2	繆36.9	繆36.22	繆36.27	繆36.48	繆37.2	繆37.35
繆37.50	繆38.35	繆38.48	繆39.62	繆40.23	繆40.26	繆40.48	繆41.4	繆41.25	繆42.2
繆42.8	繆42.65	繆43.5	繆44.9	繆45.36	繆45.44	繆46.1	繆46.44	繆47.2	繆50.24

繆 55.12　繆 56.51　繆 58.61　繆 64.22　繆 65.21　繆 65.36　繆 66.8　繆 66.53　繆 70.54　昭 1.35

昭 1.68　昭 2.13　昭 2.21　昭 2.32　昭 2.42　昭 2.54　昭 3.29　昭 3.35　昭 4.11　昭 4.64

昭 4.70　昭 6.71　昭 8.64　昭 9.33　昭 9.46　昭 10.45　昭 10.49　昭 10.53　昭 10.66　周·殘下 30.23

周·殘下 48.2　周·殘下 71.2　經 1.9　經 2.56　經 2.68　經 3.2　經 3.5　經 3.8　經 4.60　經 4.64

經 5.59　經 7.54　經 11.33　經 13.16　經 15.46　經 16.8　經 16.50　經 17.37　經 18.51　經 18.59

經 19.18　經 19.29　經 20.13　經 20.67　經 21.19　經 28.39　經 28.42　經 28.44　經 28.52　經 33.45

經 35.9　經 38.26　經 40.55　經 42.12　經 42.16　經 42.21　經 42.29　經 44.57　經 49.53　經 50.6

經 50.28　經 51.9　經 52.48　經 52.68　經 53.5　經 53.13　經 56.43　經 56.53　經 61.4　經 72.21

經 73.39	經 74.53	經 74.61	十 1.37	十 2.13	十 3.37	十 6.22	十 8.15	十 8.33	十 8.44
十 8.60	十 9.29	十 10.50	十 12.60	十 14.58	十 15.1	十 15.27	十 17.11	十 17.58	十 18.28
十 19.36	十 20.1	十 20.7	十 21.3	十 21.7	十 22.14	十 25.26	十 25.30	十 25.39	十 26.9
十 28.1	十 28.27	十 29.53	十 30.57	十 31.52	十 32.41	十 32.55	十 34.60	十 35.14	十 35.60
十 36.5	十 37.61	十 38.1	十 38.37	十 38.46	十 38.50	十 41.16	十 42.14	十 42.18	十 43.3
十 43.15	十 43.36	十 44.33	十 44.40	十 44.44	十 45.59	十 46.3	十 46.7	十 46.24	十 46.65
十 47.3	十 47.28	十 48.42	十 49.11	十 51.25	十 52.11	十 52.48	十 53.64	十 53.68	十 54.4
十 54.14	十 56.17	十 56.29	十 57.16	十 57.20	十 59.26	十 60.49	十 60.53	十 61.27	十 61.31

十61.39
十63.13
十63.23
稱1.28
稱1.32
稱5.2
稱6.21
稱7.73
稱8.39
稱9.57
稱10.42
稱10.53
稱10.58
稱19.11
稱19.15
稱20.13
稱22.25
道1.37
道1.41
道1.59
道1.63
道2.28
道2.34
道6.2
道6.12
道6.61
道7.14
道7.22
老乙1.7
老乙1.16
老乙1.25
老乙1.34
老乙2.32
老乙2.64
老乙2.69
老乙3.2
老乙3.12
老乙3.52
老乙3.60
老乙3.68
老乙4.4
老乙4.67
老乙6.40
老乙10.24
老乙10.47
老乙10.57
老乙12.16
老乙12.48
老乙13.8
老乙14.5
老乙16.30
老乙16.34
老乙16.52
老乙19.1
老乙19.5
老乙19.9
老乙19.17
老乙19.57
老乙21.1
老乙21.29
老乙22.9
老乙23.2
老乙23.18
老乙23.27
老乙24.25
老乙25.8
老乙27.55
老乙28.34
老乙28.45
老乙28.58
老乙29.44
老乙29.51
老乙29.60
老乙30.3
老乙32.6
老乙32.13
老乙33.57
老乙33.61
老乙34.4
老乙36.3

老乙 36.15	老乙 36.34	老乙 36.40	老乙 36.46	老乙 37.1	老乙 37.5	老乙 38.23	老乙 39.24	老乙 39.32	老乙 39.37
老乙 39.40	老乙 39.48	老乙 39.56	老乙 39.62	老乙 40.37	老乙 41.42	老乙 42.8	老乙 45.44	老乙 46.12	老乙 47.62
老乙 48.68	老乙 49.11	老乙 49.33	老乙 51.23	老乙 51.40	老乙 52.32	老乙 52.37	老乙 53.8	老乙 54.5	老乙 54.32
老乙 54.44	老乙 56.7	老乙 56.12	老乙 60.16	老乙 60.63	老乙 62.2	老乙 62.7	老乙 63.1	老乙 63.7	老乙 63.14
老乙 64.5	老乙 64.10	老乙 66.1	老乙 66.73	老乙 67.26	老乙 68.15	老乙 70.43	老乙 70.52	老乙 70.58	老乙 71.15
老乙 72.55	老乙 73.5	老乙 73.9	老乙 73.22	老乙 74.7	老乙 76.5	老乙 76.13	老乙 77.55	老乙 78.19	老乙 78.35
老乙·殘 6.2	星 1.43	星 2.18	星 3.8	星 3.40	星 4.13	星 4.32	星 7.7	星 8.12	星 9.21
星 39.33	星 40.3	星 43.43	星 44.1	星 44.26	星 50.24	星 52.8	星 53.15	星 57.9	星 58.5

星 58.27	星 62.9	星 67.3	星 68.16	星 68.27	星 68.36	星 68.48	星 74.14	星 123.6	星 124.12
星 126.15	星 127.6	星 128.15	星 129.9	星 130.15	星 131.6	星 132.13	星 133.8	星 134.1	星 134.16
星 135.6	星 137.9	星 138.1	星 138.16	星 139.6	星 140.16	星 141.7	星 142.38	星 143.36	刑乙 2.8
刑乙 7.2	刑乙 7.7	刑乙 14.5	刑乙 15.1	刑乙 16.3	刑乙 17.8	刑乙 30.3	刑乙 31.23	刑乙 39.11	刑乙 39.17
刑乙 40.8	刑乙 40.16	刑乙 41.9	刑乙 42.1	刑乙 45.9	刑乙 45.18	刑乙 47.9	刑乙 48.1	刑乙 49.6	刑乙 54.8
刑乙 55.6	刑乙 56.5	刑乙 56.17	刑乙 59.8	刑乙 59.15	刑乙 59.20	刑乙 60.7	刑乙 68.33	刑乙 69.19	刑乙 69.60
刑乙 70.13	刑乙 71.7	刑乙 71.13	刑乙 72.11	刑乙 72.45	刑乙 73.14	刑乙 73.24	刑乙 73.61	刑乙 74.3	刑乙 76.8
刑乙 76.22	刑乙 76.54	刑乙 79.13	刑乙 91.8	刑乙 93.52	刑乙 94.1	相 1.61	相 4.30	相 4.36	相 6.1

午

相8.23
相9.8
相10.3
相13.20
相14.1
相14.44
相15.64
相17.38
相17.41
相17.56

相17.59
相19.37
相19.41
相20.49
相21.38
相25.70
相28.52
相33.28
相57.16
相57.32

相58.73
相63.5
相64.47
相68.34
相68.45
相68.62
相68.65
相73.4
相74.25

陰甲徙3.35
陰甲徙4.36
陰甲女發1.33
陰甲上朔1L.6
陰甲上朔2L.7
陰甲上朔2L.41
陰甲上朔2L.51
陰甲上朔2L.63
陰甲上朔3L.21
陰甲上朔4L.7

陰甲上朔4L.41
陰甲上朔4L.51
陰甲上朔4L.63
陰甲上朔8L.7
陰甲上朔8L.40
陰甲上朔8L.50
陰甲上朔8L.60
陰甲上朔9L.20
陰甲上朔10L.6
陰甲上朔10L.40

陰甲上朔10L.50
陰甲上朔10L.60
陰甲祭一A03L.1
陰甲祭一A07L.1
陰甲祭一A07L.6
陰甲祭一A07L.9
陰甲祭一A07L.11
陰甲祭一A07L.15
陰甲神下40.4
陰甲雜四1.3

陰甲雜四5.7
陰甲雜五3.11
陰甲築二5.14
陰甲五禁4L.4
陰甲五禁6L.4
陰甲堪表7L.10
陰甲堪表8L.5
陰甲刑日圖1.13
陰甲諸日6.28
陰甲諸日6.33

陰甲諸日 7.26
陰甲祭二 1L.4
陰甲祭二 3L.2
陰甲祭二 4L.22
陰甲祭三 1.2
陰甲祭三 1.19
陰甲祭三 3.4
陰甲祭三 5.22
陰甲·殘 9.2
陰甲·殘 58.2

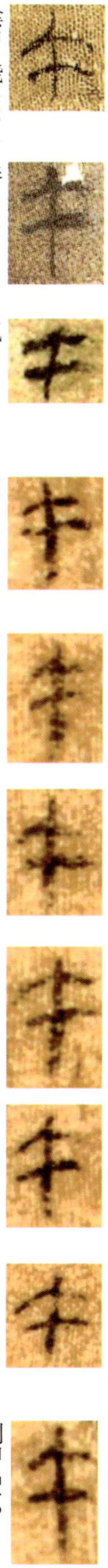

陰甲·殘 149.6
春 6.10
氣 3.159
刑甲 19.6
刑甲 62.2
刑甲 64.2
刑甲 66.2
刑甲 70.2
刑甲 72.12
刑甲 74.2

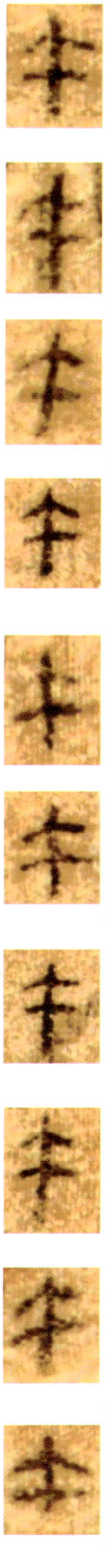

刑甲 76.2
刑甲 78.2
刑甲 91.2
刑甲 94.9
刑甲 101.6
刑甲 106.4
刑甲 108.15
刑甲 109.12
刑甲大游 2.14
刑甲大游 2.38

刑甲大游 2.93
刑甲小游 1.128
刑甲小游 1.173
刑丙小游 1.1
刑丙小游 1.74
陰乙刑德 3.14
陰乙刑德 4.5
陰乙刑德 11.7
陰乙刑德 12.12
陰乙刑德 13.17

陰乙刑德 14.17
陰乙刑德 15.7
陰乙刑德 16.11
陰乙刑德 17.9
陰乙刑德 19.15
陰乙刑德 20.4
陰乙刑德 29.13
陰乙大游 1.38
陰乙大游 1.44
陰乙大游 1.67

陰乙大游 1.79
陰乙大游 1.91
陰乙大游 1.113
陰乙大游 1.125
陰乙大游 1.132
陰乙大游 1.143
陰乙大游 1.177
陰乙大游 1.189
陰乙大游 1.195
陰乙大游 1.197

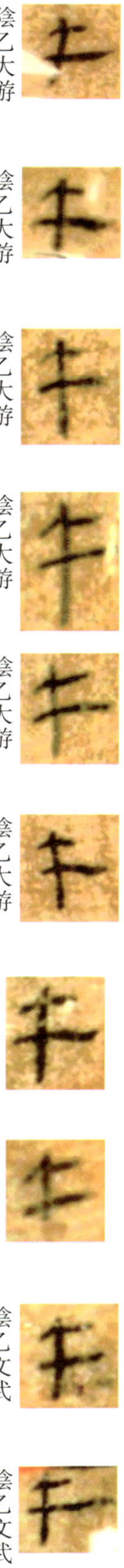

陰乙大游 1.207
陰乙大游 1.216
陰乙大游 1.250
陰乙大游 1.303
陰乙大游 1.313
陰乙大游 3.147
陰乙玄戈 8.15
陰乙文武 12.4
陰乙文武 13.13
陰乙文武 13.15

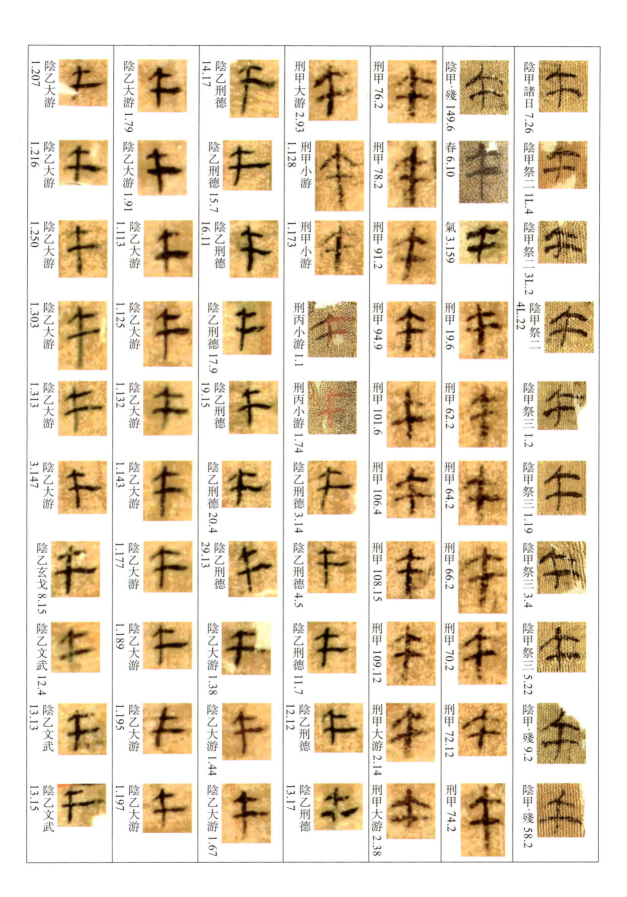

陰乙文武 14.3　陰乙文武 18.1　陰乙文武 22.5　陰乙上朔 28.20　陰乙上朔 34.29　陰乙女發 1.27　陰乙女發 2.15　陰乙女發 3.47　出 7.25　出 10.10

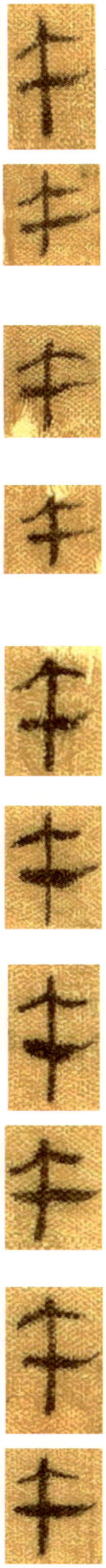

出 12.10　出 14.12　出 16.5　出 22.24　出 24.5　出 28.16　出 29.16　出 29.30　出 30.16　出 31.7

出 32.10　星 43.4　刑乙 2.17　刑乙 2.26　刑乙 7.8　刑乙 7.15　刑乙 8.7　刑乙 9.3　刑乙 9.7　刑乙 9.10

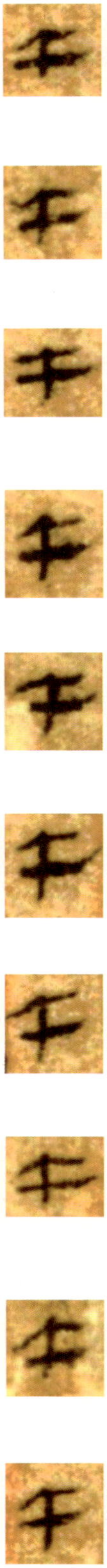

刑乙 9.21　刑乙 10.3　刑乙 10.14　刑乙 10.26　刑乙 11.16　刑乙 11.23　刑乙 12.23　刑乙 15.2　刑乙 15.11　刑乙 19.25

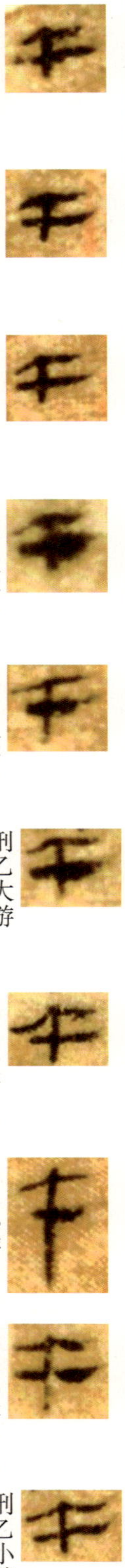

刑乙 30.11　刑乙 49.11　刑乙 73.3　刑乙大游 1.14　刑乙大游 1.38　刑乙大游 1.119　刑乙小游 1.39　刑乙小游 1.89　刑乙小游 1.97　刑乙小游 1.156

牾

問 37.9

未

陰甲徒 1.34　陰甲徒 3.38　陰甲上朔 2L.9　陰甲上朔 2L.53　陰甲上朔 2L.65　陰甲上朔 3L.23　陰甲上朔 4L.9　陰甲上朔 4L.53　陰甲上朔 6L.4　陰甲上朔 8L.9

陰甲上朔8L.52	陰甲神下41.9	陰甲堪表7.2	陰甲祭二4L.24	方381.3	戰8.18	戰77.28
陰甲上朔9L.22	陰甲雜五3.30	陰甲堪表4L.9	陰甲祭三3.9	方406.16	戰14.29	戰88.18
陰甲上朔10L.8	陰甲雜五5.23	陰甲堪表8L.3	陰甲·殘4.3	方·殘3.30	戰37.22	戰127.24
陰甲上朔10L.52	陰甲築二4.22	陰甲刑日圖1.15	陰甲·殘4.11	養193.11	戰45.33	戰136.9
陰甲上朔10L.62	陰甲築二8.29	陰甲刑日9.2	陰甲·殘6.19	房43.29	戰59.20	戰144.6
陰甲祭一A05L.5	陰甲築二10.17	陰甲刑日9.6	方236.9	射14.11	戰59.22	戰182.13
陰甲祭一A05L.7	陰甲五禁1L.3	陰甲刑日9.20	方274.2	胎9.10	戰61.2	戰227.29
陰甲祭一A06L.7	陰甲五禁3L.13	陰甲諸日6.49	方294.3	春42.23	戰66.30	戰272.15
陰甲神上13.18	陰甲五禁4L.3	陰甲諸日7.24	方298.20	春75.2	戰74.30	戰280.20
陰甲神下40.13	陰甲五禁6L.3	陰甲祭二3L.4	方301.20	春78.31	戰77.24	戰281.1

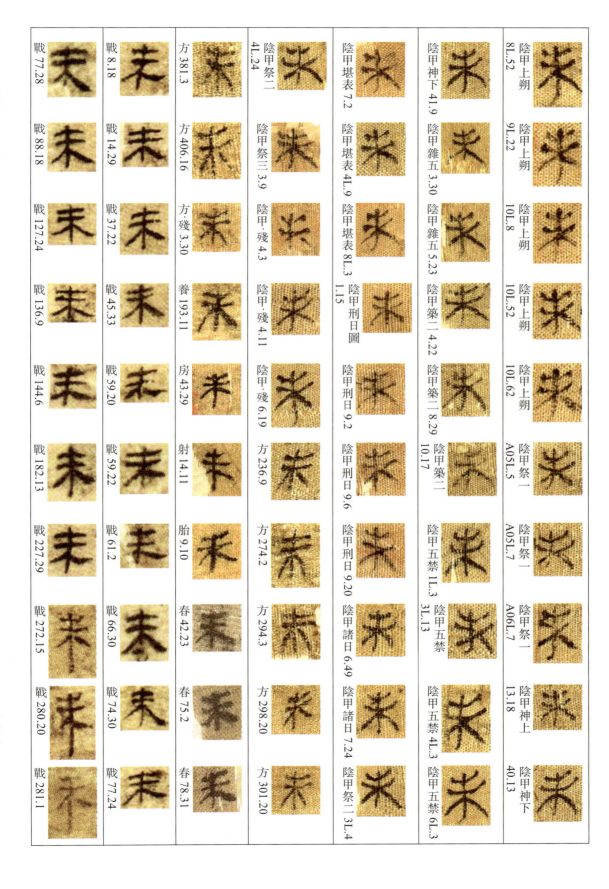

戰282.11 戰319.17 戰324.36 老甲36.27 老甲53.23 老甲57.2 老甲127.20 老甲141.8 五9.24 五10.8

五11.20 五26.13 五26.24 五68.8 五86.2 五95.19 五102.2 五102.27 五145.18 五146.24

九37.4 九48.1 氣6.381 刑甲10.16 刑甲10.23 刑甲23.3 刑甲39.2 刑甲大游2.40 刑甲大游2.66 刑甲小游1.5

刑丙小游1.39 刑丙小游1.78 刑丙小游1.198 刑丙·殘2.1 陰乙大游1.64 陰乙大游1.224 陰乙兇2.21 陰乙兇4.23 陰乙兇6.22 陰乙兇8.21

陰乙玄戈8.21 陰乙文武15.3 陰乙女發1.12 陰乙女發1.38 陰乙女發2.24 出7.3 出8.30 出8.34 出8.38 出12.6

出13.22 出13.25 出13.28 出14.6 出14.14 出15.8 出15.18 出15.25 出18.20 出20.17

出28.19 出30.19 出31.10 出32.13 問53.25 周29.20 周56.31 周77.31 二5.79 二36.39

衷5.21 要10.47 要10.53 要14.16 要18.3 要19.9 繆6.37 繆7.32 繆20.60 繆23.17

繆28.3
繆62.51
繆67.6
周·殘下29.2
十5.50
十5.53
十12.50
十15.10
十15.19
十24.30

十29.15
十60.15
稱1.9
稱7.13
稱8.23
稱17.12
道1.22
道1.35
道7.17
老乙17.17

老乙61.18
老乙61.23
老乙66.7
星41.23
星43.9
星45.36
星48.36
星62.16
刑乙14.11
刑乙21.18

刑乙67.45
刑乙76.4
刑乙86.10
刑乙大游1.16
刑乙大游1.40
刑乙大游1.90
刑乙大游1.121
刑乙小游1.43
刑乙小游1.101
刑乙小游1.117

刑乙小游1.160
相1.13
相17.65
相44.29
相61.31

申

陰甲徙1.38
陰甲徙6.12
陰甲上朔1L.10
陰甲上朔1L.18
陰甲上朔2L.11
陰甲上朔2L.55
陰甲上朔2L.67
陰甲上朔3L.25
陰甲上朔3L.33
陰甲上朔4L.11

陰甲上朔4L.55
陰甲上朔4L.67
陰甲上朔5L.19
陰甲上朔6L.6
陰甲上朔6L.49
陰甲上朔7L.15
陰甲上朔8L.11
陰甲上朔8L.54
陰甲上朔9L.32
陰甲上朔10L.10

陰甲上朔10L.54
陰甲上朔10L.64
陰甲神上18.5
陰甲雜五3.3
陰甲雜五5.25
陰甲築二1.7
陰甲築二4.28
陰甲築二5.7
陰甲五禁1L.2
陰甲五禁3L.6

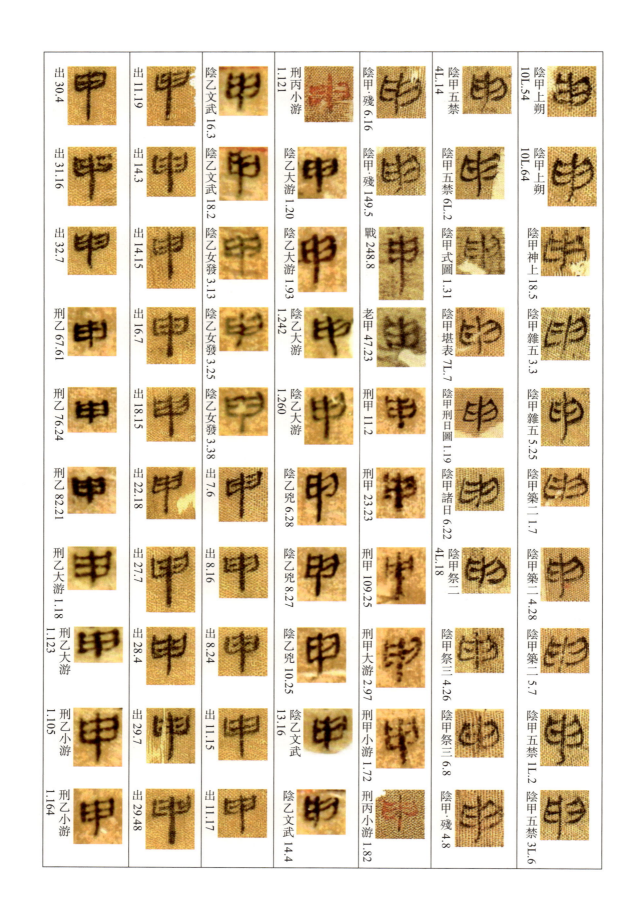

陰甲五禁4L.14
陰甲五禁6L.2
陰甲式圖1.31
陰甲堪表7L.7
陰甲刑日圖1.19
陰甲諸日6.22
陰甲祭二4L.18
陰甲祭三4.26
陰甲祭三6.8
陰甲·殘4.8

陰甲·殘6.16
陰甲·殘149.5
戰248.8
老甲47.23
刑甲11.2
刑甲23.23
刑甲109.25
刑甲大游2.97
刑甲小游1.72
刑丙小游1.82

刑丙小游1.121
陰乙大游1.20
陰乙大游1.93
陰乙大游1.242
陰乙大游1.260
陰乙兇6.28
陰乙兇8.27
陰乙兇10.25
陰乙文武13.16
陰乙文武14.4

陰乙文武16.3
陰乙文武18.2
陰乙女發3.13
陰乙女發3.25
陰乙女發3.38
出7.6
出8.16
出8.24
出11.15
出11.17

出11.19
出14.3
出14.15
出16.7
出18.15
出22.18
出27.7
出28.4
出29.7
出29.48

出30.4
出31.16
出32.7
刑乙67.61
刑乙76.24
刑乙82.21
刑乙大游1.18
刑乙大游1.123
刑乙小游1.105
刑乙小游1.164

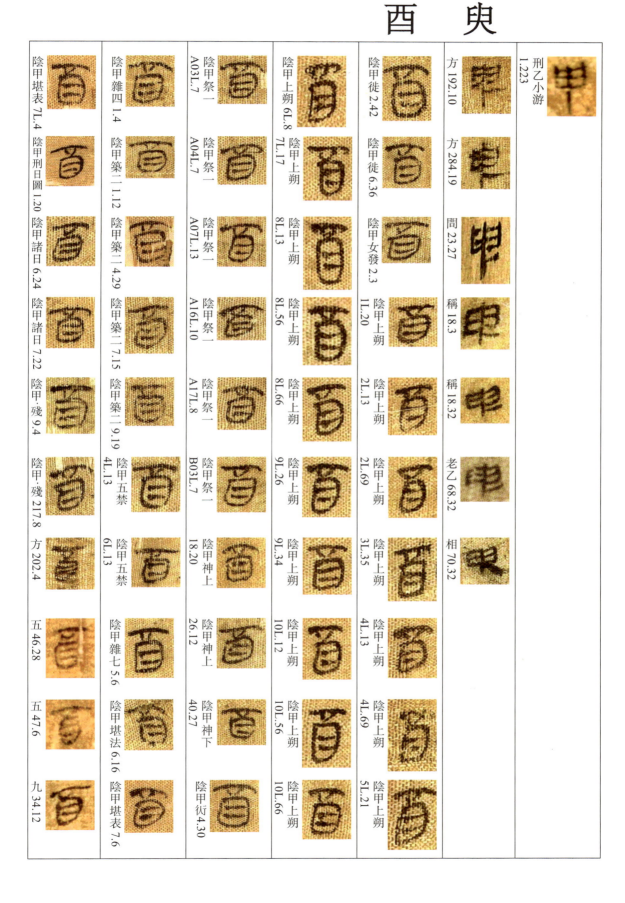

刑乙小游1.223

臾

方192.10

方284.19

問23.27

稱18.3

稱18.32

老乙68.32

相70.32

酉

陰甲徙2.42

陰甲徙6.36

陰甲女發2.3

陰甲上朔1L.20

陰甲上朔2L.13

陰甲上朔2L.69

陰甲上朔3L.35

陰甲上朔4L.13

陰甲上朔4L.69

陰甲上朔5L.21

陰甲上朔6L.8

陰甲上朔7L.17

陰甲上朔8L.13

陰甲上朔8L.56

陰甲上朔8L.66

陰甲上朔9L.26

陰甲上朔9L.34

陰甲上朔10L.12

陰甲上朔10L.56

陰甲上朔10L.66

陰甲祭一A03L.7

陰甲祭一A04L.7

陰甲祭一A07L.13

陰甲祭一A16L.10

陰甲祭一A17L.8

陰甲祭一B03L.7

陰甲神上18.20

陰甲神上26.12

陰甲神下40.27

陰甲衍4.30

陰甲雜四1.4

陰甲築二1.12

陰甲築二4.29

陰甲築二7.15

陰甲築二9.19

陰甲五禁4L.13

陰甲五禁6L.13

陰甲雜七5.6

陰甲堪法6.16

陰甲堪表7.6

陰甲堪表7L.4

陰甲刑日圖1.20

陰甲諸日6.24

陰甲諸日7.22

陰甲·殘9.4

陰甲·殘217.8

方202.4

五46.28

五47.6

九34.12

酒

九 37.14
刑甲 98.16
刑甲 109.31
刑甲大游 2.20
刑甲大游 2.70
刑甲小游 1.13
刑甲小游 1.139
刑甲小游 1.180
刑丙小游 1.44
刑丙小游 1.166

刑丙地剛圖 1.7
刑丙地剛圖 1.13
陰乙刑德 4.1
陰乙刑德 4.13
陰乙大游 1.121
陰乙大游 1.212
陰乙小游 1.46
陰乙兇 2.31
陰乙兇 8.32
陰乙玄戈 8.9

陰乙文武 12.9
陰乙文武 15.4
陰乙文武 17.3
陰乙文武 19.2
陰乙文武 21.1
陰乙刑日圖 1.14
陰乙地綱圖 1.6
陰乙地綱圖 1.11
陰乙女發 1.21
陰乙女發 2.34

陰乙·殘 15.2
出 7.4
出 7.8
出 10.15
出 12.9
出 14.2
出 14.18
出 16.8
出 18.29
出 18.41

出 19.47
出 23.25
出 27.5
出 28.7
出 29.10
出 30.7
出 30.32
出 31.12
出 32.16
老乙 40.59

星 72.17
刑乙 2.19
刑乙 21.20
刑乙 21.27
刑乙大游 1.20
刑乙大游 1.97
刑乙小游 1.51
刑乙小游 1.144
刑乙小游 1.168

陰甲雜一 7.8
陰甲衍 4.29
陰甲·殘 217.5
方 2.5
方 5.6
方 8.22
方 24.13
方 26.7
方 26.19
方 30.29

方42.20
方43.11
方64.21
方73.16
方87.5
方100.8
方142.4
方150.13
方171.11
方172.4

方172.12
方185.3
方189.18
方191.29
方195.12
方198.10
方216.19
方236.27
方272.19
方301.2

方307.10
方307.15
方309.20
方327.11
方351.23
方427.15
方427.24
方449.22
養19.18
養33.30

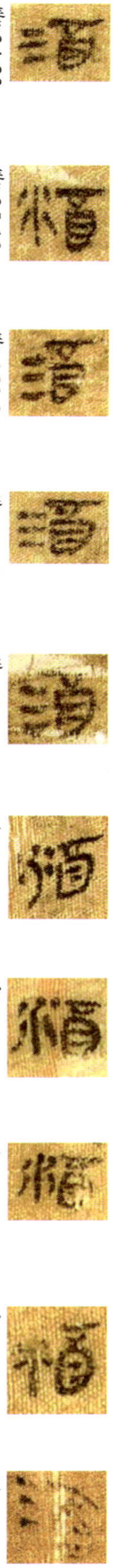

養34.23
養35.10
養150.3
養167.22
養177.5
房43.20
胎15.11
胎24.13
胎28.18
木63.15

問77.2
問80.25
問81.5
問83.9
禁11.6
遣一108.2
遣一109.2
遣一110.2
遣一111.2
遣一112.4

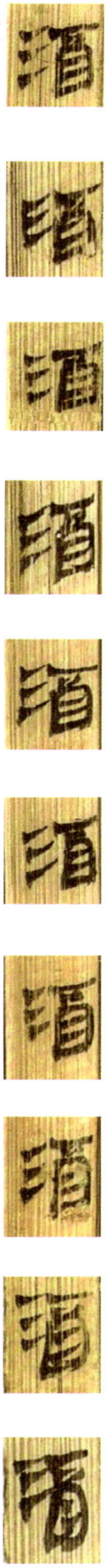

遣一168.9
遣一169.10
遣一170.10
遣一172.9
遣一173.9
遣一174.9
遣一176.9
遣一177.9
遣一181.13
遣一185.6

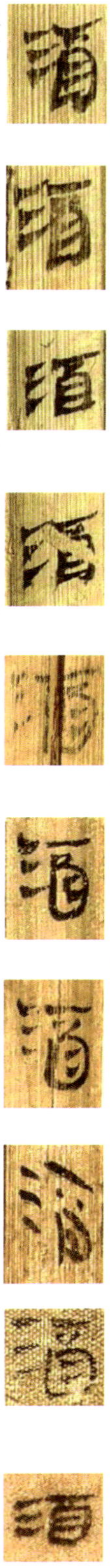

遣一186.6
遣一187.9
遣一221.17
遣一221.20
竹一9.2
遣三103.2
遣三104.2
遣三257.6
宅1.26
周22.56

周62.36
周77.76
周86.29
二29.52

釀

養155.8 

養166.9 

釃

養167.12 

醴

養11.1 

養11.3 

養12.2 

養29.3 

養63.9 

養141.2 

養目1.5 

房48.5 

房53.2 

合2.15 

醪

養28.2 

養163.2 

養目4.1 

養·殘81.2 

醇

方26.6 

方30.28 

方171.10 

方301.1 

房43.7 

酌

周13.31 

醉

方237.3 

養62.14 

醳

陰甲衍4.34 

醫

方 378.21

春 93.7

問 53.22

茜

《說文》：「茜，禮祭束茅，加于裸圭而灌鬯酒，是爲茜，象神歆之也。一曰：茜，榼上塞也。从酉、从艸。《春秋傳》曰：爾貢包茅不入，王祭不供，無以茜酒。」馬王堆帛書中「茜」是「糟」字異體，字形詳見卷七米部。

酸

方 206.34

方 265.6

養 7.6

養 104.16

養 152.21

胎 2.34

截

方 357.22

方 359.9

方 378.13

方 425.14

養 90.10

濺

養 47.21

養 86.8

養 170.7

醬（醬）

方 255.9

方 271.5

養 33.8

養 38.5

養 111.12

遣一 93.2

遣一 94.2

遣一 98.2

遣一 106.1

遣一 107.5

遣一 195.11

竹一 5.2

竹一 10.2

遣三 101.1

遣三 102.2

遣三 107.2

醢

酭

十 28.19

十 28.38

十 28.50

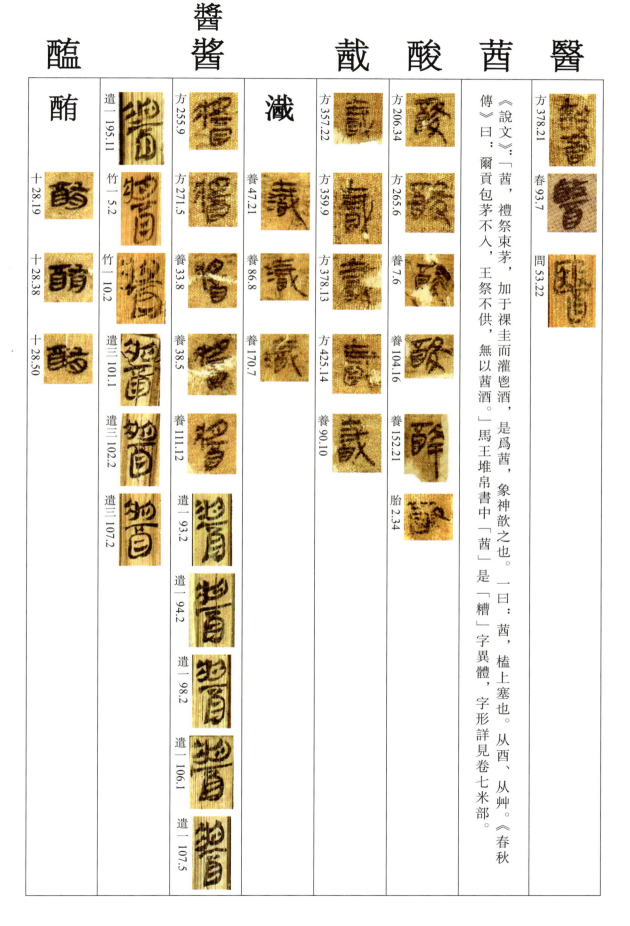

⿰酉夸*

⿰酉夸

遣一1.3　遣一2.2　遣一4.2　遣一5.2　遣一6.2　遣一7.2　遣一8.2　遣一9.2　遣一10.4

竹一1.2　遣三66.5　遣三67.2　遣三68.2　遣三69.2　遣三70.2　遣三71.2　遣三72.2　遣三73.2　遣三74.5

从酉从夸字異體，簡文中用作「酤」。

⿰酉昜*

⿰酉昜

二13.17

「⿰酉昜」字訛體。

⿰酉盍*

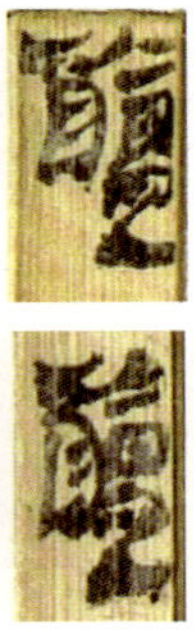

遣一103.1　遣一107.4

疑是受「鹽」字寫法影響而類化的「醯」字。

⿰酉盍

遣三99.1

奠

戰197.35　戰198.13　戰201.3　戰214.13　戰216.18　戰220.20　戰221.35　戰222.9　戰223.21　老甲28.2

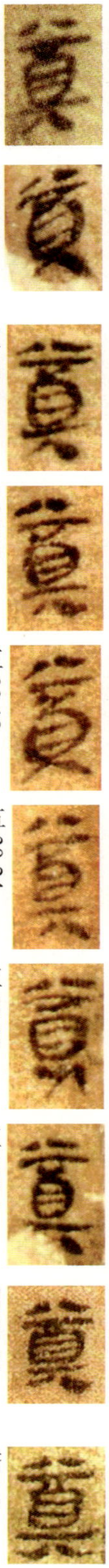

老甲51.25　五20.30　五25.27　五39.8　五39.18　五39.24　五99.19　五100.4　周21.46　繫1.3

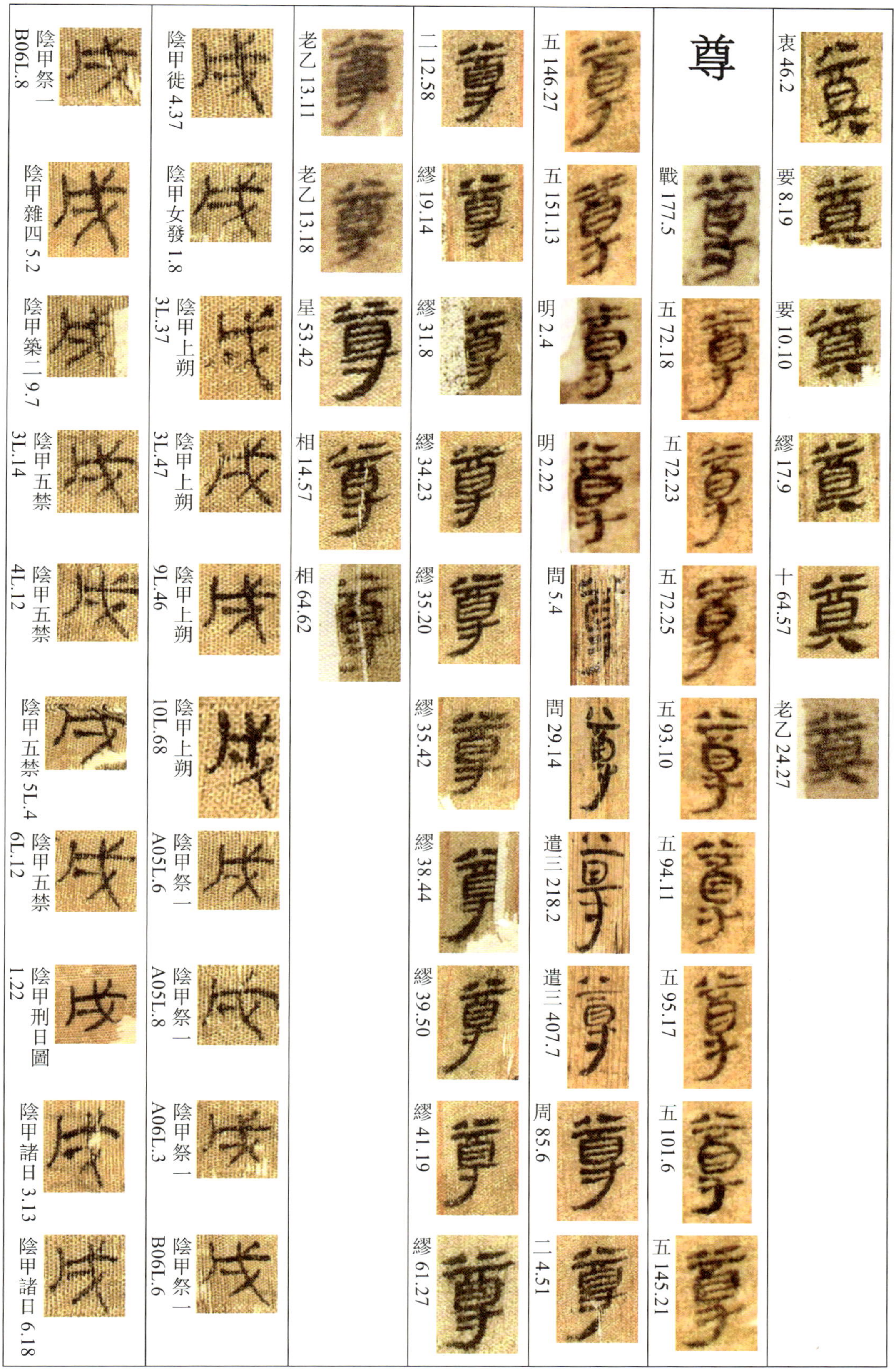

衷46.2
要8.19
要10.10
繆17.9
十64.57
老乙24.27

尊

戰177.5
五72.18
五72.23
五72.25
五93.10
五94.11
五95.17
五101.6
五145.21
五146.27
五151.13
明2.4
明2.22
問5.4
問29.14
遣三218.2
遣三407.7
周85.6
二4.51
二12.58
繆19.14
繆31.8
繆34.23
繆35.20
繆35.42
繆38.44
繆39.50
繆41.19
繆61.27
老乙13.11
老乙13.18
星53.42
相14.57
相64.62

戌

陰甲徙4.37
陰甲女發1.8
陰甲上朔3L.37
陰甲上朔3L.47
陰甲上朔9L.46
陰甲上朔10L.68
陰甲祭一A05L.6
陰甲祭一A05L.8
陰甲祭一A06L.3
陰甲祭一B06L.6
陰甲祭一B06L.8
陰甲雜四5.2
陰甲築二9.7
陰甲五禁3L.14
陰甲五禁4L.12
陰甲五禁5L.4
陰甲五禁6L.12
陰甲刑日圖1.22
陰甲諸日3.13
陰甲諸日6.18

陰甲祭二4L.16
陰甲祭二6L.4
陰甲祭三6.10
陰甲·殘6.17
陰甲·殘175.6
陰甲·殘311.1
刑甲91.6
刑甲99.6
刑甲111.13
刑甲大游2.101

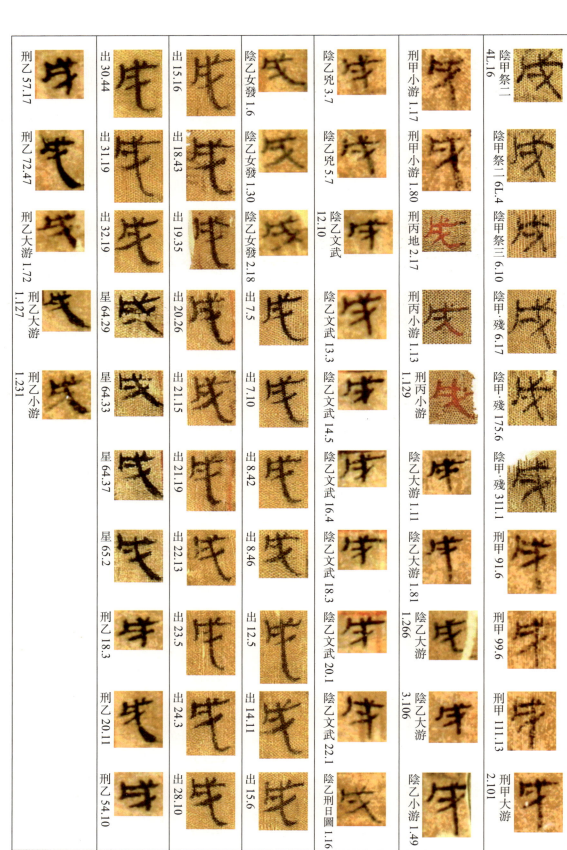

刑甲小游1.17
刑甲小游1.80
刑丙地2.17
刑丙小游1.13
刑丙小游1.129
陰乙大游1.11
陰乙大游1.81
陰乙大游1.266
陰乙大游3.106
陰乙小游1.49

陰乙兇3.7
陰乙兇5.7
陰乙文武12.10
陰乙文武13.3
陰乙文武14.5
陰乙文武16.4
陰乙文武18.3
陰乙文武20.1
陰乙文武22.1
陰乙刑日圖1.16

陰乙女發1.6
陰乙女發1.30
陰乙女發2.18
出7.5
出7.10
出8.42
出8.46
出12.5
出14.11
出15.6

出15.16
出18.43
出19.35
出20.26
出21.15
出21.19
出22.13
出23.5
出24.3
出28.10

出30.44
出31.19
出32.19
星64.29
星64.33
星64.37
星65.2
刑乙18.3
刑乙20.11
刑乙54.10

刑乙57.17
刑乙72.47
刑乙大游1.72
刑乙大游1.127
刑乙小游1.231

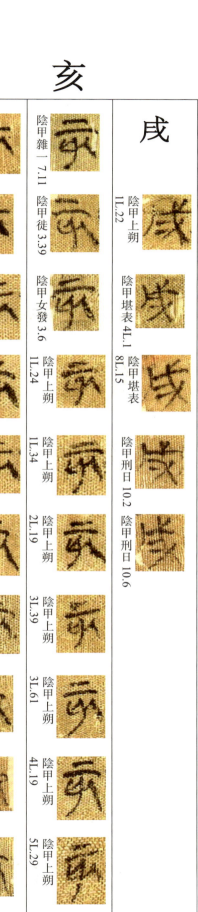

亥

戌

陰甲上朔1L.22
陰甲堪表4L.1
陰甲堪表8L.15
陰甲刑日10.2
陰甲刑日10.6

亥

陰甲雜一7.11
陰甲徙3.39
陰甲女發3.6
陰甲上朔1L.24
陰甲上朔1L.34
陰甲上朔2L.19
陰甲上朔3L.39
陰甲上朔3L.61
陰甲上朔4L.19
陰甲上朔5L.29

陰甲上朔7L.40
陰甲上朔9L.4
陰甲上朔9L.38
陰甲上朔9L.48
陰甲上朔9L.60
陰甲上朔10L.18
陰甲祭一A04L.8
陰甲神上5.21
陰甲神上13.2
陰甲神上24.7

陰甲神上26.18
陰甲神下34.2
陰甲神下41.8
陰甲神下42.5
陰甲雜五3.23
陰甲雜五3.31
陰甲雜五5.26
陰甲築二10.7
陰甲五禁3L.7
陰甲五禁4L.11

陰甲五禁6L.11
陰甲刑日圖1.25
陰甲諸日3.14
陰甲諸日6.12
陰甲諸日7.20
陰甲祭二4L.8
陰甲祭二4L.26
陰甲·殘5.13
陰甲·殘117.1
刑甲61.8

刑甲大游2.74
刑甲小游1.21
刑甲小游1.84
刑甲小游1.188
刑丙傳4.10
陰乙刑德7.11
陰乙大游1.203
陰乙大游1.282
陰乙大游3.143
陰乙兇3.14

陰乙兇5.14
陰乙兇7.14
陰乙文武12.11
陰乙文武13.17
陰乙文武17.4
陰乙文武19.3
陰乙文武21.2
陰乙文武23.1
陰乙刑日圖1.20
陰乙女發3.16

陰乙女發 3.28

出 7.7

出 7.12

出 8.28

出 8.32

出 11.21

出 12.12

出 23.7

出 28.13

出 29.4

出 30.13

出 31.4

出 31.27

出 32.4

星 71.6

刑乙 4.31

刑乙 31.14

刑乙 72.49

刑乙大游 1.74

刑乙大游 1.101

刑乙小游 1.176

刑乙小游 1.235

卷十五　合文

一十

養32.18

五十

方目4.13
戰72.38
戰170.13
陰乙女發2.50
談14.28
遣一192.6
遣一193.6
遣一299.3
遣一303.3
遣一311.3

遣三20.3
遣三21.43
遣三53.7
遣三216.16
遣三286.3
遣三287.3
遣三288.3
箭98.5
箭98.14
箭99.5

府5.7
星128.25
星131.16

六十

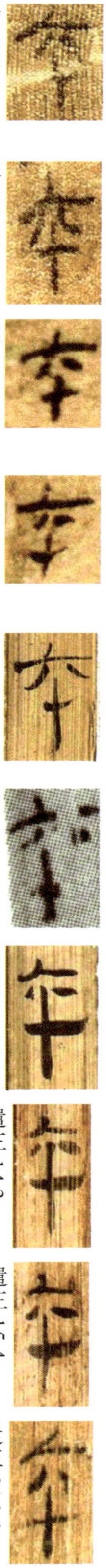

方467.14
養31.17
戰186.14
戰201.23
合11.15
談14.33
遣三12.4
遣三14.3
遣三15.4
遣三216.6

繆70.46
昭13.37
十24.25
道7.27
星5.8
星44.55
星44.60
星142.41
星143.39
星144.4

刑乙 4.23
箭 79.3
箭 99.11

七十

戰 147.22
戰 209.27
陰乙文武 17.14
談 15.5
遣三 37.3
衷 43.2
要 16.62
星 120.38
星 126.25
星 133.19

八十

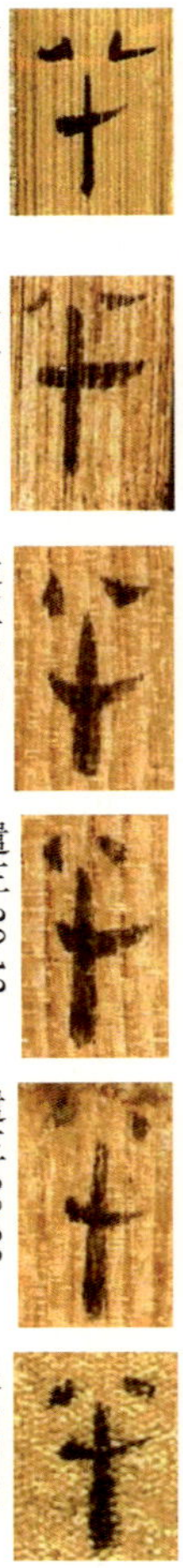

合 11.19
遣三 38.2
遣三 39.9
遣三 39.13
遣三 39.22
星 142.34

九十

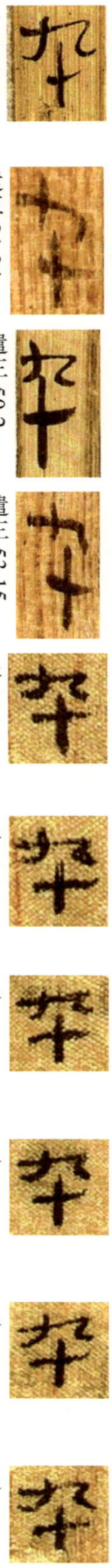

合 11.21
遣三 21.34
遣三 50.2
遣三 53.15
星 40.36
星 88.36
星 125.5
星 129.5
星 133.4
星 135.16

星 137.5
星 141.3
星 144.21

八百

戰 170.11

正月

刑甲 22.1
陰乙兇 2.9
陰乙兇 3.11
陰乙兇 4.11
陰乙兇 5.11
陰乙兇 6.11
陰乙兇 9.12
陰乙兇 10.9
陰乙文武 11.2
陰乙女發 1.1

陰乙女發 2.1
陰乙女發 2.42
出 1.1
出 25.23
星 1.28
星 40.4
星 88.7
星 120.7
星 138.17
星 141.8

一月

陰甲雜五3.24
方329.14
氣1.230
氣4.12
氣4.22

二月

陰甲女發1.6
陰甲女發2.1
房46.6
陰乙兇5.15
陰乙兇9.16
陰乙文武11.4
陰乙女發1.4
陰乙女發2.4
陰乙女發3.8
遣三1.5
出1.3
星128.16

三月

陰甲女發1.10
陰甲神上12.9
陰甲神上14.1
陰甲堪法5.14
陰甲堪法7.3
陰甲堪表2.2
陰甲·殘8.16
陰甲·殘8.27
養206.5
胎4.4
胎21.5
氣4.151
氣10.126
刑甲49.8
陰乙玄戈6.3
陰乙女發1.7
陰乙女發2.7
陰乙女發3.11
問79.23
問84.13
問96.20
出1.5
星2.1
星11.21
星126.16
星129.10
星130.2
星131.7

四月

陰甲女發1.14
陰甲女發2.5
陰甲堪表4L.7
刑甲23.17
刑甲48.11
陰乙兇2.17
陰乙兇3.20
陰乙玄戈6.5
陰乙女發1.10
陰乙女發2.10
陰乙女發3.14
出1.7

五月

陰甲女發3.8
養44.3
養63.3
胎7.7
刑甲48.19
陰乙女發1.13
陰乙女發2.13
陰乙女發3.17
星136.16
星139.7

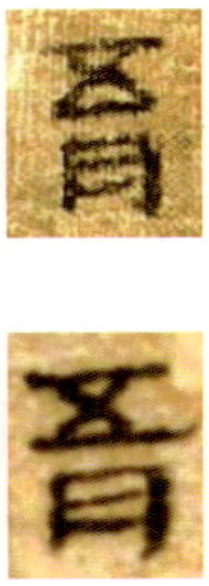

星140.2
刑乙92.20

六月

陰甲天地2.3
陰甲女發2.11
刑甲48.26
陰乙兇3.25
陰乙兇4.24
陰乙兇5.25
陰乙兇6.23
陰乙兇7.22
陰乙兇8.22
陰乙兇9.27

陰乙玄戈6.9
陰乙女發1.16
陰乙女發2.16
陰乙女發3.20
星138.2
刑乙92.27

七月

陰甲女發1.23
氣1.240
刑甲40.13
陰乙兇1.21
陰乙兇3.27
陰乙兇4.26
陰乙兇6.25
陰乙兇7.24
陰乙兇8.24
陰乙兇9.29

陰乙玄戈6.11
陰乙女發1.19
陰乙女發2.19
陰乙女發3.23
喪6.6
二10.19
星3.9

八月

陰甲天地4.3
養37.1
房46.4
戰57.15
戰57.24
氣1.241
陰乙兇1.25
陰乙兇4.30
陰乙兇8.28
陰乙兇9.33

陰乙兇10.26
陰乙玄戈6.13
陰乙女發1.22
陰乙女發2.22
陰乙女發3.26
星3.26
星124.13
星126.2
星128.2

九月

氣 10.297
陰乙兇 4.32
陰乙女發 1.25
陰乙女發 2.25
陰乙女發 3.29
出 1.11
喪 5.13
星 127.7
星 135.7
星 136.2
星 137.10

十月

陰甲天地 2.5
胎 13.3
刑甲 20.10
陰乙兇 1.5
陰乙兇 2.1
陰乙兇 7.1
陰乙兇 8.1
陰乙兇 9.2
陰乙兇 10.1
陰乙文武 11.18
陰乙女發 1.28
陰乙女發 2.28
陰乙女發 3.32
星 3.41
星 132.14
刑乙 73.52

十一月

陰甲雜一 6.3
陰甲天一 1.28
陰甲天地 3.3
陰甲·殘 66.1
陰乙兇 1.2
陰乙兇 4.3
陰乙兇 5.3
陰乙兇 6.3
陰乙兇 8.3
陰乙兇 10.3
陰乙女發 1.31
陰乙女發 2.31
陰乙女發 3.35
星 4.14
星 130.16
星 133.9
星 134.2

十二月

陰甲天一 1.31
陰甲天地 4.5
陰甲築一 7.3
刑甲 34.12
陰乙兇 5.8
陰乙兇 6.8
陰乙兇 7.8
陰乙兇 8.8
陰乙女發 1.35
星 123.7
星 140.17

十三月

喪3.8

大夫

春7.2
春34.11
戰79.12
問74.18
昭1.8
昭1.31
昭1.55
昭7.46
昭7.52
昭9.52
昭13.5
十16.62

孔子

五48.24
五146.9
二1.18
二5.3
二5.63
二11.5
二12.7
二13.56
二15.35
二18.25
二19.28
二22.25
二24.22
二25.20
二27.54
二31.39
二32.15
二32.49
二35.32
二36.53

日月

方106.22
方111.22
星69.38

七星

陰甲雜一7.2
陰甲祭一A10L.9
陰甲祭一A16L.11
陰甲神上11.19
陰甲神上19.7
陰甲雜七5.7

營室

星1.31
星40.7
星76.3
星89.2
星90.2
星91.2
星120.12
刑乙95.12
刑乙96.37

觜觿

刑甲 57.22

陰乙玄戈 8.6

刑乙 97.17

星 98.2

牽牛

星 32.33

星 116.2

婺女

星 87.2

星 117.2

是謂

氣 6.222

氣 6.242

氣 6.257

氣 6.273

氣 6.297

鳳鳥

方 84.7

米麴

養 164.6

飲酒

春 36.25

春 40.1

雌雞

禁 7.3

雄雞

禁 9.2

附録　未識字及殘字

陰甲天地 1.40

陰甲祭一 A12L.8

陰甲神上 2.1

陰甲雜三 5.20

陰甲雜四 4.11

陰甲室 7.31

方 139.2

方 306.13

方 375.10

方 476.6

養 58.2

疑爲「賤」字異體。

養 155.2

胎 5.7

老甲 167.24

 明 37.15  明 37.25	
 談 49.15	
 談 49.30	
 遺一 251.11  遺三 315.10  遺三 366.10	上述三例字形《集成》隸定不同，但三者所在辭例皆爲「素～」，疑爲一字。疑本从从。
 遺三 74.4	
 遺三 394.1	
 遺三 407.93	
 繫 33.45	

	昭 6.34	
	衷 4.60	疑爲「啬」字。
	衷 5.58	秦漢文字中作偏旁的「兌」字或如此作，此字似即「兌」字。
	十 2.19	
	十 45.61	
	十 64.62	
	氣 1.98	
	氣 3.50	

氣 10.176		
木 5.30		疑爲《説文》「時」字古文。
卦 1.2		
導 3.8		
物 4.36	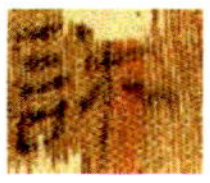	
物 4.50		
箭 10.1		
地 16.1		

筆畫檢字表

五畫

六畫

七畫

八畫

九畫

十畫

十三畫

十四畫

十七畫

十八畫

十九畫

後記

《馬王堆漢墓簡帛文字全編》是國家社科基金重大項目《馬王堆漢墓簡帛字詞全編》的成果之一。國家社科基金重大項目《馬王堆漢墓簡帛字詞全編》（批准號：10ZD&120）立項于二〇一〇年，在申報選題時，原定裘錫圭先生爲項目負責人，但因當時裘錫圭先生承擔的教育部哲學社會科學研究重大課題攻關項目《戰國文字及其文化意義研究》（批准號：06JZD0022）尚未結項，按規定一個人不能同時承擔兩個重大項目，故復旦大學文科科研處決定由我來擔任項目的負責人。

在項目論證時，程少軒教授和郭永秉教授承擔了標書的撰寫工作。

在項目評審時，得到評審專家北京師範大學王寧教授、中山大學曾憲通教授、北京大學蔣紹愚教授、吉林大學吴振武教授、北京師範大學李運富教授的悉心指導。

二〇一一年三月十三日，項目開題論證會在復旦大學舉行，評審專家北京師範大學王寧教授、中山大學曾憲通教授、北京大學蔣紹愚教授、吉林大學吴振武教授、北京師範大學李運富教授分别從不同角度對項目的開展提出了許多切實可行的意見和建議，爲項目的順利研發指明了方向。上海市社科規劃辦榮躍明主任、復旦大學黨委陳立民副書記、復旦大學文科科研處楊志剛處長、葛宏波副處長、左昌柱老師也出席了開題論證會，對項目的立項和研發提供了支持。

湖南省博物館原館長陳建明先生，原副館長、現黨委書記、常務副館長李建毛先生和科研辦主任喻燕姣女士，都先後對《馬王堆漢墓簡帛字詞全編》項目給予了關心和支持。

二〇一七年四月二十八日，項目結項評審會在上海舉行，評審專家鄭州大學李運富教授、中山大學陳偉武教授、清華大學李守奎教授、湖南省博物館喻燕姣研究員、北京大學董珊教授對結項成果給予了很高的評價，同時也指出了結項成果中存在的一些問題，並對未竟的一些工作提出了建議。

《馬王堆漢墓簡帛字詞全編》項目的研發過程有很多人參與並付出了辛勞。

按計劃，整個項目先製作「馬王堆漢墓簡帛字詞全編數據庫」作爲基礎研發工具，再憑藉數據庫完成工具書的編纂。數據庫子項目由程少軒教授負責，鄭健飛、李霜潔兩位同學協助。參與圖片採集、數據録入和排校等工作的有程少軒教授、劉嬌副研究員、但誠先生以及鄭健飛、李霜潔、潘瑶菁、葉書奇、高强、沈思聰、陳倉佚、朱丹暘等十餘位同學。

《馬王堆漢墓簡帛字詞全編》詞編部分初稿的撰寫工作由孫剛副教授和杜新宇（經子）、高原（方技）、王强（數術）、任達（數術）等同學負責。

《馬王堆漢墓簡帛字詞全編》是《馬王堆漢墓簡帛字詞全編》的字編部分，主要工作由鄭健飛同學、李霜潔同學和程少軒教授完成，其中鄭健飛同學付出的勞動最多。

中華書局總經理徐俊先生、總編輯顧青先生始終關注本書的出版，並積極幫助協調出版等相關事宜。責任編輯徐真真女士認真負責，兢兢業業，保證了本書的按時順利出版。

在此，作爲本書的主編，我對以上爲《馬王堆漢墓簡帛字詞全編》項目和《馬王堆漢墓簡帛文字全編》一書提供各種支持和付出辛勞的各位先生、同事和同學，致以衷心的感謝！

《馬王堆漢墓簡帛文字全編》綜合了各種古文字字編的優點，對所有馬王堆漢墓簡帛中出現的文字加以著録和編排，並間下按語，對需要特别説明的形、音、義加以解釋，具體的編寫特點和體例請參考本書的《前言》和《凡例》。本書因採用彩色印刷，使字形變得更加清晰美觀，這應該是歷史上第一部彩色印刷的大型古文字字編，相信出版後會得到學術界和書法界的廣泛喜愛。

《馬王堆漢墓簡帛文字全編》一定還存在着各種錯誤和缺點，歡迎讀者隨時賜示指正，以便不斷修改提高。

劉　釗

二〇一九年七月於上海書馨公寓索然居